中译翻译文库

刘宓庆翻译论著精选集之一

文体与翻译

刘宓庆 著

中国出版集团
中译出版社

图书在版编目(CIP)数据

文体与翻译/刘宓庆著. —北京：中译出版社，2019.5
（2022.7重印）
（中译翻译文库. 刘宓庆翻译论著精选集）
ISBN 978-7-5001-5936-0

I.①文… II.①刘… III.①英语-文体-翻译理论
IV.①H315.9

中国版本图书馆CIP数据核字（2019）第056672号

出版发行/中译出版社
地　　址/北京市西城区新街口外大街28号普天德胜大厦主楼4层
电　　话/（010）68359827，68359303（发行部）；68359725（编辑部）
邮　　编/100088
传　　真/（010）68357870
电子邮箱/book@ctph.com.cn
网　　址/http://www.ctph.com.cn

责任编辑/范祥镇
特约编辑/王建国

封面设计/潘　峰
排　　版/北京竹页文化传媒有限公司
印　　刷/北京玺诚印务有限公司
经　　销/新华书店

规　　格/710毫米×1000毫米　1/16
印　　张/28.5
字　　数/406千字
版　　次/2019年5月第一版
印　　次/2022年7月第四次

ISBN 978-7-5001-5936-0　定价：68.00元

版权所有　侵权必究
中译出版社

1981年波士顿大西洋码头。《文体与翻译》于当年完稿。

本位 本分 本色
——《刘宓庆翻译论著精选集》序

罗进德

刘宓庆翻译论著再度推出修订新版,作为编辑出版中人,看到作者三十多年来一直在翻译学术前沿贡献着有代表性的高端学术成果,宝刀不老,甚感欣慰,也想借此机会同师友们交流一些感想,嘤其鸣矣,求其友声,仅此而已。

翻译一事,若以一种社会学的眼光细看,其实有"三态":职场上的一项专业技能;大学课堂里的一门功课;学者案头的一个研究对象。与此对应,翻译工作者其实包括了三种人:翻译从业者、翻译教师、翻译理论家。不过在多数情况下,翻译理论家是由翻译教师兼任的,所以第二种人和第三种人可以看作同一个群体。有些人一身而三任焉——既从事相当规模的翻译实践,又当翻译课的老师,还研究翻译理论,三管齐下,是为全才。刘宓庆就是这样的全才。我以为,判断一位理论家的工作有没有价值,应该看他的理论工作对翻译实践(包括翻译实务、翻译教学、翻译批评、翻译服务管理、翻译学术出版等)和人的心智成长有没有帮助,因为这才是理论工作的职责所在。实践、教学、理论三手都抓,三手都硬的全才,固然值得钦佩,但是随着学科的发展,分工的细化,三方面之中在某一两个方面有所侧重、成就相对突出的专家,也是值得肯定和欢迎的。其实,对于理论和实践二者,要紧的并不在于哪个方面做得更多一点,贡献更大一点,而在于如何认识和处理二者的关系:是密切联系良性互动呢,还是分道扬镳自说自话,甚至互相鄙视呢?我以为,片面强调理论而轻视实践,跟片面强调实践而轻视理论一样,二者属于非理性认识。不幸的是,这种非理性状态并不少见。理论家和实践家之间不仅存在着知识结构上的明显差异,甚至还存在着某种情感障碍。这使我感到痛苦,所以想通过自己的工作多少消除那种非理性状态,缩小理论与实践、学术与行业、学校与社会之间的距离。这些年来,我一有机会就做一点,衔石填海,不觉老之已至。

翻译首先是一套专业技能,是在知识密集基础上通过训练和实践形成的熟练技巧,不论是为了实现崇高理想,还是为了养家糊口,都是社会生活中一个活跃的职业领域。职是之故,翻译必然是实践指向的,是注重应用的,是通过大量实际操作体现其价值并完善其品质的。脚踏实地不尚空谈,认真做好白纸黑字的翻译,应该永远是学习翻译的人和从事翻译的人念兹在兹的第一要务。我个人以为,对翻译做理论的研究时,这一点根本的立场是不可以忘记的。刘宓庆一贯强调翻译的实践品格、翻译学的经验科学特性和译学研究的实证方法,从一开始就提出并强调翻译的"技能意识",这是他的高明之处。把翻译定位为技能,绝非贬低翻译的价值,须知技通于艺,艺通于道。解牛的庖丁为何踌躇满志,因为他"所好者道也,进乎技矣"。勤奋地实践,加上精深地思考,会明白翻译非小道的道理,会得到庖丁那样的精神满足与升华。同时,技能意识也丝毫不会贬损翻译理论的学术价值,相反,我认为"技能意识"恰恰是翻译理论中一个很重要、很宝贵的命题。谁也不必为抱有"技能意识",为关注"怎样译"而自惭形秽。据我看,"怎样译"的问题远远不是一个已经完全解决了的,因而不复存在也不值得研究的问题。近几年关于翻译质量下降的抱怨之声时有所闻,"怎样译"的问题现在是不是更值得翻译理论家关注,并切实努力帮助解决呢?

但是另一方面,在翻译实务、翻译从业者的圈子里面,对翻译理论的无知、误解和冷漠也的确相当普遍地存在着。"翻译有理论吗?""翻译理论有用吗?""我不懂什么翻译理论,不是照样儿干了一辈子翻译?"恕我直言,这些话的确反映着某种认识上的误区,据我多年工作中的观察,有些翻译实践中发生的错误和缺陷,的确就是理论上的懵懂无知或错误认识引起的，只是人们没有、不能，或者不愿意用理论去分析罢了。不过说句公道话，对理论的认识误区，其存在却有历史的合理性。直到不久以前，翻译的技能并不是通过学校的课程系统传授的。大学本科开设翻译课，甚至硕博研究生课程，创立翻译研究中心，建设翻译系科，以及"翻译学"名分的出现，这些都是相当晚近的事。在那之前，会外文就等于会翻译，外文干部就等于翻译干部。翻译似乎只是一种心领神会无师自通的手艺，经过实践摸索出来的功夫。我们翻译界的许多老前辈，甚至来不及读到毕业就因救亡、革命或建设的紧迫需要提前走上翻译岗位，有的甚至是在炮火纷飞的战场，在那样复杂危险的环境之中，连字典也没有几本。他们硬是凭着高度的觉悟和坚强的毅力，在工作实践中刻苦钻研，逐步提高成长，并为国家做出了巨大贡献。这种"十年磨一剑"的经历和毅力，是极可宝贵，极其值得我们尊敬和学习的。在人心浮躁急功近利，多少人幻想一夜成名或一夜暴富，不惜投机取巧弄虚作假，学术不端时有发生的今天，前辈们一步一个脚印刻苦钻研的精神尤其值得提倡和发扬光大！但是，若要请教这些老前辈如何才能做好翻译，他们当中许多人的回答却往往让人感到不得要领："外文好加上中文好，自然翻得好。不要讲什么翻译理论，翻译技巧也不用讲，翻就是了。"如果请他们评论译作，好的就是"神来之笔，可遇而不可求"，不好的就是"胡翻乱译"，这样的翻译批评虽然不错，却没有说清道理，所以不具有知识的价值，更落后于时代的发展。还有的实践家以"一辈子不看理论书"自夸，若请他们评说翻译作品或理论著作的得失，如何保证判断的准确？

人类的经验和知识是要经过富集、提炼和梳理，才能一代一代往下传承的；社会的进步需要高效率、成批量地培养高水平的专门人才。这就要办教育，要开设专业课程，要有为人师者去传道授业解惑，这些事情，没有理论的升华如何做得？就是老前辈带徒弟，要想徒弟能举一反三，要让徒弟不但知其然，还知其所以然，就得讲出些道理才行。否则的话，翻译岂不成了一片非理性、不可知的神秘天地？

在信息时代和市场经济条件下，翻译行业的实务、翻译教学的内容和方法，翻译理论关注的热点都在发展变化。比如，翻译的应用研究、非文学翻译的理论问题、翻译服务行业的组织管理问题等等，都在从职业生活现场渐次进入理论研究的视野,并产生着创新性的成果。较之以古典文学为主轴的传统翻译理论,这些新作富有生气,更加贴近翻译的现实。生活气息浓厚的现场感,加上机敏的理论思考,一扫沉闷乏味的老生常谈和不知所云的食洋不化,带来一股清新风气。中国的翻译实践是一座宏大丰富却没有充分开发的矿藏,只要翻译实践中的人们走出"翻译无理论"的认识误区,开动理论思维,找到适宜的研究方法,善用适宜的理论工具,理论与实践密切结合的创新性成果一定会层出不穷。从实践中提炼,又到实践中丰富、检验和修正,并指导实践,求得理论与实践的良性互动,是翻译事业和翻译学科健康发展的不二法门。但是,几年来,反对翻译理论研究为提高翻译实践水平服务的声音,主张译学研究跟翻译实践分道扬镳各自精彩的声音不断传来,使我这个一直为"翻译理论有用"辩护的人不禁陷入深深的迷茫和困惑。社会上关于翻译质量滑坡的抱怨如果确有事实根据,那就有点"吊诡"——新时期以来,我国翻译理论研究和翻译教学一派繁荣昌盛,成果累累,可翻译质量却"不行"了。这是怎么回事?大学本科翻译专业纷纷开设,如何正确处理理论与实践的关系,保证培养出合格的翻译人才这个问题,已经极现实、极迫切地提到我们的面前。

　　回顾二十余年中国翻译理论研究走过的路程,确实是在不断的争议中前进的。翻译有没有理论?翻译理论有没有用?翻译学这门学科的名分能不能成立?中国的翻译学应不应该有中国特色?翻译理论应不应该为翻译实践服务?如何对待外国的翻译理论?这些带有根本性质的问题一直处于分歧和争论之中,其核心就是理论与实践的关系问题。刘宓庆这些年虽然大部分时间讲学、研究于两岸三地,却并没有片刻放弃对这些关乎译学大是大非问题的现实关怀,他没有"失语",没有动摇自己的学术立场,有时甚至因观点的不同而招致批评。这些故事,在他的书中大多可以读得到,无须赘述。刘宓庆关于中国翻译学应否具有中国特色,以及应该如何对待和处理中西译论关系的问题,尤有个性鲜明的论述,且二十年来一直在不断丰富和成熟之中。他的治学历程颇有启示价值,这些文字所反映的不仅是他个人的心路历程,也是他译学思想的发展轨迹:他实际上是要想从哲学高度用治史的路数求研翻译理论中某些问题的来龙去脉,这些文字是值得一看的。但是我还想着重推荐两点:

第一点，在本体论层面，刘宓庆就翻译及其理论研究提出"文化战略观"绝非无的放矢，而是出自一位中国知识分子的文化自觉。从佛经翻译，到西学翻译，又到近世的翻译大繁荣，在中华民族的精神生活中，翻译的确是一条连绵不绝的脉络，是我们文化的主心骨之一。把它提炼出来，置于战略高度和自觉状态，大胆"拿进来"也勇敢"走出去"，堂堂正正做人做事，外来的"学术霸权""文化专利"与我何有哉？中国向现代化强国迈进的浩荡大军中，翻译是一支必不可少的劲旅，而"文化战略观"应该是它必要的装备。这是刘宓庆对中国翻译学的重要贡献，也是一个有待展开和深入的课题，甚或有助于医治我们的某些幼稚病。幼稚病之一，我看是对所谓"后现代"思潮，特别是对"解构论"的研究，存在某种盲目性，缺少辨析。对于"解构论的翻译理论"，郭建中教授在《当代美国翻译理论》一书中早有中肯的批评，指出它"对翻译实践来说，可能会产生负面的影响。"（2000年，187页）要知道，翻译的实践和理论研究是以意义为主轴的，而解构论恰恰要釜底抽薪、颠覆意义！任何思潮、理论、学说、口号的出现必定有其社会、历史、心理的原因，必定同所在的国家、民族、文化和学术传统有关。在甲语境能言之成理征服人心的，到了乙语境却未必可信可行。可是我们却轻言"普遍价值"，要么就轻言否弃传统，跟在洋人后面说中国没有哲学、没有逻辑、没这没那，即便有也不成样子，不屑一顾。这是不是幼稚呢？又比如"文化转向"问题。从文化视角来研究翻译，将翻译研究与文化研究密切挂钩，我们中国人至少不比外国人晚。方梦之教授说："早在1982年我国就有人以《翻译与文化》为题发表文章。（罗按：比如《翻译通讯》有外交学院已故院长刘山先生的《翻译与文化》发表）王佐良先生早在1984年也就这一主题连续发表论文，不过侧重点不一样，我国开始主要强调思维方式、风土人情、语言文化等方面。可惜'家花没有野花香，外来和尚好念经'。我国国内的翻译文化研究当时并没有引起多大注意，直到外面有了cultural turn，这才如梦初醒，喔，原来还有个'文化转向'。"（《上海翻译》，2006年第1期）是我们不善于做理论概括，不善于创造新名词呢？还是我们两眼只知道往外边看，瞧不见自己家里也有好东西呢？我们有时谈起中国事情，显得有点轻飘。有的说严复从英国回来"仅一年过后"就翻译出版了《天演论》；有的断言"信达雅三难说"不是严复原创,而是坎贝尔翻译三原则的改头换面,论据是"严复到英国留过学,不会不知道这个大名人"。诸如此类不一而足。我们对自己的历史、文化和学术传统是不是应该多一点谦恭和尊重?事关我们的文化血脉和文化身份,我们的文化安全,我期待刘宓庆提出的"文化战略翻译观"受到认真对待,并期待就此展开深入的讨论和研究,我愿从中多多学习,提高自己的认识。

第二点,在方法论层面,刘宓庆提出"本位观照,外位参照"的研究方法。依我肤浅的理解,这"本位/外位"范畴是有广阔外延的:包括中国与外国,翻译与相邻学科,等等。近来有识之士发现,翻译理论的内容越来越"驳杂"。据我愚见,这恐怕是"本位迷失"造成的。而"本位迷失"又恐怕跟对"跨学科研究"的误解有些关系。翻译的理论离不开跨学科研究,文艺美学、文学批评、语言学、交际理论、符号学、语篇理论等学科的介入,对翻译理论研究的好处人人知道,毋庸置疑。但是跨学科有"跨入"与"跨出"之分。上面提到的几个相邻学科,它们跟翻译的关系是"跨入",是请进来帮助我们研究翻译的,这样的跨学科研究,无疑属于翻译研究的范围,是翻译学的组成部分。另外有些跨学科现象,则是从翻译跨出去,利用翻译中的事实现象和体验去研究论证和宣传别的学科里面的事情。这种研究方法当然也很好,研究的成果也蛮有趣味,但是这种研究的客体已经不是翻译了。至于解构主义谈翻译,那不过是欲借翻译之酒杯浇后现代之块垒而已!那么,这样的跨学科研究其适当的位置应该在何处?任何理论学说或学派都要有自己明确的对象,有自己明确的任务目标,有自己一以贯之的思想主线和范畴概念术语体系,有自己特定的研究方法、分析工具和逻辑基础,因此也就有它自己的范围界限。概念混淆界限不清,导致了一种怪论——有一种跟翻译实践毫无瓜葛的"翻译理论",那才是高端的、纯粹的学问。为了能立足本土参照和借鉴外洋自主创新,发出真正属于自己的声音,我们是不是该做些选择、鉴别、扬弃和梳理的工作了,是不是该清理盘点一下我们的理论行囊了?如果要做这样的工作,"本位观照,外位参照"不失为一个好的方法论原则。方梦之教授最近提出:"翻译研究应该回归本体,特别是回归到文本和翻译主体。不管是语言学的翻译研究也好,还是多学科的交叉研究也好,都要在译学的本体扎根,才能生发出新的东西,使译学不断丰富,不断完善。"(《上海翻译》,2006年第1期)方教授和刘教授二位正是"英雄所见略同",我举双手拥护!

古人说游于艺,志于道。研读刘宓庆译学论著我的主要收获是:译事中人应该认清翻译的"道",那就是为了有益于中国和人类的文明进步,做一个头脑清醒、目光敏锐、思想周密的真正自觉的"文化人"。

最后想说的是,我个人对刘宓庆教授的译学著述,在总体上十分钦佩,多年来拜读他的作品受益匪浅,但是这并不意味着我个人看不到他某些局部和细节上"不敢苟同"的地方。在这里我不想重复那句态度可疑的套话——"瑕不掩瑜"。好在作者自己是谦虚大度以学术为重的人,他经常提到"我罪我知"。他的好几本书也已修订改版,这就是他着力于精益求精的表现。我一直希望海内外莘莘学子和业界众多专家学者都来踊跃参与探究、参证、评论乃至批判刘宓庆的学术思想和论述。如果能就此掀起一场讨论就更好,因为这肯定有益于中国翻译学的完善和健全,有益于提升中国的翻译理论在国际上的话语权,也肯定能帮助刘宓庆教授本人的学术工作更上一层楼。学术乃天下之公器,而刘宓庆和他的著作,作为中国新时期翻译学术的代表之一,是属于我们大家的。

2019年3月修订

于北京龙跃苑

本书体例及使用说明

一、本书的使用对象主要为：高级英汉翻译班学生、有一定英语水平及实践经验的英汉翻译工作者以及对翻译有兴趣的社会人士。

二、本书的编撰原则是：

1. 便于自学 本书在编撰中密切注意到了自学者的需要，因而在阐述中力求详尽，例句及解析较多，供自学者领悟、比较和分析。

2. 便于教学 为保证高级教程的教学内容并兼顾学习对象的多科性和水平差别，本书采取了题材范围按文体、练习安排分梯级的办法，以便教师和自学者掌握。本书将高级阶段翻译应当涉及的翻译专题分布在六种英语文体中，并将练习分成了三个梯级（中级、中高级、高级），供教师根据对象，学生及自学者根据自己的实际需要和水平进行选择。对英语本科高年级学生及研究生而言，在学习翻译的高级阶段，用各种文体的原文材料做翻译练习，在比较中领会各种文体的翻译要领是十分必要、大有好处的。

三、本书在阐述和选择翻译理论专题时，主要着眼于实践意义，大体顾及了翻译应用理论的系统性；此外，本书在分析各类文体时也主要着眼于翻译实践的需要，并未系统介绍文体学的基本理论。从翻译实践需要出发，兼顾翻译理论和文体学问题，这是一种尝试；是否适当，尚希本书的使用者提出宝贵意见。

四、本书中所引例句大多数取自名家作品或名著，有些取自现代英美报刊或书籍。但为节省篇幅，大多未注明出处。书中译句措辞或行文大抵为说明某一翻译要点，意在阐释不在定夺。因此译句措辞不当的情况恐亦难免，特此说明，并希本书的使用者不吝指正。

　　五、为便于使用本书的教师或自学者掌握教学或自学中的种种具体问题，作者另编写了《英汉翻译训练手册》（台北：书林出版有限公司）一书作为补充。书中除编有练习的参考译文外，还有"英汉翻译技能训练的目的、要求和程序""翻译教学法介绍""怎样自学翻译""英译汉分项单句练习"等等。

　　六、参考书目见《英汉翻译训练手册》，本书从略。

本书中使用的缩略语

AHD	*American Heritage Dictionary*《美国传统词典》
ALD	*Oxford Advanced Learner's Dictionary of Current English*《牛津高级学者词典》
CED	*Chinese-English Dictionary*《汉英词典》，商务印书馆，1980年第一版
COD	*Concise Oxford Dictionary*《简明牛津词典》
DAS	*Dictionary of American Slang*《美国俚语词典》
LDCE	*Longman Dictionary of Contemporary English*《朗文当代英语词典》
OED	*Oxford English Dictionary*《牛津英语词典》
OLECD	*Oxford Advanced Learner's English Chinese Dictionary*《牛津高级汉英双解词典》
WNCD	*Webster's New Collegiate Dictionary*《韦氏新大学词典》
WNWDAL	*Webster's New World Dictionary of the American Language*《韦氏新世界美语词典》
WTNID	*Webster's Third New International Dictionary*《韦氏第三版新国际词典》

目 录

本位　本分　本色——《刘宓庆翻译论著精选集》序　001
本书体例及使用说明　008
本书中使用的缩略语　010

绪　论　1

第一章　理解与翻译　8
1.0　概述　8
1.1　解构意义：复杂性 (Complexity) 和不确定性 (Uncertainty)　9
1.2　交流语境强化了意义的复杂性　10
1.3　超文本意义　12
1.4　理解的文化障碍　13
1.5　翻译理解的对策论　16

第二章　新闻报刊文体　20
2.0　概述　20
　2.0.1　新闻报刊文体的范畴　20
　2.0.2　新闻报刊文体的特点　21

  2.0.3 新闻报刊文体的汉译要点 33
2.1 翻译的基本策略是解释：兼论直译与意译 35
  2.1.1 语际转换模式 35
  2.1.2 推论与结论 40
  2.1.3 可读性与可译性 44
2.2 英汉语序对比及翻译 56
  2.2.1 自然语序与倒装语序 57
  2.2.2 修饰语的前置与后置 62
2.3 英汉语序特点及照应问题 74
  2.3.1 新闻报刊标题的特点 74
  2.3.2 英语后置修饰语的照应问题 82

第三章 论述文体 92

3.0 概述 92
  3.0.1 论述文体的范畴 92
  3.0.2 论述文体的特点 92
  3.0.3 论述文体的汉译要点 96
3.1 词的翻译 97
  3.1.1 英汉词义的差异 97
  3.1.2 英汉词义辨析法 99
3.2 常见的译词法 110
  3.2.1 推演法（Deduction） 111
  3.2.2 移植法（Transplant） 112
  3.2.3 引申法（Extension） 113
  3.2.4 替代法（Substitution） 115
  3.2.5 释义法（Explanation） 118
  3.2.6 缀合法（Combination） 121
  3.2.7 音译法（Transliteration） 123
3.3 译词要点 124

  3.3.1 准确掌握词的暗含义 124
  3.3.2 准确掌握语气的轻重 126
  3.3.3 准确掌握词的文体色彩 127

第四章 公文文体 132

4.0 概述 132
  4.0.1 公文文体的范畴 132
  4.0.2 公文文体的特点 132
  4.0.3 公文文体的汉译要点 139

4.1 翻译英语句子的基本程序 141

4.2 常见的英语长句、难句汉译法 143
  4.2.1 包孕（Embedding） 143
  4.2.2 切断或分切（Cutting） 146
  4.2.3 倒置（Reversing） 150
  4.2.4 拆离（Splitting-off） 154
  4.2.5 插入（Inserting） 158
  4.2.6 重组（Recasting） 161

4.3 结语 164

第五章 描写及叙述文体 168

5.0 概述 168
  5.0.1 描写及叙述文体的范畴 168
  5.0.2 描写及叙述文体的特点 170
  5.0.3 描写及叙述文体的汉译要点 173

5.1 情态的翻译 175
  5.1.1 概述 175
  5.1.2 英语情态动词（The Modal Verb）的翻译 175
  5.1.3 结语 212

5.2 动词进行体的情态翻译 213

5.2.1　描写功能（Descriptive Function）　　214
　　5.2.2　过渡功能（Interim Function）　　216
　　5.2.3　表情功能（Emotional Function）　　217
　　5.2.4　修辞功能（Rhetorical Function）　　219
　　5.2.5　表示主语的特征（Characteristic）或倾向
　　　　　（Inclination）　　220
5.3　句子的情态翻译　　221
　　5.3.1　通过变换句式表现句子的情态　　221
　　5.3.2　变换语序　　224
　　5.3.3　译出句中带情态的词语　　226
　　5.3.4　增补适当的语气助词及其他虚词　　228
5.4　超文本情态的领悟和翻译　　229

第六章　科技文体　　234

6.0　概述　　234
　　6.0.1　科技文体的范畴　　234
　　6.0.2　科技文体的特点　　234
　　6.0.3　科技文体的汉译要点　　243
6.1　英语动词的翻译　　247
　　6.1.1　英汉动词对比及翻译　　247
　　6.1.2　英语被动语态的翻译　　256
　　6.1.3　英语状语性分词结构的翻译　　263
6.2　英语科技词汇与连词的翻译　　272
　　6.2.1　科技词汇的翻译　　272
　　6.2.2　科技术语统一问题　　277
　　6.2.3　连词汉译问题　　280
6.3　英语计数的汉译　　288
　　6.3.1　倍数表示法（Multiplication）　　288
　　6.3.2　计量转换　　295

第七章　应用文体　299

7.0　概述　299
    7.0.1　应用文体的范畴　299
    7.0.2　应用文体的特点与汉译要点　299

7.1　英语代词的汉译　321
    7.1.1　英汉代词比较　321
    7.1.2　代词汉译的几个问题　323
    7.1.3　代词的指代关系　335
    7.1.4　不定代词 one 的翻译　339
    7.1.5　人称代词指代范围的扩大　341

7.2　英语介词、冠词及名词数的汉译　342
    7.2.1　英汉介词比较　342
    7.2.2　介词汉译的几个问题　344
    7.2.3　复数的翻译　352
    7.2.4　英文名词复数的变义　358
    7.2.5　数量词必须符合汉语习惯　361
    7.2.6　冠词的汉译　362

第八章　翻译三论　371

8.1　论严谨　371
    8.1.1　概述　371
    8.1.2　要义　372
    8.1.3　译文不严谨的表现形式　372
    8.1.4　结语　384

8.2　论修辞　385
    8.2.1　概述　385
    8.2.2　精心斟酌译词　385
    8.2.3　恰当运用成语　393
    8.2.4　正确使用虚词　397

8.2.5　灵活安排句式	403
8.2.6　谨慎掌握增减	409
8.3　论风格的翻译	412
8.3.1　概述	412
8.3.2　"返其真"：译文应适应原文文体风貌	413
8.3.3　"方寸之地"见功夫：译文与作家个人风格	420
8.3.4　关于所谓"翻译体"（Translationese）	425

简体字版再版后记　　　　　　　　　　　　　436

绪 论

近四五十年来，世界的发展尤其是文化和科技的进步极大地促进了翻译工作的开展。近半个世纪以来，语言研究的成果和进展对翻译理论的探讨和深化更起到十分重要的推动作用。欧美近几十年来的各派翻译理论家都试图从不同的方面提出各种翻译理论的模式（Models）。虽然，总的说来，翻译理论目前仍然停留在对翻译科学和翻译艺术的描写性阐释上，但是，毫无疑义，它已经大大向前发展了一步，现代翻译理论在吸取了传统理论中的有益成分的基础上，已广泛地扩大了研究范围。翻译理论家正在许多学科领域进行探索，为翻译理论的建设开拓种种途径并提供论据。这些学科领域主要有应用语言学[①]、文体学（Stylistics）、比较语言学（包括双语学 Bilingualism）、社会语言学、语义学、心理学、符号学（Semiotics）、比较文学和逻辑学。

对现代翻译理论影响比较深远的是欧美一些近代语法理论体系、文体学研究和比较语言学研究。

结构主义（Structuralism）语法体系对翻译理论和实践都具有不可忽视的意义。结构主义是 20 世纪 50 年代中期以前欧美句法研究的主流。结构主义关注的中心是所谓"成分分析"（Constituent Analysis），即将句子切分为以短语（Phrase）为单位的"结构体"（Constituent），如名词短语（NP）、动词短语（VP）等，以此构成句子的结构树形图，从而使句子在结构上成为"可认识的客体"。结构主义的这种短语结构分析法（Phrase Structure Analysis）不仅明确了句中各个单位之间的线性（Linear）关系，为翻译中确认主语、谓语等提供了信息，还明确了各成分之间的层次（Hierarchical）关系，为翻译中理清句义中的层次组织提供了有机的线索。总之，结构主义通过成分切分，析出句子词项之间存在的线性组合（Syntagmatic）关系，为翻译学的语义和结构分析过程提供了科学研究的途径。

20世纪50年代以来以美国翻译理论家奈达（Eugene A. Nida）等人为代表的欧美翻译理论界进一步发展了结构主义的成分分析法，对词项的语义分析作了更深入的探讨，从而使语义学与翻译学研究结合了起来。比如，奈达针对同一语义场（Semantic Field）里的词项进行了分层对比分析[②]，从而析出同一个词在各层次中的词义差异。这种对比分析法对翻译中如何根据词的联立关系进行词义辨析具有实践意义。当然，语义学在翻译学中的运用研究，至今还处在探索阶段。但是，可以断定，语义学家围绕语法结构与语义的关系所做的深入、系统的研究，对翻译中译词法的理论化具有无可置疑的借鉴作用。

近二十年来，欧美语言学对现代翻译理论研究影响较大的还有美国语言学家乔姆斯基（Noam Chomsky）所提出的转换生成语法（Transformational-generative Grammar）关于"句法描写"（Syntactic Description，简称SD）的理论。转换生成学派认为句子的意义（和声音）必须通过句法来沟通，而句法描写则分为两个方面：一个方面称为表层结构（Surface Structure），即"句子的外部形式"；另一个方面称为深层结构（Deep Structure），即"句子的内部形式"。根据乔姆斯基原先提出的理论：（句子的）深层结构不等于表层结构。表层结构无从表示出具有语义价值的语法关系（也就是说不能起深层结构所起的作用）[③]。转换生成学派认为，深层结构是人类在说话之前存在于头脑之中的连贯意念，它是抽象的，是不能直接感知的，也就是人类的思维形式，即"句子的内部形式"，具有语义价值的语法关系；但是人类说话时并不说深层结构的句子，而必须将句子的内部形式转换为外部形式，即表层结构。发出声音（文字是声音的记录），人们才可以获得可以直接感知的语言信息。因此，深层结构决定句子的意义，表层结构决定句子的形式；语言中的句子是将以深层结构形式存在的概念系列活动转换为以表层结构形式发出的信息系列活动。

从以上概述可以看出：转换生成语法关于句子深层结构与表层结构的

理论对翻译科学的意义是不容忽视的。欧美翻译理论界对此进行了有意义的探讨④。用生成语法的理论来解释,翻译的过程是从一种语言(Source,即发出语言信息的方面)的表层结构开始,由表及里,探明其深层结构,再从深层结构转换到另一种语言(Receptor,即接受语言信息的方面)的表层结构⑤,也就是说,原文和译文的对应关系在深层而不在表层,翻译的过程如图1所示。

从翻译学上说,层次结构的转换过程,也就是理解与表达的过程,这其间,译者的理解是否能进入句子的深层结构是至关重要的基本环节,因此,我们说翻译的关键在于理解。双语转换如果不通过对深层结构的深入研究,而企图直接从原文的表层结构跨越到译文的表层结构,是必然要出错误的。

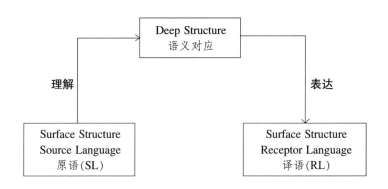

图1

20世纪70年代欧美翻译理论研究工作已进入到另一个重要的学科领域,即文体学。早在20世纪60年代就有人从文体学角度探讨文体与翻译理论的关系及翻译教学问题⑥。功能文体学对"各类英语(Varieties of English)"的深入探讨始于20世纪60年代初。研究各类英语的特点对确定翻译工作和译文的社会功能具有重大的实践意义,并为翻译理论的探讨开辟了新的途径。翻译理论研究之所以能借鉴文体学研究思路,是因为这两个研究领域的目的性是并行不悖的,即:如何凭借有效的语言手段进行社会交流。二者都强调交流功能的社会标准；同时，二者也都不忽视文风的时代性及风格的个人性。翻译必须随文体之异、随原文风格之异而调整译文，必须保证译文对原文文体和风格的适应性（Adaptation）。文体学对语域（Register）的研究以及对句与句之间、段与段之间的逻辑发展关系的探讨，即所谓 Discourse Analysis（"篇章分析"，在口语体中称为"话语分析"），对翻译理论的探讨与实践都具有不可忽视的意义。

近几十年来，中国翻译事业也在蓬勃发展，在数量上和质量上都有显著进步。在空前规模的实践基础上，中国翻译界展开了对翻译理论的探讨。虽然理论工作远远落后于翻译实践，但是广大翻译工作者特别是成绩卓著的翻译家结合自身多年的翻译实践，对理论工作给予关注，并脚踏实地地进行研究，已使翻译理论工作有了一个良好的开端。中国翻译界曾经在一个相当长的时期开展了关于"信、达、雅"这个著名翻译原则的讨论，开展了关于"直译与意译""神似与形似"的讨论，通过百家争鸣与实践的检验，提出了"重神似而不重形似"的主张，与现代语言学界关于深层结构反映人类思维过程中的概念活动，表层结构反映句子成分的配列与层次构造形式等论点十分接近。中国语言学界和翻译界近几年来对汉英比较语法的研究，必将有助于翻译基础理论工作的开拓与提高。

现代语言学与翻译理论研究工作的成就应当有分析、有选择地反映在翻译教材和教学中。这是本教程在编撰过程中力求贯彻始终的一个基本设想。

根据这一基本设想，本教程确定以汉英对比作为出发点，组织高级阶段翻译教学的体系和内容，主导思想可以归纳为以下四个力求贯穿全书的原则。

一、重理解

透彻的理解是翻译的关键。翻译教学进入高级阶段以后，难度显著增加，翻译实践必须首先抓住对原文材料全面、透彻的理解。教师必须引导学生透过语言的表层结构，探明语言的深层结构，重点分析疑难处。同时，实践经验反复证明：原文疑难处固然容易译错，原文中看似非疑难处，也常被译者忽略造成严重差错。为加深对原文的理解，特别是对句子结构错综复杂的原文的理解,结构主义的成分分析法显然是一种行之有效的手段。关键在于,译者为求得对原文的深透理解,不应将自己的思路囿于结构形式的分析,因形害义;而应由表及里,探求语言外壳所包含的内容实质,即深层结构所体现的作者的思想和情态。高级阶段翻译应该要求译者注意修辞与文采,但是学习者千万不能因为要求提高心切,追求表面的文采和效率,忽视在理解上下功夫。其结果,必然是对原文不求甚解,译文似是而非,为求"雅"而失"信"。学习者在从初级阶段向高级阶段发展的过程中,必须严防这种倾向,应当培养严谨的翻译作风,在理解上恪守一个"严"字。下一章我们还要专题研究翻译理解问题。

二、重对比

"比较语法"在欧洲发源很早。欧洲比较语法的比较对象大都在印欧语系的各亲属语言之间;对比研究曾经对印欧语系的语言交流和发展,起过很积极的作用,翻译工作也深受其益。比较语法是欧洲现代双语学的理论基础之一。

汉、英分属不同语系,将汉语语法与英语语法进行系统的对比研究则是近二十年来的一种科学探索。研究证明,对比汉英语法及用法对于翻译理论工作和实践的意义是毫无疑问的。概括来说,这种意义是双重的:(一)汉英对比研究可以使翻译获得双语转换中的对应信息,使译者了解在哪些方面存在双语转换中的契合或平行模式;(二)这种研究也可以使翻译获得非对应信息,使译者着力于寻求各种有效的意译途径。

三、分文体

文体与翻译的密切关系已日益为翻译界所认识。翻译教学进入高级阶段时,必须开始注意功能文体问题。不论英语或汉语都有不同的文体类别,不同的类别具有不同的文体特点。译者必须熟悉英汉各种文体类别的语言特征,才能在英汉语言转换中顺应原文的需要,做到量体裁衣,使译文的文体与原文的文体相适应,包括与原文作者的个人风格相适应。这是高级阶段英汉翻译的基本要求之一。本书根据近年来对文体类别的研究,结合翻译工作的实际情况,将高级翻译课程分为八章展开:第一章讨论理解与翻译问题。第二章到第七章每一章集中处理一种英语文体；共计六种主要文体，即新闻报刊文体、论述文体、公文文体、描写及叙述文体、科技文体及应用文体。第八章中的三论分别探讨了翻译修辞、翻译风格与严谨的翻译作风等问题。同时，为尽量配合每一种文体类别的特点，第二章到第七章每一章都选择了一个翻译理论与实践方面的重点。这些重点是：语序（新闻报刊文体），词的翻译（论述文体），长句的翻译（公文文体），情态的翻译（描述叙述文体），动词形态的翻译及倍数表示法（科技文体），介词的翻译（应用文体）。

四、重神似

直译与意译、神似与形似之争由来已久。本教程在阐述翻译理论中，遵循重神似而不重形似的原则，力图引导学习者突破语言表层结构的限制或制约，以求"得作者之志"，"切不能浅尝辄止"；然后摆脱原文表层结构的束缚，赋形于最贴近的汉语。只有这样，才能真正做到忠实于原文。翻译的所谓"信"，绝不应囿于语言形式上的对应，在形式上刻意求切；而应做到在词义和句义的精神实质上的忠实可信；此外，译文还必须尽可能做到在文体和文章总体风貌与作家个人风格上的适应，否则，翻译的职责只能说尽其半，即充其量只做到了"达意"，而未做到"传神"。有人说，翻译岂能尽如人意，神似之作，难乎其难。其实不然。业精于勤，学习者只要勤于学习、钻研和思考，勤于实践，以工于神似的翻译家为楷模，将原文与他们的著名译作进行比较，从中加深对翻译理论的领悟，功到之日，是能够做到得心应手的。

根据以上所述的四个原则，本书以文体分章、围绕翻译要点引导学习者进行翻译实践。教程对翻译课题阐述较多，目的在于启发和引导自学者深入思考，独立钻研，了解目前翻译理论研究的一般状况及成果。望学习者勿墨守教材的框框，应勇于探讨，勇于持独到之见，勇于创新。

上文已经提到，翻译虽然是一门古老的科学，但它的基础理论却仍然处在创建阶段。本书是一本实践教程，更难顾及翻译理论的系统性。引导学习者进行有理论指导下的实践，是本书力图完成的主要任务。

〔注释〕

① Applied Linguistics，有人认为翻译理论本身也属于应用语言学，但包括更多"非语言因素"，如环境对语义的限制及翻译过程的"再创造"，包括译者的艺术技能，因此属于宏观语言学。
② 参见奈达与 C. Taber 合著：*The Theory and Practice of Translation*, E. J. Bill, The Netherlands, pp. 78-79。
③ 引自乔姆斯基著：*Topics in the Theory of Generative, Current Trends in Linguistics*, Vol III. 后来乔姆斯基改变了原先提出的理论，说："A suitably enriched notion of surface structure suffices to determine the meaning of sentences under interpretative rules" (Reflections on Language). 美国翻译理论家奈达在其所著的 *Toward A Science of Translation*(1964) 中肯定了乔姆斯基原先的理论对翻译科学的意义。
④ 参见 Peter Newmark: *The Theory and Craft of Translation, in Language Teaching and Linguistics Surveys,* edited by Valeris Kinsella, Cambridge University Press, 1978。
⑤ 参见奈达著：*Toward A Science of Translation*, 1964。
⑥ 如 M. A. K. Halliday, 见 Halliday 与 A. McIntosh 及 Peter Strevens 合著：*The Linguistic Sciences and Language Teaching,* Longman, 1964。

第一章　理解与翻译

1.0　概述

　　我们在绪论中提到了"重理解"是本书关注的重点。古今中外的翻译经验证明，好的翻译莫不首先表现在透彻理解了原文的意义。为什么呢？这里涉及翻译的基本职能：翻译是语际交流中的**意义转换**，如果意义在交流中没有得到充分的转换，那又怎么称得上是称职的翻译呢？打个粗浅的比喻，没有把原意充分翻译出来（更不用说翻译错了）的一本书，就像一瓶没有装满的酒（更不用说换成劣质酒了），不论瓶子包装得多么漂亮，又怎么骗得过品酒的人呢？历史是真伪的裁判，它正是那个老道的品酒人！

　　本章讨论的就是理解的重要性问题，首先是要正视理解中遇到的障碍，而跨越障碍的第一步就是**把握意义**（第 1.1 节）。准确的意义把握是达致**透彻理解**的**必经之途**。为此，我们必须先来分析一下意义结构的复杂性，做到知其然，又知其所以然。因为，如上所述，透彻理解的第一关就是意义。

　　此外，理解障碍还有**文化心理**（第 1.2 节）的、**语言结构**（第 4.2 节）的和**情感情态**（第 5.1 节）的等方面，我们将在本章和本书其他有关章节中一一加以论述。

1.1 解构意义：复杂性 (Complexity) 和不确定性 (Uncertainty)

在语言中，词语的意义是个看似很简单其实很复杂的问题。意义是一个很复杂的、充满不定性的**结构**，可以说文本中处处是料想不到的陷阱。为了说明意义结构的复杂性，我们先看下面几个例句：

（1）**往事**未必**如烟**。
　　The past might not disappear like smoke.（不一定都消逝）
　　The past might not disappear all together like smoke.（不一定完全消逝）

（2）**白云**无尽时。（唐代王维《送别》）
　　White clouds drift on and on. (Irving Y Lo)（白云在飘逝着,飘逝着）
　　White clouds pass there without end. (W. Bynner)（白云飘过，无尽无终）

（3）But science is *science*. (William James, *Varieties of Religious Experience*)
　　然而，科学就是**科学**。
　　然而，科学是科学，不一定能解决这个具体问题。

（4）Theory is all *grey*, and the golden tree of life is *green*. (Goethe, *Faust*)
　　理论是一片**灰色**，而金色的生命之树则是**绿色**的。
　　理论是纯净的灰色，而金色的生命之树却是绿色的。

以上四个例子中，有很多词都只具有**概念意义**，如"往事"，它的概念就是"过去的事"。"白云"当然是指白色的云，是概念意义，但它到了一定的上下文（即词语联立关系）中如上面的诗句，好像又多出一层甚至几层意思，即"回忆""纪念"，有人还说王维指的是"难料的未来"，这由语境寄寓或制约的意义就叫作**语境意义**。再来看第一句的"烟"字，它在句中是一个明喻，如烟的东西都是飘浮着、消散着的，因此"烟"的概念在这里被引申了，具有了**引申意义**。**联想意义**顾名思义是由联想触发、派生的意义，例如"白云"，看到白云就会联想到白茫茫、空悠悠、无尽处、无尽期的旷渺与虚无等等，属于意象或形象的引发、迁移。第三句中的第二个"science"具有的是第一个 science 所没有强调的**含蓄意义**，也就是"尊重事实、尊重理性"等等。第三句中的第二式汉语把原句第二个"science"理解为又有另外一个含蓄意义：科学只能解决科学问题，不一定能解决比如道德、伦理、宗教等类的具体问题。第四个例句是歌德的名言，其中的两个词"grey"和"green"都有明显的含蓄意。含蓄意常常与情感色彩或褒贬态度有关，它寄寓在概念意义中，也被称为具有情感的审美意义。

上面说的是词语意义的复杂性、多样性。以上四句话每句都可能有两个译式。有时，一句话还有可能翻译出三个乃至四个译式来。这是什么原因呢？原因就在意义具有不确定性，而且，语境（上下文）越小，意义的不确定性就越大，如果没有语境（单独一个词），那就根本没有办法确定它的意义，正是这个原因，词典里的单词语义项有时才多达几十条。

以上所述，都为了说明一个问题：意义远不只是词语的概念，它比概念复杂得多：它常常被附加、被着色、被扩展、被寄寓等等。这是从意义的本体来看它的复杂性；意义的变化多端还说明了它具有比简单地承载概念更重要的一面、动态的一面，表现在语际交流中，简直可以说千变万化。语际交流使意义的复杂性和不确定性更突出了，也就使翻译的意义定夺更富有挑战性了。

1.2　交流语境强化了意义的复杂性

在语言学中，"语境"（Context，参见 A. Duranti, et al, *Rethinking Context*, 1992: 35）的所指可大可小，可以大到社会、时代，叫作宏观语境；也可以小到词的搭配和词项联立，叫作微观语境。语境可动可静，可以**动到交谈**，也可以**静到书写**。对翻译来说，这已经说明在语际的意义转换中语境是何等重要了：因为语言是用来交流的，人用语言来表达意义为的就是交流，因此脱离了**交流语境**（context in communication）来谈意义，就失去了依据，就像缘木求鱼。下面的图表说明了**翻译学意义研究观照下**

的交流语境：

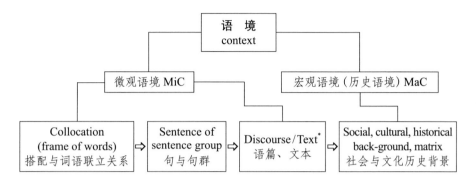

* 在言语结构（speech structure）中，指句以上的层级，也叫作话语结构（discourse structure），Schiffrin, 1994; Hudson, 1996

图 1-1　话语中的语境系统

总之，我们解构意义，必须以上表中所列出的种种语境为依据，在交流语境的多维动态关照中，解析各个层级的、各式各样的意义，见表 1-1。

表 1-1　意义的结构层级

	结构层级	含　义
意义的结构层级	**本体结构层** 本义转移形成不同维度的意义，其特点是含义转移	• 概念意义（所指意义） • 引申意义 • 联想意义 • 含蓄意义
	社会结构层 统称为语句联立意义，其特点是随机附加	• 语境意义（在上下文中） • 情景意义（在社会情景中） • 文化意义
	功能结构层 语言在交际中形成的意义，其特点是审美附加	• 形式意义（修辞意义） • 交流意义（人际意义） • 审美意义

据此，我们可以说，社会结构层级和功能结构层级的意义最灵活，最具动态性，但它们又都以本体结构层的概念意义为基础：分析定夺意义

尤其是表现意义时，用词可能灵活多变，但是**绝对不能不管它的概念意义**：这叫作"万变不离其宗"。意义结构研究是一项基本功，所有从事翻译或研究翻译的人，都必须潜心研究它，才能精通它的转换手段。

1.3　超文本意义

表 1–1 只是囊括了文本内的各项意义。还有一个维度的意义含蕴在超文本中，我们称之为**超文本意义**。顾名思义，超文本意义就是指文本以外（beyond the text）的意义，也就是所谓"言外之意""弦外之音"。我们先看看例子：

(1) 昔者庄周梦为蝴蝶，栩栩然蝴蝶也，自喻适志与！不知周也，俄然觉，则蘧蘧然周也。不知周之梦为蝴蝶与？蝴蝶之梦为周与？周与蝴蝶，则必有分矣。此之谓无物化。（《庄子·齐物论》）

(2) 他的心意果真像空空的一张白纸或者混沌的一块石头吗？（叶圣陶《倪焕之二三》）

(3) You see, I always divide people into two groups. Those who live by what they know to be a lie and those who live by what they belive, falsely, to be the truth. (C. Hampton, *The Philanthropist*, Sec 6)

(4) Parents are the bones on which children sharpen their teeth. (P. Ustinov, *Dear Me*)

以上四个例子的"弦外之音"比它们的言内之意要丰富得多。庄子在《齐物论》里说了一个优美的故事：他竟然变成了一只蝴蝶！他的言外之意是说：人是可以化为蝴蝶的，一旦化为蝴蝶，你就不知道自己是谁了！蝴蝶很美，很超然，人不是照样可以做到吗？第二个例子是一个反问句，其实这个反问的弦外之音是"才不是呢！"第三句话说得很挖苦，说的是世界上的人不是靠撒谎活着，就是靠违心的所谓"真理"活着，言外之意是人其实都很无奈，很虚伪，也很虚弱，不能不靠自欺欺人活着。最后一句话的字面意思跟汉语里的"啃老"如出一辙,不过汉语里"啃老"的言外之意使人感到儿女一代的无奈,而英语里那句话中的"children"好像很自私,很可恶!

可见超文本意义是很有意思的,有时可谓"其味无穷",它的特点是**模糊流变,不确定性**(uncertainty)很强。世界上很多大作家的写作专门营造超文本意义,刻意构建"画外音"。像老子、庄子、莎士比亚、伏尔泰等等,都是长于言外之意的大师。美国的文学杂志《纽约客》(*The New Yorker*)的择稿标准之一就是要有深刻的超文本意蕴。总之把握超文本意义对翻译来说是绝对不能忽视的。

关于超文本意义和情态应该如何把握和翻译的问题,详见本书第五章,5.4节。

1.4　理解的文化障碍

除意义障碍以外,翻译理解的另一个"瓶颈"就是文化障碍(或文化心理障碍)。语言是文化的载体,语言中处处呈现或隐或现、半隐半显的文化现象,就是所谓"文化信息"。要理解这些文化信息,就要进行文化信息解码;很显然,如果不能解码或解码出错,就不能准确理解原文。

一、文化专名

语言中最普遍的文化专名有人名、地名、器物名、动物名、花草名、食品名、节气名、法令名以及关于习俗的种种表达法等。在英语中文化专名有些是大写的,有些并不大写(如 hip-hop,非洲裔美国人的说唱活动),因此要特别注意。遇到不理解的文化专名除了查找词典、参考书,没有别的办法,译者千万不要凭侥幸心理去猜想,更不能武断地"想当然"("想必如此"),一定要使翻译符合**特定的文化内涵**。

二、普通词语的文化专用

这是翻译最容易犯错的地方,实质上也是误在"想当然"。例如,美国报刊在选举年常常用一个词语"play in Peoria"；其中的 Peoria（皮奥里亚）显然是专名，是美国伊利诺伊州第三大城市。问题在这个短语中的"play"，它也是个文化专用词，指选举策略在 Peoria 市"玩得转""奏效"，这是美国大选时的一项预测指标，但很多人将这个词语错误地译成了"在皮奥里亚玩（了）一圈"，将 play 当成了普通动词。同样，也要注意不要看反了，把不理解的普通名词当作了专名。例如英美商界电报里说"Send Me Your Specs"中的 Specs 并不是专名，是普通名词"specifications"（规格表，明细表）的简称，结果被错译成"请寄贵公司特件"，将 specs 看成了"specials"的简写了。

普通词语的文化专用常常是望文生义的大陷阱。例如英美都有"off-election year(s)"，这个词组常常被媒体译成"非选举年"，正确的翻译应该是"非大选年"（美大选四年一次）。"非选举年"很可能引起误解，以为是"什么选举也没有"的年份，其实参院（六年一次改选）、众院（两年一次改选）都可能有选举。因此，翻译一定要紧扣**实际的文化内涵**，确实需要"明察秋毫"。

三、俚俗语和文化典故的解码

俚语是一种特殊的语言文化现象，在英美俚俗语很常用，一般因有特定的文化内涵而流行，因此翻译时不要只看文字表面（face value）。例如以下的俚语有些就与字面意义若即若离，有的相差很远，根据字面又很难析出准确的词义：

* out of the blue ⇨ 令人震惊（一说来自"out of a clear, blue sky"）
* out of the loop（not in the loop）⇨ 局外之人，圈外之人
* freebie（freebee, freeby）⇨ 免费的东西（如餐券、入场券等）
* cakewalk ⇨ 轻而易举的事（据说源自一种竞赛舞步，优胜者以蛋糕获奖）
* the second shift ⇨ "第二茬"（与第二任夫或妻生的孩子）

俚语一般来自特定的文化群体，是一种充满活力的大众语言，这大概正是俚语"理据难寻"的原因。但无论如何，翻译必须尽一切努力，把

握它的文化意义内涵；在大众语言、市井语言中寻找语义线索（semantic clue），并紧扣上下文，就不难析出它的意义。

文化典故一般出自典籍、名著、畅销书、民间传说或重大社会事件，一般是可以找到出处、析出语义的。注意以下典故的意义和出处：

* "Rose is a rose is a rose is a rose" ⇨ "玫瑰是玫瑰也就是玫瑰"；"玫瑰毕竟是玫瑰"，源自小说 *Sacred Emily*（作者是 G. Stein），意思是完美之至、无可置疑的事物；有时有诙谐的贬义，相当于汉语的"完美得一塌糊涂"。
* girl Friday ⇨ "man Friday"（男仆），源自英国作家笛福的《鲁滨孙历险记》，"girl Friday"是仿制品，意指现代的女秘书之类。
* Give me liberty or give me death ⇨ 不自由毋宁死，源自 Patrick Henry 在 1775 年的演说词。
* One riot, one ranger ⇨ "每一场暴乱，派一名巡警"，据说来自美国德州流传的故事。有一次发生了暴乱，警方就派去了一名警察，在场的人问他，"怎么就你一个人？"这位巡警回答得很有趣："不就是一场暴乱吗？"这句话后来就成了德州警方的格言，表现出了德州人面对危机时的淡定。

四、文化心理障碍

文化心理是语言中最微妙的因素。西方很多书报中有关于龙的恶意描写，其中有些暗含反华意识，但很多并无特别的政治色彩。西方人传统上就认为龙是令人恐怖的东西。事实上，民族文化心理在语言中的反映是很普遍的，比如色彩，西方人认为红色表示凶险，与东方人的文化心理恰恰相反。花朵的含义在各个国家也都有所不同。话语情态常常反映不同人的文化心理，比如英国人很喜欢说说幽默话，挖苦法国人、美国人，但法国人、美国人常常觉得一点也不好笑。有一则英国笑话说，有位英国律师在法国执业，他的法国女客户对他说 "Well, good-by, I will drop in on you some time（好吧，再见了，我有时间会去看你的），"这位英国律师连忙回答道："All right, but make it in the daytime, please（可以可以，不过请在白天来）。"

英国人是借此讽刺法国人浪漫，法国人则认为这正好反映了英国人固有的拘谨。话语情态反映文化心理时，翻译的用词遣句就需严谨一点，尤其不应掺杂译者个人的态度。这时翻译的原则仍是**实事求是，注意分寸**。我们关注的中心是，译者要有慧眼慧心，努力排除对原语理解产生干扰的文化心理障碍。

1.5 翻译理解的对策论

分析了意义的复杂性和文化心理障碍，就为翻译学的**理解理论**提供了重要条件，因为一般说来，理解的关键在于成功的意义解构和语言文化（包括审美情感等）解码：前者是第一关，后者则是第二关。

翻译的理解是一个**认知过程**。在这个过程中，译者的认知机制对原语（SL）符号下的语义内容进行了译语（TL）语义转换，从而使 **SL 语言符号**转化成了 **TL 语言符号**下的 **TL 语义内容**。具体而言，理解过程包括以下的对策要点：

第一，突破字面，把握意义。

意义寄寓在语言符号之中，因此要把握意义，就必须突破符号表层，由表及里，探究底蕴。语言符号只是一个外壳，意义则是外壳包裹下的内容。与此同时，外壳又是内容存在的必然条件，没有外壳，内容就没有了依托，所以语言符号又是特定意义赖以依存的特定表象。因此，所谓**理解**，也就是实现以下的流程：

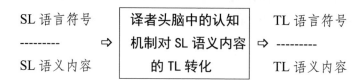

实际上，意义也是文本发展的内在推动力，即中国传统文体学所谓的"文脉"，意义发展的脉络也就是文本扩展的内在线索。

第二，紧扣背景（历时），把握当下（共时）。

理解不是对空中楼阁的"玄想"，被理解的客体都有一个历时的纵坐标和共时的横坐标，因此理解永远离不开这两个坐标的综合观照，只有这样，才有可能获得对词语与文本意义的正确理解。日常生活中的叙旧常说"那年头，买辆车不容易"，在这个"车"的历时坐标上所指肯定不是现在昂贵的"节能车"，而在它的共时坐标（就是当下所指）中则肯定不是指"自行车"。有了这两个综合观照，理解已经大致不离"一般家用小汽车"。翻译中遇到理解问题其实也一样。当然，译者首先想到的是当下意义，这当然没错。但一定要想到：在原作者写作的年代又是怎样的情况呢？例如"lord"的当下意义通常指"君主""老爷""上帝"等等，但在莎士比亚笔下呢？在培根笔下呢？在洛克笔下呢？这就必须要紧扣他们的历史背景了。英国很知名的语言学家 Eric Partridge 编过一本很有意思的词典 Dictionary of Historical Slang（1986），就是帮读者解决这类问题的。

第三，把握情态，抓住意蕴。

语言常常伴随情感、情绪、心情、态度及种种言外之意，因此我们的理解不能只顾表面语言之所指，必须看到语中之情、言下之意，千万不要"浅尝辄止"。把握住情感的翻译与只顾字面的翻译有时相差很大，例如古希腊的喜剧家米兰德（Menander, c342–292BC）说过一句话（见下），在西方知识界很流行。带情感的翻译（c）与不带情感的翻译（a 和 b）有很大区别：

We live not as we wish to, but as we can.
（a）我们活着，不是愿意活着，而是我们能够活着。
（b）我们活在世上，并不取决于我们的愿望，而是取决于我们的能力。
（c）不是我们愿意这样活着，而是我们只能这样活着。

大概，当一个人**带着苦笑**说这句话的时候，他只能选择最后一式。可见，翻译中有情感的意义审美与没有情感的意义审美在表现上的差别可以是很大的。

第四,把握全局,探及深层。

因此,看来理解有一个超越表层语言障碍的问题。这时,译者不能只顾一词一句、一篇一段,而必须看到全局,包括时代、背景、环境、情景、世情、人事等等,不一而足,总之是把握全局,探及深层,如表1-2所示:

表1-2 不同理解层级

	层 级	特 征
结构式理解	表层翻译:零超越〔偏重外在结构的直接表现,与SLT"亦步亦趋"〕;传统上称为直译	①执着于表层因素(形式结构、语序、形态变化等等)的对应表现 ②忽视SLT文本内在的心理意义格局和内容 ③忽视发挥符号解释者的功能 ④基本特点是追求形式上的"等值"
功能式理解	中介层翻译:一般意义上的超越〔偏重对指称意义的解释与SLT"若即若离"〕;传统上称为兼译(直译与意译的调和)	①仍未放弃表层双语对应的努力 ②注意到解释者应发挥的功能,但仍不能把握SLT文本的心理意义结构(格局和内容) ③力求调和双语的读者文化接受 ④审美上仍未放弃"形式转换"的努力,但效果不佳,只求最大容限
	深层翻译:把握意蕴,实现积极意义上的超越〔注重内在关系的动态表现,与SLT"离形得神"〕;即梁启超所谓"圆满调和",适应于难度大的转换:必须超越浅层面的理解	①表层结构是意义的依据,但它只是形式载体,不是实体,通常只有认识论意义 ②注重内在的心理意义分析及其在SLT中的动态表现:意涵或意蕴 ③注重符号解释者的功能发挥,力求实现意义与意蕴的理想整合;不排斥形式的本体论意义 ④整合的必然结果: (a)心理意义结构(格局和内容)的充分把握,意蕴得以体现 (b)注重TLT表现法的审美优化 (c)重视目的语读者的文化接受 (d)达到了传播的效果和目标

总之，在认知语言科学中，理解（comprehension）标志着意义获得的完成。特别是在语内的语言交流中，理解常常伴随情景，特别是谈话双方的声调和表情，因此意义的完全获得具有比较充分的伴随条件。而在翻译中，理解的"完全获得"就不是那么容易了，一则由于翻译涉及双语，二则译者除了眼前的**文本**，没有别的伴随条件作依据。但话又要说回来，**正是由于有了文本，使得我们可以从中分析出情景、情境、情感、语气、语调、意蕴等等来，作为翻译表现的依据。**对此，法国有位翻译家说过一句很俏皮的话："只要有文本，翻译家餐桌上就会既有面包，又有牛油（Give him a text and there will be bread and butter on a translator's table）。"

因此，就翻译而言，可以说：**对文本的透彻理解决定一切。**

第二章　新闻报刊文体

2.0　概述

在现代生活中，信息传播在各方面都起着关键作用，精通新闻文体翻译是翻译者必须具备的专业业务能力。

2.0.1　新闻报刊文体的范畴

英语新闻报刊中使用的语体种类（Varieties）比较广泛和丰富多样。报刊中的文章体裁通常包括新闻报道、新闻电讯、社论（述评、评论）、特写、学术性或科技性文章、文艺性作品、广告类文字材料等等。报刊上也经常刊载政府机构、国际国内组织或团体的公报、公约等法律文书。因此，显而易见，不论在英语或汉语中实际上都不存在任何"统一的报刊文体"。英美新闻理论一般按新闻报刊材料各体式所具有的"纪实性"（Factualness），即某一类材料包含了多少"事实"（Fact）或"消息"（Information），将新闻文体分成三个梯级。第一个梯级为新闻电讯和报道（News Reporting），或称 Pure Hard News（纯硬性新闻），"纪实性"最强。第三个梯级为纯软性新闻（Pure Soft News），"纪实性"最弱，"娱乐性"（Entertainment）最强。中间梯级范围最广，"纪实性"与"娱乐性"兼而有之，而且二者之间的比重又千差万别。中间梯级的各式文章在英美报刊中有一个含义比较广泛的名称，即特写（Feature Articles，简称 Features）。

"特写"的形式繁多，可以笼统地分为两大类即"报纸特写"（Newspaper Features）与"杂志特写"（Magazine Features）。各式特写在某一通讯社或某一著名报刊中的名称也各不相同，一般有新闻专题报道（News Stories）、采访（Interviews）、人物介绍（Personal Profiles）、每周专文（Weekly Essays）、各类述评或杂议（Opinion Pieces）等等。目前，就题材范围而言，英美报刊特写常融新闻、科技、文化生活、历史知识等等于一体，讲求 Information 与 Entertainment 的结合。

本单元所论述的新闻文体不包括报刊中的学术性或科技性文章、文艺性作品、广告类文字材料。这些材料所涉及的文体问题将分别在各有关单元中加以论述。

2.0.2 新闻报刊文体的特点

一、报刊英语的用词问题

英语新闻报刊词汇中，有大量所谓"新闻词语"（Journalistic Words），这些词语用在报刊中，在特定的上下文限制下，常带有新闻文体的特色，具有特定的含义，如：

  media（the press and TV network 宣传工具，主要指报刊和广播电视）
  story（a news item, e.g. a news dispatch, report, etc. 一则新闻）
  boost（increase, raise 增加、提高）
  situations（a status symbol 社会地位的标志，如权势等）
  stance（stand 姿态）
  bust（arrest after planned operation 搜捕）
  glut（oversupply 供过于求）
  woo（seek to win 力求博得……的欢心）
  bonanza（any source of great wealth 宝库，常指资源）
  nadir（the lowest point of relationship between two countries 两国间关系的最低点）
  oil crunch（oil crisis 石油危机，石油短缺）

compromise plan (a plan for the settlement of differences between two conflicting sides 折中方案)

英语报刊文体常有以下用词倾向：

（一）出于宣传效果的考虑，新闻文体用词竭力追求新奇（Novelty），因而使用种种"招眼的"（Eye-catching）用词手段。如：

(a) Following eyeball-to-eyeball consultations with the butcher and the baker and the grocer on the tube, she hits a button to commandeer supplies for tonight's dinner party. (Time)

句中的 eyeball-to-eyeball 是 eye-to-eye 的夸张手法。夸张法（Hyperbole）至今仍是新闻文体追求用词新奇的主要手段之一。

(b) When the Good Samaritan and I informed the woman that an ambulance was on its way, she perked up, saying that she did not want an ambulance but would like to go home. (New York Times)

句中的 Good Samaritan 出自西方寓言，源出《圣经》，指"乐于助人者"，Good 也可小写。用典故词可以使句子产生新奇感，增强趣味性。

(c) As a result of his hawkish stance and the hardline position taken by a number of other officials, the dispute became enormously magnified. (Time Weekly)

句中 hawkish 是形象比喻词（Figurative）。形象比喻词在新闻文体中用得极为普遍，如 moral blood-hound（"道德猎犬"）在美国报刊中用以喻"卫道士"，常有贬义。

(d) At long last, ordinary people as well as economists and portfolio managers saw that our economic engine would soon lose its head of steam. (USA Today)

句中 engine 与 steam 都是借喻词（Metonymy），前者借以指 mechanism（机构、结构），后者指 energy（能量）。以非常具体的词代替比较抽象的词，是新闻记者追求用词新奇的另一手段，如借

heart 指 love，借 pen 指 writing，借 pickax 指 mining，等等。

(e) Crime is perhaps the most egregious manifestation of today's miasma but even rudeness in the streets and disrespect for the law are subtly destructive. (The Christian Science Monitor)

句中 egregious 与 miasma 都是很生僻的词。记者使用前者代替了一个很通俗的词 outstanding，使用后者以代 poisonous atmosphere。使用生僻奇崛的词（Outlandish Words）常有舞文弄墨以吸引好奇的读者的意思。

(f) These people are scoundrels and hypocrites. They take a young potential scholar and make a cheater out of him. (U.S. News & World Report)

句中 take 是俚语，意思是"to deceive or trick a person"（DAS）。英语报刊中使用俚俗语倾向已越来越明显和突出。报刊使用俚俗词语的趋势恰恰是使用生僻奇崛词语倾向的反面。这两种倾向的并存，目的都是为了追求新奇，吸引读者。使用俚俗语还可以迎合读者的"阅读趣味"（Reading Taste），广揽读者。

(g) With the use of this chart, those "yah, ha-ha-got-it-wrong-again" remarks from the weather-conscious public won't trouble them too much any more. (Newsweek)

句中"ha-ha-got-it-wrong-again"是一种形容词性自由连缀词组（Adjectival Formations），在句中用作前置定语的时候最多，如在上句中的意思是："那种'哈哈，你们又预报错了'的议论"。使用这种自由连缀词可以使句子很生动、俏皮（Jocular），还可以简化句子结构。

总之，新闻文体倾向于用字求新，以加强新闻的宣传效果，强调词（夸张词）(a)、典故词 (b)、比喻词 (c)、借喻词 (d)、生僻词 (e)、俚俗词 (f)、联缀词 (g) 的广泛使用，都是出于求新的目的。

为标新立异，"出语不凡"，英美报刊最常用的手法是造词（Coinage）。以下是新闻体新词（Journalistic Neologisms）的几种类型：

(a) Derivation and Affixation（派生和附加法）

supercrat（bureaucrat in the highest position 高级官员）

povertycray（those in charge of poverty programs 美国主管赈济城市贫民计划的官员）

splitsville（the situation where a couple are about to enter the state of holy divorce 处在正式离婚边缘的夫妇）

moneywise（with regard to money 在金钱方面）

rapee（the victim of a rape 强奸受害者）

(b) Composition（合成法）

worldwide (cf. nationwide): world-wide（世界范围的）

youthquake: youth-quake（美国六十年代的青年运动狂澜）

yearlong: year-long（长达一年的，～地）

thumbsuck: thumb-suck 安抚（原指婴儿吸吮大拇指以忘记饥渴）

(c) Acronym and Clipping（缩略及拼缀法）

Reaganomics: Reagan-economics 里根经济学

Ameritocracy: American-aristocracy 美国式寡头政治统治

attrified: attrition-atrophied 由于长期消耗而萎缩的

WASP: White Anglo-Saxon Protestant 美国社会中祖先为英国新教徒的白种人；美国的所谓"社会中坚"

VIP: very important person 要员，大人物

(d) Sense-shift（词义转变）

upper（a stimulant drug 一剂麻醉药）

umbrella（a nuclear umbrella 核保护伞）

Mafia（mafia: any clique, esp. underworld 地下秘密组织，原指意大利人在美国的秘密贩毒集团，即黑手党）

throwaway（wasteful 浪费成风的）

streetwalk（to walk without an effort as if window shopping in the street 毫不费力地走过场，原指"沿街卖笑"）

英美新闻报刊为追求用词的新颖，还经常使用外来语，有些外来语已被吸收。如：Zen（佛教的）禅宗，源出日语；rapport（rapprochement）两国之间的亲善关系，源出法语；schmuck 蠢货，源出意第绪语；macho 具有伟男子气概的，源出墨西哥西班牙语，等等。

（二）英语新闻文体用词的另一个显著倾向是广泛借用体育、军事、商业、科技、赌博以及文学、娱乐业等等方面的词语，其目的是力图反映现代新闻语言与当代现实生活的"融合性"；力图适应各种阅读趣味，唤起各类读者的"亲切感"（Sense of Togetherness），比如：

(a) US airlines accused SIA of selling below-cost airtickets in an attempt to strengthen its foothold in the Pacific service. (Reuter)

句中 foothold（据点）是军事术语。

(b) As pressure on the dollar mounted last week, U.S. officials went to lengths to emphasize the underlying health of the U.S. currency, while readying a short-term operation. (Newsweek)

句中 operation 是医学词汇，与 health 呼应。

(c) Moreover, given data as well as sound analysis, the odds for predicting near-term pressure and conditions are considerably greater. (USA Today)

句中 the odds（高尔夫球击球机会）是体育用语，此处表示成功的"可能性"。

(d) A survey throws 16 pages of individualistic recommendations from our deputy editor to Mr Reagan's new administration. Some should be interpreted in a Pickwickian sense, but four serious arguments emerge for Christmas. (Economist)

句中 Pickwickian 是文学用语，源出狄更斯的名著 *Pickwick Papers*（1837）。

(e) The intermezzo between the first and second sessions of the conference steering committe was in any sense unpredictable. (AP)

句中 intermezzo（间奏曲、插曲）是音乐词语。

(f) It is even less certain that the Congress would back him in a showdown with Mr Begin. (The Christian Science Monitor)

句中 showdown（摊牌）是赌博用词。

(g) A package deal is impossible on each of these four battlefields. What people want is a government which can do most things more right than wrong. (UPI)

句中 a package deal（一揽子交易）是商业用词。

英语新闻文体用词最为广泛，几乎没有一种社会行业的用语不被新闻电讯、新闻评论以及各种体裁的特写所吸收、采用，特别是军事术语或用语、科技词汇及体育用语在新闻文体中最为活跃。在这方面美国报刊尤为突出，美国新闻报道经常出现以下取自体育、赌博的词语，如：dark horse（取自赛马，指出人意料的获胜者），go to bat（取自棒球，指摆脱困境），throw somebody a curve ball（取自棒球，指虚晃一招、行骗）。取自棒球赛的还有 carry the ball（负起责任），get to first base（取得初步成功），hit and run（驾车闯祸以后迅速逃离肇事地点）。取自拳击赛的有：knockout（被击败），throw in the sponge（认输或投降），a blow below the belt（致命的一击），be on the ropes（岌岌可危），等等。取自赌博的词语如：call someone's bluff（诱使某人摊牌），stack cards against someone（使形势对某人不利），have an ace up one's sleeves（有一个锦囊妙计），ahead of the game（处于取胜地位），play for high stakes（下大赌注），hit the Jack-pot（获得大笔赌注，取得巨大成功），等等。

（三）新闻文体中套语及陈俗语（Cliché）很多，这是与用词求新并行的一种倾向。这两种倾向的并存与新闻业务工作的特点有密切关系。新闻报道与特写要求吸引尽可能多的读者，因此用词必须求新；同时，新闻工作又不容许以分秒计的延宕，因此新闻稿件的撰写者必须以最敏捷、最驾轻就熟的表意、叙事方式进行写作。时间的紧迫性迫使新闻稿件的撰写者使用"worn-out figures of speech"（陈词滥调），并墨守一定的写作程式。

由于新闻业务工作要求严格的时效性，因此要在新闻文体中洗刷

cliché 是十分困难的。目前美英新闻界正在作出很大的努力，比如以下陈词滥调在现代新闻文体中已不用或很少见：Father Time（时间老人），Mother Nature（自然之母），irony of fate（命运的嘲弄），paradise flowing with milk and honey（遍地流着奶和蜜的天堂），armed to the teeth（武装到牙齿），wee small hours（午夜一二时），tide of battle（战斗的趋势），the order of the day（司空见惯之事），the foreseeable future（在可以预见的将来），bolt from a clear sky（晴天霹雳），等等。但是，正如上文所说的，由于新闻报道业务的特性（时效性很强、工作量极大），要在新闻文体中洗刷 cliché，殊非易事。常见的情况是旧的 cliché 一经洗刷，新的 cliché 又已产生。比如，英美新闻界有人指责"dramatically announced"中的 dramatically 是 cliché，于是记者们用 melodramatically 来代替 dramatically。后来又有人指责 melodramatically 是 cliché，新闻编辑只好用 sensationally。目前又回到原处，常用 dramatically。

新闻体中的套语不同于陈俗语。套语表达某种新闻的叙事程式，使用起来比较简捷，许多套语已成为同业及社会上约定俗成的表达方式（Set Expressions）。掌握约定俗成的行业套语，在某种意义上可以起到保证新闻工作效率的作用[①]，对翻译也是如此。新闻套语难以数计，如：according to（eyewitness, AP reports, sources concerned, etc.）据（目击者、美联社、有关方面等）报道，informative sources 消息灵通人士，with guarded reserve 持审慎态度，in a rebuff to the ... charge 在驳斥……的指控时，No comments 无可奉告，on the brink of a breakthrough 即将取得进展，quoted as saying（cited as saying）援引……的话说，in response to allegation in *The New York Times* 就《纽约时报》的提法发表评论，Not so, not yet 不置可否，等等。

二、报刊英语的句法特点

就句子结构和行文程式而言，英语新闻文体具有以下特点：

（一）英语新闻报道通常采用所谓"扩展的简单句"（The Expanded Simple Sentence）。简单句常常可以使读者思路更清晰。使用简单句也使记者易于在短时间内将事实交代清楚。特别是，连续使用简单句，使句与句之间不致产生行文上的纠葛，有助于明白地叙述事件的发展，使事件发展和叙述的层次感增强。将简单句加以扩展的办法是使用定语、状语、同位语等补加成分。在大多数情况下充当定语和状语以扩展简单句的是介词短语及分词短语，不定式短语也常用以表示目的、意图及行为结果等等。如：

Fire in Lagos destroys foreign ministry offices

LAGOS, Dec. 15（Reuter）—

　　The Nigerian foreign ministry's offices were completely destroyed by a fire in the centre of Lagos Monday night. • 扩展的简单句

　　Eyewitnesses gave conflicting reports about the number of people injured in the blaze, which firemen suspect was caused by an electrical fault.

　　One fireman said four people had been rescued from the ministry suffering from minor injuries.

　　About 100 firemen were unable to prevent the blaze spreading to buildings beside the seven-storey ministry. • 扩展的简单句

　　The foreign ministry, which lost many valuable records in the blaze, was due to be moved to a new site shortly.

　　The building, completely guted by the blaze, also housed offices of the information ministry and the ministry of science and technology. • 扩展的简单句

　　（二）英语新闻文体倾向于用主动语态，辅以被动语态。使用主动语态叙事可以使读者产生一种"直接感"（Directness），使叙述具有无可置疑的"直言不讳的效果"（Straightforwardness）。比如：

Stock Falls in New York

The Active Voice: SV + adverbial modifiers ditto	NEW YORK, July 1(AP) — Stock prices slumped Tuesday amid conflicting economic signals in Washington. The Dow Jones average of 30 industrial stocks, after giving up more than 22 points in the previous four sessions, was down another five points half an hour before the close.	• 主动式 • 扩展简单句 • 电文中各句均同上句基本结构模式
SV + adverbial modifier	The Dow Jones average gainers of 30 industrials fell 7.71 to 976.88.	
SVO + adverbial modifiers ditto	Losers outnumbered gainers by a two to one margin on the New York Stock Exchange. Volume totaled 41.55 million shares, against 37.93 million in the previous session.	
SV + adverbial	The Exchange's composite index fell 0.44 to 76.14.	

新闻报道文体句子的基本句式是：
SV：Subject + Verb（主语+谓语动词）
SVP：Subject + Verb + Predicative（主语+谓语系词+表语）
SVO：Subject + Verb + Object（主语+谓语动词+宾语）
从以上三式看，新闻体语序英汉大体相同。

（三）英语新闻报道文体广泛使用直接引语与间接引语。使用引语的目的是使报道具有"最大限度的客观性"（Maximum Objectiveness），使读者确信记者并未掺杂个人的观点。如：

Opposition blames US-Israeli accord

1. JERUSALEM, Dec. 2 (Reuter) —Leading opposition politicians on Tuesday criticised Israel's new strategic cooperation agreement with the United States, labelling it as meaningless, unnecessary and in one case dangerous.

2. The agreement calls for a joint US-Israeli military council to plan sea and air manoeuvres, as well as the stockpiling of unspecified US military equipement in Israel.

3. The agreement makes it clear that military co-operation was aimed only at Soviet or Soviet controlled aggression from outside the region.

4. Sharon said, "we do not need direct American involvement in our dispute with the Arabs and have always said we are not interested in foreign soldiers fighting our battles."

5. However, former Prime Minister Yitzhak Rabin of the opposition Labour Party, said the agreement was too hasty, unnecessary in its present form, and meaningless unless it was approved by the US Congress.

6. Victor Shemtov, leader of the Labour Party, said the new accord was actually dangerous for Israel.

7. "For the first time in our history, we have undertaken to operate against a world power, the Soviet Union, while there are questions about American promises to Israel," he added.

8. Earlier cabinet sources said that some ministers including Foreign Minister Yitzhak Shamir, had been unhappy with the agreement because it stated that it was specifically designed to curb Soviet threats to the area.

9. But the sources said the United States had insisted on this point to reassure the Arabs that the pact was not aimed at them.

10. The Labour Party said it intended asking the government for a full copy of the pact to study before a vote on the agreement in the Knesset (parliament).

上则新闻报道一共十段，其中除第一段（导语）外，其余九段都是不同类型的引语。其中，两段是直接引语，五段是间接引语。另两段属于"概括性或总结性转述"（Generalized or Summative Allusions），即第二段"the agreement calls for"以下文句和第三段"The agreement makes it clear that"以下文句。在许多情况下，这类转述的具体措辞也大体取自电文中提到的协议、声明、公报、谈话等等。这一点英汉新闻文体是一致的。

（四）从文体学的篇章分析（Discourse Analysis）角度来看，英美新闻写作（Journalistic Writing，包括消息、评论、各种报道性述评及专稿）的基础是"消息"写作（News Writing）。

英美消息写作遵循以下篇章发展程式：

（a）导语（Lead），一般以尽量简明的表述方式概括主要事实或提引主要事件。

（b）导语以下各段按事实的重要性递次发展，呈"倒金字塔形结构"（The Inverted Pyramid Format）。消息内容要求尽可能解答五个 W 和一个 H 的问题，即：

  What 何事？——发生了什么事？
  Where 何地？——在什么地方发生的？
  When 何时？——在什么时间发生的？
  Who 何人？——事件牵涉到什么人？
  Why 何故？——事情为什么会发生？
  How 如何？——事情是怎样发生、发展的？

由于导语以下各段是按事实的重要性递次安排的，因此，连接段落的主线不是事件发生、发展的先后，而是事实的重要性。新闻报道这种特殊的篇章结构是由新闻业务的特点决定的：排版员可以根据篇幅随时截短。试分析下则新闻：

文体与翻译

标题	Marcos orders emergency aid in **17** provinces	
导语:	MANILA, Philippines, Dec.2 (UPI)— President Ferdinand Marcos on Tuesday ordered emergency relief measures for 17 provinces where 408 lay dead in the devastation of typhoon Irma.	主要事件概述: 何人、何时、何地、何事、何故
第二段:	The 64-year-old Marcos ordered police to arrest hoarders and profiteers who sell foodstuffs, construction materials, and other essential materials above decreed prices and said violators should be severely punished.	对主要事件的解释或阐述(导语的深化)
第三段:	Irma struck the rice and coconut producing regions on the main Philippine island of Luzon with powerful peak winds of 240 kph, in the strongest storm since typhoon Sening, which killed 575 people in 1970.	何事、如何(后果)
第四段:	Irma destroyed houses, uprooted trees and crops, washed away roads and bridges, knocked down power and communication lines, and triggered massive flooding.	何事、如何(后果)
第五段:	The typhoon also whipped up a 50-foot high tidal wave as it smacked the Philippines on November 24. The wall of water crashed down on scores of villages in Camarines Sur Province 240 (kilometres) southeast of Manila.	次要事件概述: 发生在主要事件之前: 何时、何地、何事
第六段:	The Ministry of Social Services said Tuesday the tidal wave itself killed 187 people; the total death count in the storm has risen to 408, the tidal wave victims included.	

上则新闻共六段。第一段是导语。导语至第四段叙述主要事件；第五段与第六段叙述另一个发生在主要事件之前的次要事件。每一事件均包括"五个 W 和一个 H"。如报纸版面篇幅不够，编辑即可截去第五六段或第六段，即比较不重要的部分。

（五）英语新闻文体不论是新闻报道（News Reporting）、新闻分析（News Analysis）还是新闻特写（News Features），都要求新闻撰稿者排除个人感情和倾向性，保持客观性。因此新闻文体要求用平易的英语（Plain English），忌用夸张的形容词和副词，忌用激情的文句。许多新闻稿件中很难找到一个不必要的描述形容词或副词，极少使用感叹句和祈使句。20世纪 60 年代中期以来，英语新闻文体中已越来越多地出现口语体词汇及俚语，行文也越来越接近谈话体（Conversational Style），这可能是由于 mass media 的日益发展，新闻稿必须适应口语化的广播电视稿的需要。

2.0.3 新闻报刊文体的汉译要点

一、准确翻译新闻词语

英语新闻文体用词范围广、变化多，特别是新词语层出不穷。这是因为新闻报道涉及社会政治生活、金融商业活动、军事冲突、科技发展、外交斗争、文化体育动态以及宗教、法律、刑事、家庭等各个方面的情况。可以说凡属人类的物质世界、精神世界以及自然界所发生的一切事件无一不在新闻报道的关注之中。面对题材范围如此广泛的报刊新闻材料，翻译者必然会遇到词语不熟的问题，此时应倍加谨慎，力求准确地译出各行业使用的词语。例如英国报界在报道法律诉讼新闻时，常用 recorder 一词。不了解法律业务的新闻翻译人员就很可能将它译成"记录官"，殊不知这是望文生义。Recorder，在英国法律名词中的词义是"法官"，主要指"刑事法官"。Recorder 在法律术语中还可用以指"律师"或"事务律师"。究竟是指"法官"还是"律师"取决于上下文。Proceedings 在刑事或民事法律新闻中也经常被译者误解为普通术语，而将它译为"程序""手续"等。其实它是一个法律名词，指具体的诉讼案件，可译成"诉讼"。为准确翻译词浯，译者必须细查词典，包括专业词典或参考书。

在新闻翻译中还会遇到大量英美新闻习用词语，这些词语在记者笔下常常具有特殊含义，翻译时宜细加推敲与甄别，以求析出它的准确含义。比如英美报刊的常用词 scenario 来自意大利语，原义是"电影剧本"，现在成了一个新闻报道中常用的习语，指"活动计划""办事程序"或"解决某一问题的方案"等等；又如 regimen 已经不是"政体"，而是"一个人的生活作息制度或保健措施"。

在新闻文体中每天都可能出现新词。翻译者遇到新词语时必须尽力查询，寻找词义理据（参见 3.1.2），并紧紧抓住上下文，经慎重推敲判断出词义后，可采取试译加原文（用括号）的方式，普通名词、新词最好不要取音译法。

二、坚持严谨的翻译态度与作风

"新闻英语"（Journalese）在文体学家眼中属于贬义词，原因是新闻文体"充满陈词滥调，充满含混的词，夸夸其谈，模棱两可"[②]。但作为翻译者，我们不能因其浮华（Slick）与粗俗（Rough）而掉以轻心，对我们来说，翻译新闻报道是一件非常严肃的工作，不能因为原文的语言质量差而敷衍塞责。

在英美新闻报道中经常可能遇到新词语及句子结构松散（Loose Structures）的文句和"拙词"[③]。这时，我们的原则是重内容，而不必拘泥于语言形式。在大多数情况下，原文句子结构虽然松散，但含义往往还是明白的。遇到含义不明白的松散词句，则可以直译加注，说明"原文如此"。但这必须是在译者反复研究了原文，最好与有关专家商讨以后采取的权宜之计。

三、翻译新闻报道时，汉语译文不宜太俗或太雅

总的说来，英语新闻文体属于 General English（通用英语），即 Standard English（标准英语）的主体层[④]。近十余年来，英美新闻报道有接近谈话体英语（Conversational English）的趋势，但与口语体英语（Colloquial English）[⑤]仍有明显差别。另一方面，总的说来，大多数新闻体裁所用的英语并不是正式英语（Formal English），尤其不用庄严体（The

Frozen Style）正式英语。

现代汉语新闻文体应该是我们翻译英语新闻文体的准绳。"过俗"与"太雅"均为新闻所忌。

四、一般说来，各类新闻体裁的作品都以提供"事实"或"消息"为目的，避免使用带来强烈感情色彩的词语

翻译时应密切注意原文的语调。除非顺应原文的需要，翻译新闻材料应避免使用感叹句，忌用汉语感叹词。在任何情况下译文中都不应掺杂译者的爱憎、讥笑及嘲讽等个人感情。译者与原作者一样，也应当是一个"calm fact-teller"（冷静的叙事者）。

2.1 翻译的基本策略是解释：兼论直译与意译

说到底，翻译的基本策略（或对策）是**语际的意义解释**（meaning interpretation），就是用译语解释原语的意义以及由意义伴随的情感，也可以说是用译语来为原语**达意传情**。这叫对策论（strategy）；用什么具体方法去达意传情呢？这样就引出了一个直译、意译和音译的问题，这叫方法论（methodology）。

2.1.1 语际转换模式

直译、意译与音译（Transliteration）是翻译的方法论问题。三者之中以前二者涉及的问题较多。直译与意译是翻译理论上的重大课题，也是翻译实践中一个最基本的课题。

如上所述，翻译是语际的意义转换，翻译任务的基本特征是以译文表达原文的含义和情态，即达意传情。如何做到有效地表达原文的全部意义和情感，就必然要牵涉到方法论研究。翻译方法论的基本任务是研究在语际转换中如何在**以原语为依据**的条件下**发挥译语的优势**（the advantages of the receptor language）⑥，使译文既忠实于原文，又具有与原文相适应的可读性（readability），最好还能做到与原文在形式上的近似。概而言之，翻译的任务第一是忠于原文的内容实质⑦，第二是使译文的通顺程度及情态风貌与原文相应，第三是尽可能做到贴近原文的形式——实际上，好的译文正是三者的统一，而不是顾此失彼。

为完成上述任务，翻译者的主要手段是直译和意译。而在直译和意译中，直译又是基础，意译是对直译的必不可少的辅助和补充。直译和意译存在于对立的统一中，缺一不可，而其目的就是实现用译语对原语进行**意义的解释**。从翻译实践来看，情形也是一样，常常是一句之中既有直译，又有意译。

为什么说直译是基础，意译是对直译必不可少的辅助和补充？要弄清这个问题，我们必须先探讨一下英汉双语语言转换的基本模式。

模式 I：概念（深层结构）对应，所指同一，表达形式（表层结构）大体对应 ⇨ 契合式 Correspondence

模式 II：概念（深层结构）并行，所指并行，表达形式（表层结构）大体并行 ⇨ 并行式 Parallel

模式 III：概念（深层结构）阙如或相左，所指相异，表达形式（表层结构）各不相同 ⇨ 冲突式 Confliction

模式 IV：概念（深层结构）替代，表达形式（表层结构）相替 ⇨ 借代式 Substitution

契合式（模式 I）双语转换的可能性最大，一般说来，也最可靠、最普遍。原因之一是语言接触（Language Contact）中的互相渗透。但最基本的原因是人类对客观世界和主观世界的认识（或体验）往往具有相对的一致性，而这种相对一致的认识在漫长的历史发展和语言接触中又经常在互为补充，互相修正，共同深化，共同演进。思维逻辑的相对一致性导致语言表述逻辑的相对一致性。操两种语言的民族由于这种对客观世界的万事万物的认识具有相对一致性，同时，在用语言对认识加以表述时的基本形式又具有相对一致性，因此，在对这两种语言进行转换时，就会出现二者契合的广泛的可能性。这种情况最突出地表现在同语系

（Language Family）的语言之间；在不同语系的语言之间，契合也非常广泛。比如汉英两种语言在表达上的契合，有时可以达到惊人的地步。如：令人心碎的⇨heartbreaking，使人瞠目的⇨eye-popping，勒紧裤带的政策⇨a belt-tightening policy，等着瞧的态度⇨a wait-and-see attitude，隔墙有耳⇨Walls have ears，有朝一日⇨There will be a day，渴望学习⇨thirst to learn，培养兴趣⇨cultivate interest，报失⇨report the loss，破案⇨crack the case，等等。

英汉在语序与句式上的契合，有时也达到几乎"亦步亦趋"的地步，如：

（a）Two plus two equals four.
　　二　加　二　等于　四。
（b）Partly as a result of the recently increasing demand,
　　部分　由于　　　最近　日益增长的需求，
　　wholesale tea prices have almost doubled.
　　批发　茶价　已　几乎　翻了一番。
（c）I read his letter with both surprise and excitement,
　　我读到他的信（时）既　惊　又　喜，
　　surprise because he is still around, excitement
　　惊的是（因为）他　还　健在，喜的是
　　because he didn't ever forget me.
　　（因为）他　一直　没有　忘记　我。

当然，以上列举的只是比较理想的契合式。英汉毕竟是两种不同语系的语言，在绝大多数情况下，契合只能是大抵如此。两种语系不同的语言不可能在语序、句式和句子配列上完全契合。在通常的情况下，双语的契合式转换是宏观的、扩展型的、相对的，这就是我们常说的直译。直译的重要依据是英汉两种语文主干成分的语序在基本句型中的一致（详见本章2.2 节）。

并行式（模式Ⅱ）双语转换中出现频率也很高。这是因为，在深层结构即概念的双语对应的前提下，表达形式虽然缺乏契合式的相对一致性，但却以并行的模式表现了出来。比如汉语成语"猫哭老鼠假慈悲",不能实现契合式转换(英语中实在没有 The cat cries over the rat's death to show its sympathy 之说),但英语中却有 shed crocodile tears 这个成语。汉英这两个成语互译就是一种并行式转换。"寄人篱下"的英语并行式是 live under somebody's roof,"雨后春笋"的英语并行式是 spring like mushrooms。形成双语并行表意的原因非常复杂,通常涉及民族语发展史、语言心理、民族文化和历史背景、民俗民情等各方面的问题⑧。并行式在翻译的方法论中大体被归入意译。并行转换的双语深层结构是对应的,因此意译不应带有随意性。意译不是 Free Translation。

冲突式(模式 III)双语转换表现为以下两个方面的冲突(或矛盾):

(1) 语义方面的矛盾。这往往产生于一词多义:意义相左,形式相混。汉语中的"卫生运动"与"五四运动"同用"运动"一词,但概念并不是一致的,二者深层结构存在着矛盾。双语转换也存在这个问题。汉语中与"私立学校"对立的概念是"公立学校",转换成英语时"私立学校"是 private school,但"公立学校"却不是 public school,因为 public school 在英国专指"公学",在美国也是指 primary and secondary school。汉语"私人住宅"转换成英语时是 private house,但"公共住宅"(公寓)却不是 public house,因为 public house 在英国指 saloon 或 bar(酒店),在美国指 inn 或 hostelry(旅店)。

(2) 语气(情态)方面的矛盾。这往往产生于词或句所处的不同环境或情景。例如,murder 一词的词义是"谋杀",但母亲对自己心疼的儿子却很可能说出这种话: If you keep fooling around I'll murder you(如果你再这样瞎闹下去,我就把你宰了)。请注意我们已将 murder 译成了"宰"。"杀"与"宰"词义并没有改变,但情态变了,母亲说"宰"时是带有亲昵感的。场景的改变也可能导致双语转换时的冲突。如街道标志"No Parking"的意思是"请勿在此停车",而汽车加油站的"No Gas"的意思则不是"请勿加油",而是"无油可售"(油已售完)。

研究冲突式双语转换问题十分必要,因为它可以帮助译者提防和辨别语言转换中的陷阱(Pitfalls)。这里的关键是:译者千万不要受表层结构的迷惑。必须探究和调整双语的深层含义，使双语深层结构相对应，再赋形于表层，即译文的语言形式。总之，解决双语转换"冲突"往往要求意译、直译、音译并举。在许多情况下，音译是解决语义空缺冲突的唯一办法，我们也将这叫作功能代偿（functional compensation）。

替代式（模式Ⅳ）是在语言转换中广泛使用各种替代成分（或替代法）以填补空缺的手段。很清楚，这时的**替代也是一种对原语的解释**。这一模式是基于下述情况产生的：双语中一方有某些词语和句式变异（Variations）在译文中找不到对应成分（Counterparts）。以英语为例：footwears 在汉语中就没有对应词（可用以统称脚上穿的各种鞋、袜）。Summer settings 指夏季野游时所用的一套物件，包括躺椅、大遮阳伞、野餐工具、游泳蛙掌等等。Clock watcher 指上班时经常看钟，巴望下班时间快到的人。Dilutee 指担负熟练工人一部分工作的非熟练工人，等等。追求新颖的英美新闻文体常出现以下的变异句式：

Rich, poor, talented, original, undistinguished, left, right, middle and apolitical. In days gone by, they used to eat each other; now they live peacefully under one roof. (New York Post)

这类词语和句式空缺的发生，通常都有民族文化和历史背景上的原因。例如汉语有许多词语或成语就带有强烈的我国民族文化和生活习俗的色彩。如"风水""气功""打拳""打坐""点穴""清明节""拂袖而去""目不识丁""完璧归赵""巧妇难为无米之炊""开口就是诗云子曰"，等等。显然这类词语和成语都不可能在英语中找到契合式对应成分。汉语中有很多量词（如"一片冰心""一缕情思"中的"片"和"缕"等等）亦属此列。

解决对应空缺这个矛盾的主要办法是替代或引借，即找出译作语言中的并行结构。如"目不识丁"，"丁"表示识字初阶，可以借用英语的 ABC，"巧妇难为无米之炊"可以借用并行成语"make bricks without straw"，变异句型也可以用基本句型和常用句式进行替代，办法通常有词语增补或省略、调整语序以及改变句子主语，等等。

阐释也是填补对应空缺的重要手段。上文中提到的 clock watcher 和 dilutee 的词义就是阐释性转换。"气功"可以阐释为"*qigong, a system of deep and rhythmical breathing exercises*"（音译加阐释），"班门弄斧"既可以借用并行成语 teach one's grandmother to suck eggs，也可以阐释为 show off one's proficiency with the axe before Lu Ban, the master carpenter（CED）（阐释音译加同位语）。

由此可见，对应成分空缺时的语言转换往往需要直译、意译、音译及音译兼意译并举，以对原语的意义和情感进行传达解释。

2.1.2 推论与结论

综上所述，我们可以做出如下推论：

一、从语言转换的四种基本模式来看，契合式转换最为普遍、最为经常，因此应用范围最广，双语契合（或相对契合）的可能性最大。可见直译是基础。

但是，语言转换还有其他模式，即并行式、冲突式和替代式，这些模式的并存都基于双语之间的差异。直译不能解决由于这类差异而产生的矛盾。因此，意译是必不可少的辅助和补充。

二、从语言转换的四种基本模式来看，无论是直译抑或是意译，翻译的关键在于：第一，保证原语意义和情感的传达转换；第二，发挥译文的优势（TL-oriented），确保其可读性。

直译的条件是：原文和译文在内容和形式上都能统一（或基本统一），因此按原文的表述形式转换，仍可在意义对应转换的前提下保证译文的优势不受损害。

意译的条件是：原文和译文在内容和形式上不能统一（或不能获得和谐的统一），因此不能按原文的表述形式转换，而必须摆脱原文表层形式的束缚，按译文的表述习惯赋形于词句，以便保证原语意义的对应转换以及译文优势不受损害。

为什么一定要保证译文的优势？因为翻译离开了译文的"可读性"便失去了原文的意义，失去了社会交流的价值。而译文优势的标志就是内容

（原文深层结构）与形式（译文表层结构）的统一，是神与形的统一。在神与形有矛盾无法统一时，重神似而不重形似。

三、翻译的整个过程表现为保证内容的完整性、限制形式的随意性，以求得译文优势不受原文形式的干扰。这就是说，当译者透过表层进入深层以后，就应本着原作语言的内容实质，按译作语言的表述习惯，辩证地掌握直译法与意译法（以及音译法、音兼意译法）。翻译方法论的辩证法就在于扬弃绝对化，树立整体观：

（一）不能将任何一种翻译方法绝对化，不能用任何一种翻译方法排斥另一种翻译方法。直译和意译是互相关联、互相补充、互相融合、互相渗透的两个对立面。正如双语契合式转换只存在相对的一致性一样，词以上成分（词组、句、语段）的直译只能是相对的直译；同样，并行式转换中的意译，特别是句以下（词组、词）成分的意译也只是相对的意译，其中经常包含着必不可少的直译成分。例如下句：

You've got an iron butt, and that's the secret of becoming a lawyer. ("An Evening with Nixon")

汉译是：你生来一副铁打的皮囊，那正是做律师的诀窍。

译者透过原作语言的表层，抓住了内容实质；在进行并行式汉语转换中，又充分注意到契合的机会和可能，因而在赋形式于译文表层结构时充分发挥了译文的优势。整个句子实际上是直译和意译的融合，神似与形似兼而有之，但译者似重神似，力求表现出原文韵味。

（二）我们强调要发挥译文优势，强调神似，并不意味着无视原文的民族文化气质和色调，无视形似。应该指出：把译文优势绝对化无异于盲目维护这种语言的局限性，无异于拒绝语言可以适度异化的灵活性和进步性。试设想我们在翻译西方文艺作品时抛弃一切具有异国情调的情节或描写，如基督教的宗教活动（洗礼、弥撒等等）、人物体态语言（胸前画十、耸肩等等），或者更荒谬地将它们作"并行式转换"，改为佛教的念经、烧香、作揖、叩首等等,那还成什么翻译科学和艺术?实践证明,任何一种语言都是具有"异化可容性"的。现代汉语有许多词语和表达法都是"异化"的产物,但在汉语中却很有生命力(如"种子选手""交通高峰""戴有色眼镜看人"等等)。汉语是以分析性为主的语言;它所具有的综合性,特别是现代汉语的许多形式变化,不能不说是受到综合型语言的影响,如"进行了并正在进行着""过去是、现在是、将来仍然是"等等格式,都已经被汉语吸收。随着人类社会的进步,语言接触将日益频繁,日益广泛。不同语言之间的这种广泛接触,深刻地影响着语言发展的趋势。

(三)整体观意味着将翻译方法论视为相辅相成的对立统一体;同时又必须根据不同的语境与语体分别对待不同的词、句、段及篇章,很重要的一点是树立层次感。

在翻译英、汉不同表达法的语句时,翻译上的层次论尤为重要,它实际上是指双语转换中的语义透视法,要求译者透过差异很大的语言表层,根据语句的语法线性配列关系(语序)和词项之间的格的关系(施事、受事、与事),深入到深层的语义关系(逻辑语义)中,探求原文语句与译文语句的对应含义。这实际上正是一个如何逐渐摆脱字面对等的直译,运用意译的过程:译者应至少求得基本可读性(*),并尽全力获得最佳可读性(**)。如以下两句:

(a) Their accent couldn't fool a native speaker.

表层翻译	× 他们的口音不能愚弄本地人	受语法线性配列(语序)约束
浅层翻译	* 本地人是不会听不出他们是外乡人的	变换句中的格,以获得基本可读性
深层翻译	** 本地人一听他们的口音便知道他们是外乡人	调整表达法,使语义深层对应,以获得最佳可读性

(b) John is tall like I am the Queen of Sheba

表层翻译	×约翰高得像我是西巴皇后	受语法线性配列（语序）约束
浅层翻译	*约翰高的话，我就是西巴皇后	变换表达法，以获得基本可读性
深层翻译	**要说约翰个头高，没那回事	调整表达法，译出情态以获得最佳可读性

在通常情况下，对大多数汉英表达法基本一致的句子，三个层次之间是没有很大的差别的，往往只需变通词或词组的译法，即可获得基本可读的译句；而且，如果原句本来就是一个平平常常的句子，没有什么特殊的修辞手段，我们就不必添枝加叶刻意修剪。

翻译上的层次论还可以指：针对不同文体如何分层掌握直译、意译问题，即形式对应的递减性（Degression of Formal Equivalence）：

严格的直译 Literalness ↑ 直译的要求随文体之变而式微 ↓ Readability 译文的可读性	要求较严格的直译	·条约、法典、规章、政府公文 ·政治论文及文献
	基本直译 —直译与意译兼顾，充分考虑可读性	·一般学术理论、科技情报及著述 ·新闻报道和分析 ·报刊特写
	直译与意译兼顾充分考虑可读性	·传记、游记、札记等 ·文艺小说
	基本意译,力求获得最佳可读性	·舞台或电影剧本 ·抒情散文
	必须完全意译方能达意,力求获得最佳可读性与艺术性	·诗歌 ·歌词

2.1.3 可读性与可译性

翻译中的可读性（Readability）指译文是否通顺可读；可译性（Translatability）指原文是否对应可译。可读性与可译性是两个不同却又互相关联的课题，都与翻译的原则有关，也都是语言之间互补性和互释性的表现。

译文的可读性是衡量译文语言质量的标准之一。但是，我们应当注意到：译文是否通顺可读，固然与译者行文有关，还应与原文的基本风貌相适应。⑨ 这里有三种情况：第一，原文流畅、精美，实属上乘者，我们应在通顺而外，要求文采；第二，原文文字一般，难度与可读性都属于中间状态，这是大量的。我们的译文则应保证较好的可读性；第三，原文文字艰涩、拖沓或跳脱，实属下乘者，我们应当使译文做到充分达意，但不应偏离原义和原文基本格调，给以粉饰乔装，使读者产生错觉。我们要求译文与原文在可读性上相当或相近，但翻译可读性很差的原文则不能"因陋就陋"使译文不知所云。翻译的基本任务是通过双语转换进行思想传递，不能表达原文概念和思想的译文，是毫无意义的徒劳。因此，可读性是对一切笔译作品的普遍要求和基本要求。文学原著中有时可因描写人物性格的需要有意安排拗句、病句、表现出 Ungrammarticality（不合语法现象），这时译者可以根据原著气氛和色调的需要，作适当的变通。我们还应当看到译文的可读性常常具有明显的时代特征和地域性。语言是发展的，文风也常常带有时代特点，形成风尚。时运迁移，被某一时代的人公认的翻译佳作很可能在若干年之后给后代人带来语言上的陈旧感，只好重译。《圣经》的翻译史就说明了这一点。

总之，在翻译中掌握可读性以及在评价译作中运用可读性标准，都应该力求辩证，区别对待，对具体原文和译作进行具体分析；不应不加分析，作千篇一律的要求。

在一般情况下，有较好的可读性的译文应表现为：

（1）词语含义清楚，概念明确；用词符合汉语语法规范，符合汉语用词习惯，搭配得当；能正确运用虚词，恰当使用成语。

（2）句子结构正确，安排得当。句子长度适中，长短相间，语序自然；句子衔接妥帖，能正确运用连词；句式符合达意要求和语气要求；能正确运用省略、倒装等句法手段。

（3）译文能基本上恪守原文的叙事、论理逻辑及章法并能根据现代汉语的叙事、论理习惯作适当调整，如：化除英语中常用的层层包孕、节节环扣的表述方法，做到不拖泥带水，条理清晰；不语无伦次，主次分明。译文一般不打乱原作的段落布局。

（4）译文能基本上传达原文的文体风貌和作家个人的风格，做到"文随体异"。能注意到原文中的各种修辞格并能适当体现或转化到译文中而不致使行文产生突兀感、生涩感和阻滞感。

（5）译文能适应读者对象的地域性，能根据某一地域读者群的语言习惯调整译文的遣词造句。恒定不变的可读性是没有的。

由此可见，译文的可读性不仅涉及到译者的母语素养和表达技能问题，而且在更基本的层面，这是对原文的全面、深刻理解的问题。必须注意，翻译上的可读性绝不仅仅指译文语言表面上的流利程度，而且在更基本的层面，是指译文与原文在深层意念上的契合对应。那种把译文表面上的通顺、流利视为可读性的唯一标准而不顾原文深层状况的观点是错误的。这一点，我们在翻译实践和翻译批评中都应当掌握好。

事实证明，翻译上的可读性与译者对语句深层意念的把握往往并行不悖，而且通常成正相关：某一层次的翻译必有与这一层次相适应的可读性，表层翻译的可读性通常是很差的，深层翻译的可读性则常常是最理想的。

可译性与可读性一样，也必须以对原文的深透理解为基础，探讨表达问题。但是可译性关注的中心是双语表达中的同一性，即两种语言是否可以互译以及互译的种种途径；围绕可译性问题还应探讨如何在确保意义转换的前提下发挥译文的优势，尽力约束语言可译性的限度。

语言之间广泛存在互补性和互释性，因而也就有了可译性。人类在表达概念和思维时也存在广泛的逻辑同一性，例如同义反义概念人类是大体相同的："大"的反义词是"小"，"热"的反义词是"冷"，各种语言莫不如此。又如主动被动概念及其互换模式也大体一致。这是因为，人类思维是客观世界的反映。不同语言中的概念之间存在相关的等值成分或相关的语境特征（Situational Features）。此外，人类思维的逻辑形式也存在广泛的同一性，并不因语言不同而逻辑各异。总之，由于人类思维在概念内涵、情景、逻辑三个范畴中存在同一性，因此，当将概念组织起来表达一个完整的思想即句子时，不同的语言也往往具有大体同一的模式。例如"敌人"与"歼灭"两个概念在同一情景与逻辑范畴中，英语和汉语都表现为相同的句子形式，即被动式：The enemy were wiped out ＝敌人被歼灭了，不可能是主动式。

但是语言是一种十分复杂的思维交际手段，它的复杂性首先表现为每种语言都有自己不同的民族历史、民族文化和民族心理的背景，因此它们之间的互补性与互释性只可能是相对的。特定语言的特定结构形式以及这一语言的特定社会和历史背景往往导致使用这种语言的人形成某种特定的思维方式（定势），即语言中的表达法。例如，汉语句子常常不用主语，而用一个话题作主语（例如"去不去由你"，"你"不是主语，"去不去"才是一个话题主语，"由你"是个动宾结构）。英语使用 be 的屈折式形态变化来表达"非真实状况"（Unrealness）：it were, you be, he be 等等以暗含说话者的语气（愿望、臆测、疑虑、庄重感，等等），而在汉语中则没有这类屈折式形态变化，汉语表示情态的主要手段是词汇，这叫作"功能代偿"，由词语代行屈折形态的功能。

语言结构、语言背景、思维方式、表达法的种种差异是造成语言互补性和互释性的相对性并从此派生出可译性障碍的基本原因。因此，翻译中的可译性只能是相对的，绝对的可译性是不存在的。同理，翻译中的"忠"与"信"，也只能是相对的，绝对忠实于原文的译文也是不存在的。

在英汉翻译中，英语可译性的限度主要表现在如下几个方面：

一、修辞性词语选择

广义而言，词语的修辞性选择不仅包括比拟、夸张、双关、幽默与韵律等修辞方式，而且包括使用形象性词语、成语、谚语、典故、俚俗语、生造词语与作家个人用语（Idiolect）等等。修辞性用词往往可能给译者带来翻译上的障碍。以形象性词语为例，很多形象比喻词是可译的。因为，在人类思维中，以人所共知的形象比喻描述某一事物是具有相当广泛的共性的，如 almond eye 杏眼，moon face 圆脸，a work full of sound and color 有声有色的作品，heartless and brainless 既无头脑又没心肝，等等。但是形象比喻的可译性受到很多因素的制约，其中最重要、最基本的因素是约定俗成，而约定俗成又离不开语言的历史渊源、历史发展、文化背景、民族心理、语言传统以及民族习俗等因素。有时约定俗成与名家或典籍的影响也很有关系。以下形象词语、成语、谚语、典故词是"不可译"的，汉语的翻译都只能是概念阐释或暗含义的阐明：keeping up with the Joneses 爱慕虚荣，Just ain't nowhere（美国黑人俗语"Like Jack the Bear—just ain't nowhere"的省略说法）潦倒颓唐，the radio activity of gifted teaching 出色的教学所产生的广泛影响（radio-activity 是形象比喻词），these Caliban-like locomotives 那些庞大难看的机车（Caliban 出自莎士比亚的 *The Tempest*，Caliban 是 Prospero 的奴隶，粗笨丑陋），That must be his swan song 那想必是他的辞世之作了（或最后一次露面了，根据西方古代寓言，天鹅临死时发出美妙的歌声）。遇到这种带有典故或强烈异域文化与历史色调的形象性词语，我们只能采取意译法，淡化了文化意义。

语言中的幽默语与双关语几乎是"不可译"的。幽默常常产生于用词的机巧或奇俏，这类用词和立意往往在双语转换中消失。例如，现代英语中动词 process 是用得很广的，几乎可以用以指任何一种重复性动作或任何一种引起变化的动作（如"加工"）。美国一家杂志在一篇有关中东某君主国的报道中用这个词说了一句很幽默的话，说该国君主在其统治期间 process so many women（意思是糟蹋了数以千计的妇女），将 process 译成汉语以后，原文那种讥讽的幽默感就完全消失了。词语的韵律安排往往也可以产生明显的幽默效果。在马克•吐温的名句 "It was a splendid population—for all the slow, sleepy, sluggish-brained sloths stayed at home …" 中作者一连用了五个首韵词（Alliteration）与前面的 splendid 呼应，词义色彩则正好相反，造成了强烈的诙谐和幽默效果。谐音押韵（首韵、尾韵和节奏）的修辞效果一般都是"不可译"的，因为翻译时不能不基于词义而使韵律与谐调散文化（Prosaism）。如 make-or-break marriage challenge 是一个谐音的谐谑语，汉译时如果找不到语义上契合的汉语俏皮话，就只好将它散文化了："婚姻中关系到成败的问题"。一切凭借语言的形与音安排的修辞手法都具有很大的可译性限度。下面是萧伯纳写的一句台词，它的形、音修辞效果是"不可译"的：

> DOOLITTLE: ["most musical, most melancholy"] I'll tell you, Governor, if you'll only let me get a word in. I'm willing to tell you. I'm wanting to tell you. I'm waiting to tell you. (Pygmalion, Act II)

双关语的可译性限度也很大，很多双关语实际上是"不可译"的。一个警官对他追捕到的作案者说 You reckon your Dodge would help you up to all these dodges again? 句中 Dodge 是美国道奇牌汽车，恰与这个词的小写（意思是"逃跑"）语义双关。但是我们只能翻译成"你以为坐上你的道奇车就可以再次逃之夭夭？"以下两个人在对话中都以双关语打趣：

> "It's everybody's right, right?"（"这是每个人的权利，对吧？"）
> Majetich said in a quick rebuff: "you think all your right is right?"
> （"你以为你有权就有理？"）

对话中四个"right"，共有三个词义，是同音异义词。英语中的"play on words"都很难译，译者感到无可奈何：往往煞费了苦心，仍留下了一番索然无味！翻译中最难判断词义的词语是作者个人有意安排的变义或转义词，这类词语中有些恐怕只有作者本人或极少数与作者"心照不宣"的人才了解其真正的含义。这类词语实际上是"不可译"的。这里往往涉及作家的个人语域问题，即所谓个人习语、个人语汇[⑩]。作者使用这类哑谜式词语通常出于修辞目的，有人则是故意制造语义晦涩（Obscurity）或语义含混（Ambiguity），有意使用带有特殊的 Idiosyncrasy（个人色彩）[⑪] 的词语，不免给翻译留下了"不解之谜"。这类词语尤其多见于所谓"意识流"（Stream of Consciousness）作品中。

二、语义色彩词

语义色彩并不是英语所特有的，任何语言中的词在一定的语境中都可能具有某种特殊的语义色彩。另外，语言中有些词本身就含有某种特殊的色彩。理想的情况是：在双语转换中，一种语言中的词与另一种语言中的对应词恰恰具有对应的语义色彩。如英语中的 huge 与汉语中的"庞大"都具有大而不当的轻微贬义，pretty 与"秀丽"都具有悦目的褒义。应该说，英汉两种语言中这种语义色彩契合对应的词语是很多的，这是我们能以直译为基础的重要条件之一。但是，还应看到，语言中语义色彩不对应的情况也是很普遍的。

以动词为例。英语中有几类带有强烈语义色彩的动词，在汉语中往往无对应色彩的动词：

（一）描摹动作情状的动词

汉语的倾向是，在一个动作带有某种情状色彩时，就在这个表示动作基本概念的词前加上描摹性副词。例如"走"，表示一个基本动作概念，"怎么怎么走"就是以"怎么怎么"作为词汇手段加以描摹，如"悠然自得地走"。为表达这一概念，汉语中固然有"漫步""闲逛"这些合成词，但这些词却另有色彩，通常表示一种徐缓的速度及漫无目的性。而"悠然自得"却不一定是"徐缓的""无目的的"。英语则不同。除 walk 以外，还有很多描摹"走"的情状的词，如 saunter 悠然自得地走，amble 从容不迫地走，stride 大踏步地走，trudge 步履艰难地走，trapes 懒散疲乏地走，trek 寸步难行地走，shamble 蹒跚地走，prance 昂首阔步地走，scamper 蹦蹦跳跳地走，clump 拖着沉重的脚步走，tiptoe 踮着脚尖走，等等。这里，汉英之间的差异很清楚：英语词寓情状于本身，汉语词寄情状于搭配，也可以说英语词寓色彩于义，汉语词赋色彩于形。由于英语词的色彩大都存在于词义之中，英译汉中有时就很难找到一个恰如其分的对应词，使色彩见之于形。

当然，我们不是说这类词英汉既然有差异就一定存在"不可译性"。事实上许多这类词是可以借助增词法将语义色彩或多或少地译出来的。但是这中间大抵都存在不同程度的色彩意义丧失，特别是当我们必须照顾到上下文的可读性（包括文体要求）时，译者面对有限的选择余地所感受到的措辞之苦就尤为突出。

英语这类动词中有些语义色彩很难见诸汉语措辞。例如动词词语 to sink into one's chair，其中动词的色彩是鲜明的，它往往表达人在颓丧失望、难以自持时坐下的情状，汉语中只有"一屁股坐下来"比较接近。但汉语这个词组很可能主要用来描摹一个人大摇大摆的气势与体态,与英语色彩不切,而且这个汉语措辞用在庄严体记叙中也是不妥当的。英语中这类情况很多,如下句中的 shot: His wife shot him a swift, warning glance. Shot 是一个分量很重的词,汉译"朝他很快地、警告似地瞥了一眼",或译为"对他投以狠狠的一瞥",都不足以表达英语 shot 的适当分量,它本身含有(动作或眼光)"迅速""犀利""锐不可当""凶狠逼人"等色彩。

（二）描摹动作声色的动词

汉语也是富于声色词的,但汉语的声色词多取直接拟声式,如"哗啦""咔嚓""吧嗒",等等。因此,汉语的拟声词不能直接用做动词,只能用做副词或辅助词,如"咔嚓一声响"中的"响"是动词,"哈哈大笑"中的"笑"是动词。英语声色词大抵本身就是表意动词,因此它们的功能与使用范畴都比汉语声色词更胜一筹。英语声色词的语义色彩往往很难用汉语表达。例如在 The TV set blinks on with the day's first newscast 中 blinks on 就是声色词,它含有轻快、自动、麻利等语义色彩。同样,在 The train slipped to a stop 中 slipped 也是声色词,含有类似的语义色彩。这类描摹现代机械等轻柔的发音的拟声词有很多,如 The TV camera zoomed from Howard to his wife 一句中, zoomed 就是描摹电影摄影机"嗞嗞"声的拟声词。翻译中我们往往只能加上直接拟声的汉语词,以免完全失去词语绘声绘色的效果。但在更多的情况下,则只能抓住这个词的基本概念,而牺牲其色彩。因为汉语中直接拟声词很有限,而且很可能不符合特定的文体要求。

这里顺便提一下英语中表示颜色的词的语义色彩,包括以实物形象表示色彩的词。这类词之所以难译是因为它们除了表示颜色以外,通常还具有传统上的感情色彩,常常使我们在理解中产生隔阂,因而在翻译中穷于表达。例如 blue 这个词的语义色彩有时就很难翻译,它常常表示"忧郁",但在 blue chip（牌赌中的高价筹码）中却具有褒义, blue-chip teamsters 大意是"难得的好把式（司机）",色彩变化涉及文化背景。此外,由于色彩在语言中具有种种象征性语义,因此它们的可译性往往取决于特定的语言环境和使用者的心理状态。比如 black 在英语中象征哀丧,常有不祥之意。Black 在 black as our lot 中的意思是乖戾、险恶（命途乖舛）,在 The monks looked black（Browning 的诗句）中的意思是阴森可怕、阴沉险恶等等。Green 象征青春，因此也有不成熟的意思，如：a green thought（一个不成熟的想法）。但 a green fire（M. V. Doren）就很难译了，很可能是比喻用法，可译为新春之火，也可能是方兴未艾的莽原之火等等。诗歌中的颜色词语义色彩更浓，可译性的限度更大，如果说 golden snow（E. E. Cummings）还可理解为"晶莹闪亮的白雪"的话，那么 the red laugh of war（A. Noyes）中的 red 就不知诗人是褒义还是贬义了。Red 在英语中有时象征危险和紧急，与汉语中红色的语义色彩并不一致。

三、语气与情态

情态难译，众所周知。原因是情态见之于形又不完全见之于形，英汉皆然。问题在于英汉表达情态的手段并不完全一致，有时很不一致。因此，总的说来，英语情态的可译性固然是毋庸置疑，但可译性限度很大。特别是在必须保证最佳可读性的情况下，译者除了采取增补、铺叙或彻底摆脱原句结构形式等办法加以阐明外，为避弄巧成拙之嫌，就只好"姑隐其情"了。

英语中表示情态的最重要手段当然是情态动词。总的说来，以情态动词表达的英语语句情态是可译的，问题常出在很多精微差异（Nuance）上。英译汉中经常不得不使用"应当"或"应该"去表达在很多不同情况下使用的 should，ought to，must 等等，而实际上这些词之间以及同一词的不同用法之间是存在着不可忽视的语义差异的，只是因为受到可译性限度的限制，无法见之于汉语译文中，结果都成了"应当"或"应该"，在虚拟语气中都成了"本来应该"。试比较 should 与 ought to：

(a) You should not have been at odds about such a trifle.
(b) You ought not to have been at odds about such a trifle.

以上两句英语如果译成汉语，字面上是完全一样的："你们本来就不应该为这么一件小事而闹不和"，但是实际上（b）句的语气要比（a）句强得多[12]。如果说（a）句的语气是劝告的话，（b）句已接近于责怪了。因为说（b）句的人是本着强烈的义务观念：ought 原为动词 owe（欠债）的过去时，主要表示伦理、道德义务；should 表示一般的劝告，强调

Appropriateness（适宜性），以英语为母语的人，表达这个语感是很清楚、很强烈的，但在翻译中又不宜作铺叙表达，以免造成"过犹不及"。这类实例在翻译实践中屡见不鲜。又如句型 It is ... that 从句中 should 的情态常常是十分微妙因而很难见诸文字的，如：

(a) It is natural that there should be a new start for a new leader.
新人上任有新气象是理所当然的。
(b) It is impossible that you should need any assistance.
你不至于需要什么支援吧。
(c) It is a pity that nobody should be on the listen.
居然没有一个人倾听这个意见，真是遗憾。

以上例句中的 should 都不是可有可无的词，它表达的情态常常与 that 前面的形容词或名词相辅相成，其含义似乎常常是 naturalness, appropriateness 与 unexpectedness 兼而有之。这种情态动词的可译性限度是显而易见的。但在英语中，它却是一个不可或缺或不可随意替代的词，在口语语流中，它甚至不能取弱化或紧缩式（Contracted Form, e.g., I'd⇨I would）。

除情态动词以外，广义的情态还包括许多表达说话者的语气手段，但这些手段都具有不同程度的可译性限度。例如英语中以倒装或重叠用词表示加强语气的强调式（前者如 No one will be vexed or uneasy, linger I ever so late, 后者如 The man was free, as free as free.）都属于语言结构上的异体，或称为"文体手段"（Stylistic Devices），可译性限度通常是很显然的。英语中还有一种借助"none the 加形容词比较级"表示"轻度嘲讽"的表达法，其中的情态也是很难翻译的，如：Two years at Harvard he was none the wiser（他念了两年哈佛大学也并没有变得更聪明些），He put me down but I think none the worse of him（他拆了我的台，但我并没有因此把他看瘪了）。

四、层次与重心

句子的层次与重心并不是一回事，句子层次清晰并不一定就重心突出。一般说来，所谓句子重心，即作者关注的中心，在汉语中是句子主语或复句的主句（或主干）部分。因此，句子的重心与句子的层次之间并不存在什么机械的配列关系。在英语中，句子的第一层并不一定就是整个句子的重心，它的重心可能落在句尾，也就是最后一层。这是很显然的，如果句子层次与重心不存在这种错综复杂的关系，就会形成天下文章千篇一律，那是不可思议的。

但是就翻译而言，特别是当我们以严谨的直译要求作标准，来探讨原文层次和重心的配列是否可以丝丝入扣地转换在译文中时，我们就会遇到一个可译性限度的问题。

在许多情况下原文句子和重心可以比较恰当地转换在译文中，如（句中 / 表示层次）：

Just as the Industrial Revolution took over an immense range of tasks from men's muscles and enormously expanded productivity, / so the microcomputer is rapidly assuming huge burdens of drudgery from the human brain / and thereby expanding the mind's capacities / in ways that man has only begun to grasp. (Time)

正如工业革命取消了大量体力劳动并极大地发展了生产力一样，微型电子计算机正迅速地承担起大量繁重的脑力劳动，/ 从而以各种方式扩大着人脑的功能，/ 人们现在才开始领会这些新的方式。

译文与原文层次基本上同步，原文句子重心在第二层，译文亦复如此。这时，我们可以说原文句子层次与重心是对应的。

但是在更多的情况下，原文与译文不能同步或基本上不能同步。由于译者必须尽力保证译文的最佳可读性，译文必须放弃同步的努力，不能不首先考虑如何既不失原义又发挥了译文的优势。

英译汉时，译文重心转移的层次重组大多发生于以下情况：

（1）原文修饰成分（特别是插入成分和后置修饰语包括从句）太多或太长：

They (the American poor), / and not the quietly desperate clerk or the harried executives, / are the main victims / of this society's tension and conflict. (M. Harrington)

原文关注的重心在句子的第一层和第二层中提出的那个一正一反的对比。译文必须考虑最佳可读性，按汉语的习惯将重心和层次进行调整。试比较以下两式：

第一式：不同步
　　在美国这个充满紧张关系和利害冲突的社会里，/ 主要受害者是穷人，/ 而不是那些埋头苦干的小职员或是那些心劳日拙的行政人员。

第二式：同步
　　是他们（美国的穷苦人），/ 而不是那些埋头苦干的小职员或者是心劳日拙的行政人员，/ 才是美国社会的紧张关系和利害冲突的受害者。

第一式可读性优于第二式。
（2）原文被动式不符合汉语习惯，由于必须保证译文的最佳可读性，因而难以实现译文与原文重心和层次的同步转换，如：

Perhaps a more dramatic statement of the problem was made by Charles L. Farris, / the president of the National Association of Housing Officials: / at the end of the fifties there were more Americans living in slums than on farms.

第一式：不同步
　　全国住房管理人员协会主席查尔斯·法里斯对这个问题的说法也许更加引人注目。/ 他说：五十年代末，住贫民窟的美国人比住在农场的美国人多。

第二式：同步

  也许更为引人注目的说明是由查尔斯·法里斯（全国住房管理人员协会主席）做出的：／五十年代末，……

第二式可读性差，"翻译味"很浓。
(3) 原文句型结构不同于汉语，不能实现原文和译文重心和层次的同步转换，如：

> What humiliation / when any one standing beside me could hear a distant flute that I could not hear, / or a shepherd singing, and I could not distinguish a sound! (Beethoven)
>   站在我身旁的人可以听到远处的笛声，而我却什么也听不到，／他可以听到牧人的歌声而我却分辨不出任何声音来，／这一切是一种多大的羞辱啊！

原句重心在句首，译句重心在句尾，英汉句子结构迥然不同，这里当然不是一个孰优孰劣的问题。我们只是意在表明：由于两种语言在基本句型结构方面的差异，英语句子的重心和层次的可译性也是有限度的；以上举的只是三种句型，其他类似句型还不少。句首重心开宗明义，句尾重心余味缭绕，⑬无良莠之分，有效果之别。试将英汉两相对比，即便是出自名家之手的译作，如果细细琢磨，许多句子译文与原文的效果仍不相同。作者匠心难表，译者苦心可嘉。译文略逊一筹，可译性使然，仍然是可以告慰于作者的：翻译要忠实于原文，但翻译家手中把握的终究不是一支无所不能的笔！

  综上二题，我们似可将要点概述如下：

（一）可读性应以理解为依据，其中包括原文文体特征和作家个人的行文风貌，不应表面地、脱离原文实际地评价某一译作的可读性。只有被译者透彻地、力求面面俱到地理解了的东西才能谈得上忠实地加以表达，这时的可读性才是有意义的可读性；忠实于原著前提下的通顺加上适体的文采乃是我们的奋斗目标。

（二）可译性应以可读性为衡量标准，不顾可读性而"译出来"的东西是没有什么社会价值的，充其量只能是译者对原作的个人理解的记录。因此，一味强调理解不顾表达，一味强调直译忽视意译，一味表明可译不顾可读的观点都是十分片面的。承认原文可译性的限度，既不表明译者个人能力的差疏，更不表明翻译研究只能到此却步；而是恰恰相反，它给译者和翻译研究提出了更进一步的课题。

（三）翻译中为提高译文质量而付出的努力应是永无止境的。因为，由于两种语言的差异，原文的可译性限度是绝对的，可译性总是相对的。翻译者纵有百般技艺，也不能达到与原文的"绝对忠实"，除非译文变成了原文，译者变成了作者。译者倾毕生之精力、才力，仍只能做到力臻化境。在英译汉中，目前解决可译性限度这个矛盾的办法是探求双语在深层意念上的对等，摆脱语言表层的约束，采取解释、铺叙、阐明以及散文化等手段，基本转换形式是增词、语义融合及平行对应。其结果，势必在某种程度上损失原文的形象性及感染力，损失原文的某种情态、色彩或修辞效果。就实质而言，翻译的一切手段和转换形式都不过是权宜之计。译者的笔下功夫，在于如何尽最大努力权衡运用权宜之计的得失。就这个意义上说，翻译的艺术，也就是权衡的艺术。

2.2　英汉语序对比及翻译

从语言形态学的角度来看，英语仍保留着若干古英语（O. E., 450—1150）词的形态变化体系，但诸如普通名词的性与格及形容词的性、数、格等复杂纷繁的形态变化体系则已在中世纪（约从公元476年至15世纪末）分崩离析，使英语成了一种分析—综合型语言。语序逐渐上升为重要的语法手段。汉语从整体上看，只有很少一些词有形态标志，因此汉语是分析型语言，语序是极重要的语法手段。汉英在语序上有同有异。

英语五种基本（或主要的）句型的主干成分语序与汉语是一致的：

句型Ⅰ：SV（主语＋谓语）e.g.

Life begins. 生命开始了。

句型 II：SVP（主语＋动词＋表语；主语＋判断词＋名词结构，在汉语中称为"判断宾语"）e. g.

Life is imperishable. 生命是不灭的。

Life is a dynamic process. 生命是一种能动过程。

句型 III：SVO（主语＋谓词＋宾语）e. g.

Life renders hope. 生命带来希望。

句型 IV：SV·IO·DO（主语＋谓语＋间接宾语＋直接宾语）e. g.

Life renders us hope. 生命给我们（以）希望。

句型 V：SVOC（主语＋谓语＋宾语＋补语）e. g.

Hugo calls life a crystal mirror. 雨果说人生是一面明镜。

英汉基本句型主干序列的一致性对英汉翻译理论和实践都具有重要的意义，它是我们在翻译方法论中提出"直译是基础"的根据之一，也是我们在翻译实践中运用成分分析法的基本线索。在大多数情况下，主干语序决定句子基本体式。

问题在于双语转换中的语序不一致性。在英汉翻译中主要表现为两对矛盾：（1）差异表现为自然语序（Natural Order）与倒装语序（Inverted Order）的互换；（2）差异表现为前置修饰语（Premodifiers）与后置修饰语（Postmodifiers）的互换。

2.2.1 自然语序与倒装语序

英语的倒装可分为两大类，即（语法）结构性倒装与修辞性倒装。英汉翻译中处理倒装的手段是复位或保留倒装[⑭]，这是因为汉语中也是既有"常规语序"，也有"变式语序"。所谓"变式语序"，就是倒装。

英语倒装句有以下几种模式：

VS 式：即主谓倒装（施事者在动词谓语之后），汉语语法称之为"变式主位"。

（a）Thomas Percy's work has been a feeding-place for poets, so has been Charles Lamb's for prose writers.（结构性）

托马斯·帕西的著作一直是哺育诗人的摇篮；而查尔斯·兰姆的作品则是培育散文作家的苗圃。（倒装复位）

（b）Along with the free and easy feeling of summer comes a problem.（修辞性）

在夏日的安乐感油然而生时，问题也就来了（或：也产生了一个问题）。（倒装复位或保留）

（c）The cold air hit me, God, was it freezing.（修辞性）

冷空气向我袭来，老天爷，那股寒气真要把人冻僵啊！（倒装复位）

（d）"Where's he going?"

"China," came the answer.（结构性）

"他上哪儿去？"

回答是："中国"。（或："中国"，就是对方的回答。）（倒装复位或保留）

（e）Warned Norman W. Philcox, president of the Society of Former Agents of the FBI: "I think it would probably have a deleterious effect on agents by making overcautious in their investigations".（结构性）……联邦调查局前特工人员协会主席诺尔曼·菲尔科克斯警告说："我认为，那样做也许会使特工人员在侦查工作中变得过于谨慎小心，从而产生不良效果。"（倒装复位）

一般说来，现代汉语的变式主位，有的是为了强调谓语（如："驾驶直升机你会？"）[15]，有的是语流中的停顿方式（如"做完作业了，你们？"）多见于口语体中，在书面语中变式主位是比较少见的。如果英语原句是属于结构性主谓倒装（如上例中的 a、d、e 句），最好（或只能）以复位处理。

AuxSV 式：即助动词（Auxiliary）与主语倒装。在英语中这类倒装都属于结构性的。现代汉语中有一种附类动词，表示动作态势，即所谓能愿动词（如"能""会""愿""要""应该"等）。用在一般动词之前，相当于助动词，但不能像英语那样，取 AuxSV 式。因此在英汉翻译中需一律复位。如：

(a) Only rarely has he come close to an admission.

他勉强承认了，这对他来说实在难得。

(b) Not until late October by his own admission, did he devote much attention to the bloodshed.

他自己承认，直到10月下旬他才认真注意那场流血事件。

(c) No sooner does an election end than a battle begins over interpreting the results.

大选刚刚结束，人们就争相对选举结果进行分析和评论。

(d) Not since Marilyn Monroe have we been treated to such a luscious, exciting example of womanhood.

玛丽莲·梦露第一个使我们感受到那种使人魂牵梦萦的女性妩媚。

OSV 式：即宾语与主语谓语的倒装。现代汉语有这类倒装（如"那个地方他知道"）。无论在英语或汉语中主谓宾换位都意在强调宾语（换位者，如"酒我不喝，喝一点汤"），[16] 属于修辞性倒装，因此翻译时应尽量照顾原文的修辞目的：

(a) Most information we get through that channel.

大部分消息我们是通过那个渠道得到的。

(b) This, of course, the intelligent consumer will choose.

这种（产品）聪明的顾客当然会选购。

(c) His concept we accepted not without reluctance.

他这种想法我们接受了，但却不无勉强。

PVS 式：即将表语提至句首、将主语置于谓语动词之后的倒装式。汉语中有一种以判断词"是"做谓语动词的谓语，可以有反逆式（如：自然式："吸取教训是重要的"；反逆式："重要的是吸取教训"）。这类倒装英汉都是修辞性的，但翻译时不宜囿于形式，追求形似，有时复位是很必要的：

(a) So serious are the Saudi's defense problems that the F-15's will hardly buy the country more than a couple of days of breathing time if it should be attacked by any enemy.

严重的是沙特阿拉伯的防务问题。如果它一旦受到敌人进攻，F-15是很难给它赢得一两天以上的喘息时间的。

(b) Gone is the hope that the Stars and Stripes could have a 51st star—if Puerto Rico's pro-US governor did win reelection Nov. 4.

如果波多黎各亲美的总督果然在11月4日的改选中获胜，那么星条旗上是可能出现第51颗星的——可惜这个希望已成了泡影。

(c) More than uncouth, I am afraid, they will be to the hostages.

我担心，他们会对人质做出比粗暴无礼更有甚焉的事情。

(d) Lucky are the ones who need no longer worry.

幸运的是那些不用再发愁的幸运儿。

ModSV（ModVS）式：即将状语或定语修饰语（Modifiers）提前的各种修辞性句式，汉英都有。倒装通常是为了强调或增加句子的平衡感。但翻译时宜灵活处理，密切注意汉语的习惯表达法：

(a) From the cemetery no one is brought back. （ModSV）

死者是不能复生的。（或：坟墓里走不出活人来。）

(b) Around the room went the rueful laughter of recognition, for the meeting also reflected women's dilemma in these black communities. （ModVS）

室内发出了一阵凄苦的不得不承认现实的笑声，因为会议也反映了在那些黑人社区妇女面临的困境。

(c) Fine and high and pure, the rule, indispensable to virtue, has come again within the circle of its influence to reshape their minds. （ModSV）

对修身养性不可或缺的崇高而又完美的准则，又重新得到提倡，以陶冶和塑造人们的心灵。

(d) With him it should be possible to talk. （ModSV）

同他是应该能够谈得来的。

（e）Out through the window, three years ago today, her husband and her two brothers went off for their day shooting.（ModSV）

整整三年前，她丈夫和两个兄弟出门打猎就是从这扇窗户出去的。

（f）From officials in the Pentagon come the answers to the questions that are most often asked about the available opportunities.

现在五角大楼的官员们答复了这个经常有人问到的问题：何时能有（就业）机会？

这类倒装句的 ModSV 式比 ModVS 式多得多，而前者又常被看作带前置状语的自然语序句式。状语前置（一般比较简短）不一定是为了强调，常常是出于句子安排上的考虑，使上下文或句中的主干（SVO）衔接更紧密，抽出插入主干中的活动成分（Shifty Parts），以防止句子过于松散。将一些状语前置于句首还可以解决句子结构上的纠葛。试分析下句中的状语分布：

Daily—with their considerable degree of new-found freedom—the news media are publishing an ever-escalating list of consumer shortages and pointing to the possible need to ration not only meat but also most other basic food requirements. (CSM)

可以看出，上句句首状语处于句首是它唯一合适的位置。状语修饰语的位置问题我们还将在下文提到。

一般说来，英语各类倒装句在汉译中均无定式。学习者必须认识到：除了结构性倒装（如 A: "I hate repetition." B: "So do I." 等）外，其他种种形式的倒装都在不同程度上与强语势（The Emphatic Tone）有关。这一点与汉语大体相同。因此在英译汉中，凡在强语势方面双语能契合者，宜多注意行文，保留倒装；凡在译文中使用倒装不符合汉语表达习惯又无助于强语势者，应予复位，取自然语序。随着英语的发展，修辞性倒装已远不如 19 世纪以前用得普遍，滥用倒装在现代英语写作中往往为人诟病。[17]

原文中不恰当的倒装在汉语译文中一般应取自然语序以化阻滞。

2.2.2 修饰语的前置与后置

上文已提到，汉英五种基本句型的主干成分语序是一致的，这给我们在英汉翻译中进行句型结构分析提供了便利条件。但是必须看到，就词序（单体词及词组的次序）而言，英汉还是有许多不一致处。这种不一致性，主要表现为修饰语的前置与后置及多重修饰语在句中配列次序的差异。

总的说来，英语修饰语位置比较灵活，汉语修饰语位置比较固定；汉语倾向于前置，英语可以前置也可以后置，同时更倾向于后置。汉语的前置倾向大大限制了汉语句子的长度，英语的后置可能性则大大便利了英语句子的扩展（Expansion）。这就是为什么比较而言汉语句子属于紧缩型，英语句子属于扩展型；汉语句子多取单面结构，英语句子多取分层结构。由于汉英主要句型主干成分的大体一致，因此，修饰语的位置就成了双语句型转换中大量出现的问题。

一、定语修饰语的位置

单词定语在汉语中都取前置式，英语除少数例外（如 Secretary General 总书记，time immemorial 远古，sum total 总数，scientist present 在座的科学家，precautions necessary 必要的预防措施，business worldwide 世界商业界，investment available 可用投资，every means possible 一切可能的手段，something extraordinary 不寻常的事，etc.），一般也均为前置，词组式定语英语除取连缀式（如 a never-do-well son）者外，一般均为后置。

多重定语前置时基本配列原则是最基本的定语必须离中心词（Head Word）最近。多重定语分三大类，次序是：第一位：限定性前置定语（The Determinative Premodifier），表示所指、所属、次第、数量等；第二位：描绘性前置定语（The Descriptive Premodifier），包括判断性定语（如好坏、智愚等）及陈述性定语（如形状、色彩等）；第三位：分类性前置定语（The Classifying Premodifier），主要包括国别、原料、质料、用途等。第三位定语紧接名词性中心词。这一配列次序英语与汉语是大体一致的，因为在这一方面英汉具有大体相同的思维表述逻辑。⑱ 试比较表 2–1 与表 2–2 中的英语与汉语词序：

表 2–1　英语前置定语词序表

第一位：限制性 Determinative Premod.	第二位：描绘性 Descriptive Premod.		第三位：分类性 Classifying Premod.			中心词 Head-word
冠词、指示代词、不定代词、名词所有格、序量词等	判断性 表达主观判断的定语	陈述性 描状客观表象的定语	国别	原料质料	用途等	
(a) some 一些	pretty 漂亮的	red 红		brick 砖		houses 房子
(b) these 这些	dull 乏味的		Italian 意大利语		teaching 教学	material 材料
(c) this 这个	eye-catching 招眼的	large 大	Chinese 中式	wooden 木	picture 画	frame 框
(d) the 这个	famous 著名的	oval 椭圆形			meeting 会议	office 室
(e) my grandpa's 我祖父的	old-fashioned 老式	yellowish 黄色的		cane 藤		armchair 椅
(f) two 两名	skillful 老练的		English-speaking 讲英语的			diplomats 外交官
(g) his 他的（那）	stern 坚决的	new 新的			security 治安	measures 措施
(h) any 任何		large 大的	Japanese 日本的			cities 城市

表 2–1 中从（a）至（e）式英汉多重定语前置配列词序是一致的，从（f）至（h）式英汉词序不一致，汉语的词序应为：

（f）两位讲英语的老练外交官。

（g）他新近制定的、坚决的治安措施。

（h）日本任何大城市。

表 2-2　汉语前置定语词序表

限制性定语（范畴与英语相同）	国别定语	时间、地点定语	数量、种类、次第等定语	判断性定语（范畴与英语相同）	陈述性定语（范畴与英语相同）	本质性定语	中心词
这是		当地生产的	一次	最尖锐的	大	论	战（或"论战"）
*许多			一级		大		苹果
几个				无关紧要的		印刷	错误
	*中国	唐代开元年间	一场	激烈的	官廷内部的	政治	斗争
	*美国	战后	第六次	后果较严重的	波及各领域的	经济	危机
	中东			可能发生的	新的	军事	冲突
他们		八十年代	那种	你死我活的	大规模	火	拼（或"火并"）

现代汉语多重定语词序可有如表 2-2 所示的配列式。请注意：两个或两个以上同一类定语性形容词同时出现时，汉语大体按"先大后小、先强后弱、先特殊后一般"的原则配列，如"日月星辰""1948 年 4 月""清光绪年间""又大又圆（的眼睛）"，等等，但也有很多例外。英语一般说来与汉语正好相反，但还有例外，翻译时切忌硬套。语感及习惯用法往往起很大的作用。译者宜多加默诵、推敲。

二、状语修饰语的位置

英语中的状语修饰语位置非常灵活，状语在汉语中位置也不太固定。概括说来，状语有三种形式：即句中式（The Middle Position）、句首式（The Front Position）及句尾式（The End Position）。汉语中无句尾式状语（除修辞性后置外，如："春来了，悄悄地，慢慢地。"），现代汉语状语或在一句之首、主语之前，即取句首式（ASV），多数在主谓之间，即取句中式，记作 SAV，"AV"是汉语的常规。状语一旦被置于谓动之后，就成了补语（C）（如："他跑得很快"，"很快"是补语，"得"是结构助词）。这是现代汉语状语语序很重要的特点。英语可有不同类型的句尾式状语。因此，在英译汉中如何安排英语中的各种状语，以保证译文的可读性，是我们要在这里探讨的问题。

在上述三种形式的状语位置中，句中式状语（多为动词修饰语）英汉比较一致，即都处在谓语动词之前，特别是表示"频率"（Frequency）和"强度"（Intensity）的副词，英语有 often, always, seldom, scarcely, rarely, also, never, hardly, usually, constantly, occasionally, never again, long since 以及 just, still, almost, already, certainly, really, nearly, suddenly, simply, virtually, actually, absolutely, 等等。但如果英语句中有情态动词或各式助动词，则这些副词一般被置于谓语动词的两个成分之间，而汉语则是将副词置于主谓之间、整个谓语之前。如：

(a) Nobody would really doubt that IBM will leave the competition in the dust. (Economist)

国际商业机器公司将会在甚嚣尘上的竞争中退避三舍，对此没有人真的会怀疑。

(b) The city's nightly curfew was actually extended by two hours due to the stepped-up of urban attacks. (Newsweek)

由于市区的骚乱有增无减，这个城市的宵禁实际上已延长了整整两个小时。

(c) Elaborate scenarios of impeachment or resignation were widely discussed. (US News & World Report)

人们都在议论对总统进行弹劾或由他引咎辞职的种种详尽的方案。

(d) Still the government is blessed by popular support for its nuclear programme. (Economist)

政府的核发展计划仍然受到公众的支持。

随着英语的发展，这些词的传统句中式位置已变得比较游移、灵活了。但在汉语中，SAV（主语＋副词＋动词）的词序则一直是比较稳定的。试比较：

(a) I remember still the vivid highlights of my family's story.（NYP）
我仍然记得我家家史中那一幕幕栩栩如生的盛景。

(b) I like to always say the nicest things about her, and she deserves them.（NYT Magazine）
对她，我总是满口嘉许，她也确实不负我的赞美。

(c) I shall remember always the mysterious, beautiful sensation of well-being I felt, when I was small, to hear my grandmother talk of the suppers she used to eat at boarding school.（NYP）
幼年时，我常听到祖母讲她在寄宿学校吃的是什么晚餐。我永远不会忘记听到她的回忆时，我内心油然而生的那种莫明其妙的幸福感。

英汉比较一致的还有一类句首式状语，即 partly, mostly, especially, particularly, obviously, apparently, unfortunately, hopefully, actually, currently, presently, finally 等，如：

(a) Currently 1 percent of the population owns 70 percent of the privately owned assets.（CSM）
目前，（该国）1％的人口占有70％的私有资产。

(b) Actually, it's much deeper than that: it's a big shift in the whole ideology of people in America and the western world.（Economist）
实际上，其根源远不止于此；它是美国以及西方世界各国人民整个意识形态上的巨大转变。

很显然，这类句首式状语已经不是谓语动词修饰语，而是修饰整个句子，英汉皆然。

除以上两类状语修饰语的位置英汉比较一致外，其他类型状语的位置英汉差异较大。而且，即便是在一种语言中，状语的位置也常常是灵活多变的。从文体学的观点来看，由于句子安排不当而形成的"游移修饰语"（The Wandering Modifier）是一种语病。⑲翻译时必须考虑译文的可读性，不能因为原文中的状语游移失当，我们就以讹转讹（详见2.3.2 后置修饰语的照应和翻译问题）。

为提高我们的译文质量和英汉翻译效率，保证译文的可读性，翻译时应注意状语在规范的现代汉语中的位置，如图 2-1 所示，汉语各类状语取句中式时都放在谓语动词之前。英语单词副词取句中式时大体都在动词之前，但词组状语则一般均在谓语动词之后，英汉翻译时常需取 AV 语序（副词＋谓语），如：

(a) Only a day before, sonic booms and cannon fire reverberated in the clear blue sky as Israeli and Syrian jets clashed over Lebanon.（Time）

仅仅在一天以前，当以色列和叙利亚的喷气式飞机在黎巴嫩上空交战时，清澈的蓝天回荡着轰隆隆的巨响和炮火声。

(b) Productivity per man-hour in America's private business rose by nearly 3 percent a year from 1948 to 1973.（Economist）

从 1948 年至 1973 年，美国私人企业每人每小时的生产率以每年约 3% 的幅度增长。

(c) He battled at full speed from the start.（Newsweek）

（比赛）一开始，他即以全速力争。

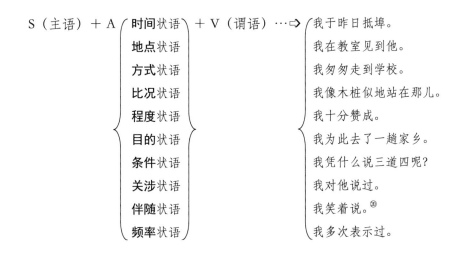

图 2-1　汉语句中式状语位置：SAV 式

多重状语取句中式位置时,现代汉语并无一成不变的定式,[23]一般词序配列如表2-3所示。

表2-3 汉语句中式多重状语(S$A_1A_2A_3$…V)词序

主语 S	目的 A_1	时间 A_2	地点 A_3	条件 A_4	比况 A_5	方式 A_6	伴随 A_7	频率 A_8	指涉 A_9	程度 A_{10}	谓语 V
我公司	为此	于去年二月				郑重地		多次	向贵方		表示
他	为了求学			凭着两条腿		只身		两度			入关
父亲		那天傍晚	在书房台灯下				跛着步子	一次又一次	向我		叮嘱
大雨		一清早			就像泼水似的	一阵又一阵	唰唰地呼啸地		向山寨		扑来
我大哥		平日	在绍兴时	在谈话中					对他对病中的我	十分极为	敬重关心
突击队		当夜		借着星光	风驰电掣般				对毒贩的魔窟	猛	扑
我们	为顾全大局	于同年秋末		在第三方的调停下		开诚布公地		多次			声明

除表2-3中所列的10种状语外,现代汉语中还有一种表示语势(或行为趋势)的状语(如"就":"雨停后,他就走了";"却":"谈了半天,他却装聋作哑";"则":"而我们,则表示同情";"太":"他的话太没道理了";"还":"你跑得快,人家比你还快",等等)与表示程度、强度的副词一样,一般都紧贴谓语动词。这类词的修辞作用不可忽视。

表 2-4　汉语动词后补语（VC）位置

主语及谓语 SV	结果 C_1	趋向 C_2	状态 C_3	可能 C_4	程度 C_5	句尾成分（助词）
你说	完					了吗？
大家干		起来				吧。
他讲			得很明白			（了）
这件事办				得成		吗？
天气暖和					（得）多	了。

* 汉语主谓后的述补结构还可以含宾语，表时间、处所等等，如①我们（直）谈到半夜；②他说到点子上了。（"到"字以后是述补结构）

在实际行文中，多重状语依次并列不大可能多至四五个以上，因为修饰语多重并列难免使行文产生累赘感。在英汉翻译中，最常用的办法就是将状语作适当分布，使一些状语在译文句中取句中式，另一些状语取句首式。句首状语多重并列时次序仍与表 2–4 所示大体相同，只是主语位置改变了，放在若干状语之后。英语中有以下几类状语常可在译文中由原文的句尾式（或句中式、插入式）变为句首式，变句尾式为句首式时应注意后置状语的修饰范围（见 2.3.2 后置修饰语的照应和翻译问题）：

1. 表示时间、过程等概念的介词词组及从句作后置状语时，如：in/on/at/during/till（until）/from...to..., at the time of, at the moment of, the moment, as soon as, in the course of, at the point of, on the point of, at the sight of, on the brink of, on the verge of, on the occasion of, in the closing quarter of, at the beginning of, in the middle of, at the end of, on the threshold of, etc.

2. 表示地点、空间、范围、程度等概念的介词词组及从句作后置状语时，如：in/at/within/beyond/through (throughout), besides, except (except for), to the extent of, in front of, at the rear of, at the back of, in the middle of, in the midst of, within/beyond the scope of, apart from, on top of, in addition to, to face up to, in the face of, in place of, by the side of, to the point of, etc.

3. 表示目的、前提、条件、原因、让步、结果等概念的不定式、介词词组及从句做后置状语时，如：to-infinitive, if..., given..., in order to, in case of, with a view to, by virtue of, because of, due to, by reason of, in accordance with, on account of, in consideration of, in the event of, in view of, subject to, as a result of, under the influence/pressure of, in pursuit of, for the sake of, in search of, according to, on the basis of, in line with, in the light of, in spite of, despite, though (although), even though, etc.

4. 表示对象、指涉、指谓、比较等概念的介词词组或从句，如：for/to..., as to/as for..., as far as... is concerned, with reference to, with/in regard to, in respect to, in relation to, in connection with, in contrast to/with, in comparison with, in the matter of, in opposition to, in the context of, on the subject of, in response to, etc.

5. 表示方式、手段等概念的介词词组或从句，如：by-gerund, by means of, by way of, via, by dint of, instead of, with the help of, by force of, in the wake of, in terms of, in the habit of, in the manner of, in the form of, in connivance of, on behalf of, in the name of, at the request of, on the recommendation of, on the chance of, through the channel of, in exchange for, in place of, on demand of, under requisition for, etc.

6. 表示衔接、补充或关联的状语（常取插入式），如：so to speak, to be frank, like it or not, believe it or not, if not best, come to think of it, as it were, in the final (last) analysis, by fair means or foul, as luck would have it, come what may, in particular, in general, 等等，以及一批常需拆译置于句首的单词状语，如：hopefully, incidentally, allegedly, etc.

以上所列的几类由介词及成语介词组成的后置状语以及后置不定式状语取 SAV 或 ASV，需要译者认真琢磨。多重状语并列时，尤应作妥善安排，切忌机械堆砌。

注意下列例句中状语在译句中的位置：

(a) At the same time, most probably, critical man-power shortages would still exist in the United States in many skilled occupational fields in addition to managerial incompetence.

原句共有六个状语，翻译时可将一个转化为定语，并将五个状语调整分布为："时间—处所（领域）—让步—主语—强度—频度—谓语"式：

> 同时，在美国的许多技术工种中，除了经营管理上的无能外，严重的劳动力不足的问题很可能仍将继续存在。

（b）For some, especially state universities, institutional autonomy and academic freedom should be strengthened by federal and state support in lieu of their domination, in order to ensure quality education.

原句共有五个状语，翻译时可将一个状语取句中式，其他取句首式，句中各成分配列式为："对象—强度—目的—主语—指涉—谓语"：

> 对有些大学，特别是州立大学来说，为保证教育质量，联邦政府和州政府对它们的自治权限和学术自由应取赞成态度而不应加以控制。

此句也可以将目的状语放在句首，运用词类转换（表示对象、指涉的状语转换成定语）将全句加以调整："为保证教育质量，联邦政府和州政府对某些大学（特别是州立大学）的自治权……应取……态度，而不应加以控制"。句首目的状语，在现代汉语中用得很普遍。

（c）In two recent visits to the United States, Jamaica's prime minister, in response to the World Bank's repeated urges, suggested the message to the US policy makers for the good of both countries, particularly in the matter of bilateral monetary affairs.

原句共有五个状语，汉译时必须适当调整状语分布，句中各成分可取如下配列式："条件—目的—（指涉状语转化为定语）—主语—过程—对象—谓语—宾语"：

在世界银行的多次敦促下，为牙买加和美国的共同利益，特别是双边金融事务方面的共同利益，牙买加总理在最近的两次访美中，向美国的政策制订人传达了（上述）信息。

　　在现代汉语中，"在……下""在……中"之类表示时间、过程、方位、条件等"空心结构"一般都可以放在句子的最前面，有时也取句中式。
　　以上说的是状语词组在英汉翻译中的语序问题。
　　汉语复句多取意合式（Parataxis），英语复句多取形合式（Hypotaxis）。在现代汉语中无论联合复句（以并列、递进、对比、选择、连贯等等方式组合的复句）或偏正复句（以因果、条件、转折、让步、目的等等为逻辑关系而组合的复句），连词常常省略；英语复句连词通常不能省略。由于汉语常取意合式，因此英汉翻译行文中必须注意语序。比较而言，复句中的次要部分汉语常取前置式；英语常取后置式，但也可能前置。汉语中的主要部分常取后置式，当然也可能前置。复句两个部分的前置与后置问题，主要是根据惯用法和重心感，只能说有一个大体的倾向，两种语文在对比中常常有异有同，此外前置与后置与行文中的语气和衔接也很有关系。这种种因素都使语序具有相当广泛的选择性，不能过于强调强制性。句序安排请参阅表2–5。

表2–5　现代汉语复句中副句—主句位置示意

前置部分	后置部分	常用连词（举例）
原因副句	结果主句	因为（由于）……，所以（因此）……；……，因此（因而）……
时间副句	陈述主句	（自）从……，（就）……；直到……，……；当……时，……；……，直到……
条件、假设副句	陈述主句	如果（假如、倘若等）……（那么）……；只要……，就（就能、就要）……

前置部分	后置部分	常用连词（举例）
方式、比喻副句	陈述主句	通过（以）……，……；就像……，……；恰如……，
*并列前句	递进后句	不仅……，而且……
*对比（比较）前句	对比（比较）后句	只有……，才……；与其……，宁可……；宁可……，绝不……
*选择前句	选择后句	不是……，就是（即）……
*连贯前句	连贯后句	……，便（又、就、则等）……
让步副句	陈述主句	虽然（尽管）……，还是（却）……；即便……，也……；纵然……也……；不论……，（也要）……
转折副句	陈述主句	既然……，就应……
前提、背景副句	陈述主句	考虑……，……；鉴于……，……；至于……，……

在英译汉行文中将状语分句前置只是一般原则②，在很多句中必须灵活掌握。实际上原文状语从句前置的句子是很多的。

(a) The government is determined to keep up the pressure whatever the cost it will pay in the end.

不论最终将付出什么代价，政府决心继续施加压力。（前置）

(b) Here is the record to show how young Americans—from 18 through 20 years of age—will act if and when they get the vote.

如果18岁至20岁的美国青年获得选举权，他们将如何行事呢？请看以下记载。（前置）

(c) The average European farmer and white-collar worker will not be possibly to act just as their American counterparts did in the 1960s.

欧洲国家一般农民和白领工人是不大可能像20世纪60年代的美国同业那样行事的。（后置）

(d) Nobody in the Administration will be surprised when the interest rates go up to a record high.

如果利率增长又创新高峰,(美国)政府中是不会有人感到惊讶的。(前置)

(e) Because the military offers a wide range of selections, more than 470,000 men will volunteer for their choice of service and job rather than wait for their number to come up.

由于军方提供的机会十分广泛,将有 47 万男子志愿入伍或任职而不再坐待时机。(前置)

(f) But as unemployment begins to rise, as profits start to fall, as interest rates soar, and as the cost of living is at record levels, these economic facts cannot merely be dubbed "inflation".

而在经济领域中,如果失业开始上升,利润开始下降,利率激增,生活费用达到空前的水平,那么这些现象就不能仅仅以"通货膨胀"来加以解释了。(前置)

翻译无定规,将词序、语序、句序安排妥帖,有时全凭译者的慧眼匠心,但通晓基本规律无疑有助于学习者登堂入室。语序在汉语中特别重要,这是因为语序和虚词是现代汉语两个最重要的语法手段,但语序的选择性又很广泛。从这个意义上说,通晓基本配列规律对翻译实践具有不可忽视的指导作用。

2.3 英汉语序特点及照应问题

2.3.1 新闻报刊标题的特点

新闻标题是新闻英语中很重要的组成部分,因为标题是读者在尽可能短的时间里获得尽可能多的消息的语言媒介,在新闻报道中起着独特的作用。美英各大报刊一般都有自己传统的标题特色,有意避免雷同。一般说来，好的新闻标题通常具有以下特点：简约、醒目、概括、风趣。一份大型报纸每天都要刊登少则几页，多至几十页的新闻与特写，一条消息少则几行多至几百行。《纽约时报》国际新闻的平均长度是 54 行（每行 5.5 厘米）。这样大量的消息如果没有简约、醒目、概括、风趣的标题为辅佐，任何读者都不可能有时间、精力和兴趣从中选择自己需要了解的新闻。

从词汇、语法、修辞三个方面来说，英语新闻标题具有以下特点（以下引用的所有英美报刊标题大小写均按原式，各报刊均有自己的传统做法）。

一、词汇

英语新闻标题使用最广泛的是名词和所谓"小词"（Midget Words）。

名词具有很强的表意功能，同时又具有广泛的语法可容性（Grammaticality）。它可以充当多种词类，可以以简约的结构形式表达完整的句法概念。这种词类显然很适用于刊头篇幅很可贵的报刊。可以说在英语新闻标题中，名词占绝对优势。由于过分依赖名词，又过于简略，报刊标题常常产生语义含混的现象或"歧义"（Ambiguity）。

名词连用在报刊标题中是最常见的：

  Divorce New York Style (NYT) 纽约式离婚
  GOP Shakedown Cruise (Newsweek) 共和党的（竞选）试航（揭开序幕）
  Cabinet papers leak inquiry (The Guardian) 内阁文件泄密事件调查工作
  Labour Milestone (CSM) 劳工运动中的里程碑

名词滥用可能导致歧义的例子很多，如：State government staff burn bags，在现代美语中 burn bags 指"待销毁的保密文件包"，因此这个标题的第一个意思是"州政府工作人员的待销毁保密文件包"，文章给人以出现了一种新的保密措施的印象。同时，这个标题还可能意味着发生了一起事件：州政府工作人员把保密文件包烧毁了。

各类名词（包括动名词、复合名词、缩略词等等）可以广泛用以代替形容词、词组和从句。代替形容词者已如上述；代替词组及从句者如：

Corruption Reports Against Police Rise (NYT): corruption reports 是 reports on corruption complaints 的简略式："指控警方受贿呼声四起"

The rod comes back (Newsweek): the rod 是 the rod for paddling (to discipline school children) "体罚教鞭"的简略式："（英国小学中）体罚之风又起"

Carter's War on Waste (WP): Waste 是 how to halt or curtail waste 的简略式："卡特加强反浪费措施"

A free zone for Bangladesh (FEER): Zone 在此处是 Districts where applications for export processing from potential investors are expected 的缩略式："孟加拉国开辟经济自由区"

Starstruck (Time): 代替句子 How these people are getting more and more obsessed with stardom? "年轻人的明星梦"

Superkids? (Time): 代替句子 Can supermen create superkids? "超级儿童之谜"

小词的广泛使用一是由于报刊刊头篇幅很有限，用小词可免于移行，二是由于小词的词义范畴很宽，一般又比较生动、灵活。新闻英语称这类词为 Synonyms of All Work（万能同义语），如：

aim — purpose, design, object, intention, etc.
ban — interdict, prohibition, restraint, refuse, etc.
bid — offer, endeavour, attempt, etc.
chief — superintendent, supervisor, overseer, governor, manager, director, commander, etc.
cut — abridgement, abbreviation, shortening, curtailment, etc.
deal — negotiation, transaction, bargain, etc.
drive — any concerted or coordinated public effort
envoy — messenger, emissary, ambassador, representative, delegate,

intermediary, intercessor, mediator, etc.
  job — undertaking, piece of work, enterprise, achievement, etc.
  meet — assembly, convention, congregation, conference, conclave, etc.
  plea — supplication, petition, application, entreaty, appeal, etc.
  probe — investigation, inquisition, interrogation, examination, etc.
  row — conflict, dissension, dispute, squabble, discord, etc.
  pact — compact, contract, agreement, convention, etc.
  snag — unexpected obstacle, sudden difficulty, etc.
  talk — address, allocation, oration, lecture, monologue, etc.
  try — endeavour, experiment, attempt, effort, striving, etc.

二、语法

（一）广泛使用现在时，兼用其他时态

  英语新闻标题通常以现在时广泛代替几乎所有的时态。这一方面是受传统的影响，另一方面也是着眼于突出事件的现实感和新鲜感，不致使读者产生消息已陈旧乏味（Stale News）的感觉。如：

  Death Takes No Holiday（Time）死神无假期（美假日车祸多）
  Mr. Nott calls it a day（Guardian）纳特（英前国防大臣）辞职
  Trashman Finds Bottle From Ancient Tomb（NYT）垃圾工人在古墓中发现瓷瓶
  A Yippie Comes in from the Damp（Time）浪子回头

  在表意上和语法逻辑上不能不用其他时态时，也常按实情使用不同时态：

  （a）They Thought They were Better（Time）（反里根派）误在自视过人
  （b）U.S. Will Not Curb Arms for Israel（Guardian）美国无意削减对以武器援助
  （c）Aaron McDonald's Burgers Are Falling to Fast Foods（NYT）麦当劳汉堡包日益成为快餐食品

(d) Jury Acquits Woman 26, Who Killed Ex-Husband (NYT) 26岁妇女谋杀前夫，陪审团竟宣判无罪

上述中（a）、（c）、（d）都是出于语法逻辑的要求，（b）及（d）中主句时态出于表意（情态）的要求。

（二）广泛使用非限定动词（Non-Finite Verbs）

不定式：Telecom to be Privatised (Guardian)（英国）电讯通讯公司行将实行私人企业化
A Bonanza to Be Won (Time) 有待开发的富源
动名词：Looking Back to Look Ahead (Time) 回顾中的前瞻
Decoding the Volcano's Message (Guardian) 揭开火山活动之谜
分词：Beleaguered Bobbies (Newsweek)（英国）警察遭到围攻
Signs of Rifts Appearing in Argentina's Junta (WP) 阿根廷军人政府出现内讧迹象

标题中常用不定式表示将来时，用过去分词表示过去时（被动式），用现在分词表示进行时。英语新闻标题中除直接引语外，极少出现完整式假设语气谓语。

（三）从句法上说，标题的最大特点是省略。省略一切无实意的词可以大大缩短标题长度，做到言简意明。标题中可以省略冠词、介词、连词、动词 to be 等。在众所周知、读者不致有理解困难的前提下，实意词也是可以省略的。如：

Have dollars, will sell (FEER): (If you) have dollars, (they) will sell.
Losing, Whoever Wins (Time): (He will be) losing, whoever wins.
Prison suicide 11 times national average (Guardian): (The number of) prisoners (who commit) suicide (now stands) 11 times (the) national average.
Carter and the 52 (CSM): Carter and the 52 (American hostages in Iran)

Sun Power Inches Closer (WP): (The utilization of the) sun power (is) inches closer.

The Original Original Celtics (NYT): (Of those who claim to be) the original, (there are the really) original Celtics.

Rent-a-suit? (Time): (Why not try) rent-a-suit (scheme?)

不顾达意的省略常见于英美报刊中，甚至在世界著名的报刊上亦在所难免，如：

"Introducing True"：意思很难把握。读者很自然地会想到这是 Introducing the true fact 的省略，但整个文章中又没有提到这件"true fact"。作者很可能是借用美国中高档香烟牌子"True"的广告术语，使局外人很费解。

"Subsidies Dramatic"：也是令人费解的，其实整个报道的意思是 Other subsidies will be increasing dramatically.

英美新闻记者和编辑这种不顾语法的刻意求简常常被公众斥为"新闻文体恶习"（journalese vice）或"语言污染"（language pollution）。

三、修辞

新闻标题的主要修辞手段之一是简约，这一点上面已经提到。由于追求简约，英美报刊常常出现单词式标题，如：

Wineswomanship（NYT Magazine）妇女酗酒问题
Harvesttime（CSM）收获期见闻；农事见闻
Entrepreneurs（Economist）创业者发迹史

但是单词式标题往往难以做到具有概括性，而概括性又是标题应有的另一重要特点。因此新闻标题中绝大多数是短语式或短句式标题：

A Distant Friend in Need（Time）救难之交在天涯（远水解得近渴）
The Mauling of a Candidate（Newsweek）候选人被困记

79

Don't worry about a thing (Economist) 万事如意

在"净化英语"的呼声中,英美大型日报倾向于在尽力使标题简约的前提下使用含义明确的短句,以概括消息内容,便利读者:避免使用谜语式短语做标题(Riddle Headings),以免影响新闻价值。如:

Ties With Bonn Have Weakened, U. S. Aides Say (NYT)(白宫高级)助手说美国与西德之间的联系已削弱

Ford Orders B-1 Bomber Production (WP) 福特下令生产 B-1 式轰炸机

新闻标题另一个修辞目的是追求新颖,主要表现在不断推出语言形式上的变体,忌墨守一格。如使用"Noun plus Colon"式:

Eyewitness: What Happened, Why (US News & WR)(柬埔寨事件)现场报道与分析

One Solution: spread the debt burden over 40 years (CSM) 一个解决方案:在 40 年内逐步偿还债务

这种句式在标题中已非常流行。目前很多报刊还采用补足语(After Thought)式的标题:

The sun never sets on a US public school—Almost (Guardian) 美国(外交使团办的子弟中学)已几乎遍及全球

Looking Out For the Folks Back Home—And Oneself (NYT) 谨防(美议员所代表的州的)选民利用并伙同议员在立法机构中搞鬼

标题中追求新颖的常见手法是在词语的形式上巧意安排,如对偶、排比、押韵(包括押头韵 Alliteration)等等,如:

Forlani Forlorn（Economist）头韵对偶

Davy's gravy（CSM）后韵对偶

Analysis Paralysis（Economist）后韵对偶

Torture Trial in Tucson（Time）头韵排比

标题的趣味性几乎是每一份英美新闻报刊的奋斗目标。趣味性主要表现为：

（一）使用风趣的俚俗语，如：

The liberals' golden oldies (CSM)：(美国) 自由派的金牌老朽们（讽刺美国自由派）

Sorry, No Smut (Time)：无油（忧）无路（虑）（Smut 的意思是"秽语"，此处模仿加油站的招牌"Sorry，No Gas"，抨击美国油荒）

Lame-duck presidents: a US oddity (CSM) 跛鸭总统：美国奇闻

（二）使用各种典故，如：

The year of Marco Polo chic (CSM)：马可·波罗热的一年

All roads to Venice (Newsweek)：水陆皆通威尼斯（典出英谚 All roads lead to Rome；该文点评 1980 年欧洲国家威尼斯会议）：

Tokyo's Own Gang of Four (FEER)：日本的"四人帮"

Queen Lear (Time)：李尔"皇"今昔（典出莎士比亚的 King Lear《李尔王》。该文为人物特写，描写美国现今最大的女性专利权垄断者之一 W. P. Lear)

（三）广泛使用幽默、讽刺、夸张、比喻、双关语及故弄玄虚的措辞，如：

Accusers Accused（Economist）原告成了被告（幽默）

A Vow to Zip His Lips（Time）誓将守口如瓶（夸张）

Chrome-plated independence（CSM）电镀的独立（讽刺：在某些年只能出口 80 万吨铬的小国家，有人扬言要"完全自力更生"）

Liberty, Equality—And Insecurity（Newsweek）自由、平等、不安

全（改自"自由、平等、博爱"）

Detroit's Uphill Battle（Time）底特律的爬坡战（比喻：美汽车工业面临严峻的前景）

On "The Rock"（Newsweek）困境中的古巴关塔那摩基地（双关语：on the rocks 是个成语，有"遭难"的意思。美驻军称该地为"The Rock"）

Churchill to teeth（Newsweek）连牙缝音也像丘吉尔（标题巧用措辞，故弄玄虚。据该文披露，丘吉尔最著名的演说："Speech on Hitler's Invasion of the U. S. S. R."原是演员 Norman Shelley 模仿丘吉尔朗诵的，世人误以为真，因为连牙缝音"hiss"也像丘吉尔）

英语新闻标题汉译时应注意以下几点：

一、由于英语新闻标题具有以上特点，因此我们在翻译时应首先完全理解电文、报道或特写的具体内容，才能判断出标题的寓意。

二、如果英语标题的含义明白、直接，译成汉语以后中国读者不致产生理解上的困难，则可直译或基本上直译。但即使是明白、易懂的新闻标题，我们在汉译时也常需加上逻辑主语，或电讯中有关人的国籍、事件发生的地点等。总之必须增补介绍性、注释性词语以利中国读者理解，避免读者产生误会。

三、如果英语标题寓意于某种修辞手段（如双关语、比喻、押韵等），而这种修辞手段在语言转换中与汉语难以契合，则必须舍弃原来的标题，按内容概括出合适的译文标题。切忌生搬硬套，在译文中使用晦涩难懂的标题。汉语新闻标题重简约、明白、晓畅，同时，汉语标题也应该讲究修辞。但修辞必须以准确达意为前提。标题故弄玄虚常使读者产生反感。

2.3.2 英语后置修饰语的照应问题

在英语中，修饰语（特别是定语修饰语的词组式和从句式）可取后置语序，即所谓后置修饰语（The Postmodifier）。这就产生了与先行中心词（Head Word，简称 HW）照应（Reference）的问题，即我们在翻译中常说的"修饰范围"或"管域"(Government)问题。后置的修饰语究竟修饰前面哪一个词、词组，抑或是修饰全句？常常是需要译者细心研究的问题。如果译者对照应关系判断失误，译文就会随之出错。

英汉翻译中比较复杂的照应关系，一般有以下几种形式，统称为"多枝共干"式的结构。

一、后置定语成分（特别是定语从句或介词词组）与中心词分离，而后置定语前可能充当中心词的成分又多于一个，究竟修饰哪一个，有待于译者判断，例如：

We must tear down the walls of isolation, confusion and confrontation which separate us from each other.

句中的定语从句究竟是修饰句中的哪一个成分（或几个成分）：是HW1（walls）？是HW2-HW3-HW4（isolation, confusion and confrontation）？还是HW3-HW4（confusion and confrontation）？问题出在定语从句与中心词被介词短语分隔开了，译者很可能舍远求近，找错中心词。

二、后置定语成分（特别是介词词组或定语从句）与中心词贴近（The Close Headword），而定语成分前又有一个以上名词性成分，因而难以断定定语究竟修饰哪一个词语：

And everywhere you could see signs of vandalism (HW?) and general neglect (HW?), litter (HW?) and graffiti (HW?) that disfigured many British urban estates.

句中的定语从句前有两对处于并列位置的名词，因而很可能产生错误的判断。以为that-clause是修饰litter and graffiti之前所有的名词的。由于这种结构而产生理解上的错误以致译错的情况很常见。

三、修饰成分并不修饰句中某一个成分或词语，而是修饰全句，但从句子表面形式来看，很容易误认为修饰邻近的词语。如：

The war that ignited the whole area took two years to reach this wonderful land, which was beyond the reach of everybody's imagination.

译者如不注意标点即可能将 land 误认为 HW。

四、在译者眼中修饰成分本身的并列界限不明，因而导致理解上的错误，这样当然也会译错。例如以下句中的照应关系应该是这样的：

Incidentally there are always fluctuations (HW) in the aggregate values of industry (Mod.1) and the economy as a whole (Mod.2).

在译者眼中很可能把句子看成：HW 后直接加上两个并列的 Modifiers，即 fluctuations in the aggregate values of industry and fluctuations in the economy as a whole（工业总产值中的波动及整个经济体系中的波动）。译者割裂了 of-phrase 中的并列成分。

由于没有捋清照应关系上的脉络，造成理解上的纠葛而导致错译有以下几种情况。

一、张冠李戴

即找错了中心词。如：

(a) Needs vary. We met women in their late thirties with grown children who want to return to school on a parttime basis.

误：把 children 看成了 HW：

有各式各样的需要。我们遇到一些近 40 岁的妇女，她们的孩子长大了，而这些孩子则要求以半工半读的方式再度入学。

正：women 才是 HW：

人们的要求不一。我们遇到一些近 40 岁的妇女，由于她们的孩子已经长大成人了，因此她们要求重新学习，参加非全日制学校。

(b) The purpose is to assist States and colleges in meeting the costs of starting career-education programs in critical-skill areas in community and junior colleges and technical institutes.

误：把 areas 看成了 in community 的 HW，并割裂了 in community and junior colleges and technical institutes 这个介词短语：

（该项建议）旨在资助各州及各大学着手执行职业教育计划；这类计划有地区性人力技术短缺方面的，也有初级大学和技术院校的。

正：programs 才是 in community … institutes 这个介词短语的 HW：

（该项建议）旨在资助各州及各大学着手执行职业教育计划；在地区性大学和初级大学以及技术院校均有这类计划。

(c) But in any case, it seems evident that printing with movable type in Europe had a connection with the earlier development of block printing, which itself stems back to China.

误：将 block printing 看成了 which-clause 的 HW：

但无论如何，似无疑义的是：欧洲的活字印刷与刻版印刷的早期发展是有联系的，而刻版印刷则源于中国。

正：which-clause 的 HW 是 the earlier development：

但无论如何，有一点似乎是显而易见的，欧洲的活字印刷与刻版印刷的早期发展有联系，而刻版印刷术的发明创造则源于中国。

(d) The thought is surely not enounced in those lines of the famous poem, which both we and the critic would agree.

误：将 the famous poem 当作了 which-clause 的 HW（而且"这"字太多）：

这一思想毫无疑义地没有体现在这首名诗的这几行中；而这是一首名诗，这一点我们与批评家之间并无分歧。

正：which-clause 修饰整个主句：

毫无疑问，诗人的这一思想没有体现在此一名诗的上述诗行中；对此，我们与这位批评家之间并无分歧。

以上例句都是找错了被修饰成分。译者没有统观全句，摆脱障眼成分（特别是介词词组），机械地认定最接近的名词就是中心词，因而张冠李戴，导致错译。

二、丢三落四

就是找漏了中心词，将并列的被修饰语漏掉了，只抓住其中之一，如：

(a) This is the danger of large scale conflicts breaking out between peoples and cultures of widely different origin, which were formerly safely separated.

误：抓住了 cultures，但丢掉了 peoples：
这样，就存在着在各国人民之间爆发大规模冲突的危险，以及在原先是互不相干而又相安无事的几种渊源很不相同的文化之间爆发大规模冲突的危险。

正：peoples 应与 cultures 并列：
这样，就存在着渊源殊异、原本相安无事又互不联系的各民族和各种文化之间爆发大规模冲突的危险。

(b) He was said to suffer from poor memory and self-admitted lack of good judgement, which in his last years went only from bad to worse.

误：抓住了 lack of good judgement 但丢掉了 poor memory：
据说他苦于健忘，到了晚年他那自己也供认不讳的昏庸，又发展得愈趋严重。

正：poor memory 应与 lack of good judgement 并列：
据说他苦于记忆衰退，而且连他自己也承认拙于健全的判断；到了晚年，痼疾又复加剧。

(c) Teachers and classes in these schools no longer must meet a rigid schedule to view important programs and instructive series which now can be copied on tape and replayed later at more convenient times.

误：抓住了 instructive series，但丢掉了 programs：
教师和学生不必再按死板的规定时间在课堂上观看重要节目和教学系列录影，而可以将那些系列在磁带上录下来，在更方便的时间放。

正：programs 应与 series 并列：
在有录影设备的学校中，师生不必严格按规定时间看重要的教学节目和教学系列片，而可以将节目和材料录在录影带上，随时播放。

(d) He projects a calm air of independence, a sturdy come what may stoicism in the face of official pressure to silence him.

误：错把 in-phrase 当作只修饰 stoicism，而丢掉了全句（句尾 in-phrase 是状语，修饰全句）：
他总是摆出一副泰然自若的神情，在上司压他免开尊口的时候，显得极为淡泊，我行我素。

正：在官方叫他闭嘴的时候，他总是显出一副泰然自若的神情。他那种淡泊持重的态度真可谓任凭风浪起，稳坐钓鱼船。

翻译中的"丢三落四"除了涉及理解问题外，还涉及翻译作风问题，学习者不应掉以轻心。

三、任意囊括

就是把不属于修饰成分照应范围内的词语囊括在它的照应关系之内，找了无关的词作中心词，如：

(a) He summarizes impeding issues and possible choices which have already been filtered through his aides.

误：将 issues 也囊括在 which-clause 的修饰范围内：
他将阻碍事态进展的问题以及可能的办法加以汇总，这类问题和办法都已经经过他的助手们过滤了。

正：which-clause 的 HW 只有 choices：
他将阻碍事态发展的问题以及可供选择的解决办法加以综述，而所谓解决办法则都是经过他手下的人筛选过的。

(b) Their basic fear is of the slackup of protectionism and above all, American capital outflows which to them mean job out flows.

误：将 the slackup of protectionism 囊括在 which-clause 的修饰范围内了：

他们感到最恐慌的是不坚持保护主义，尤其是美国资本的外流。因为对他们来说，这样做就意味着工作机会的外流。

正：他们感到最恐慌的是放松了保护主义，尤其担心美国资本的外流，因为资本外流等于工作机会外流。

(c) Critics are ambivalent. Because many bureaucrats are aggressive and hardworking, most federal workers intelligent and dedicated—people who "do a day's work for day's pay".

误：扩大了 people who-clause（即 After Thought 后续附加成分）的照应范围，囊括了 bureaucrats：

（联邦政府的）批评者们心情是矛盾的。因为许多官员有进取心，工作也很努力，大多数联邦政府的雇员也是有知识的、是忠于职守的；不论官员和雇员都是"拿一天的钱，干一天的活"的。

正：people who-clause 只修饰 the federal workers：

（联邦政府的）批评者们的心情是矛盾的。因为许多官员有进取心，他们是努力工作的；大多数的联邦雇员也是有知识、忠于职守的，他们都是所谓"干了一天的活、拿一天的钱"的人。

译文状语位置失当也可能造成"任意囊括"：

(d) The CIA may have learned from their past mistakes; they captured five Salvadoran guerrillas trained in Cuba and had their confessions videotaped to avoid a replay of last year's embarrassment.

误：句尾不定式短语的修饰范围被错误地扩大了：

为避免重演去年的难堪局面，中央情报局可能已经从过去的错误中吸取了教训；他们俘虏了五名在古巴受过训的萨尔瓦多游击队员，用录影机录下了他们的供词。

正：中央情报局可能已经从过去的错误中吸取了教训。他们俘虏了五名在古巴受过训的游击队员，为避免去年那种难堪的局面重演，他们用录影机录下了俘虏的招供。

在英译汉中要正确地理解原文、抒清后置修饰语的照应关系，才能正确无误地安排译文。一般说来，译者必须注意以下几点：

一、后置修饰语通常被置于紧接被修饰成分（中心词）的位置，但千万不要机械地认定紧接修饰语的先行名词（The Immediately Preceding Noun）就是中心词。在很多情况下，当修饰语前有介词词组时，中心词往往是整个介词词组前的名词，这种结构就是所谓分离式结构（The Split Structure），即下式：

因此，译者必须细心研究原文表层结构形式，并透过表层，深入内层，不要因介词短语一叶障目，错把介词短语中的名词看成了中心词。必须心中有数。后置修饰语使句子得以充分扩展，同时也带来许多呼应和组合关系上的纠葛。这是扩展型句子的优势和弱点。请注意分析本节所举各例。

二、句中各成分的语法关系（特别是主语与谓语和数的一致）往往是判断修饰语究竟与前面哪一个词相照应的重要线索和依据。如果修饰语是从句，而从句中的谓语（或代词主语）呈复数形式，则前面的单数名词都不可能是中心词，除非是几个名词在逻辑上、语法上有并列关系。英译汉中遇到这种难以决断的疑点是常见的。这时要求译者分外细心，认真研究。往往需要一个词一个词地拿出来进行"淘汰式"的比较和分析，看看究竟哪一个词语是与修饰语有着逻辑上、语法上的照应关系的中心词。

三、在寻找、确定中心词时，除了要抒清语法关系外，还有必要考虑逻辑关系，看看修饰语与哪一个词语相照应才符合上下文所述事理。这时译者必须冷静、客观，切忌主观武断或臆测，切忌牵强附会。不能把译者的主观判断强加给原作者。在英译汉中，我们常常需要进行逻辑思维。从形式逻辑的观点来说，翻译中要进行的逻辑思维，是指：（一）要准确地反映客观事物的内在联系，也就是说要符合原文所涉及的事物的科学道理和专业知识;(二)要符合思维形式的判断模式,即是否准确地表达了原文所反映的客观事物之间的条件、因果等关系;(三)要符合思维形式的推理模式,即是否准确地表达了原文所反映的推理前提和推理结论;(四)最基本的是:译者是否恰如原作者那样运用概念,而不违背思维形式的结构要求,即表意的确定性、不自相矛盾、明确性和充分论证性。通俗一点说,就是译者在译词、译句中不能模棱两可、前后矛盾,不能顾此失彼、丢三落四,也不能张冠李戴、任意囊括。当然,翻译必须忠实于原文,如果原文本身在逻辑上有问题,译者并没有责任代为订正或修正。译者在认为必要和适当时可加注说明,以利读者的理解。英语新闻电讯及特写往往因发稿仓促使行文出现逻辑上的纰漏,但译者应小心甄别,切忌武断、草率,切勿随意指真为伪或指伪为真而改动原文。

〔注释〕

① 参见 C. D. MacDougall 著:*Interpretative Reporting,* Macmillan Co., 1971, Chapts. 6 and 7。

② 引自 Wilma R. Ebbitt and David R. Ebbitt 合著:*Writer's Guide and Index to English,* Scott: Foresman and Company, 1978, p. 541。

③ 参见美联社编:*Stylebook, and Libel Manual,* AP, 1980。

④ 参见 Porter Perrin 编著:*Writer's Guide and Index to English,* Scott: Foresman & Comp., 1965, pp. 15–23。

⑤ "谈话体英语"也可称为"商谈英语"(Consultative English),口语体英语也有人称为"随常英语"(Casual English)。

⑥ 参见奈达等著:*The Theory and Practice of Translation,* 1969。奈达认为翻译的职能是最大限度地发挥译文的潜力,找出适当的表达方法,而不是将原文的表达形式强加于译文。

⑦ 有人认为从翻译史上说,忠实于原文的"原精神"(Spirit)始终是翻译家的奋斗目标,详见 L. G. Kelly 著:*The True Interpreter: A History of Translation and Practice in the West,* Oxford, 1979, Chapt. VIII。

⑧参见 Mario Pei 著：*The Story of Language*, Part Three, New American Lib., 1965, pp. 209-302; R. Labo 著：*Linguistics Across Cultures*, 1957。

⑨参见 A. F. Tytler 著：*Essay on the Principles of Translation*, London: A. F. Tytler, Chapt. V.

⑩参见 M. A. K. Halliday 等著：*The Linguistic Sciences and Language Teaching*, Longman, 1964, pp. 87-98。

⑪参见 D. Crystal 等著：*Investigating English Style*, Longman, 1979, pp.76-77。

⑫参见 *Current English Usage: A Concise Dictionary*, F. T. Wood Usage and Abusage, E. Partridge, 1973。

⑬英国作家 J. 奥斯汀有一个著名的句尾重心句 "It is a truth universally acknowledged that a single man in possession of a fortune must be in want of a wife"，余味在 wife 一字。

⑭见黎锦熙：《新著国语文法》，第 31 页及《语文学习》，1953 年 3 月号黎文《变式的图解》。

⑮这种句子在汉语语法界有不同分析。有人认为在这种句式中"驾驶直升机"是话题主语，也叫"话题"，"你会"是主谓词组做述题。

⑯这两个汉语例句，亦见前页注的分析。即使我们认定"那个地方"与"酒"是话题主语，它们的受事性也是比较清楚的。

⑰参见 H. W. Fowler 著：*A Dictionary of Modern English Usage*, London, 1975, p.297。

⑱参见张志公主编：《现代汉语》中册，人民教育出版社 1983 年版，第 44 页。

⑲参见 W. R. Ebbitt 及 D. R. Ebbitt 合著：*Writer's Guide and Index to English*, Scott: Foresman & Company, 1978, p.683。

⑳这是按英语语法分析。按汉语语法"笑着说"是连动式谓语。

㉑参见张志公主编：《现代汉语》中册，人民教育出版社 1983 年版，第 48 页：语序的选择性。

㉒参见夸克等著：《当代英语语法》，§9.3.2, p.554。但有很多人从行文效果来说，主张尽量将从属部分放在句首，将句子重心落在句尾。

第三章 论述文体

3.0 概述

论述文用于论事说理，在社会文化、教育与学术研究中都起着极其重要的传播作用。

3.0.1 论述文体的范畴

在英语的书面语体中，与诗歌（Poetry）相对而言的是散文（Prose）。英语概念中的"散文"分为三种，一是叙述文（Narration），二是描写文（Description），三是论述文（Exposition），后者在汉语中也称为议论文、政论文或论说文。论述文是书面语体中用得非常广泛的一种文体，它的功用是 explain（解释、说明、阐明）或 state（说明、陈述）。论述文一般指社会科学的论著、研究报告、文献资料以及报刊社论和评论；论述文还包括正式演说和发言。可见，论述文不仅是社会科学论著中使用的语体，也是报刊政论（包括政治、经济、军事、法律及社会问题等专论）中使用的语体。政论性演说的发言虽然是口述形式，但使用的语言实际上是政论体，即论述文。

3.0.2 论述文体的特点

（一）用词比较端重、典雅、规范、严谨。所谓"端重"，指论述文倾向于使用正式语体的词语,除非出于修辞效果上的考虑,一般不用俚俗语,忌讳"插科打诨"的语气(Tone),力求给人以持重感,避免流于谐谑、轻俏。所谓"典雅",指论述文中常常使用许多"大词",即含义比较抽象、概括,一般源出拉丁(和希腊)语、法语以及其他外来语的词①。请注意以下箭头右列词语给人的"端雅感":

eye ⇨ ocular(眼的)　　　　　son ⇨ filial(儿子的)
mouth ⇨ oral(嘴的)　　　　　house ⇨ domestic(家里的)
nose ⇨ nasal(鼻子的)　　　　town ⇨ urban(城市的)
mind ⇨ mental(内心的)　　　moon ⇨ lunar(月亮的)
the Middle Ages ⇨ medieval(中世纪的)　star ⇨ stellar(星的)

所谓用词规范和严谨,一是指语法层面,一是指逻辑层面。论述文中出现非约定俗成的、不合语法的(Ungrammatical)、不合逻辑的(Illogical)词语是比较罕见的,除非出于作者的有意安排。

以下引文出自英国作家阿·赫胥黎的论文"Individual and Masses"(个人和群众),请注意文中的用词:

[文中抽象和端雅词语]

Unlike the masses, intellectuals have a taste for *rationality* and an interest in facts. Their critical habit of mind makes them resistant to the kind of *propaganda* that works so well on the majority. Intellectuals are the kind of people who demand evidence and are shocked by *logical inconsistencies* and *fallacies*. They regard *oversimplification* as the *original sin* of the mind and have no use for the slogans, the *unqualified assertions* and *sweeping generalizations* which are the *propagandist's* stock-in-trade.	rationality propaganda logical inconsistencies fallacies, oversimplification original sin unqualified assertions sweeping generalizations propagandist's

Philosophy teaches us to feel uncertain about the things that seem to us *self-evident*. Propaganda, on the other hand, teaches us to accept as *self-evident matters* about which it would be reasonable to *suspend our judgement* or to feel doubt. The propagandist must therefore be consistenly *dogmatic*. All his statements are made without *qualification*. There are no greys in his picture of the world; everything is either *diabolically* black or *celestially* white. He must never admit that he might be wrong or that people with a different point of view might be even partially right. *Opponents* should not be argued with; they should be attacked, shouted down, or if they become too much of a nuisance, *liquidated*.

Virtue and *intelligence* belong to human beings as individuals freely associating with other individuals in small groups. So do *sin* and *stupidity*. But the *subhuman mindlessness* to which the *demagogue* makes his *appeal*, the moral *imbecility* on which he relies when he *goads* his victims into action, are characteristic not of men and women as individuals, but of men and women in masses. *Mindlessness* and *moral idiocy* are not characteristically human *attributes*; they are *symptoms* of *herd-poisoning*. In all the world's higher *religions, salvation* and *enlightenment* are for individuals. The *kingdom of heaven* is within the mind of a person, not within the *collective mindlessness* of a crowd.

(From *Brave New World Revisited*, 1958)

philosophy
self-evident
self-evident matters
suspend our judgement
dogmatic
qualification

diabolically, celestially

opponents

liquidated

virtue, intelligence

sin
stupidity, subhuman mindlessness demagogue, appeal imbecility, goads

mindlessness, moral idiocy
attributes
symptoms, herd-poisoning
religions, salvation, enlightenment kingdom of heaven
collective
mindlessness

赫胥黎的论述文一般被认为是比较典型的"端雅体"。这类论述文目前仍然受到一些英美作家的推崇。在端雅派大师们的影响下,政论体著述倾向于用大词、长词、抽象词、外来词、专用词。时至今日,这种用词习惯并没有什么显著变化。当然,与此同时早已有一些散文名家提出过强烈的反对意见,例如英国作家乔治·奥威尔(George Orwell, 1903-1950)在论述政论体英语时就提出过 "Never use a long word where a short one will do" 及 "Never use a foreign phrase, a scientific word or a jargon word if you can think of an everyday English equivalent" ②等主张,但政论体由于受到传统的深远影响,更基本的原因是论述文有其特定的社会交流职能(包括交流目的、交流对象及论述题材)。因此,论述文用词语域不可能与叙述文或描写文相同。

(二)论述文句子结构比较复杂,句型变化及扩展样式较多。由于论述文旨在解析思想、开发论点、辩明事理、展开论争,因此文章内容往往比较复杂;作者在阐发自己的观点时总是力求周密、深入,避免疏漏。因此文章的逻辑性往往较强,文句结构一般比较讲究,一般较重修辞,重发展层次和谋篇布局。试读以下长句,注意作者表述思想观点的方式:

> And finally a third result of the technological revolution is that, under the system of private property in the means of production and the price system as a method of distributing wealth, the greater part of the wealth produced, since it is produced by the machines, goes to those who own or control the machines, while those who work the machines receive that part only which can be exacted by selling their services in a market where wages are impersonally adjusted to the necessities of the machine process. (Carl Becker: *The Technological Revolution*)

论述文的作者总是力求全面、缜密地表述自己的见解,避免片面、疏漏,因而长句很多,句子往往盘根错节,行文如一波未平一波又起,不免使人产生拖沓繁杂之感。论述文的句子往往取环扣包孕式,基本的扩展手段是使用后置修饰语和插入成分。

当代论述文在许多人的倡导下有力图摆脱句子冗长、结构盘节之弊的趋势③。许多人主张论述体英语应该简明、畅达,重条理性、纪实性(Factualness)和充分的论据。当代英语论述文强调论理的客观性(Objectiveness in Reasoning),主张作者不要表露个人的感情,倡导在论证事理中排除感情因素,因为论述文的功能是"解释",而不是"感召"。总之,英语论述文一个较突出的特点是重"理",而不是重"情"。

3.0.3　论述文体的汉译要点

（一）透彻理解原文,首先是准确掌握词义。由于论述文用词比较严谨、端重,特别是多用比较抽象、比较具有概括性的词,因此词的正确理解和翻译就成为翻译论述文的首要任务。翻译者必须注意研究如何辨析词义,正确判断词在具体的上下文中的含义,必须比较熟练地掌握各种译词的手段,避免由于译词不当,造成行文上的阻滞梗节（Grittiness）。这是翻译论述文应当特别注意的。只要译者善于掌握词义辨析的方法,在反复实践中学会灵活运用各种译词的手段,就能够克服翻译论述文的这一个基本障碍,化阻滞、通行文。

（二）论述文重逻辑论证,因此翻译这类文章首先必须反复通读原文全文,抓住文章的中心思想,分析文章的总体结构和谋篇布局的脉络；进而弄清作者的每一个论点和每一个论证环节,即作者逻辑推论的层次,因为语言只是思维的"外",只有理清作者逻辑思维的层次,才能比较清楚地理解作者为什么要采取这样的句型和章法来体现自己的思想。反之,如果译者不深读全文,没有抓住原文作者的基本立意,就动手翻译,结果必然是执著于原文中孤立的语言结构,越翻越糊涂。只重语言形式上的分析,不重文章内在的思维逻辑和论证脉络的深入探究,忙于动笔,急于成章,必然会使译文疏漏百出或不知所云。这种翻译作风,必须及时纠正。

（三）注意汉语论述文的一般用词倾向和风格、体式。翻译英语论述文时应注意译文与原文用词倾向、风格和体式的大体吻合,做到量体裁衣。一般说来,翻译英语论述文时汉语行文不宜太俗,忌用俚俗语或方言词语。同时,译者应注意不要因为原文用词、造句比较端雅或严肃,译者为了求雅，而将译文弄得文白夹杂，不伦不类。除非出于照应原文的特殊要求，汉语行文必须保持连贯性（Consistency）。论述文要求行文端重，翻译时请注意虚词的语域问题（见 8.2.4），不要流于俚俗。

3.1 词的翻译

3.1.1 英汉词义的差异

一般说来，英语词义比较灵活，词的含义范围比较宽，比较丰富多变，词义对上下文的依赖性比较大，独立性比较小。汉语词义比较严谨，词的含义范围比较窄，比较精确、固定，词义的伸缩性和对上下文的依赖性比较小，独立性比较大。英语一向被认为是一种适应性、可塑性较强的语言，它的适应性和可塑性突出表现在词义的灵活性上。英语中有一名言："词本无义，义随人生"（Words do not have meanings; people have meanings for words）。近半个世纪以来，由于科学技术的发展和各种思潮及政治势力的此起彼伏，各行各业和各种集团的人都在尽可能利用英语的常用词汇来表达各自的专业概念，这就更加扩大了英语词义的范围。汉语不同于英语。汉语源远流长，有其特殊的民族文化和历史传统，用词讲求词义精确、规范、严谨，历来以词义多流变、重晦谲为不法，戒绝生造词义。我国历史上诸子百家的许多文学、哲学主张，特别是墨子、荀子关于"名与实"和"约定俗成"的主张和论断[④]对汉语词义的规范化、社会化有着极为深远的影响。许多人还以毕生精力从事汉语词义的诠注工作。汉语词义的严谨、精确、稳定，实与历代名家所作的诠注、规范工作有很大的关系。但另一方面，由于汉语词义比较固定，往往流于执着、凝滞，不易变通，确实给翻译带来一定的困难，故而严复有"一名之立，旬月踟蹰"[⑤]之慨。

英语词义灵活，突出地表现为一词多义（Polysemy）。英语的词义在很大程度上视词的联立关系而定，词的联立关系不同，词的含义也就不同。而就整体而言，汉语同一个词的词义在不同的上下文中的差别就比较小或并无差别，一词多义现象远不及英语。例如英语 story 这个词，汉语的词义

是"故事"。"故事"在现代汉语中是个单义词,而现代英语的 story 在不同的上下文中可以有许多不同的词义:

(1) 具有"事件""事情""情况""情形"等义:
This war is becoming the most important *story* of this generation.
这场战争似已成为这一代人的最重大的**事件**。
It is quite another *story* now.
现在**情形**完全不同了。

(2) 具有"报道""消息""电讯"等义:
Last December, the *Post* first reported that probes were being made in each of those cities, but officials refused to confirm the *story*.
去年 12 月,《邮报》首先报道侦查工作已在那些城市里进行,但官员们拒绝证实这条**消息**。

(3) 具有"内容""内情""真相"等义:
Some reporters who were not included in the session broke the *story*.
有些没有参加那次会议的记者把**内情**捅出去了。

(4) 具有"传说""说法"等义:
He'll be very happy if that *story* holds up.
如果这一**说法**当真,那他就太高兴了。

(5) 具有"热门""有意的渲染""谎言"等义:
The *story* about him became smaller and by and by faded out from the American television.
报道中对他的**渲染**减少了,不久就从美国电视上销声匿迹了。

(6) 具有"身世""遭遇"等义:
The Rita Hayworth *story* is one of the saddest.
丽泰·海华丝的**遭遇**算最惨了。

(7) 具有"情节""案情"等义:
A young man came to Scotti's office with a *story*.
一个年轻人来到斯科特的办公室**报案**。

以上还不是，也不可能是 story 这个词在当代英语中常用的全部词义。新义是层出不穷的。相比之下，汉语词义和稳定性就大得多，含义也窄得多。近几十年来，汉语词汇正经历着由单音词发展为多音词的变化过程，双音词化是这一发展的显著特征⑥。单音词的词素单一，不受组成词素意义的制约，因此汉语单音词词义比较灵活，一词多义现象也较突出；如单音词"人"，在古汉语中是个多义词，但"人"与"民"结合成"人民"以后，词义受制约，立即变得偏窄、精确、稳定，成为单义词。"民"字也一样，与"人"结合以后，立即由多义词变成了单义词。显然，汉语合成词比组成这个词的词素以单音词出现时的词义范围狭窄的原因⑦，就在于组成词素在合成词中的相互制约作用（Interdependence）。这是从词的结构上分析汉语词义偏窄、不易变通和比较凝滞的基本原因。

3.1.2　英汉词义辨析法

词义辨析是英汉翻译的基本功，也是翻译理论的基本课题之一，如何辨析词义是英汉翻译工作者最经常面临的难题。在英译汉中，对英语词义的判断和对译词的推敲是一项自始至终、永无止境的艰苦的思维活动。英语词义辨析之所以如此艰难，原因在于英汉词义之间有许多基本差异，已如上述。此外，词义辨析又至关重要、不可忽视，这是因为，词是语言中最小的、最基本的独立运用单位，如果翻译者没有弄清词义，那就谈不上准确地抓住句子的意思。翻译进入高级阶段以后，原作内容难度加深，修辞手段更多，用词更加丰富，词义也必然有了更多的变化。在这种情况下，词义辨析就成了翻译中更值得深入探讨的课题。

从理论上说，语义学和双语学应当能够为语际转换中的词义确定归纳出比较完善、比较科学的辨析规律。然而，实践证明，就英译汉而言，这项理论任务十分艰巨。英汉词义之间基本差异很多，大量新词在不断产生，词义的发展和演变以及词语搭配的变化也在不断发生。目前，我们只能从翻译方法论的角度，根据翻译实践和迄今的初步总结拟出辨析词义的一般规律。

任何一个词都可能具有三个词义范畴：一是结构词义（The Structural Meaning），二是涉指词义（The Referential Meaning），三是情景词义（The

Situational Meaning)。由于词义存在于这三个范畴中，因此，辨析词义也就必须从这三个范畴入手。

一、从词形结构析出词义

词的结构通常是一个词意义的最基本理据，从词的结构上分析词义主要依仗构词法。英语构词法通常可以给我们提供十分可靠的词义辨析途径。众所周知，大批英语词都是以合成法（Compounding）构成的。合成词的词义构成模式是"第一词素加上第二词素"，例如overwork的词义是over（过度、过量）＋work（工作），即"过度工作"。根据这一词义构成模式，我们可以析出很多新的合成词的词义，如rollerhockey的词义是roller（轮式溜冰鞋）加上hockey（曲棍球赛），即"轮鞋曲棍球赛"。又如合成词lightyear的词义是"光年"，lightweek的词义则是"光周"，lightmonth就是"光月"，这些词的词义都是根据合成词词义构成模式析出的。英语中更有难以数计的词是以词缀法（Affixation）构成的。词缀法构成词义的模式是词缀与根词词义的递进顺加，例如legality是由legal加-ity（后缀）构成的，根词词义是"合法的"，后缀的意思是"性质"，词义顺加后legality的意思就成了"合法性"。根据这一模式，我们可以析出许许多多新词的词义。例如近年来英语有一个很活跃的前缀super-（超、超级、极等），由此构成了superpower（超级大国）、supermarket（超级市场）、superstar（超级明星）、superspeed（超高速）、supersecret（极秘密的）等。两个以上词素的拼缀词词义构成都遵循递进顺加模式，如parabiospheric（adj.）是由para-（外）＋bio-（生物的）＋-spheric（层的、圈的）构成的，它的词义是"外生物层的"。

除了合成法、词缀法以外，其他构词法也都能从词的形态构成和方式析出词义，如混成法（Blending）、首字母缩略法（Acronym）、剪截法（Clipping）等。翻译者通晓英语构词法对辨析英语词义大有好处。通过对词的结构分析可以对独立状态的词的意义做出最初的也是最基本的判断，成为译者下一步参照上下文调整对应措辞的基础和依据。

二、从涉指关系析出词义

所谓涉指关系也就是词在上下文中的照应关系。我们知道，语言中有些词的本身并不具有确定的、充分的词义，其中有些词项在任何情况下都无法对之进行词形结构上的分析。换句话说，这些词确定的、充分的语义不在其本身，而必须到上下文中去寻找。英语中的照应词项可以分为三大类[⑧]：

（1）称代照应词：包括人称代词的各个"格"（Case）、代用词 one 以及指示代词 such 和不定代词 some, any, each, both 等；还包括几个限定词 much, many, few, little。

（2）指示照应词：包括名词性指示词 this, that, these, those 及副词性指示词 here, there, now, then 等。

（3）比较照应词：即在上下文中有关涉词的比较级形容词和副词。如 I hate blue shirt; white suits me but grey is the most preferable；句中 the most preferable 的关涉词是 shirt，没有 shirt 的照应，the most preferable 的词义就不能确立，就不能构成完整的句法概念。

从广义上来说，比较照应词还可以指许多互有关涉的词项，这些互有关涉的词如果一方离开了另一方，则必有一方（一般是处于后照应位置的一方）失去充分的、确定的词义。例如：

The bureaucracy stands for what many citizens have come to fear and loathe the most: *Bigness*. It started *small* even for a new country.

句中 bigness 与 small 是互相照应的词。如果 small 失去与 bigness 的涉指关系，那么它就会成为一个词义含糊、游移不定的词。

照应关系还可能存在于若干对应、引申（往往是从具体到一般化、抽象化的引申）、有替代关系的词项之间。同样，处于指涉、照应关系的一对词（特别是后者对前者），在词义上互为依存，如：

Such changes in Europe would not come easy, but they are being talked about. Their *similarities* in America, however, are just an everyday practice.

Similarities 的具体含义取决于 such changes。类似的词还有 counterpart, equivalent, variation, substitution, the former, the latter 等。

三、从情景关系析出词义

从词形结构中可以析出一个词的意义，这在译词中往往是很必要的一步，是判断词义的一个基本环节。但是译者这时的判断仍然只能说是对词义的最初的、最基本的理解。因为这时它的词义是不确定的、游移的、可变的、有待于调整的。许多不可能从词形结构中析出词义的词，甚至不可能给译者提供任何由形态暗示的词义。例如，reform 这个词可以从词形结构"re-form"中析出许多游移不定的词义："再次形成""再次构成""再次组成"等，使译者对这个词的词义有一个最初的、最基本的理解。但是译者如果遇到的是 jostle 这样一个不能解析词形的词，就根本不可能知道它在一定的语境中就是可能解析词形的词 pickpocket（pick＋pocket，扒窃）的同义语。

可见，从词形结构析出词义这种词义辨析手段有很大的局限性。从涉指关系析出词义的局限性就更大了。翻译中遇到大量有待于辨析意义的词在句、段、篇章中可能根本不存在什么照应关系。存在照应关系的词项比较有限。

在词义辨析中，使用最普遍、最切实可行也最可靠的手段，是从情景中析出词义。所谓"情景"也叫作"语境"，一是指词的联立关系（the frame of words），范围比较小；二是指词的上下文或前后文（the larger context），范围比较大；三是指全段及全篇章所涉及的情节、主题、题材等等，范围最大。具体说来，我们在从情景析出词义时，必须密切注意并牢牢抓住以下几点。

（一）词的联立关系和上下文（这是辨析英语词义最重要的依据）

所谓"词的联立关系"是指词在行文中的搭配、组合关系。上文提到，英语词对上下文的依赖性比较大，独立性比较小。一个词的词义取决于与它搭配、组合的词对它的制约。就总体而言，在英语中当一个词处于孤立状态时，它的词义是游移不定的，它具有这个词在使用中可能具有的一切词义。但是，这个词一旦被置于特定的联立关系中，它的词义立即受到毗邻词的制约而稳定化、明朗化。可见，词的联立关系是确定词义的关键。例如形容词 light 处在孤立状态时，它的词义是游移不定的，其词义可能是"轻的"，也可能是"轻率的""轻微的""轻佻的""轻松的""轻盈的""轻巧的"等。light 究竟是什么意思，一旦放在特定的联立关系中就变得明确无误了。如：

  light music 轻音乐，light: intended chiefly to entertain
  light loss 轻微的损失，light: not heavy
  light car 轻便的汽车，light: having little weight
  light heart 轻松的心情，light: relaxed
  light step 轻快的步伐，light: gentle
  light manners 轻浮的举止，light: frivolous
  light outfit 轻巧的装备，light: handy
  light work 轻松的工作，light: requiring little effort
  light voice 轻柔的声音，light: soft

  由此可见词的联立关系对限制和确立词义的重要作用。在规范的语言中，除了特意安排的双关语或其他修辞格外，一个词的某一个确定的词义只寓于某一个特定的词语搭配或组合中。一个多义词的众多含义，寓于这个词的众多的词语搭配或组合中。所谓"语义含混"（ambiguity），即一个词含有一个以上的模棱两可的词义，一般都产生于写作上的疏漏。

  必须注意的是，在很多情况下，一个词的意义很难仅仅依靠它的毗邻联立词判断和确立下来。这时，我们还必须充分注意到它的上下文（前后文），必须瞻前顾后，统观全句或全段，才能依靠情景析出词义：

  The functions of the federal government have expanded so much that there are few aspects of national life outside the area of its interests, if not its *regulation*.

  句中 regulation 的词义，单从 if not its regulation 中是看不出来的。翻

译者必须着眼于全句。Regulation 是一个多义词，它的含义是"规则""规定""管理""控制""调整""调节"等。它在上句中究竟是哪一个含义，只有统观全句才能确定：

> 联邦政府的职能已大大扩大了。如果不说它控制了国民生计的各个方面，至少可以说一切都在它的关注之中。

另一个必须注意的问题是汉语的措辞。由联立关系限制和确立的词义一旦被译者把握以后，如何用恰如其分的汉语加以表达？常见的情况是，有一系列的汉语同义或近义词可供选择（如上文以"轻"作中心词素搭配的同义或近义词），而其中哪一个词最恰当，则常常颇费周章，使译者绞尽脑汁，反复更改也难以做出决断。由于汉语词义过于严谨，有时又流于偏窄，加上目前尚无详尽的汉语同义词词典之类的辞书供译者查考，给译词带来一定的困难。但是，只要译者紧紧抓住词的联立关系及前后文，准确把握词义，又善于比较，是能够译出较为满意的汉语对应词的。如下句中的 merit 一词：

> Certain groups of employees, such as the Foreign Service of the State Department, are under special *merit* systems of their own.

句中的 merit 可以从联立关系中确定词义，即："Quality, fact, action, etc., that deserve reward——*ALD*"，merit 与 system 组合时，汉语措辞可供考虑的是"考核制度""考查制度""考绩制度""评绩制度"等。考虑到句子提到的是政府部门的工作人员，"考绩制度"似乎最贴近原文。选择汉语措辞时，我们必须顾及汉语合成词中每一个词素的含义，不能只顾中心词素。因为汉语合成词中每一个组成词素都有其表意功能，合成词的词义是两个或两个以上组成词素的词义的顺加或糅合。很显然，"考核"与"考绩"在含义上的差别不在"考"而在"核"与"绩"。译者在选择措辞时应在比较和推敲合成词组成词素的语义细微差别（nuance）上多用功夫，无把握时应勤查汉语词典和有关辞书。

（二）词义理据（主要指词典和辞书中的词义理据）

词的联立关系和上下文虽然是译者辨析词义时最重要的依据，但这种根据上下文得出的词义判断还必须经过词典（或辞书）的证实或校正。这个过程之所以必不可少，是为了防止译者"想当然"，即所谓"望文生义"，而望文生义乃是翻译中最危险的倾向。望文生义的错误根源在于完全忽视词义理据而粗心地依仗词的形态给人的意念暗示。比如有人将He is in a *class* by himself 译成"他独自分在一个班"，把这里的class 译成"**班**"，显然是望文生义，此处class 的词义是"distinction"或"excellence"（出众）。有人把"He（the President-elect）deliberately shunned all social *functions* at the White House"译成"当选总统有意对白宫的社会职能不表示意见。"译者错在对functions 一词不假思索，把它想当然地看成表示"职能""功能"，因而将全句译错了。其实，functions 在这里的意思是gatherings，指"（白宫的）社交场合"。

为了避免望文生义，译者必须针对自己在翻译中遇到的一切疑点一一查阅字典，以验证自己根据词的联立关系和前后文做出的判断是否准确无误。例如下句中的reach：

From life to death is man's reach.

从词的联立关系上看reach 的词义可能是"历程""旅程"。慎重的翻译在做出这种判断以后就会去查阅字典，以证实自己的词义辨析是否正确、妥当。根据词典，reach 有如下一义项："2. An individual part of a progression or journey—*WNCD*"，因此把reach 译作"历程"是有词义理据的，原句应为："人生历程就是从生到死。"又如：

It was a truth of which I had for some time been conscious that a figure with a good deal of frontage was, as one might say, almost never a public institution.

句中有三个词figure, frontage 及 institution，必须细心辨析词义。很明显，在句中这三个词的词义是互相联系、互相制约的。因此，我们必须紧紧抓住整个句子，进行分析研究。如果 institution 不出其常用词义"机构"的词义范畴，那么 frontage 的词义也就是它的本义"（建筑物）正面"。这样，根据词的联立关系及 larger context, figure 一词应该有"建筑物"或"大楼"之类的词义，粗心的译者到这一步往往就下笔了。但是，作风严谨的译者不会到此止步。问题在于 figure 的词义。将 figure 译为"大楼"有没有词义理据？根据英语常用权威词典，将 figure 译作建筑物是没有词义理据的。因此，上述对全句的理解应当推翻。在查找词典的过程中，译者可能发现 figure 与 institution 都有当"人物"解的理据，WNWDAL 中有一条 institution 的释义："4 [Colloq.] a person or thing long established in a place"，与 public 搭配，可以译为"知名人士"。剩下就是 frontage 的词义问题。NHD 在 frontage 词条下可以找到如下词义："dimension of such a part（指 front part）"。Dimension 是词义比较活、比较有概括性的词，常常可以"随文生义"，如果用于言人，则此处可作"外表"解释。由此可见，a good deal of frontage 意思可以译为"仪表堂堂"。这样一来，上例全句的意思也就很清楚了：

  一个时期以来，我注意到了一条普遍规律：不妨说，社会名流大抵不是什么仪表堂堂的人。

以上我们说的是英汉翻译中辨析英语词义、探求词义理据的过程。

毫无疑义，我们不应当把词义理据理解为可以机械照搬词典中对某一个词的字面根据。事实上，一个词在上下文中的实际词义往往在词典中是找不到字面对应词的。原文难度越大，越需要我们学会既恪守词义理据，又能融会贯通，工于由此及彼、由外及里、触类旁通、灵活变动的思考，以把握一个词的种种含义，做到求义于词典又不拘泥于词典。这才是在辨析词义中使用词典和其他辞书的正确方法。美国辞书编纂者波特·帕林（Porter Perrin）曾经对如何看待英语词典发表过如下意见，可供参考：

  A dictionary does not require or forbid a particular sense of a word but records the uses that have been found for it. Now and then a word is in the process of acquiring a new sense or somewhat altering its usual one... The dictionary definition is for the most part a record of the denotation of a word and often cannot give its connotation. (*Writer's Guide*, p. 366, Scott, Foresman & Company, 1965)

（三）词义的演变和发展

从历史的眼光看，英语的一词多义是词义演变的结果。正因为如此，我们在辨析词义时不能忽视词义的演变和原文的历史背景这一个十分重要的因素。否则，翻译也会出错。英语词汇经历了漫长的演变史。从中古英语（ME）即公元 1100 年的英语至今，英语词汇就其总体说来已有近九百年的历史。历史的发展演变造成的结果是英语词义的不断积累，恰如滚雪球（snowballing）。词义在演变中的发展和扩充，是英语词义灵活的基本原因之一。以 nice 为例，nice 从古法语（其词义是 foolish 或 silly）进入英语以来已有几百年的历史。在绵延数百年的演变过程中，nice 一词增添并积累了如下词义：foolish 傻头傻脑的 ⇨ wanton 变化无常的 ⇨ strange 陌生的 ⇨ lazy 懒惰的 ⇨ coy 害羞的 ⇨ modest 谦虚的 ⇨ fastidious 爱挑剔的 ⇨ refined 精致的 ⇨ precise 精确的 ⇨ subtle 精巧的 ⇨ slender 修长的 ⇨ critical 苛求的 ⇨ attentive 注意的 ⇨ minutely accurate 极精确的 ⇨ dainty 精美的 ⇨ appetizing 促进食欲的 ⇨ agreeable 宜人的 ⇨ pleasant 令人愉快的。从 foolish 到 pleasant，词义由正到反，其间还有正正反反，可谓变化纷繁。虽然在这些演变词义中有些已属罕用或已废弃，但还有不少演变义今天仍然属于常用词义。比如，nice 在 nice discriminations of thoughts 中的词义是 minutely accurate，在 nice little five o'clock teas 中的词义是 pleasant，在 a nice shot 中的词义是 precise 或 accurate，在 too nice about form 中的词义是 fastidious。更重要的是，作为翻译来说，我们必须识别某一个词在特定的历史条件和时代背景下所含的词义，而不是以现代英语或当代英语的词义取代这一个词在不同时期的历时词义。这一点我们在译古典作品时需要特别注意。

难以数计的现代英语词汇都有自己的演变史。比如常用词 comrade 来自中古法语。在17至18世纪的英语中，comrade含有中古法语的词义，即one who shares a room with a person（同室居住者）。到19世纪中期才具有现代英语的政治含义。动词to face在15世纪中期并没有to meet, to encounter, to confront的词义，而有to present a bold face（莽撞、冒失地行事）之意。brash在现代英语中是一个形容词，含义是hasty and unthinking。但在16世纪，当这个词进入英语时，它的词义则是to hit（击中）。这类例子是很多的。在古典英语作品中meat往往被用来泛指food，如meat and drink（吃的和喝的）。Intoxicated（喝醉了的）在19世纪的作品中往往意指poisoned（中了毒的）。在莎士比亚时代，hose曾取tights（男用紧身裤）而代之，而今天stockings又取hose而代之。20世纪70年代，美国又开始流行hose（pantyhose），指的是"女用连裤袜"。作为翻译者，我们千万不能认为这是一些无足轻重的词的无关紧要的变化而掉以轻心。错译一个词对翻译者来说都是失职。

　　溯本求源，词义的演变起因于社会的发展。语言是社会存在的反映和社会实践活动的媒介。因此，社会的发展就成了语言发展的动力，这种发展永远不会完结。同时，任何一种语言本身必然记录下了社会的推进和发展。作为翻译者，我们的任务就是首先要能洞察原文中通常是暗含的词义发展；其次，要力求在译文中体现这一发展。英语中突出的例子是industry一词。Industry源于拉丁语和中古法语，最初的词义只是"勤奋的劳作"。后来，随着人类社会的发展，"劳作"进入了新的历史发展水平，industry因而获得了"有组织的生产劳动"的含义。当人类社会有了动力制造业时，industry才具有今天所谓"工业"的词义。但是发展并没有就此停步。在当代英语中，几乎任何一种可以产生利润的活动都可以称之为industry，而且有取代trade的趋势。这显然是工业技术发达，引起了各行各业深刻变革的结果。我们经常可以遇到如下industry的搭配：tourist industry旅游业, hotel industry旅馆业, insurance industry保险业, show industry表演业, entertainment industry娱乐业, book industry书籍印刷发行业等。至于"农业"，英语早就可以用farming industry了。伦敦英语甚至将公共汽车交通称为a public industry[⑨]。英汉翻译中必须注意的是汉语措辞应当符合历史发展状况，比如原文中指工业发展以前的"business"

就不应译为"工商业",而应视具体上下文译为"生意""商业"或"贸易"。在现代汽车出现以前(19世纪八九十年代以前)的 automobile 不应译为"汽车",而应当译为"有轨电车"(streetcar)。以上说的是翻译必须认清英语词义的历时性。

(四) 英语与美语的差异

了解英语与美语的差异对准确判断词义十分必要。这是英语词义共时性的一个重要方面。这里主要是提醒译者,必须注意原文的来源以及作者所使用的语言的地域性。如果作者是以美语写作或材料取自美国的出版物,则译者应首先考虑美语词义;同样,如果作者是以英国(或澳、新等)英语写作或材料取自英国(或澳、新等)的出版物,则译者应首先考虑英国(或澳、新等)英语词义。在任何情况下,译者对作者的基本情况作一番大体的了解是非常必要的。翻译知名作者的作品或名著时,还必须相当周密地调查、了解作者的写作意图、写作背景以及写作风格。许多作家都有自己的用词偏好,因此译者有必要熟悉某词在某一作者的笔下通常具有的词义内涵(connotation)。

作为翻译者,我们应当经常留意英语与美语在词义方面的差异,因为这里牵涉到理解问题。例如,有一篇美国作家写的小说中用了 orchestra chairs 结果译者误译为"乐池座位"。其实,在美语中 orchestra chairs 就是英国英语中的 stall,即"正厅前排座位"。还有人将英国人笔下的 merchant bank 译为"商业银行业",其实 merchant bank 相当于美国的 investment bank,即"投资信贷银行"。另一文中提到 carriage rug 译者将它误译为"车内地毯"。这也是一个英国词,相当于美语的 lap-robe,即乘马车时铺在膝盖上的"(盖腿)车毯",因为 robe 在美国可以用来指 blanket 或 covering(覆盖物)。这类用品英语和美语的称呼差别往往很大,而且译错了往往很难被校稿人看出来,除非逻辑上出现破绽。唯一可靠的办法是译者自己对英语与美语"同物异名"或"同名异物"的现象心中有数,平时能注意积累这方面的知识,特别重要的是勤查词典,切勿"想当然"。还有许多比喻用词英美差异也很大,有时含义恰恰相反。如果我们不分材料来源,一味照搬词义,就必然会出错。例如 backlog 在美国的本义是"壁炉深处维持炉火不熄的一大段木头",在美国的比喻义:"紧急时可求助的事物或可依靠的东西"。美国人说 to burn out one's backlog,意思是"把老本都花光（赔光）了"。可是在英国，这个在美国含有褒义的词却带上了贬义，变成了"因罢工、匮乏和种种困难而积压的工作"，英国人笔下常见的 serious backlog 或 formidable backlog 意思就是"严重问题"或"非常艰巨的任务"。译者遇到这种英、美词义色彩恰恰相反的情形一定要倍加注意。在不明了作者生平、不明确材料来源的情况下，判断是英国英语抑或美国英语的简便方法是注意原文材料的拼写体系（the spelling system）。如整个材料采用的是美语拼法，则大抵可以断定是美语。此外，有一定英语水平的人也不难从原文用词倾向判断材料所用的语言的地域性。

（五）学科领域及题材范畴

在很多情况下，词义之差产生于学科领域的不同。如上所述，英语一词多义的原因之一是寓新义于旧词。各行各业都尽量利用常用英语词汇去表达各自的专业概念或事物。比如 phase 在常用英语中的词义是"阶段"。在土壤学中，词义变为"分段"。物理学中的 phase，词义为"物相"。数学中的 phase 被译为"位相"。在动物学中 phase 的词义是"型"。这个词在天文学中的意思是"周相"。在军事上的词义是"战斗阶段"。翻译时应注意，汉语译词要符合各专业的用词习惯，同时可以大体根据材料性质和题材判断词义。各学科和专业共用一个词表达不同的专业概念，这也是英语词义一种突出的共时性特征。

3.2 常见的译词法

英词汉译的方法是英汉翻译的基本课题，这是因为词是语言中最小的、可以独立运用的结构单位。英词难译的基本原因在英汉词义之间存在着许多差异（见3.1.1），而语言又在不断发展，汉英新词语在不断出现，构词手段也在逐渐发展。因此，我们不可能用单一的或一成不变的方法去处理英词汉译的问题。当然，译词方法论中的"多样性原则"（multiplicity）是翻译学中的普遍原则，不独英词汉译如此。

3.2.1 推演法（Deduction）

这是英词汉译的主要手段。所谓"推演",就是根据英语词典的原文释义或其他辞书的原文解释推演出来汉语词义。其理据是英语词典的释义,我们的推演也就是英语词典中释义的逻辑结论,英语释义则是汉语译词的语义前提（semantic presupposition）。因此,这里包括两个问题:（1）前提的真实性（或可靠性）;（2）推演的准确性。翻译时,特别是遇到疑难词时,译者对二者都必须加以探究。一般说来,坊间英汉词典中的释义大都是根据英语权威性词典的释义推演出来的,如（以下各词条均按各引出词典的体例）:

equilateral (*adj*) Having all sides or faces equal—*AND*:
(*a*)（1）[数] 等边的、等面的（*NECD*）

detente *n* (F). A relaxation of strained relations or tensions (as between nations)—*WNCD*:[法]（国际关系等的）缓和（*NECD*）

bionics *n*. Plural in form, used with a singular verb. The application of biological principles to the study and design of engineering, especially electronics, systems—*AHD*: 仿生学（*NECD*）

bookie *n*. horse-racing book-maker—*DAS*: *n*.[俚]（赛马等的）登记赌注者（*NECD*）

这是所谓双语单解词典普遍采用的辞典编纂法。一般说来,我们从英汉词典中找出来的词义大都是通过推演法得出的汉语词义。由于汉语词义的形成出自词典编纂者的推断,难免有一定的局限性;又由于汉语词义本来就具有比较凝滞、偏窄的特点,因此,我们在查找一个疑难词汉译时,常常得不到理想的汉语对应词。比如 community 在当代英语中搭配很多,但是一般英汉词典根据英释推演就很难析出某一个具体搭配所要求的汉语对应词。例如这个词有一条释义"2. A social group or class having common interests—*AHD*",英汉词典一般推演出"社区""社会""社团""公众"等义,如将英、汉词义加以比较则区别很明显:英语词义较概括、较灵活、范围很宽;汉语根据英义推演出的每一个词义都较具体、较凝滞、范围较窄。但以上一些推演词义却很难译出以下该词的搭配,因为它的词义是"……派""……界""……界人士"等:business community 实业界、legal community 法律界人士、academic community 学术界、diplomatic community 外交界、Sarah community 萨拉派、Shia community 什叶派等;也很难译出以下该词的搭配,因为它的词义是"聚居于某地具有某种共同民族性的侨民、移民或居民":Turkish community 土耳其族居民、foreign community 外侨、the indigenous community 本土居民等。英译汉中遇到这种情况时最稳妥、同时又很必要的一步是溯本求源,查找英语权威辞典的英语释义,力求领悟英语释义的精神实质,重神似而勿求字面对应。

3.2.2 移植法(Transplant)

移植法也就是词义的直译。直译词义可以准确无误地表达原义,例如:microwave 微波、supermarket 超级市场、right-wing 右翼、outparty 在野党、reopen 重开、petroldollar 石油美元、bathroom 浴室等。移植译词的首要条件是译成汉语的词义必须能够准确地达意,使以汉语作母语的人一看就明白,即所谓可理解性(intelligibility)。比如 keyboard 一词译为"键盘",以汉语作母语的人一看就能明白,而 keystroke 一词如译为"键击"就不容易明白,这里涉及的问题主要是两点:

(一)直译而成的汉词必须符合汉语词的构成法则,即现代汉语合成词构词法五式:联合式(表示并列关系,如"国家""热闹")、偏正式(表示修饰与被修饰关系,如"雪白""白菜")、补充式(表示动作的结果或趋势以及某种补释关系,如"扩大""打倒""马匹""纸张")、支配式(表示动宾关系或动作的对象及关涉到的事物,如"带头""司令")、陈述式(表示主谓及陈述与被陈述的关系,如"地震""电流")。"键击"中的两个词素"键"与"击"的合成不符合以上任何一种构词模式,keystroke 的含义是"the act or an instance of depressing a key on a keyboard",似可译为"扣击键盘"(或"扣键"),表示的是动宾关系,属支配式。

（二）符合汉语合成词构词法则组合的英词汉译还有一个约定俗成的问题。一个移植的译词能否被汉语接受或吸收，又与这个词的 intelligibility 很有关系。汉语的传统是"因形见义"，即讲求"词义"能见诸词形，词义不能见诸词形的译词，是难以约定俗成的。用汉语方言翻译的词也不能做到约定俗成。

3.2.3 引申法（Extension）

翻译上的所谓"引申"是指语言转换中为适应译文表意或行文的需要对原文词义的延续或扩展。

不言而喻，引申既然是对原文词义的延续或扩展，就不能脱离原文词义的基本范围，也就是说，引申不能带有随意性和主观武断性（arbitrary）。引申词义必须与原词词义在实质上一致或接近。翻译上的引申可分为以下两类。

一、词义从具体引向抽象，从特殊引向一般，从局部引向概括，从"实"引向"虚"等

以下例句中的斜体词都是比较具体、比较特殊、词义比较具有实感或词义范围比较狭窄的词。翻译时经过引申，汉语词义就比原文词义抽象、概括了，这样就消除了直译这些词时汉语译句可能产生的阻滞感：

(a) There were times when emigration *bottleneck* was extremely rigid and nobody was allowed to leave the country out of his personal *preference*.

过去有过这种情况；移民**限制**极为严格，不许任何人出于个人**考虑**而迁居他国。(bottleneck 的原义是"瓶颈"或"[交通]狭口"，引申为"限制"；preference 的原义是"偏爱"，引申为"考虑"）

(b) *Brain* drain has been Egypt's Number One *concern*——as a matter of fact it has become an *epidemic* in that area of the world.

人才外流不仅是埃及的首要**问题**，而且是世界上那一地区很**普遍**

的严重问题。(brain 的原义是"头脑",引申为"人才"; concern 的原义是"关心的事",引申为"问题"; epidemic 的原义是"流行病""瘟疫",引申为"很普遍的严重问题")

英语中有许多专有名词在翻译时也必须引申,因为这些词反映英语的民族历史、文化、宗教背景,如果直译,在汉语译句中就会造成语言隔阂。许多这类词都出自典故,如:

(c) Their life style could seem *Spartan* to a city family with their assets.

他们的生活方式对城市里的殷实人家来说,似乎过于**严朴**。(Spartan 指"古希腊斯巴达人的"。斯巴达人的生活方式以严朴著称,Spartan 可引申为"严朴")

(d) Now you can meet good *Samaritans* again, here, there and everywhere.

现在你又可以处处见到**乐于助人的人**了。(Samaritan 源出《圣经》,指乐善好施者。此处可引申为"乐于助人者")

二、词义从抽象引向具体,从一般引向特殊,从概括引向局部,从"虚"引向"实"等

以下例句中的斜体词都是比较抽象,比较一般,词义比较空泛、笼统的词。翻译时经过引申,汉语词义比原文词义具体、确定了:

(e) When we go on a Sunday outing, it is to *do* Musée du Louvre.

如果星期天出门,我们就**逛**罗浮宫。(do 被引申为"逛",从一般引向特殊)

(f) the Democratic Party is the party of longest continuous *existence*.

民主党则是**党史最长**、其间又从未中断过的一个政党。(existence [存在] 是词义比较笼统的词。引申为"党史"后,词义具体化了,而且范围窄得多。)

（g）Saudi Arabia has had *problems* with Iraq and South Yemen but he tried hard to remain in touch with leaders of both states.

沙特阿拉伯与伊拉克和南也门之间早有**纠葛**，但他仍竭尽全力与两国领导人保持接触。（problem［问题］词义比较泛。引申为"纠葛"以后，词义较为明确，并略带贬义，与语境相符）

（h）He is a valuable *acquisition* to the team.

他是该球队不可多得的**新队员**。（acquisition［获得、获得物］词义比较概括。引申后，词义就很具体了）

（i）There is more to their life than political and social and economic problems; more than transient *everydayness*.

他们的生活远不止那些政治的、社会的和经济的问题，远不止一时的**柴米油盐问题**。（everydayness［日常性］的词义很抽象，在本句中可以引申为很具体的词义"柴米油盐"）

不论是从具体到抽象的引申还是从抽象到具体的引申，引申词义（the extended meaning）必须紧扣原文词义理据的精神实质，译者的功夫在于使引申词义与原文词义处在"若即若离"之间，也就是"形离而神即"；不应把引申理解为随意发挥。

3.2.4　替代法（Substitution）

所谓替代法就是使用同义词、近义词或以另一角度的措辞来代替以推演法译出的词义以适应行文或表意的需要。这种译词法也叫作"易词而译"，是翻译中的一种变通手段。必须注意，使用替代法译词最重要的是译者对英语词义有准确而透彻的理解。毫无疑义，替代法是英汉翻译中的重要译词手段之一。适当地运用替代法，精心选择替代词（substitute），可以去除汉语行文上的阻滞，其效果往往是"一词之易，全句生辉"。替代法有以下形式。

一、为调整搭配或呼应而进行"替代"

The carp originates in Africa and has been trans-planted to beds of waters of China's inland provinces.

原句译为:那种鲫鱼发源于非洲,现在已在中国内地几省的水乡移植。

"发源于"符合originates的本义。但"发源于"多用于指河川、语言及民俗,用于与动、植物呼应时,可以用替代词繁殖。"移植"常用于植物,用于动物时可用替代词接种成活。

二、为与成语求切而进行"替代"

汉语中成语极其丰富。成语使用得当可使行文生辉,获得更好的修辞效果。难以数计的英语词都可以找到成语替代词。如:

英语词语(*adj*)	现代汉语一般词语	现代汉语成语
(a) vivid	生动的	栩栩如生的
(b) irrelevant	无关的	风马牛不相及的
(c) powerless	无能力的	无能为力的
(d) buoyant	轻快的	喜气洋洋、轻松愉快
(e) identical	相同的(中性)	千篇一律的(贬)
(f) helpless	无帮助的	无可奈何的
(g) thick	厚的、稠的	如胶似漆的

成语往往带有某种色彩(如褒贬、讥讽等,如上表中的e)。又如:

The US bureaucracy has somehow managed to survive two centuries of *tinkering* by members of Congress and often *hyperactive presidents*.

美国政府的行政管理机构总算经受住了两百年来国会议员和常常是**不安职守**的总统们那种**东一榔头西一棒子**的调整改革。

The function of the agency is still something *mystical*, though the building housing it is *tangible*, we encounter it almost daily.

这个机构究竟是干什么的，现在仍然**讳莫如深**，尽管那栋房子**看得见摸得着**，我们几乎天天要与之打交道。

三、以替代法译词可以将正说词反说（以反替正），或将反说词正说（以正替反）

换言之，即将含有否定词义的词译成肯定式，将具有肯定词义的词译成否定式。这也是一种词义变通手段。如：

肯定（正说词）	否定（反说词）
hyperactive 过于活跃的	不安职守
confused 混乱的	不甚了然
loathe 厌恶	不乐意（干某事）
extraordinary 特别的	非同小可的
dumb-bell 笨蛋	不开窍的（人）
fail 失败	没做成（某事）
complain 发牢骚	不满意

否定（反说词）	肯定（正说词）
illiterate 不识字的人	文盲
incomplete 不完全的	残缺的
infrequent 不经常的	偶尔为之的
unasked 未经邀请的	自告奋勇的
disaffection 不忠	二心
infelicitous 无缘分的	阴错阳差的
nonreader 不能阅读的人	睁眼瞎子（贬）

在大多数情况下，正反、反正之易只是一种权宜的变通手段，但在有些句子中则几乎成了一种必需。如：

Please *withhold* the handout for the time being.

请暂时**不要发**这些材料。

The same is not true of a *mortal* illness.

如果是得了**不治之症**，情况就不一样了。

That thermometer must be *lying*.

这个温度计一定**不准**。

He was indeed a good *riddance*.

他还是**不在**的好。

The ancient battlefield has become something holy. It was almost *untouched*.

古战场成了圣地，它几乎**保持着**当年的风貌。

I am *not insincere* about it.

我是**真心诚意**的。

That is only a *marginal* agreement.

那只不过是一个**无关宏旨**的协议。

3.2.5 释义法（Explanation）

释义法适用于找不到汉语对应词且无法将原词加以引申、替代或直译移植时。释义法是推演法的反面：以释义法析出的词义不是推演的结论而是对原词义的阐释，在英译汉中往往需要灵活变通地译出英语词典的原义。释义时应注意译文简洁。

Nancy Seaver was a *fixture* at Mets games in her school days.

南西·斯弗尔在学生时代就是麦兹队比赛**场场必到**的球迷之一。（fixture 的词义是"2. One long established in a place, position, or function —— *AHD*"［固定于某地或某项工作的人——*NECD*］。这个词没有现成的汉语对应词。在这种情况下，我们可以采用释义法）

又如：

(a) Pommier refused to take on so many *dilutees* at one time.

庞米尔拒绝一次雇用这么多**非熟练工人来顶替熟练工人**的建议。

(b) Often there are *sanctions* attached to a case law with a view to avoiding loopholes in implementation.

判例法常附有若干使这一法律得到遵守的附加条款,以堵塞在执法中的漏洞。

(c) Teachers are always complaining that *monitors* are not as helpful as they used to be as a result of peer pressure.

教师们一直在抱怨说,那些**品学兼优可以帮老师维持班级秩序、辅导低年级同学的学生**也不如以前那么得力了。这是由于他们受到同伙的压力。(此句的前文提到由高年级学生充当 monitors,这一做法大都见于英国中小学。此处 monitor 不是指"班长"。)

由上例可见,释义法在英汉译词中是一种不可缺少的翻译手段。以释义法译词不仅可以解决无汉语对应词的矛盾,还可以对某些英语词的背景或特殊含义加以必要的阐释,以利于我国读者准确理解该词及全句的含义。释义法除适用于找不到汉语对应词的情况外,还可用于以下译词中:

(1)释义着眼于使抽象名词具体化。

mindlessness 思想上的混浊**状态**　nostalgia 怀旧**情绪**

togetherness 不分彼此的集体**感**　precaution 预防**措施**

oneness 融为一体的**状态**　magnetization 磁化**现象**

rudeness 粗鲁**态度**　mercurality 易变的**特性**

(2)释义着眼于使暗含词义明朗化。

taunt 含枪夹棒式的激将

sell 为……美言吹嘘,使之赢得信任或选票(如: the art of selling a president)

sip 一小口一小口地喝(啜饮)

slink 鬼鬼祟祟地走

spree 无节制的狂热行为(如: buying spree 像发疯似的买东西)

为使暗含义和词义色彩明朗化，译者在措辞时必须悉心推敲，务使释义部分词语明确简练、恰如其分，以免成为蛇足。

(3) 释义着眼于揭示背景、介绍习俗及阐释典故。

redshirt **美国大学中的体育方面有发展前途的学生**（如：a scramble for redshirts"争先恐后地网罗那些在体育方面有发展前途的学生"）

mascot **使……旗开得胜的吉祥物或福星**（可指人或物。英、美俗：足球赛等开球之前常有着奇装异服者，即 mascot，在场上出现，以示福星降临。可有比喻用法，如：...that time the mascot was on Kennedy's side"那一次，肯尼迪头上福星高照"）

pumpkin-eater **养不活老婆的人**（典出童谣 nursery rhyme: Peter, Peter, Pumpkin eater, had a wife and couldn't keep her.）

swan song **辞世之作、归天之作**（典出西方古代传说：天鹅发出美妙歌声以终弥留）

这类释义译词中常遇到的问题是必须视情况处理具有特殊含义的专有名词，这些专有名词往往反映某种背景情况、民俗或典故，遇到这种专有名词，我们必须将它们所具有的特殊含义阐释出来。办法是：

(a) 只译出含义，不译出专有名词本身。如：

Waterloo **惨败**（滑铁卢，比利时地名。指 1815 年拿破仑军队在该地之大败。如：The Superstar's Waterloo 超级明星的惨败）

Naderism **用户第一主义、保护用户主义**，是 consumerism 的同义语，语出人名 Ralph Nader，美国律师，是"保护用户利益"这一主张的提出者。

(b) 既将专有名词音译，又将该词的含义注释于后。如：

Malthusianism 马尔萨斯**人口论**

Sapphic（古希腊抒情女诗人）萨福**诗体的**

hamburger 汉堡**包**

(c) 音译全名，对含义加以最简略的注释，或不加注释。如：

  Orwellian 奥威尔**式**，语出人名 George Orwell，英国作家，指奥威尔式的讽刺。
  Byzantine 拜占庭**式**，语出 The Byzantine Empire，含义是繁缛庞杂，如 a Byzantine scheme 拜占庭式的阴谋诡计。
  Rococo 洛可可**式**（指 18 世纪欧洲建筑的实用艺术的一种风格，其特点是浮华、纤巧、精于雕琢），如：a rococo piece of art 洛可可式的艺术品。

  专用名词附加释义的译词法有助于一般读者"因形见义"，即既见到专有名词的音译，又了解了这个词所具有的含义，比只将专有名词音译出来，更适合于我国广大读者。

3.2.6　缀合法（Combination）

  这里所谓 Combination 包括两层意思：一是连缀，二是融合。这两种方法都是综合英汉词义差异的有效手段。所谓连缀，就是在英词汉译时，将两个比较贴近或不完全一致的汉语对应词糅合成一个词以求扩大词义范围。比如：

  (a) They were utterly in the dark about their population and natural resources and, when the job began, much of the territory had not been *explored* because of racial conflicts.
  他们对本国的人口和自然资源一无所知；而当这项工作开始时，大部分地区由于种族纠纷并未进行勘查。（Explore 的原义是探究、探索；钻研；考察；勘探、探测；探查（*NECD*）。这些词义用在上句中与"人口"及"资源"呼应似乎都不大合适。我们可以根据上下文呼应上的要求将"勘探"（资源）与"调查"（人口）连缀成"勘查"。）

  (b) Detente is but an *aspiration* of their policy, not a political reality.
  关系缓和只是他们对政策的企望，并非政治现实。
  (aspiration 的基本词义是志气、渴望、抱负（*NECD*）。这些词义大抵是根据原释义推演出来的（即 "2. a. A strong desire for high achievement—AHD"），似均不甚符合上句中含蓄的贬义。有人将 aspiration 译为企望。"企望"是"企求"与"愿望"的糅合，词义范围宽了，也略带贬义。）

译者必须注意不要滥用这种连缀法，任意糅合汉语合成词。任意糅合连缀极易构成生造词。例如有人将 capture 的汉译"捕获"与"缴获"糅成"捕缴"，将 forgive 的汉译"原谅"与"宽恕"糅成"恕谅"。"捕缴"和"恕谅"都是生硬的糅合。

所谓融合就是完全摆脱汉语词义有时流于凝滞的束缚，把原文中灵活、不易翻译的词义融化到汉语句子中，只求神似，不求形似。比如 justification 这个词在句中常常是很难译的。我们可以根据上下文融合词义：

(c) It can be said for his *justification* that he had to give up when any advice he gave her causes nothing but back talk.

平心而论，他也只好就此罢休，因为他每次进言都被她顶了回去。

(d) The limited gain could hardly serve as a relieving *justification* for the tremendous cost the federal government had paid so far.

联邦政府已为此耗资颇巨了，但所得有限，这实在难以使人心安理得。

将英语中难译词的词义"融合"到句中常常需灵活变通汉语句式，充分利用汉语的各种表达手段和修辞法。如：

(e) What can easily be seen in his poems are his imagery and originality, *power* and *range*.

他的诗形象生动，独具一格，而且气势磅礴，则是显而易见的。

(f) By the 1960s Sweden had become a *throwaway* society following the American pattern of wastefulness.

到 60 年代，瑞典已按照美国的模式变成了一个浪费成风的社会。

3.2.7 音译法（Transliteration）

与其他语言比较，汉语以音译手段吸收的外来词语并不多。这是因为汉语构词有自己的传统，讲求"因形见义"，很注重形与义或音与义的结合。像"托拉斯"这样的音、形、义没有联系的外来语在现代汉语中是很难扎根的。

但是词语音译仍然是译词法中不可忽视的一种手段。非但专有名词（人名、地名等）必须音译，许多在汉语中找不到准确对应词的外来词语，也都不能不先借助于音译，甚至于音译形式最终被汉语吸收，"bourgeoisie"一词先被音译为"布尔乔亚"，后来才有"资产阶级"这一意译词；"logic"在日语中音译为"逻辑"，沿用至今，已被汉语吸收。总之，以音译法吸收外来语是一种可取的、符合语言实际的手段。此外，从语义学上说，任何一个新概念一旦获得某一种语言的有理据命名，那么这一命名就可能以音译、意译、音兼意译（即音译加释义）这三种形式被转换成另一种语言，而不必重新给以概念命名。

英语音译时应注意以下几点：

（一）英语发音应以国际音标（IPA）为准，汉语发音应以标准汉语拼音为准。

（二）音译不应刻意追求形义，以免造成误解。巧合的音译兼形义译也有不少，如 Master Card 被译为"万事达卡"，"gene"被译为"基因"就是很好的例子。

（三）约定俗成的非规范音译词不应随意改变，如雪莱（Bysshe Shelley）、泰晤士报（*The Times*）等。泰晤士报与泰晤士河（*The River Thames*）音译相同而原文殊异，是英汉翻译史上的陈迹。这种情况今天应尽力避免。

3.3 译词要点

3.3.1 准确掌握词的暗含义

从语义学上说,具有相同的概指词义(或外延词义,即某一词所明指的词义:"Denotation","The explicit meaning of a word as opposed to its connotation—AHD")的词,往往具有不同的含蓄词义(或内涵词义,即某一词所暗指的词义:"Connotation")。了解这一点,对英词的汉译极为重要。因为,如果我们不了解一个词的暗含义,而将凡是具有相同的概指词义的词不加鉴别一视同仁,不能吃透原意,就势必不能恰如其分地将原词暗涵义体现在我们的汉译措辞中。试体会下列几组概指词义相同的词所具有的含蓄词义,注意汉语措辞,箭头向下表示贬义的递增:

(a) average 一般的(factual 记实性词语)
↓ mediocre 平庸的(derogatory 贬义词语)

(b) salive 唾液(factual 也是科技用语)
spit 口水(usual 常用词语)
↓ puke 呕吐物(derogatory,有人称这类词为"陋词":ugly words)

(c) antique 古色古香的(factual, generally approving 一般具有褒义)
old-fashioned 老式的,过时的(slightly disapproving 略带贬义)
passe 韶光已逝的;陈旧的(slightly derogatory 略带贬义)
↓ antiquated 废旧的(derogatroy)

(d) slender 苗条的(factual, tending to approval 一般具有褒义)
thin 纤瘦的(factual, tending to disapproval 一般具有贬义)
skinny 皮包骨的(disapproving)
↓ scrawny 骨瘦如柴的(derogatory)

(e) sylphlike 窈窕的 (formal 正式用语,有人认为这类词属于"雅词":refined words)
↓ svelte 身姿高挑的(美、英五六十年代的流行语)

如前所述,汉语词义比较严谨、精确,又非常讲究词义的褒贬等感情色彩。特别需要注意的是现代汉语合成词褒义、贬义之别，往往只有一个语素之差，如：

鼓动—煽动　　果断—武断
成果—后果　　保护—庇护
团结—勾结　　依靠—依赖

遇到这类措辞时，译者必须细心推敲，不要轻信自己的语感，没有把握时，应查词典。

在英汉翻译中，译者的难处有时并不在于找到明显具有褒义或明显具有贬义的英词汉语对应词，而在于如何准确表达并不具有褒义或贬义的所谓中性词（Neutrals），或上面提到的所谓"纪实词"（Factual Words）。遇到这种情况时，译者可以采取推演法或释义法译词，如：褒义词 portly（健壮的）与贬义词 tubby（粗壮的）之间的 overweight（中性）是"体重超常"，褒义词 slim（苗条的）与贬义词 skinny（皮包骨的）之间的 underweight（中性）则是"体重不够"。褒义词 senior（长者）与贬义词 fossil（老朽）之间的中性词是 elder，可以推演译为"上年纪的人"。一切视语境而定。

还有很多英语词本身是中性词，但在特定的上下文中可以具有褒义，也可以具有贬义。有些词原本是贬义词（或褒义词），但由于时代的发展，这个词的暗涵义丧失了，变成了中性词。比如 bureaucracy 一词。在我国出版的英汉词典中，该词的释义含有贬义（《新英汉词典》的释义是：①官僚政治，官僚主义；②[总称]官僚，均属贬义）。但实际上，该词既有贬义，也有中性，其词义是："Administration of a government chiefly through bureaus—AHD"，而 bureau 的词义则是 "A government department or subdivision of a department—AHD"。由此可见，bureaucracy 的意思就是"政府行政机构"，bureaucracies 可译成"行政当局"。下句中的 bureaucracy 就没有贬义：

> Without the *bureaucracy*, our 2 million servicemen and women would not be housed, fed, armed, and maneuvered into position. Relations with

other nations would be difficult to maintain; international trade would become unpredictable... (R. Sherrill: *Governing America*, 1978)

因此我们必须紧扣上下文，细心体察在特定语境中词的实际含义，查阅有权威性的词典。由于词义演变，使原词具有的暗含义有了发展变化，这样的例子是很多的。例如 politician（政客），原来只是贬义词，如在莎士比亚的《哈姆雷特》中 "A politician...one would circumvent God"（在政客手下，上帝也只好求饶）（Act V, SC.1, Line 84）。由于时代的发展，politician 产生了中性词义："a person experienced in the art or science of government; esp. one actively engaged in conducting the business of a government—*WNCD*"（熟谙政治艺术和政治科学者，尤指积极从政的人）。在 Retired politicians are even more frequently listened to（退休的政界要人受邀发表意见比之以往更频繁了）中，politician 显然并无贬义。

3.3.2　准确掌握语气的轻重

译词时必须掌握语气的轻重，或词的强弱和分寸。比如，在现代汉语中，"鄙视"的语气比"蔑视"轻，"固执"的语气比"顽固"轻。就用词的分寸来说，现代汉语中的"请求"不如"恳求"，"贫寒"不如"贫穷"，"艰难"不如"艰险"。掌握词的语气轻重或分寸，关键在于在具体语境中恰如其分。要做到这一点，最重要、最基本的问题仍在于深透地理解原词的词义。试分析下列句中斜体字的汉译问题：

Mr. Foster, who had had only one year of typing experience prior to coming, was obviously faced with an *inhuman* workload.

译者将 inhuman workload 译为"非人所能忍受的工作量"，就是失之过重了。Inhuman 在这里的词义是 "lacking kindness and sympathy"，译为"不近情理"似较恰当。又如：

So very much money — well over $400 billion a year—is *tossed* around by the federal government that it is not surprising that some of it is spent *foolishly*.

译者将 tossed 译为"随随便便地花掉（钱）"，将 foolishly 译为"毫无意义地"都是失之过轻。Toss 的词义是 throw lightly，"toss"一笔巨款有"挥金如土"的意思。foolishly 的词义应是"愚蠢地"。上面那句话的整个语气都是很重的。译者应设法表达出它的分量来：

联邦政府既然每年能将远远超过 4 000 亿美元的巨款挥霍掉，那么，其中有些钱花得很愚蠢就不足为奇了。

英词汉译分寸是否得当，从基本上说当然不能脱离词义理据和种种暗含义，已如上述。此外，有助于译者推敲的一个方法是通过比较，获得语感；比较时，要特别注意汉语合成词中的组成语素，因为词是由语素构成的。汉语中的词并不是语言中最小的有意义的结构单位。实际上现代汉语中最小的有某种单纯意义的结构单位是语素。合成词的词义，是该词组成语素的意义的糅合。词义微差往往产生于组成语素的不同。

3.3.3　准确掌握词的文体色彩

词的文体色彩在翻译中必须认真对待，但常被译者忽视。下列译句的主要缺点是译词不顾文体需要，造成词的"脱格"（Incompatibility）：

The *agenda* of *ongoing* work in the social and behavioral sciences has been *revealed* here in only the most *fragments* way. But I hope these *fragmentary* will provide some *glimpse* into the *excitement* and *significance* of the whole. (*Science*, Vol.209, July, 1980)

关于在社会和行为科学中我们目前正在搞的工作的进程，在这儿只是以很不搭界的方式摆出来的；可是我希望这些拉拉杂杂的东西倒能使读者见识一下我们整个的研究工作是多么有趣又是多么有意义。

以上引述的原文是学术论文,用的是正式英语(Formal English),属于书面文体。但是译文却用了很多应该用来译非正式英语(Informal English)、属于口语文体的汉语词语,特别是"搞"、"不搭界"(词义也译得不准确)、"东西"、"倒"等,都只能使用在口语体中。下句属于口语文体,却被译成了文白夹杂、很不通俗的汉语:

Gene has one of these extraordinary ears. It's as close to absolute pitch as I think any human ear can be. Any sensible boy can really learn to tune contemporary instruments, but very few people have learned to do what Gene does. (*Working*, by Studs Terkel, p.421)

吉恩属听觉非凡之辈。他的听觉接近人类听力之能接近的纯净高度。诚然,任何感官灵敏的男孩都能学会调准当代乐器,但极少人能达到吉恩的造诣。

读者如果不了解原作,很难相信这种译文表达的原是一个乐器调音技工的口语。像"诚然"以及虚词"之"这类的词语在现代汉语口语中除非出乎特殊的修辞目的或用在成语中,一般是不用的。翻译者应当充分运用自己的母语语感。

其实,译词如果不注意文体特色,受影响的还不只词语本身。由于语域是文体的基本要素,"脱格词"的一再出现,就会改变行文总体上的文体风貌。这一点,已充分显示在上述二例中。学术论文中由于频频出现口语词语,可使原文端庄之气尽失;相反,口语中由于接连使用文言词就会使人读来感到行文做作,不伦不类。

为了准确掌握词的文体色彩,我们必须注意以下两点。

一、了解英语词汇的语域

语域(Register)指语言社会交际范围的大体分域,不含有褒义或贬义。

我们可以将英语词汇的 Speech Levels 大体分为三级，口俗用语（Colloquial Words）、一般用语（General Words）、正式用语（Formal Words）或书面用语（Literary Words）。例如，以下几个概念的"三个等级"（Three Levels）措辞可有如下一些：

（a） **Poor**

Colloquial	*General*	*Formal*（*Literary*）
flat ⇨ hard up ⇨ 穷，没钱	poor ⇨ 贫穷	poverty-stricken ⇨ penniless ⇨ in want ⇨ underprivileged ⇨ impecunious ⇨ indigent 贫穷、穷困、贫困

（b） **Tired**

Colloquial	*General*	*Formal*（*Literary*）
pooped ⇨ all in ⇨ dog-tired ⇨ used up ⇨ played out ⇨ worn-out ⇨ 乏，没劲	tired ⇨ 疲乏	exhausted ⇨ weary ⇨ fatigue ⇨ spent 疲乏，疲惫

（c） **Boy**

Colloquial	*General*	*Formal*（*Literary*）
punk ⇨ kid ⇨ youngster ⇨ 小子，男孩（儿）	boy ⇨ 男孩 ⇨	lad ⇨ youth ⇨ stripling 男童

了解英语词汇的 Speech Level 对我们在翻译实践中体会和鉴别词的文体色彩很有裨益。平时我们可以多多观察词的用法，以积累感性知识；在使用词典时更宜多注意这方面的释意或说明。但是，判断某一词的文体色彩最重要的依据仍然是上下文、文章的题材和总体风貌。因为，语言是人类很活跃的交际工具，它无时无刻不在发展之中，词的 Speech Level 也绝对不是一成不变的。

二、了解汉语文言词语的基本用法

我们这里所说的文言词语是指现代汉语中仍属常用的文言词语，特别是目前仍在广泛使用中的文言虚词。使用仍然有活力的文言词语能有效地表现文体色彩，使书面文体有别于口语文体，而具有端重、简练、庄严、优雅等特色；同时，又使口语文体在对比中显得平易、自然、质朴、舒展。以恰当使用文言虚词为例。以下句子（b）式胜过（a）式，原因就在于文言虚词使用得好：

The accession of the country to the organization is a notable political coup for some, but merely a nuisance of others.

（a）这个国家加入那一组织对一些国家显然是一次政治上的得手，但对另一些国家只不过是一个负担。

（b）这个国家加入该组织对一些国家而言显然是一次政治上的得手，而对另一些国家则不过是一大负担。

This is why the Parliamentary majority are reluctant to see a sweeping change.

（a）这就是为什么国会中的多数不愿进行迅速改革的原因。

（b）这就是国会中的多数其所以不愿进行迅速改革的原因。

Shakespeare's boldness with regard to language is less conspicuous, though no less real, in the instances I shall mention.

（a）莎翁在文字方面的勇于破格，在我所举的例子中虽然也是实情，但也并不是很过分。

（b）就我所举的例证而言，莎翁在文字方面之不拘一格，诚然也属实情，却并非过分。

文言词语在翻译中如果用得恰当，可以使译文增添文采。妙用文言词语还可以使译文显得十分洒脱。但翻译者必须倍加注意，不可由于刻意求雅而滥用文辞，使译文变得文白夹杂，非驴非马。这里牵涉到一个翻译风格问题，要求翻译者具有较全面的素养和功底。

〔注释〕

①参见 Eric Partridge 著：*The World of Words: An Introduction to Language in General and to English and American in Particular*, 1954, pp. 28-33。

②转引自 T. P. Brockway 著：*Language and Politics*, Boston: D. H. Heath and Comp. 1965, p. 10。

③参见 A. Warner: *A Short Guide to English Style*, Oxford University Press, 1968, pp.19-23, pp.53-70。

④见荀子：《正名篇》、墨子：《小取篇》。

⑤见严复：《天演论·译例言》。

⑥参见吕淑湘：《现代汉语单双音节问题初探》，载《现代汉语参考资料》，中册，第 307 页。

⑦词素以单音词形式出现时称为语素，如"民"在"人民"中时是词素，在"还政于民"中则是语素（充当宾语）。单音词语素多为多义词，如"广开言路"中的"开"（语素），意思是"开辟"，"如期开禁"中的"开"（语素），意思是"解除"。"开会"中的"开"，则是词素。也有人主张将"词素""语素"统称为"语素"，英语均为 morpheme。

⑧参见 M. A. K. Halliday 和 R. Hasaan 著：*Cohesion in English*, London: Longman, 1976。本书中的分类是根据英译汉的规律。

⑨参见 Brian Foster 著：*The Changing English Language*, McMillan Co., 1968。

第四章　公文文体

4.0　概述

4.0.1　公文文体的范畴

广义的公文文体指政府（或机构）发布的各种公告、宣言、规章、法令、通告、启事、通报、指令以及各类法律文书。狭义的公文文体只指法律文书。我们在这里用的是广义的公文文体概念。因为，以上种种形式的书面语体虽然各有其不同的社会功能，但是就语体特征而言，却有很多共同点，将它们统称为公文文体，便于我们从翻译的角度加以探讨。

4.0.2　公文文体的特点

公文文体在现代英语中比较驳杂，不能一概而论。好的公文体英语一般具有以下特点。

一、明晰准确，避免晦涩

一般说来，发布公文的目的都是为了阐明公文发布者的立场、观点或政策、措施，因此行文以"明白准确""力戒晦涩"为第一要旨，具体表现在用词上。好的公文用词明确，不能含混、隐晦，特别是政府法令及一般法律文书都戒绝使用模棱两可之词。在严谨的公文中，重要词语都有严格的含义，不能混同。如 declaration-statement 与 resolution-decision，相当于汉语的"宣言—声明"与"决议—决定"，就不能随便换用。法律文书中几乎所有的实义词都有"名"与"实"的统一问题，它们在法学上的含义是很严格分明的。比如在一般词典中都有"诉讼"这条释义，但在法学上并不都是同义词：suit（lawsuit 之略）是 case 的同义词，指诉讼或民事诉讼，刑事诉讼是 criminal suit（但在英美新闻报道中往往不分）。action 在诉讼法术语中的词义是"诉讼"，在法学通用术语中使用了英语常用词义，即"行为"。proceedings 指具体的诉讼案件，versus（略为 v./vs.）是"诉"，或"对……提出上诉"。由于用词严谨、规范，好的公文能给人以明确的概念。

二、严谨紧凑，避免松散

公文的功能是在上与下、民与官以及有关部门之间交流正式的信息。因此，公文制定者总是力求行文严谨，避免使用俚俗语及松散拖沓的句子，以免使人产生不严肃的感觉。好的公文行文紧凑，能抓住公众或读者的注意力，避免使用过多的插入语，尽力避免使用描写性修饰语，力图保持公众或读者在思维和视觉上的连贯感。

三、程式规范化，避免标新立异

公文的目的和职能要求行文具有稳定的、例行的公文程式，以便使公务有条不紊地进行。合理的程式化对公文来说是必需的。沿用规范化、标准化的公文程式可以使办事者一看就知道什么事、怎么办。毫无疑问，公文程式化是在不断发展的，公文文体僵化、畸形化的倾向与公文的高度程式化有密切的关系。

在现代英语中符合以上特点，而且具有深远影响的公文，首推《联合国宪章》。下面是宪章第一章对联合国的目的和原则的规定，语言明确、简练，程式规范化：

CHARTER OF THE UNITED NATIONS

WE THE PEOPLES
OF THE UNITED NATIONS
DETERMINED

 to save succeeding generations from the scourge of war, which twice in our lifetime has brought untold sorrow to mankind, and to reaffirm faith in fundamental human rights, in the dignity and worth of the human person, in the equal rights of men and women and of nations large and small, and to establish conditions under which justice and respect for the obligations arising from treaties and other sources of international law can be maintained, and to promote social progress and better standards of life in larger freedom,

AND FOR THESE ENDS

 to practice tolerance and live together in peace with one another as good neighbours, and

 to unite our strength to maintain international peace and security, and

 to ensure, by the acceptance of principles and the institution of methods, that armed force shall not be used, save in the common interest, and

 to employ international machinery for the promotion of the economic and social advancement of all peoples,

HAVE RESOLVED TO
COMBINE OUR EFFORTS TO
ACCOMPLISH THESE AIMS

 Accordingly, our respective Governments, through representatives assembled in the city of San Francisco, who have exhibited their full powers found to be in good and due form, have agreed to the present Charter of the United Nations and do hereby establish an international organization to be known as the United Nations.

CHAPTER I
PURPOSES AND PRINCIPLES

Article 1

The Purposes of the United Nations are:

1. To maintain international peace and security, and to that end: to take effective collective measures for the prevention and removal of threats to the peace, and for the suppression of acts of aggression or other breaches of the peace, and to bring about by peaceful means, and in conformity with the principles of justice and international law, adjustment or settlement of international disputes or situations which might lead to a breach of the peace;

2. To develop friendly relations among nations based on respect for the principle of equal rights and self-determination of peoples, and to take other appropriate measures to strengthen universal peace;

3. To achieve international co-operation in solving international problems of an economic, social, cultural, or humanitarian character, and in promoting and encouraging respect for human rights and for fundamental freedoms for all without distinction as to race, sex, language, or religion; and

4. To be a centre for harmonizing the actions of nations in the attainment of these common ends.

现代英语公文文体僵化的趋势已引起了许多语言学家和文体学家的关注[1]，"Officialese"（官腔文体）就是对这种日趋僵化的公文文体的贬称。其实，"官腔公文"的产生并不是偶然的，它的发展更是必然伴随着英美官僚行政机构的日趋庞杂。以美国为例，美国联邦政府拥有40万座大楼，雇用几百万文职人员，每年耗资80亿美元印制多达137万立方米的文件和各种表格[2]，文牍主义之泛滥，可见一斑。

英语公文文体的僵化趋势表现在以下几方面。

一、用词生涩，句式拖沓

当代英语公文中经常使用一些在英语中根本没有活力的生涩词，如 taxability（应纳税性），inapprehensibility（难以领悟性），unconstitutionality（违反宪法的性质），misbecomingness（不适宜状态）等。公文制定者偏爱用一些派生词，如从 -ant 派生的词：pursuant, cognizant, conversant, resultant 等。tautology（同义复叠）也是英语"现代官腔"（Modern Officialese）常用的手法，如 do hereby give, grant, bargain, sell and convey 等往往连用，有时给翻译措辞造成很大的困难。现代公文句子拖沓，装腔作势，也是很突出的现象。如：

（a）We are assigning major priority to the early completion of the preliminary stages of the program.

意思：A successful beginning will merit our attention.

（b）The respondent correspondent gave expression to the unqualified opinion that the subject missive was anterior to his facile comprehension.

意思：He replied that he didn't understand our letter.

有些公文则是集生涩词、大词与冗长、拖沓的句子于一体的混合物。公文制定者还喜欢用些科技词语，掺杂在大词中，形成一种既类似外交声明、又类似科学报告的公文文体。如：

Out of the *interstimulation of* conversation there emerges an *interweaving* of understanding and purpose leading to *coindividual behavior*. Of course the conversation may be *divisive*, as well as *integrating*. But even these divisions may be regarded as more *differentiations* within the *general synthesis* of human behavior. Thus in conversation is found that mutual understanding and common purpose essential to effective and continuous cooperation.

这种看似"端重""高雅"的公文体，目前相当流行。许多国际机构、政府行政机关每天都要编制大量这类"Official Written Matter"。

二、内容空洞，故弄玄虚

当代英语公文中常常出现内容十分空泛的长句。比如：

This is *novel innovation* of such *dimension, scope, and proportion* that, without a certain doubt, it is a *boon* and *benefit* not only to all mankind but to every customer, employee, and stockholder of this enterprise.

有时，甚至连必须言简意赅的军事公文也都充满这类言之无物的文辞。如：

Disturbances, conflicts and *disorders* may be prevented or minimized by: Immediate and forceful *corrective action*, particularly in the case of serious violations such as *assault, revolt* against authority, and so on.

...

Within groups, persons should be separated on the basis of sex, age, and marital status. Single men may be separated from single women *by the simple expedient of* placing the men at one end of the sleeping area and the women at the other, with family groups in between.③

在以上二例的句子中，dimension, scope, proportion, disturbances, conflicts 和 disorders 都是毫无实际意义的所谓"Eloquent Nonsense"，意在故弄玄虚。

三、拘泥形式，繁文缛节

以下是英国政府委任状的全文：

ELIZABETH R.

ELIZABETH THE SECOND, by the Grace of God of the United Kingdom of Great Britain and Northern Ireland and of Our other Realms and Territories QUEEN, Head of the Commonwealth, Defender of the Faith, to Our Trusty and Well-beloved Graham Malcolm Wilson, Esquire,

Greeting!

WHEREAS by Warrant under the Royal Sign Manual bearing the date the sixth day of August, 1965, We appointed a Commission, to be called the Royal Commission on Medical Education:

NOW KNOW YE that We, reposing great trust and confidence in your knowledge and ability do by these Presents appoint you the said Graham Malcolm Wilson, to be a member of the said Commission, in the room of Our Trusty and Well-beloved John Robert Squire, Esquire, deceased.

Given at Our Court at Saint James's the fifth day of April, 1966. In the Fifteenth Year of our Reign.

By Her Majesty's Command.

其实,只要用十几个词就完全可以表达全文(148个词)的实际内容。

四、句子冗长,结构盘错

一切形式的公文几乎无一不具有句子冗长的特点。很多公文制定者都倾向于以一句贯全段。因此长达一百余字至两百字的长句在法律文书或商务条款中比比皆是。长句出现时,句子结构盘根错节,不反复阅读则不知其所云。如:

In the second place there are grounds for thinking that the availability of analytical assessments of jobs would facilitate the preparation of grade descriptions for a new structure in a situation in which the allocation of jobs to grades at the stages of implementing and maintaining that structure would be undertaken by whole-job procedures.[④]

4.0.3 公文文体的汉译要点

翻译公文文体的英语材料必须注意以下几点。

（一）首先对原文透彻理解。由于公文倾向于使用生涩词、罕用词、长词、大词、抽象词，加以句子拖沓冗长，结构非常复杂，经常出现句子与句子环扣、包孕、插入等影响译者连贯思考的句子组合形式，因此译者尤宜悉心领悟原文的总体精神和每一个句段的思想脉络与层次；必须反复阅读，不应仓促下笔。特别是遇到类似上面所列举的那种内容空泛、不知所云的公文时，译者更应沉着、耐心。作为翻译工作者，我们绝不能因自己的好恶而改变严谨的翻译作风和态度。在任何情况下，翻译者都应当忠于职守，认识到翻译工作总是存在着客观从属性这一面。译者面对内容空泛、毫无实际意义的"官腔公文"可以在征得材料使用者或责任审编的同意下，视情况摘译加注，切不可任意删除。

（二）翻译公文文体的英语材料时，译者必须注意汉语语体。一般说来，英语公文用的是正式英语书面语体，有些公文用的则是庄严文体（The Frozen Style）。为使我们的译文与原文的文体相适应，翻译公文不应用口语词语，宜酌情使用文言连词及其他文言虚词。如：

现代汉语公文习惯用语	现代汉语普通用语
兹，现（副）	现在
之（代、介、助词：影响之深远）	他，它；的；此，这
至此（副）	到现在，到这一步
就此（介）	就这一点，关于这一点
为此（副）	为这一点，为了这个
于（介）	在于，至于；给（以）；在，在……中；对于；由于
谨（副）（表示谦恭之词）	（现代汉语无对应词）
上述（代、形）	上面所说的，上面提到的
本（代：本组织）	我们这个（组织）

略（副：略高于……）	稍微（比……稍微高一点）
颇（副：颇为费解）	很（很费解）
欠（副：欠妥）	不够（不够妥当）
未（副：未必：未尝不可）	不一定是；不一定不可以
未曾（未尝）	"曾经"的否定式，现代汉语无对应词，相当于"过去没发生过"
均（副：均按……）	都（都按照……）

以上只是略举一些例子，意在引起学习者注意。从举例中可以看出：公文体虚词比较凝练、简洁，用得好，可以使行文增添端雅色彩。英语公文体长句极多，文言虚词用得好，也可以改善长句的分、接问题。本单元的翻译重点是长句的翻译，学习者应注意如何在翻译中顺应汉语忌长句的特点，将原文长句处理得比较通顺、畅达。

（三）翻译公文英语时必须注意研究该材料所涉及的专业内容，了解专业词汇和术语的含义，最好具有有关专业的必要知识。如果译者对所译公文的专业很陌生，则应尽可能读一些参考书，或向有关的专业人员请教。法律、军事、外交、行政及国际会议等都有一套专用的公文习惯用语和术语，翻译者必须注意熟悉、积累、查询，才能保证译文质量和翻译英语公文的效率。

（四）翻译公文必须注意形式问题，包括公文程式、格式、体例等。处理形式上的问题，原则上是"客随主便"，以译文顺应原文，不打乱原文的句段或总体安排。保持原文的公文体例，有助于反映原件的风貌。另外，许多文件的程式或格式都行之久远，已成定式，又是发件机构规定的（如联合国文件）。严格按这类文件的程式和体例翻译，也是衡量我们的翻译作风是否严谨的标志之一。

（五）译文所用词语应严格遵守"一贯性"（Consistency）的原则，在同一篇或同一类材料中不应一词数译，莫衷一是，造成概念混乱。比如：decision 如译为"决定"，则应"决定"到底，不要中途又改为"决议"，使读者疑为另有所指。译者如实在拿捏不定，可以在第一次出现时用括号附上原文词语。概念的语言信息一贯性是保证语言交际功能的基本因素，这一点完全适用于翻译。

4.1 翻译英语句子的基本程序

在讨论长句和难句的翻译以前，我们拟先将翻译英语句子的一般程序作一简介。通过实践，掌握翻译句子的一般程序，即能为翻译长、难句打下基础。

翻译的全过程可以分为理解与表达两大阶段。这两个阶段不仅贯穿全局，即整个翻译的思维活动过程[5]，而且更重要的是，这两个阶段实际上贯穿于每一个句子的翻译思维过程。因为，思维和语言密切联系，而句子则是人类思维所运用的语言的基本单位。翻译作为一种思维活动，当然也不例外。因此，剖析一个句子翻译的典型过程对解释翻译思维活动过程十分必要。

翻译一个英语句子的典型过程可以分为六步（见下页图）。这一过程可以简称为"六步法"。在实际的翻译思维活动中，这六个步骤往往是交织着的，但六个步骤却缺一不可。总的说来，翻译一个句子不能跳越或忽略其中任何一步；在翻译中其所以往往形成"程序交织"，就是因为译者在无意中或受习惯影响跳越或忽略了某一步，而导致反复。这就是我们俗话所说的"左思右想"。反复性是人类思维活动的常规，所以翻译中的"左思右想"不仅是自然的，而且是必须的。不应将翻译程序的典型化描述看作机械的"操作流程"，因为归根结底，翻译是一种抽象思维。

此外，必须认识到，英语的句子是千变万化的。译者在处理每一个具体的句子时，不应等同地将注意力平均分配在每一步上。理解和表达阶段的任何一步或几步都可能是某一个具体句子的难点。正因如此，我们在翻译句子时必须根据具体情况采取不同的对策。上述翻译英语句子的六个基本步骤一般也适用于翻译审校（包括自校）工作。

	英语原句		主要任务
语言理解阶段	第一步：紧缩主干		• 析出 SV—SVO—SV. IO. DO 等 • 识别谓语形态，确定时态、语态、语气
	第二步：辨析词义		• 识别其他词语形态及其语法关系 • 判断词义，确定词义
	第三步：区分主从		• 识别修饰语与被修饰语，主句与从句 • 判断各成分之间的内在联系
	第四步：捋清层次		• 推断句子思维逻辑发展形式及重心
审美表达阶段	第五步：调整搭配		• 按汉语习惯形成主谓宾配列及各式搭配 • 调整各层次语序，捋顺表达法
	第六步：润饰词语		• 炼词、炼句 • 考虑文体的适应性，并调整汉语译句
	汉语译句		

翻译英语长句所涉及的基本问题，一是汉英语序上的差异，二是汉英表达方法上的差异。语序上的差异主要表现为定语修饰语（或状语修饰语等）在语言转换中究竟取前置式（Preposition）、后置式（End-position）抑或插入式（Insertion or Parenthesis）。大家知道，汉语的修饰语一般是不取后置式的，因此遇到后置修饰语多的英语长句就面临一个句子安排问题。表达方法上的差异涉及的问题比较复杂，主要表现为论述逻辑或叙述逻辑（Logic in Reasoning and Narration）的习惯与倾向性，因为语言中没有一成不变的表达方法。所谓论述逻辑或叙述逻辑，主要指行文层次及主次（包括句子重心，先说原因还是先说结果，先说条件或前提还是先说结论，先说施事者还是先说受事者等）。此外，表达方法还涉及修辞学范畴中的一些修辞格问题（如正说与反说、反复、排比、层递等），翻译中都应加以注意。

英语长句之所以很长，一般是三个原因造成的：一是后置修饰语多，二是联合成分多，三是句法结构复杂、层次迭出。英语长句在公文文体、论述文体、科技文体和文艺文体中用得尤多，主要是由于长句可以严密细致地表达多重而又密切相关的概念，这种复杂组合的概念在口语语体中毫无例外地是以分切、并列、递进、重复等方式化整为零地表达出来的。此外我们在翻译英语长句时，还应体会到长句的表意特点和交际功能，尽量做到既能从汉英差异出发处理好长句翻译在结构形式上的问题，又不忽视原文的文体特征，保留英语长句所表达的多重致密的思维特色，不使译句产生松散和脱节感，妥善处理译句的内在连接问题。

4.2 常见的英语长句、难句汉译法

英语的长句、难句可能造成理解上的很大障碍，主要原因是句子结构上的盘根错节。因此，要跨越障碍，就必须首先对句子进行**句法结构分析**。其任务是：(1) 辨明是简单句还是复杂句；(2) 如果是长简单句，那么其中可能有一个以上的主语、谓语动词或宾语，必须将它们一一析出，并捋清其中的关系；(3) 如果是长复杂句，则必须首先析出主句和从句，以及它们中的主、谓、宾等等句法成分；(4) 不论是简单句还是复杂句，长句必定有很多修饰成分和被修饰成分，必须准确析出它们中的管辖关系和范围（管域），切勿张冠李戴或任意囊括。

长句和超长句汉译时，可视情况采取以下方法：(1) 包孕；(2) 切断（分切）；(3) 倒置；(4) 拆离；(5) 插入；(6) 重组。在实际翻译工作中，往往需要同时并用几种方法，翻译长句和超长句是一种难度较高的综合技能运用过程，也是一种语言分析能力和语言审美艺术的结合过程。

4.2.1 包孕（Embedding）

所谓"包孕"就是译成汉语时将英语后置修饰成分（包括各种词组或从句）放在中心词（即被修饰成分）之前，使修饰成分在汉语句中形成前置包孕。修饰词前置是汉语的正常语序。因此，只要不因修饰成分过长而形成拖沓或造成汉语句子成分在连接上的纠葛，我们可以尽量译成前置包

孕。前置包孕可使句义十分紧凑，结构上整体感很强，因此公文文体多用此式。如：

(a) The General Assembly may call the attention of the Security Council to situations *which are likely to endanger international peace and security.*

大会对于<u>足以危及国际和平与安全</u>之情势，得提请安全理事会注意。

(b) The Court shall be composed of a body of independent judges, elected regardless of their nationality from among persons of high moral character, *who possess the qualifications required in their respective countries for appointment to the highest judicial offices, or are jurisconsults of recognized competence in international law.*

法院以独立法官若干人组织之。此类法官应不论国籍，就品格高尚并<u>在其本国具有最高司法职位之任命资格或公认为国际法之法学家</u>中选举之。

包孕式可以使行文具有明显的紧凑感，有时虽然包孕部分相当长。这种紧凑感仍然保证了思维逻辑的连贯性，因而不必切断原句。如：

(c) This is no class war, but a war in *which the whole British Empire and Commonwealth of Nations is engaged, without distinction of race, creed, or party.*

这不是一场阶级之间的战争，而是一场<u>不分种族、不分信仰、不分党派、整个大英帝国及英联邦全体成员国无不参加</u>的战争。

(d) Congress has made laws requiring most pressure groups to give information *adout how much they spend and how they spend it, the amount and sources of funds, membership, and names and salaries of their representatives.*

国会已制订法律，要求大部分压力集团呈报<u>他们花费了多少钱、</u>

怎样花的，以及款项的总额和来源、成员人数、代表的姓名和薪金等情况。

表示原因、条件、前提等的英语状语成分也可以取包孕式。如：

(e) The General Assembly may establish such subsidiary organs *as it deems necessary for the performance of its functions.*
大会得设立<u>其认为于行使职务所必需</u>之辅助机关。

(f) In 1970, he was placed under house arrest when he refused to use massive force in suppressing worker riots on the seacoast.
1970年他<u>因拒绝使用武力大规模镇压沿海城市的工人骚乱而</u>被软禁。

(g) In August 1974 the Institute was instructed to carry on its research on condition that the result of which did have a usefulness for market forecasts.
1974年8月该所接到训令说<u>如研究成果可用于市场预测则</u>研究工作可继续进行。

将状语译成包孕式，往往需要在连接处加上"而""则"之类的虚词，使全句更具有连贯性和紧凑感。句子形式上的连贯性和表意上的紧凑感是包孕式具有的特点，也是正式的、庄重的文体必须考虑的一个因素。试比较以上（e）（f）（g）三句的分离式：

(e) <u>在大会认为行使其职务有必要时</u>，可设立辅助机关。
(f) 他<u>因拒绝使用武力大规模镇压沿海城市的工人</u>，于1970年被软禁。
(g) 1974年8月，该所接到训令可继续进行研究，<u>条件是研究成果可用于市场预测</u>。

分离式可能使句子产生松散、零碎的感觉，分离部分太长时，还使读者感到句子"头重脚轻"(如 e, f)或拖沓累赘(如 g)。

必须注意的是,包孕部分不宜太长,成分不宜过于复杂。一般说来,现代汉语书面语前置修饰语如超过 20 字且比较迂曲,则宜采取切断、拆离等办法。

4.2.2 切断或分切(Cutting)

所谓"切断"就是在英译汉时将长句"化整为零",在原句的关系代词、关系副词、主谓连接处、并列或转折连接处、后续成分与主体的连接处,以及按意群(Sense Groups)切断,译成汉语分句。将英语长句切断译成汉语分句,具有以下两个优点:(1)可以基本保留英语语序,顺译全句,可以减少漏译等疏漏;(2)能顺应长短句相替、单复句相间的现代汉语句法修辞原则。就总的趋势而言,汉语倾向于用较短的句子。短句易于做到层次清晰、语气连贯、含义清楚、脉络分明,而且能产生汉语特有的节奏感,也就是刘勰所说的"飞沉"之美(《文心雕龙·声律篇》)。汉语历来讲究音乐美,这一点,我们作为翻译工作者应心中有数,奋力以求。公文文体和科技文体由于修饰成分、限定成分、名词词组太多,每每要表达密切相关的多重概念,所以不得不用长句;即使在这些文体中,我们还是可以视情况尽力将长句切断,使译句层次了然,不宜像英语那样环扣相连,盘根错节。如:

一、在主谓连接处切断

(a) Decisions of the Security Council on procedural matters shall be made by an affirmative vote of nine members.

安全理事会关于程序事项之决议,应以九个理事国之可决票表决之。

(b) The proceedings of the General Assembly in respect of matters brought to its attention under this Article will be subject to the provisions of Articles 11 and 12.

大会关于按照本条所提请注意事项之进行步骤，应遵守第 11 条及第 12 条之规定。

(c) A substantial minority of each party in strong opposition to the other party is sometimes the key factor in the party's policy making.

每一政党中坚决反对另一政党的有实力的少数派，往往成为这一政党在决策时的关键因素。

二、在并列或转折连接处切断

(a) Jointly or separately Council Committees and subsidiary commissions study the problems and submit recommendations to the Council in due time.

理事会各委员会及辅助委员会可单独亦可共同研究此类问题，并适时向理事会提出建议。

(b) The statement declared that the international economic order must be changed or the gap between developed and developing countries would continue to widen.

声明宣称，国际经济秩序必须改变，否则发达国家与发展中国家之间的差距将继续加大。

三、在从句前切断

(a) A small unit was set up in the Association to prepare for an international conference on the problems already mentioned, which is to take place in Rome, in September 1981.

本协会曾成立了一个小组，以便筹备一次国际会议讨论上述各项问题，会议拟于 1981 年 9 月在罗马召开。（在定语从句前切断）

(b) The Security Council shall hold periodic meetings at which each of its members may, if it so desires, be represented by a member of the government or by some other specially designated representative.

安理会应举行定期会议。每一理事国认为合宜时，需派政府大员或其他特别指定之代表出席。（在定语从句、状语从句前切断）

(c) Each usually has a political head—political in the sense that the appointment is by the President and subject to Senate confirmation.

每一单位通常都有一位政治首长，此处之所以称为"政治首长"，是因为此人是由总统任命，并经过参议院批准的。（在同位语从句前切断）

(d) The answer to the question of whether one should continue using the method depends in part on what other forms of solutions are available.

至于是否可以继续使用这一方法的问题，部分取决于是否还有其他形式的解决办法可供采用。（在名词性从句前切断）

在实际翻译工作中，"切断"乃是最常用、最便利也是最有效的长句汉译法。在译者遇到长句时，只要深透理解了原文，又有较好的汉语母语语感及表述能力，有一定的翻译基本训练，就不难设法按英语意群切断长句，看看是否可以以汉语长短相间的句式，将原文长句化整为零。例如：

(e) In any case, / when jeans were ready for a risorgimento in the 1960s, / they already carried an enormous mythic significance. / To a generation / that believed a massive military-industrial complex / was brutalizing the American dream, / jeans symbolized a return to the friendlier, simpler values of the frontier, / where / each man (so goes wistful legend) / had control over his own life, / and where people cooperated to survive. To a movement of largely middle-class youth concerned with political and economic justice, / jeans evoked an identification with the working-class, even the poor and oppressed, / and made any economic distinction among young people themselves practically impossible. (Veronica Geng: *The Blue Jeans Craze, Cosmopolitan*, May, 1973)

总之，牛仔裤在六十年代行将成为势不可挡的风尚之时，具有的是一种神奇的重大意义。在六十年代的青年看来，军工联合企业的兴盛，摧毁了美国的梦想，而牛仔裤则是回归西部开拓时期那种淳朴友善的价值观念的象征；那时，人人都像在令人神往的传说中那样能主宰自己的命运，并为生存而风雨同舟。六十年代，以中产阶级子弟为主体掀起了一场争取政治平等和经济平等的运动，对于这场运动而言，牛仔裤成了投身于工人阶级甚至贫民和被压迫者的标志，并使青年人看不出他们之间存在什么经济上的差别。

在一般情况下，一个技能比较纯熟的译者，通过有意识的、认真的学习，即不难用切断法将英语长句按意群切断，在汉语译句的连接上（即汉语关联词语的使用上）巧用功夫，做到基本顺译；功到时，还可以笔下生澜，不改原意。如：

（f）Now out of that bright white snow ball of Christmas gone / comes the stocking, / the stocking of stockings, / that hung at the foot of the bed / with the arm of a golliwog dangling over the top / and small bells / ringing in the toes.（Dylan Thomas: *Memories of Christmas*）

  就在那渐渐消融的晶莹洁白的圣诞节雪球中，迎来了那只圣诞老人给孩子们装礼物的长筒袜。啊，那只最漂亮、最漂亮的袜子，就挂在我的床头，袜筒里装着小木偶，还露出一只胳膊在外边荡来荡去，袜尖的小铃铛在叮咚作响。

又如：

（g）As the West sleepwalks into a decade / in which moral confidence and steadfastness will be increasingly needed / and decreasingly found, / and as a cry for "leadership" issues from millions / who probably would not recognize it / if they saw it, / and probably reject it / if they did, / John Paul II becomes more fascinating.（*Newsweek*, 6, 23, 1980）

  当西方恍恍惚惚地进入 80 年代的时候，人们的道德信念和坚韧精神日益沉沦，而获得这一切的希望又日趋渺茫。千百万人迫切要求加强"领导",而当胜任的领导出现的时候,他们却又可能视而不见,或者见到了又加以摒弃。约翰·保罗二世之所以在西方变得越发具有魅力,其原因盖出于此。

从以上例证可以看出,包孕和切断实际上是英语长句汉译最基本的手段;前者实际上是前置法,后者则基本上是顺译法。

4.2.3 倒置（Reversing）

我们在这里探讨的倒置法,不同于语法中的所谓"倒装"（Inversion）,后者是指句子中一两个成分（主语、谓语、宾语、状语等）在句中局部位置的非常规化。长句翻译中的倒置主要是指句子的前后调换问题:一般是将英语长句包孕、切断成长短句后,或进行局部调整,或进行总体调整,原则是使汉语译句安排符合习惯表达法,即符合现代汉语论理叙事的一般逻辑顺序,使译句恰恰是将原句的意思倒着说。

根据汉语的习惯表达法,我们在翻译某些英语长句时,可以视情况按意群（Sense Groups）进行全部倒置或局部倒置:

一、将英语原句的意思前后倒着说

（a）No longer are "separate but equal" schools regarded as being permitted under the *"equal protection of the laws" provision of the 14th Amendment to the Constitution.* （结论⇨前提）

根据第14条（美国）宪法修正案关于"法律上受公平保护"的条款,"分隔而平等"的学校已不再视为合法。（前提⇨结论）

（b）With a view to successfully maintaining a balanced system implemented by a basically even distribution of Federal resources, Federal financial aid is given only *if a state has acceptable standards of administration.* （结论⇨条件）

各州先要制定符合规章的管理标准,联邦政府才会拨给财政援助,

这是为了使联邦政府的财源基本上得到公平的分配,确保实施一种平衡的财政制度。(条件⇨结论)

(c) So it was that the farm poor were caught in their own past, the double victims of technology: *exile from their home by advances in agricultural machinery; unfitted for life in the city because of the consequences of industrial mechanization.* (结果⇨原因)

由于农业机器日益用于生产,农民被赶出自己的家园;而由于工业机械化的结果,他们在城市里也无以为生。(美国)农村中的穷人就这样变成了技术发展的双重牺牲品,又陷入了往昔遭受的困境。(原因⇨结果)

(d) A great number of graduate students were driven into the intellectual slum *when in the United States the intellectual poor became the classic poor, the poor under the rather romantic guise of the Beat Generation, a real phenomenon in the late fifties.* (前景⇨背景;或议题⇨背景)

五十年代后期,美国出现了一个任何人都不可能视而不见的现象,穷知识分子以"垮掉的一代"这种颇为浪漫的姿态出现,成为美国的典型穷人;正是在这个时候,大批大学毕业生被赶进了知识分子贫民窟。(背景⇨前景,或背景⇨议题)

必须注意,在翻译时只要能做到顺译,就不一定非倒置不可。在大多数情况下,倒置只是一种变通手段,并不是唯一可行的手段。翻译手段的取舍标准,在于译文的效果,不在手段本身。不论采取什么翻译手段,译文都应务求信达。

二、将英语原句的意思部分倒着说

所谓部分倒置实际上是将句首置于全句之尾。如:

(a) *The original Members of the United Nations* shall be the states which, having participated in the United Nations Conference on

International Organization at San Francisco, or having previously signed the Declaration by United Nations of 1 January 1942, sign the present Charter and ratify it in accordance with Article 110.

凡曾经参加旧金山联合国国际组织会议或此前曾签字于1942年1月1日联合国宣言之国家，签订本宪章，且依本宪章第110条规定而予以批准者，**均为联合国之创始会员国**。

(b) *Subject to the provisions of Article* 12, the General Assembly may recommend measures for the peaceful adjustment of any situation, regardless of origin, which it deems likely to impair the general welfare or friendly relations among nations, including situations resulting from a violation of the provisions of the present Charter setting forth the Purposes and Principles of the United Nations.

大会对于其所认为足以妨害国际公共福利或友好关系之任何情势，不论其起因如何，包括由违反本章所载联合国之宗旨及原则而起之情势，得建议和平调整办法，**但以不违背第12条之规定为限**。

(c) *I think that it will be of interest to every one of us hereafter*, whether we keep a diary or not, to note down upon a sheet of paper the actual circumstance which made him or her realise that this terrific episode had begun, and to record the exact time and hour when he or she experienced that circumstance.

当历史可怖的一幕揭开的时候，不论你是否有记日记的习惯，试着在一张纸上记下当时使你认识到一个历史事件业已发生的真情实景和确切时刻，**往后读来，我想也是饶有兴味的**。

(d) *We have already seen the effect of this in Congress*, where party plays a relatively minor role in the majority of issues and where, almost without exception, a large percent of each party is found on each side of issues on which there are differences of opinion.

在大多数问题上，政党所起的只是次要作用，遇到意见有分歧的问题，每个党内几乎无例外地有大批人士分属争论双方。**我们已在国会中见到这种情形**。

（e）*The man in the street scarcely realizes* that many forms of business, some major industries, and one or two minor professions could be completely abolished without gravely injuring American society; whereas the disappearance—or even what we see in some quarters, the continuous neglect and degradation—of the teaching profession must mean a disaster to the entire nation.

在美国，许多行业可以完全停业，某些主要工业可以完全废除，一两个次要职业也可以完全取消，这一切都不至于严重影响美国社会；但如果没有教师这一职业，或者像在某些地区那样，教育事业长期未受重视，因而每况愈下，那么就整个国家而言，必将是一场灾难。**这一点，一般人是很少意识到的。**

与全部倒置一样，将句首置于全句之尾也只是一种变通手段，并不是唯一可行的手段。从以上例证可以看出：只要译者善于变通语句又不影响原意，通常都可以顺译，即采取切断式，以分句译出句首。难以连接时可使用冒号（或逗号）断开，作如下处理：

（a）联合国之创始会员国应为：……

（b）根据第12条之规定：……

（d）我们已在国会中见到如下情形：……

（e）一般人很少认识到：……

这种用冒号将句子切断的句式，在现代汉语中是常见的。只要安排得当，句子也很自然，因为冒号对下文有提示作用，便于下文承接，可以表示对前提、结果、结论、条件、背景等句首成分的推演、阐释、说明、铺叙或分解，从而引导出后续分句来。这样做，还能顺应英语的表达习惯。语言是发展的，双语之间的语言接触（Language Contact）可以导致句式逐渐相通。当然，确实不宜取句首切断式、显然适宜于句首倒置的英语长句也是有的，在这种情况下，就只能靠译者悉心推敲、琢磨。以下例句取句首倒置式好得多。归根结底，语言贵在自然：

（a）*Such is human nature in the West* that a great many people are often willing to sacrifice higher pay for the privilege of becoming white collar workers.

为换取当白领工人的社会地位,许多人常常宁愿舍弃比较高的工资,**这在西方倒是人之常情**。(句尾用外位语,表示结论)

(b) *A justification beyond dispute follows* that planned obsolescence and its resultant throw-away mentality ought to be done away with.

人为地将产品过早废弃及由此产生的那种用过就扔的浪费心理都应该去掉,**这是无可厚非的**。(同上)

(c) *The election system is such* that such a large majority ordinarily cannot be attained on a major law unless at least a large part of the three major groups—business, agriculture, and labor—support it.

除非某项重大议案获得商业、农业和劳工三大社会集团中至少是大部分人的支持,否则这项议案通常也不可能获得(国会)的大多数票。**这就是所谓选举制**。

(d) *Then, most Americans had little interest in* "1,500,000 square kilometers of icebergs and polar bears"—beyond Canada's western borders, far from the settled areas of the United States.

(阿拉斯加)毗邻加拿大西部边境,远离美国已开发地区"150万平方公里,满是冰山和北极熊",对于这样一个地方,**当时大多数美国人根本不感兴趣**。

试将以上(a)至(d)例句的句首顺译,就能在比较中体会到取句首倒置式的可取之处。

4.2.4 拆离(Splitting-off)

所谓拆离就是将长句中的某些成分(句子、词组或词)从句子主干中拆开,另行处理,以利于句子的总体安排。常见的情况是英语长句中有某些成分很难用切断式顺译,也很难将它们包孕在句中,切实可行的办法是将它们拆开,放到句子主干之首或句尾,以免造成行文上的梗阻。

一、拆离单词

（a）An outsider's success could even *curiously* help the two parties to get the agreement they want.

说来奇怪，一个局外人取得的成功竟然能够促使双方达成一项他们希望取得的协议。

（b）In recent years, it has *ominously* outfitted its divisions along its western border for a lightning lunge westward.

近几年来，这个国家重新装备了沿西部边境部署的陆军师，以便向西发动闪击战，**这实在是个不祥之兆**。

（c）There is no folly and no crime of which a misled mob are not *intrinsically* capable.

从本质上说，由蛊惑人心的宣传所煽动的一帮人是什么蠢事和罪行都干得出来的。

（d）There were, of course, professional and permanent anti-Americans who had all the *joys* of schadenfreude at the news.

当然，一些以反美为己任的终生矢志的反美主义者，听到这个消息会幸灾乐祸，**感到高兴的**。

（e）The average loss during a winter month may be *astounding*—up to 20lb greater than the average during a summer month.

冬季每月损耗比夏季每月损耗平均多20磅，**这是令人吃惊的**。

（f）The number of the young people in the United States who cannot read is *incredible*—about one in four.

大约有四分之一的美国青年人没有阅读能力。**这简直令人难以置信！**

二、拆离词组

（a）At the opening banquet, Nixon *seemed to have paraphrased his host's position* by saying: "There are of course some who believe that the mere act of saying a statement of principles or a diplomatic conference will bring lasted peace. This is naive."

尼克松在欢迎他的宴会上说:"当然,有些人认为只要发表一项原则声明或举行一次外交会议就能带来持久和平。这种想法真是天真。"这番话似乎是在阐述东道国的立场。

(b) Strolling unescorted *at midday* past a major concentration of the huts *just a block from the city's Central Avenue* I none the less saw many signs of occupation.

中午,我在没有导游陪伴的时候独自漫步街头,发现了一个很大的棚户区,很多茅棚里还住了人。**这个棚户区离中央大道很近。**

(c) All members, *in order to ensure to all of them the rights and benefits resulting from membership,* shall fulfil in good faith the obligations assumed by them in accordance with the present Charter.

各会员国应一秉诚意,履行其依本宪章所担负之义务,**以保证全体会员国由加入本组织而发生之权益。**

(d) The Congressman tends to be very interested in public works—*such as new government buildings, water projects, military bases*—that will bring money to the area or improve living conditions.

议员一般对兴建公共工程极感兴趣,因为这样一来就能为本地区开辟财源或改善生活条件。**这类工程如新的办公大楼、水利设施及军事基地等等。**

(e) The major laws through the thirties, *including unemployment compensation, the Wagner Act, the various farm programs,* were all designed for the middle third in the cities, for the organized workers, and for the upper third in the country, for the big market farmers.

整个三十年代通过的一些主要立法都是为城市的中等阶层、加入工会的工人、全国的上等阶层及有大量农业商品出售的工人、全国的上等阶层以及有大量农业商品出售的农场主制订的。**这类法案包括失业补助金法、华格纳法和各种各样的农业计划。**

三、拆离从句

(a) This land, *which once barred the way of weary travellers,* now has become a land for winter and summer vacations, a land of magic and wonder.

这个地方现在已经成了冬夏两季的休假胜地，风光景物，蔚为奇观；**而在从前，精疲力竭的旅游者却只能到此止步。**

(b) The total expenditures of the US government for the so-called Fiscal Year 1970, *that is the period from July 1, 1969 to June 10, 1970,* were about 195 billion dollars, of which about 80 billion was for national defense.

美国政府 1970 年财政年度的总支出为 1950 亿美元，其中 800 亿左右为国防开支；**所谓 1970 年财政年度是指 1969 年 7 月 1 日到 1970 年 6 月 10 日这一期间。**

(c) Subject to the condition *that the number of judges available to constitute the Court is not thereby reduced below eleven,* the Rules of the Court may provide for allowing one or more judges, according to circumstances and in rotation, to be dispensed from sitting.

法院规则得按情形并以轮流方法，规定准许法官一人或数人免于出席，**但出席之法官人数不得因此减至少于 11 人。**

(d) One of the standard professional criticisms of Hollingshead and Redlich is that their figures are for treated illness (*those who actually got to a doctor or clinic*) and do not indicate the "true prevalence" of mental illness in the population.

专家们对霍林谢德和雷德利奇的一条普遍意见是，他们提出的数字只包括经过治疗的患者，这不能说明居民中精神不健全的"真实情况"。**所谓经过治疗的患者是指确实找过医生或者去诊所看过病的人。**

(e) The very important oil industry, *which has done much to rejuvenate the economy of the South since the end of World War II,* made considerable headway especially in the five states of Arkansas, Louisiana,

Mississippi, Oklahoma and Texas.

  第二次世界大战以后石油工业对振兴南部经济起了很大的作用。这个十分重要的工业部门特别是在以下五个州中取得了很大的进展，即阿肯色、路易斯安那、密西西比、俄克拉荷马和得克萨斯。

  译者应该注意句子取拆离式的目的是化长为短，化整为零，消除行文中的突兀或梗阻。如果取包孕式或切断原句顺译并不发生梗阻或突然转折等问题，就没有必要拆离。不适当的拆离，无论放在句尾或句首，都可能使人读来产生画蛇添足或支离破碎之感。总之，取拆离式时，译者必须注意行文的语句衔接，可行的办法是用外位语、提示成分及复指成分（这、这是、这就是、即、即所谓、所谓等）以加强句子的连贯性和整体感。

4.2.5　插入（Inserting）

  所谓"插入"，就是利用破折号、括号或前后逗号，将难于处理的句子成分插入译句中。

  古汉语没有破折句，也没有使用括号的句子。使用破折号和括号引进插入成分是现代汉语借鉴外语而发展起来的新句式。因此，英语原文中的破折句和括号成分大体都可以顺译成汉语的对应句式，这样做的好处是可以适当保存原文风貌。翻译时也较便利，不致产生疏漏。

  破折号用于表示语流的中断、转折或跃进，也可以用于对文中的某一部分进行注释说明。括号一般用于解释语意、补充说明、交代某一事实或引语的出处等。这些用法，英汉相同。但在英汉翻译中必须注意以下几点：

  （一）译文中的插入部分不宜太长，如果太长可能形成句子主干成分隔断过远，这时就宜取拆离式，将一些相对独立的成分放在句尾或句首。英语书面语插入成分可以很长，有时长达数行，插入部分甚至可以长于主句；这种句式，不符合汉语习惯，最好不取插入式，而宜紧缩句子主干。

  （二）注意插入的位置，就汉语而言，最好在主语和谓语之间、谓语和宾语（或表语）之间，以及其他自然意群之间。插入部分当然必须尽量紧接被注释、补充的部分，但也不必过于拘泥于与原文在形式上的对应。

（三）插入式只是一种不得已的变通手段，在段落翻译中不宜多用。总的说来，破折句或带括号的句式在现代汉语中不如在英语中那样普遍。即使在英语中，不同文体情况也不一样。在公文文体中，破折句并不多见。

以下例句可以译成汉语破折句或以括号引进插入成分：

（a）States and organizations having presented written or oral statements or both shall be permitted to comment on the statements made by other states or organizations in the form, to the extent, and within the time limits which the Court, or, should it not be sitting, the President, shall decide in each particular case.

凡已经提出书面或口头陈述或两项陈述之国家及团体，对于其他国家或团体所提之陈述，准其依法院（或在法庭不开庭时，院长）所定关于每案之方式、范围及期限予以评论。（用括号引进补充说明：… and within the time limits which the Court, or, should it not be sitting, the President）

（b）The snow falls on every wood and field, and no crevice is forgotten; by the river and the pond, on the hill and in the valley.

雪，在四处飘落着。雪花撒在树上，撒在田野里；撒在河边、湖畔、山上、谷底——没有一条岩缝墙隙里不飘满雪花。（用破折号表示思维或概念的归结）

（c）In 1582 Richard Mulcaster, one of the earliest English grammarians who paid attention to this problem, wrote "the English tongue is of small reach, stretching no further than this island of ours (England), nay, not there over all".

1582年，理查德·迈尔卡斯特——最早注意到这个问题的英语语法学家之一——写道："英语的流行范围很小，充其量只在我们这个英格兰岛——甚至并没有遍及全岛"。（第一个插入破折号引进同位

语，对文中人物进行注释说明；第二个破折号位于句尾，表示转折或递进）

(d) Suppose this belief to be a self-deception, as we have seen that Hobbes and Leibnitz suggest it may be, "a deceiving of mankind by God himself", as Edwards accuses Lord Kaimes of maintaining, still this instinctive belief in the power of moral choice in itself constitutes a powerful motive.

我们试将这种"信仰"认作是一种"自我欺骗"（正如霍布斯与莱布尼兹所说的那样）；或者，将这种"信仰"认作是"上帝对人的欺骗"（正如爱德华兹指控英国神学家凯姆斯勋爵所主张的那样），则这种本能的信仰——相信我们能在善恶之间进行选择——仍构成我们行为中的一种强烈的动机。（译句中两个插入的括号部分都是为了分别交代引语的出处或背景情况；句中的插入破折号则是为了对文中某一部分进行解释和说明：即 belief 的定语 in the power of moral choice）

(e) There is in fact a strong likelihood that the Administration will preside over a $100-billion-plus budget deficit in the current fiscal year, putting its promise to balance the budget by fiscal 1983—which begins in only twenty months—firmly out of reach.

（美国）政府将要在本财政年度应付 1 000 亿美元以上的预算赤字，这样就使其诺言——平衡 1983 年财政年度（再过 20 个月才开始的年度）的预算——根本无法实现。这是极有可能的事。（用插入破折号引进具体说明；用括号引进附加说明）

有些翻译工作者目前仍然不赞成多用破折句以及用括号引进插入成分的所谓"欧化句式"。有经验的译者总是尽力采用包孕、切断、拆离等手段，回避使用破折号及括号。比如，以上很多例句都可以用以下一些办法重译，能不用中国读者不大喜闻乐见的句式，就尽量不用：

(a) 句可改译为：
……准其依法院所定关于每案之方式、范围及期限予以评论。在法庭不开庭时,则由院长裁定。

(b) 句可改译为:

雪花撒落在树上,撒落在田野里;撒落在河边、湖畔;撒落在山峦和山谷中。大雪纷飞,连小小的岩缝中都飘进了雪花。

(c) 句可改译为:

最早注意到这一问题的英语语法学家之一理查德·迈尔卡斯特在1582年时写道:"英语的流行范围很小,充其量只在英格兰,而且并没有遍及全岛"。

(d) 句可改译为:

我们权且像霍布斯与莱布尼兹所说的,将这种"信仰"看作是一种"自我欺骗";或者,像爱德华兹指控英国神学家凯姆斯勋爵所主张的,将这种"信仰"看作是"上帝对人的欺骗",则这种本能的信仰,即相信我们能判明是非曲直,仍构成我们行为的一种强有力的动机。

(e) 句可改译为:

(美国)政府将要在本财政年度应付1 000亿美元以上的预算赤字,这样就使它提出的平衡1983年财政年度预算的诺言根本无法实现,而1983年财政年度要再过20个月才开始。招致这种结局是极有可能的。

毫无疑问,语言是发展的。近50年来,现代汉语无论在词汇方面还是句型方面,都大大丰富了。新的句式将不断被汉语加以改造、加以吸收。由于英语中破折句很多,这种句式也是值得借鉴的,因此我们不必执意回避。关键在于译者安排、组织句子的功夫。事实上,破折句或文中带括号等句法手段已被汉语吸收。只要我们译得得当,插入式句型也是可取的。可行的办法是不妨就原句译出几种句式来,加以比较,选用其中最贴近原意、汉语行文又最自然的译句。

4.2.6 重组(Recasting)

所谓"重组",就是将长句结构完全捋清,将英语原意完全弄懂以后按汉语叙事论理的习惯重新组合句子，基本上脱离了原句的层次和结构安排。译英语长句取重组法的好处是：由于彻底摆脱了原文语序和句子形式的约束，因此比较易于做到汉语行文流畅、自然，一气呵成，有经验的翻译还可以因此而使译文平添文采。重组的缺陷是：新手不易掌握；因为，译者不得不完全摆脱原文，故而疏漏极易发生，原文的语气轻重及分寸也极易被忽略。

以下例句宜以重组法汉译：

(a) What the New Yorker would find missing is what many outsiders find oppressive and distasteful about New York — its rawness, tension, urgency; its bracing competitiveness: the rigor of its judgments; and the congested, democratic presence of so many other New Yorkers encased in their own world.

纽约的粗犷、紧张，那种急迫感和催人奋发的竞争性；它的是非观念之严酷无情；纽约市的那种各色人等熙熙攘攘，兼容并蓄于各自的天地之中的格局；这一切都使那些非纽约人感到厌恶和窒息；而这一切，又正是纽约人所眷恋的。

(b) Only rarely does a coherent picture emerge; in a sense coherence must be imposed on events by the decision maker, who seizes the challenge and turns it into opportunity by assessing correctly both the circumstances and his margin for creative action.

决策人要能对自己采取独到行动的情势做出正确的估量，对自己采取这种行动的回旋余地做出正确的估计，而后才能抓住时机，将危机转化为良机。这时才有可能出现事态的顺利发展，有条不紊的景象自行出现的情况是十分罕见的。

(c) Decision must be made very rapidly; physical endurance is tested as much as perception, because an enormous amount of time must be spent making certain that the key figures act on the basis of the same information and purpose.

必须把大量时间花在确保关键人物均已根据同一情报和目的行

事，而这一切对身体的耐力和思维能力都是一大考验。因此，一旦考虑成熟，决策者就应迅速做出决策。

(d) They (the poor) are the first toe experience technological progress as a curse which destroys the old muscle-power jobs that previous generations used as a means to fight their way out of poverty.

对于以往的几代人来说，旧式的体力劳动是一种用以摆脱贫困的手段，而技术的进步则摧毁了穷人赖以为生的体力劳动。因此，首先体验到技术进步之害的是穷人。

从以上例句来看，可以考虑以重组法汉译的英语句子，大抵具有以下特点：

（一）句子较长而结构比较复杂，特别是从句较多，层层环扣，不易切断其间的连接关系；此外，被动语态、假设语气也常常造成顺译的障碍；再其次，插入成分、倒装、省略及句子结构上的变化迭出，常使我们不得不拆开原句的总体结构，在翻译中取重组法（如 a, b 句）。

（二）句义比较复杂而在表达方法上又不甚符合汉语的习惯，包含很多曲折、转折、暗示等。在这种情况下，如将长句顺译，连接处又安排不当，则很容易造成层次不清、逻辑混乱等毛病，使读者很不容易看懂究竟在说什么；这时拆译也往往只能解决局部问题。用重组法译这种长句，可以完全不受英语表达方法和总体结构的约束，在译者把握原意的前提下，按汉语叙事论理的一般规律安排译文语句，就可能获得较好的达意传神之效（如 c, d 句）。

（三）原句用词上的种种倾向（如抽象词语多、"大词"多、需要解释的词多等）使译者很难大体按原文语序行文；此外，在译词中要求颠倒语序，增补删减之处过多时也往往使译者难以大体按原文语序遣词造句，不如吃透原意，抓住原文词语的精神实质，求神似而不求形似，以通顺畅达的汉语加以表达。译者应该精通译词的种种手段（见第三章），严于表达原文词义的精神实质，又能灵活变通措辞，以利词、句的起承、组合，消除行文中的梗滞。

4.3 结语

英语长句、难句的汉译是高级阶段翻译中极为重要的课题，有志于提高翻译技能的学习者和翻译工作者必须潜心学习长句翻译的各种手段，做到心中有底，才能在实际的翻译工作中运用自如。即便如此，任何翻译工作者都不能说他已一劳永逸地掌握了长句翻译技法。因为，语言是变化和不断发展的，语言转换的手段也应该有变化、有创新，一时一刻也不能墨守成规，陷于窠臼而不得发展。

应该强调的是，以上介绍的几种长句难句翻译法，在翻译实际中往往需要加以综合运用，其中最基本的技法是包孕和切断。学习者必须细心体会、勤于实践如何恰到好处地运用包孕法及切断法（特别是切断法），并巧妙地辅以其他的长句翻译手段，把长句、难句这个消极因素化为锻炼自己笔力的积极因素。

试以下列长句为例，看看翻译中如何综合运用各种技法：

(a) Americans who would be patriots must try to learn what it is that they have in common, what it is in the republic that is worth cherishing and preserving; until they know that, their patriotism will have no more content than a bright, loud afternoon parade. (*Time Weekly*, 3, 10, 1980)

美国人如果想要成为真正的爱国之士，就必须努力探求他们之间的共同之处，努力探求在这个国度里值得珍惜和恪守不渝的究竟是什么。如果他们做不到这一点，那么他们的所谓爱国主义充其量只是一次午后游行：炫耀一番，喧闹一场而已。

(Cutting / Splitting)

(b) A complex bueaucracy favors the status quo, because short of an unambiguous catastrophe, the status quo has the advantage of familiarity, and it is never possible to prove that another course would yield superior results. It seemed no accident that most great statesmen had been locked in permanent struggle with the experts in their foreign offices, for the scope of the statesman's conception challenges the inclination of the expert toward minimum risk. (Henry Kissinger: *White House Years*)

复杂的官僚机构乐于维持现状，原因在于，既然没有发生明显的重大危机，则维持现状可以驾轻就熟；而且，既已维持了现状，则根本不可能使另一种处事方案得以付诸实施，从而产生远胜于现行方案的结果。很多大政治家都曾陷入与其外事机构中的专家进行永无休止的纷争之中，这似乎并非偶然。因为政治家见地博大，与事务专家那种力求少冒风险的倾向针锋相对。

（Cutting／Reversing／Embedding）

（c）He ranged the summer woods now, green with gloom if anything actually dimmer than they had been in November's gray dissolution, where even at noon the sun fell only in windless dappling upon the earth which never completely dried and which crawled with snakes-moccasins and water-snakes and rattlers, themselves the color of the dappled gloom so that they would not always see them until they moved; returning to camp later and later, first day, second day, passing in the twilight of the third evening the little log pen enclosing the log barn where Sam was putting up the stock for the night. (William Faulkner: *The Bear*)

此刻，他在夏日的树林中漫游，林间是一片幽暗的深绿，真比十一月间那灰蒙蒙的一派肃杀凋零还显得更加黯淡无光。即使待到中午时分，也只能在没风时看到斑斑点点的阳光，撒在从来没有干过的、到处都是蛇在爬行的地上。那里有毒蛇、水蛇，还有响尾蛇；这些蛇身上也有灰暗色的斑纹，因此只有在它们蠕动的时候，才能看得出来。头两天，他回营地的时间一天比一天晚；第三天，他在薄暮中走过小木桩围着的牲口棚，这个牲口棚也是用木头盖的。这时，山姆正在把牲口赶进棚里，准备过夜。

（Cutting／Embedding／Recasting／Splitting）

以上三例译句表明各种长句翻译技法必须综合运用，但切断法是将长句化整为零的基本手段。翻译任何盘根错节的句子都离不开熟巧地运用切

断法。试细心解剖下句原文、细心阅读译句,领会切断法在长句翻译中的重要性:

> Oh, Simplicio, if I should succeed in convincing you of the artfulness—though it is no great artistry—of this author, I should rouse you to wonder—and also to indignation—when you discovered how he, covering his cunning with the veil of your naivete and that of other mere philosophers, tries to insinuate himself into your good graces by gratifying your ear and puffing up your ambition, pretending to have convicted and silenced these trifling astronomers who wanted to assail the ineradicable inalterability of the Peripatetic heavens, and what is more, to have struck them dumb and overpowered them with their own weapons.

> 啊,辛普利邱,但愿我能够说服你,使你看出这位作者的伎俩——虽则并不是怎样高明的伎俩。他利用你的天真和其他不懂天文学的哲学家的天真,为自己打掩护,企图博取你们的欢心。他把那些想要攻击逍遥学派天界的稳固性和不可动摇性的天文学家,说成是毫不足道的,并自命已经驳倒他们,使他们无辞以答;不但如此,他还自命用他们自己的武器驳得他们哑口无言,无力还击。他就是用这种伎俩使你觉得娓娓动听,并鼓起你的无名勇气,如果你一旦发现他是怎样做到这样的,我当会引起你的惶惑——并且使你感到愤慨。(周煦良译)

在运用上述一些长句翻译法(特别是切断、重组、拆离等)时,译者的关注中心应当是:(1)译文行文的逻辑性与层次感,不应"语无伦次",应尽量与原文贴近;(2)注意主次,突出原文中内在意念的重心。一般说来,汉语复句的重心倾向于后置,英语既可能前置又可能后置。句子重心如何安排可以说是长句翻译的关键之一,也是译者在理解和表达上的功力的表现。

〔注释〕

①参见以下著作：David Crystal and Dereck Davy, *Investigating English Style*, Longman, 1973; Henry A. Barnes: *Language in America*, Western Publishing, Co., 1967; R. A. Lanham: *Style, An Antitextbook*, New Haven and London: Yale University Press, 1977; etc。

②见 R. Sherrill 等著：*Governing American—an introduction*, Harcourt Brace Jovanovich, Inc., 1978, pp. 410-416。

③摘自美国国防部民防办公室编：*Handbook for Shelter Management*（防空掩蔽室管理手册），pp.21–28。

④转引自 E. Gowers, *The Complete Plain Words*, 1976。

⑤我们可以用现代心理学的观点对翻译思维活动作如下概略的解释：就人类思维的种类而言，翻译思维过程主要属于抽象思维，不是形象思维，即不借助于形象，更不是动作思维，即不依赖形体动作。虽然翻译常常离不开原作（比如文学作品）提供的间接具象，但翻译家的思维并不依仗任何具体形象，而是以概念、判断、推理的形式来完成对客观事物（原作）的认识。因此，对翻译家来说，最重要的不是想象力，而是要善于运用概念、判断、推理，以达到对事物本质特征及内在联系的认识，也就是对原文的深透理解；同时又不排斥形象思维、不排斥想象力。

第五章 描写及叙述文体

5.0 概述

描写及叙述文是日常生活中用得最广、使用频度最高的一种文体，也是作者对文笔之美着力最多、读者的审美期待最殷切的一种文体。因此，在教学或自学上多用点功夫是很有必要的。

5.0.1 描写及叙述文体的范畴

广义而言，叙述文（Narratives）包括描写（描述）文（Description），英汉皆然。因为叙述文的功能不外叙事、写人、状物、绘景等方面。我们将描写和叙述并列，除沿用传统上的提法外，意在突出描述文的文体特色，引起翻译时的注意。

在英语文体学中，所谓叙述（Narration）分为三类：一、戏剧性叙述（Dramatized Narration）；二、总结性叙述（Summarized Narration）；三、概括性叙述（Generalized Narration）。

所谓"戏剧性叙述"，主要指通过"视觉联想"（Visualization）展开的描述，常常需要诉诸对客观事物的外形、外貌的描写以及对内心活动的形象剖析。戏剧性叙述注重的是场景（Scene）、行为（Action，包括人物的内心活动），以及情节（Plot）的细节描绘，以达到唤起生动的视觉联想的目的。因此，戏剧性叙述很强调生动性。英语小说、戏剧、散文、特写中的人物和景物描写、对话及内心活动的形象性描述都是为此而安排的。

所谓"总结性叙述",主要指通过对时间和空间的"压缩"(Compression)展开的描述,常常不需要着力于细节描写,而更重在对行为或事件的艺术选择。因此,英语的总结性叙述强调 Rapid Movement(叙事中行文的迅速发展)。总结性叙述多用于传记、历史纪事或游记中。英美许多小说中的"倒叙"(Cutback 或 Flashback)就是属于总结性叙述。

所谓"概括性叙述",指叙述中比较概念化、一般化的记叙,常常涉及作品中的人物或作者本人的习惯性动作或行为。概括性叙述在英语文艺文体中的职能往往是烘托气氛以及反映作者或作品中人物的一般情态。概括性叙述的手段是"Generalization"。因此,总的说来,概括性叙述并不强调形象的生动性,其一般特征是平铺直叙(Flatness)。有人认为概括性叙述并不是叙述中的重要手段,它只是一种叙述的过渡性发展(Transitional Movement)。

在实际的描写和叙述文体中,以上所说的三种叙述通常都是交互地、综合地使用于连贯、统一的上下文中,任何形式的好文艺作品,包括传记、游记、散文都不可能只使用单一的叙述体式,排斥其他两种叙述体式。试分析以下作品中作者对叙述体式的综合运用:

> It seems Bill is always on duty. If we are making a social call, driving into the city — inside the park or out — he never passes up anything that looks suspicious, or a person who might be in need of help.(以上是概括性叙述)We were on our way to church one Sunday when he spied a car parked on a deserted stretch of road, and he stopped to look it over. The car was unoccupied, and nothing about it appeared unusual — I would have guessed that it belonged to a fisherman who was down at the river teasing the trout. But before continuing, Bill paused for a quick survey of the surrounding area — and stopped.(以上是总结性叙述)Barely visible through the dense shrubbery was the deathly white face of a woman staring directly at us.
>
> "You all right?" Bill called.

The woman's lips moved spasmodically, but she made no reply.

"Don't move!" he yelled, seizing his gun from the seat beside me.

He disappeared into the brush, and a moment later I heard a shot. Then he was making his way back to the road with the woman, unconscious in his arms.

"Fainted," he said, laying her on the pine needles while he treated her for shock.

"What happened?"（以上是戏剧性叙述）

It seemed the woman had been attracted by the profusion of wild flowers growing off the road and while preoccupied had stepped on a rattlesnake. Luckily her foot rested so near the snake's head that it couldn't strike, but she knew the second she raised her foot to make her escape it would instantly sink its fangs into her ankle. She had stood there with the snake rattling and curling about her legs for what must have seemed hours before we happened along. When Bill shot off its head, her relief was so intense she fainted in his arms. When Bill asked her afterwards why she didn't jump when she stepped on the snake, she said she had been too frightened to move.（以上是总结性叙述，未对人物谈话作直接铺叙，而是概述人物谈话内容，意在简述事件。）

（Margaret Merril: *Bears In My Kitchen*）

5.0.2　描写及叙述文体的特点

描写及叙述文一般具有以下特点：

一、用词最丰富

在所有的英语文体中，描述及叙述文用词之丰富、词汇量之大居于首位，原因是：(1) 题材范围极为广阔，文艺及传记性作品所涉及的题材范围实际上是"无边无际"的：哲学、伦理、历史、文学、艺术、宗教、法律、军事、政治、经济、社会、科技等任何一个领域中的人物和事件都可

能进入作品，成为描述及叙述文进行描绘、记述和艺术剖析的对象；(2)
描述及叙述文在描绘、记述和进行艺术剖析时的深度和广度实际上也是
"无边无际"的：可以由表及里、由此及彼，可以由古及今，也可以由实
及虚；涉及相貌、形状、声音、色彩、质地、感官反应、精神活动、思想
感受、心理状态等方面。以文艺作品中出现的描绘"红色"的词为例，除
red 外，还有 sable 淡褐红色，ruby 红宝石色，cognac 深洋红，pink 浅红，
light pink 粉红（淡艳红），blush pink 洋红，raspberry 暗红（近紫），tiger
lily 橙红，copper red 赤铜红，rust 铁红（赭色），rosy 玫瑰红，dusty rose
深洋红，bright red（brilliant red）艳红，butterscotch 黄红杂色，wisteria 紫红，
plum red 紫红，driftwood 淡红木色，burgundy 红葡萄酒色，mahogany 桃
花心木色（红木色）等；(3) 描述及叙述文用词的语域（Register）最宽，
可以有正式英语、非正式英语，可以有口语、书面语，也可以大量使用俚
俗语、行业语，甚至方言。在有些作品中还会经常使用一些拉丁词语及古
旧词语或废弃语（Obsolete Words）。某些作品中则可能出现作者生造的词
语（Coinage）。

二、语言现象最丰富

描写及叙述文通常必须利用一切语言手段有效地叙事、写人、状物、
绘景，以达到感人的**审美目的**。因此，总的来说，文艺作品和传记、纪实
性作品（Chronique）中所用的英语语言现象特别丰富，具体表现为：(1)
语法现象多，特别是假设语气、绝对式分词结构（The Absolute Participle）
等其他文体较少使用的语法手段多；(2) 句型变化多，特别是复杂句、
省略句的种种形式在文艺作品中经常出现；(3) 修辞手段多，特别是比
喻（Figuration）、比拟（Comparison）、夸张（Hyperbole）、强调式倒装
（Hyperbaton）和对仗（Parallelism）等。

三、情感色彩最丰富

在很多写作（尤其是文艺作品）中语言与情感伴随，所谓"情动
于中而形于言"（唐代孟棨《本事诗序》）。如果说论述文主要诉诸人的
理性，那么描写和叙述文主要是诉诸人的情感，前者注重的是说服力

（Persuasiveness），后者注重的则是审美感染力（Appeal）。美国现代作家安德森（Sherwood Anderson, 1876-1941）在《林中之死》中运用假设语气描述了一位穷苦的老妇人临死时的情态：

> It may have been that the old woman saw them (her pet dogs) doing that before she died. She may have awakened once or twice and looked at the strange sight with dim old eyes.
>
> She wouldn't be very cold now, just drowsy. Life hangs on a long time. Perhaps the old woman was out of head. She may have dreamed of her girlhood, at the German's, and before that, when she was a child and before her mother lit out and left her.
>
> Her dreams couldn't have been very pleasant. Not many pleasant things had happened to her. Now and then one of the Grimes dogs left the running circle and came to stand before her. The dog thrust his face close to her face. His red tongue was hanging out.
>
> The running of the dogs may have been a kind of death ceremony. It may have been that the primitive instinct of the wolf, having been aroused in the dogs by the night and the running, made them somehow afraid. [1]

描写和叙述文表达情感的手段当然不仅限于假设语气，在更多的情况下凭借的是用词择句。在本书中，我们的研究重点是英语的种种情态的形态表示法（Inflexional means）及其翻译，因为这是汉英差异很大的地方：英语用的是一套比较复杂的情态助动词，汉语的对策是用丰富的对应词语来实现功能代偿（functional compensation），所谓各有千秋。

四、风格最多样

描写及叙述文作为一种文体，不同于其他的英语文体。同时，在描写及叙述文中又因时代不同而具有不同的文风。此外，每一个作家都具有不同于其他作家的个人风格。可以说，在英语中，风格最多样的是描写及叙述文体。作为翻译工作者，我们的任务虽然不是深入研究文风及风格问题，但是，为了把翻译工作做得更好，我们不应当忽视这一直接影响译文质量的问题。这一点，我们将在第八章（见8.3）试做初步的讨论。

5.0.3 描写及叙述文体的汉译要点

（一）必须紧紧抓住深透理解原文这一基本环节。对描写和叙述文而言，尤应注意以下几个方面的理解问题：

1. 作品的写作背景及作家的创作意图：

文艺作品不是论述文、说理文，它的主题思想和作家的立场观点，通常都不是明明白白地摆出来，而是越隐蔽越具有艺术感染力。作为译者，如果不通过反复研究原文及其他有关的参考材料，了解作品的时代背景，分析作家的思想感情、创作意图、立场观点，就根本无法理解和掌握作品的构思、发展脉络和情节安排，也根本无法掌握译文的总体色调以及遣词造句的轻重、分寸、褒贬等。

2. 叙述的发展层次：

翻译文艺作品时不应只注意语言上的理解，只求得把原作句子弄懂，忽视作家安排的叙述发展层次，甚至养成了"弄通一句翻一句"的翻译习惯。这种做法显然会妨碍翻译者深透理解原文。分析作家在叙述体式方面的安排（见5.0.1）将大大有助于译者捋清原文的叙事脉络，特别是对语言比较艰深的作品，捋清叙事脉络必有助于弄懂语言。还有一些作品（如"意识流"小说），作者有意省去了英语通用的"时间指示词"（Time Indicators，如：then, later, soon, next, afterwards, instantly 等）。这时，如果我们不注意分析原作叙述的发展层次，只抓住语言表象，必然如堕五里雾中，越译越糊涂。在理解只停留在语言表层的情况下是根本不能进入翻译过程的。

3. 就语法而言，宜重点注意时态、语态、语气，以及句子结构、句子与句子间的关系等问题：

译者在动笔翻译以前悉心分析句子及语段（Text）的时态将大大有助于捋清作者的叙述发展层次，从而反过来促进译者更深地理解作者为什么要在文中用这样或那样的时态、语态、语气，以及为什么取这样或那样的句式。换言之，叙述体式分析与语言分析是相辅相成、互相促进的，有经验的翻译者总是有意识地将二者结合起来。英语是一种借助于形态变化（Inflexion）表意的语言，不同于汉语。因此，我们就要充分注意形态变化的表意作用，抓住英语寓意于形态变化（特别是动词的形态变化）之中这一特点。英语句子谓语的形态通常是整个句子情态的关键，而描述叙述文的情态又是最丰富的。叙述文谓语形态变化纷繁，译者必须紧紧抓住句子谓语的形态问题，由表及里。

（4）就词义而言，宜注意词的文体色彩及词的语域问题：

描写叙述文通常涉及社会各阶级、各阶层的人，涉及古往今来的事，涉及种种言语集团或群体（Speech Community 或 Speech Group）。为了忠实地再现原文的色彩，我们在翻译中应注意词的语体与句的语体问题。译者对英语的文白分野心中应当有数，尽力做到不失原文本色。

（二）一般说来，描写及叙述文比较讲求语言审美，特别是涉及绘景、状物、写人时，为了达到给人们美感享受的目的，英语的 Description 和 Narration 都离不开 Delight（赏心悦目）。为此，许多作家都孜孜于运用语言的功夫，不论是致力于平易简练的海明威（Ernest Hemingway, 1898-1961），还是追求讥讽奇巧的奥威尔（George Orwell, 1903-1950），都堪称现代英语的语言大师，十分讲究写作技巧。因此，我们在翻译这类作品时，务必注意不要满足于语言形式上的忠实、对应，一定要尽译者最大的功力抓住原文的精神实质，将作家的原义与寓意恰如其分地转换为汉语译文，务求神似而勿求脱离神似的形似。如果能做到既神似又形似，则当然是上乘的译文。译者应加强各方面的素养，勤学不辍，加深自己认知理解和情感表达两个方面的功底，特别是如何"吃透""吃准"原文的情态，如何鉴别词义的色彩，如何处理长句、难句等。描述及叙述文的翻译有一个特点：看似容易译时难。海明威的小说，普里斯特莱（J. B. Priestley，1894-）的抒情散文，以及杰克·伦敦（Jack London, 1876-1916）的自述，从文字上来看，都清婉无奇，但微妙处却实在很难用汉语表达。这里还牵涉到一个作家的个人风格问题，我们要提醒学习者注意领会不同作家的不同风格，应区别对待，力求保留原文风貌。最基本的要求是顺应原文，用清楚、平易、自然的汉语翻译以清婉著称的

原作；只有面对用词华丽的原文，才有必要在翻译的辞藻上适当地下一些功夫。（详见 8.3.1—8.3.3）

5.1 情态的翻译

在英语中"Mood"这个词的基本含义（概念意义）是"情绪""心情""心境"（OALECD），用在语法中就称为"情态""语气"。

5.1.1 概述

如上所述，本章所说的 Mood，指的是语法范畴中的情态，包括英语词法中的动词语气②。"语气"一词，在英语语法和汉语语法中所指的范畴各有异有同。在英语语法中，语气有陈述、祈使、虚拟三种。在汉语语法中，语气除陈述、祈使外，还包括疑问和感叹两类。此外，汉语语法中并不存在类似英语虚拟条件之类的语气。汉语一般是借助能愿动词等词汇手段以及用关联词引导假设分句来表示"假设语气"。在本单元中，我们将着重讨论英语情态的种种表达手段，以及与此有关的代偿式翻译问题。英语情态动词功能和意义的误判，可能造成理解上的严重障碍。

5.1.2 英语情态动词（The Modal Verb）的翻译

英语表达情态的主要手段是借助于情态动词。现代英语情态动词共有十三个，可分为八项：

（1）can / could（5.1.2.1）　　（5）need（5.1.2.5）
（2）dare / dared（5.1.2.2）　　（6）ought（5.1.2.6）
（3）may / might（5.1.2.3）　　（7）shall / should（5.1.2.7）
（4）must（5.1.2.4）　　　　　（8）will / would（5.1.2.8）

情态动词的用法很多，一般语法书上均有解释，我们不拟在此加以讨论。我们只从英汉高级阶段翻译的要求出发，逐项探讨如何正确理解和表达英语情态动词的情态含义。

汉语没有屈折式情态动词，只有与英语屈折式情态动词相当的能愿动词。能愿动词的表意功能是用在一般动词前表示动作的态势或趋向，统称Coverbs。汉语能愿动词有：

（1）能、能够、会、可以、可能
（2）敢、肯、要、愿、愿意
（3）该、应该、应当、必须、需要

以上能愿动词中第（1）类表示的是"可能性"（Possibility）；第（2）类表示的是"倾向性"（Inclination）；第（3）类表示的是"必要性"（Necessity），即情理上、习惯上或事实上的需要或必要。

对比而言，英语的情态动词与汉语的能愿动词有同有异，但前者的表意范围较宽，所表达的情态比较丰富，语法功能大于汉语能愿动词。因此，我们在翻译英语情态动词时，不能仅仅依仗以上三类能愿动词，还必须借助于其他能够表示情态的实词或虚词，目的是要充分表达出英语词中所含的情态。

5.1.2.1 Can/Could

（一）Can 可有以下情态含义：

表 5-1

Modal Functions	可供选择的汉语对应词
1) Ability or Willingness	• 表示能力或意愿： 能、能够；得以、可、可以（否定：不能、无法；……不起……不着）
2) Permission (More informal than "May")	• 表示允许、许可、并可强化为建议：可以、可；不妨、未尝不可以……，未始不可以……

Modal Functions	可供选择的汉语对应词
3) Possibility (i) General Possibility (Theoretical Possibility) =it's possible that/to, i.e., circumstances permit: implying no futurity (ii) Occasional Possibility (Factual Possibility) =it's possible from time to time: implying characterisites	• 表示可能： (i) 一般可能：不指将来 可以、可、能、可能、能够； ……是可以的，……是可能的 (ii) 偶或可能：表示特征 可能、并不是不可能； 有时是……的、有时会、往往会、可以是……的
4) Negative Deduction: Can't (i) Can't+Present Infinitive (ii) Can't+Perfect Infintive	• 表示否定推论： 不可能、不应该、总不应该……；（绝）不会、不至于、总不会是……不可能、（绝）不会、不至于；（有必要时可用"过"与"不可能"等搭配，表示完成，如："不可能见过"）

请注意以下例句中 can 的情态：

(a) If I'm on a train at night, I *can* usually even read one of those dumb stories in a magazine without puking.

要是夜里坐火车，我往往还**可以**在杂志中挑一篇粗俗不堪的小说读读，并且没有倒胃口的感觉。(Can 表示 Ability③)

(b) Something hurried me through memory, too, but I *can't* pause to remember, for a guilt past memory or dreaming, much darker, impels me on.

我又被驱使着去追忆往昔；然而我**无法**从容地理清自己的记忆，因为一种比回忆或幻梦更阴暗的自罪感在驱赶我向前走去。(Can 表示 Ability)

(c) From the accounts of official sources, this picture of the President *can* be put together in all fairness.

根据官方的报道，人们**可以**不抱任何偏见地勾绘出总统的这副形

象。(Can 表示 General Possibility)

(d) The job *can* be a special, personal experience if you "do it your way."

如果你能发挥自己的独创性,这个工作便有**可能**成为你的一段不寻常的个人经历。(Can 表示 Occasional Possibility)

(e) A person who *can't* pay, gets another person who *can't* pay, to guarantee that he can pay.

一个付不起钱的人,总是会去找另一个**付不起**钱的人担保自己付得起钱。(Can 表示 Ability)

(f) That's Barbara, tall, lithe and slinky. But she *can* be as adventurous as a tomboy.

那就是巴巴拉,高挑柔弱,婀娜多姿;可是她**也会**像男孩子那样天不怕、地不怕。(Can 表示 Occasional Possibility)

译者要注意 Can 表示 Occasional Possibility 时的情态是 It's possible *from time to time*, it's quite possible *sometimes* 等,因此,在必要时可以见之于字面:

(g) The mid-summer temperature in the city proper *can* be as high as forty degree centigrade.

市区仲夏时节的气温**有时(可)**高达摄氏 40 度。

(h) Some psychological experiments are conducted on less regular basis and your efforts *can* be thankless.

有些心理试验做得并不合乎常规,因此,你**往往会**白费气力。

特别应注意体会 can 的否定式和疑问式的情态。否定式一般都是否定某种推论或表示某种异议,如:

(i) An ultimatum? You *can't* mean that!

你这**不是**下最后通牒吧?(Can: 不至于到……的地步)

(j) Everybody pays attention to everybody else—but no one is ignored or ostracized—you *can't* starve, you *can't* be sick alone, you *can't* lie injured unattended, you *can't* have hidden or undiscussed problems for long if they affect your work or your relations with people.

人们互相关心，互相照顾。你**饿不着**肚子。病了**不会**没有人陪伴；受了伤**不会**没有人给你医治。如果有什么问题影响了你的工作或者影响了你与其他人的关系，那么，你也**不可能**长期隐瞒住这些问题而不引起大家讨论。(Can：不可能到……的地步)

(k) People *can't* die, along the coast... except when the tide's pretty nigh out. They *can't* be born, unless it's pretty nigh in—not properly born, till flood. He's going out with the tied.

生活在大海之滨的人都**不会**死……海潮退尽，才是他们死的时刻；他们也都**不会**生，海潮涌进，才是他们生的时辰——是的，只有在湖水涌进时，他们才真正诞生到人间。海潮消逝，他就随着消失。〔Can 表示"不到……就不可能发生（出现）某事"〕

(l) Lincoln Center *cannot* have so reluctant, inactive, arrogant, aloof and inevitably destructive a board.

林肯中心**不应（该）**有这么一个委员会，办事如此不热心，不积极，如此傲慢无理、高高在上，甚至是败事有余。(Can：不应有、竟然有……)

Can 的疑问式通常表示惊奇、困惑、焦躁、心烦等情态，特别是句首有特殊疑问词 What, Where, How 等时，如：

(m) *Can* it be fancied that the same man should like the same book at 18 and at 48?

难道可以设想一个人在 48 岁时爱读的书，也就是他在 18 岁时爱读的书吗？(Can it be...：难道、岂能、怎能)

(n) What *can* we know, or what *can* we discern when error chokes the windows of the mind?

当谬误蒙蔽了心灵之窗的时候,我们**又怎能**通晓事理、明辨是非?

(o) Who *can* refine a war which is cruel?(此句可能从 W. T. Sherman 的名句"War is cruel and you cannot refine it" 转化而来)

试问谁又能将一场残酷的战争变得温文尔雅?!

(p) Sometimes the heart of man is the place the Devil dwells in: Where *can* a hell be if not within the criminal himself?

有时,人的内心就是魔鬼的栖居之地。地狱**不正藏在**罪犯的内心深处吗?(Where can . . . be if not . . . 暗含的情态是:"不在……又在哪里呢?")

(二) Could 可有以下情态含义:

表 5-2

Modal Functions	可供选择的汉语对应词
1) Past Ability or Willingness (can/could)	• 表示过去的能力或意愿: 与 can 相同
2) Permission: (often) indicating an idea of condition	• 表示允许(常附带某种条件): 只要……;可……,可以
3) Possibility (can/could/may/might)	• 表示可能: 与 can 相同;注意与 may 及 might 比较
4) Diffidence, Surprise, Doubt or Unexpectedness	• 表示不相信、惊奇、怀疑及意外: 竟能、真会、真的可以、果真能;难道、竟然、居然;却不料、倒
5) Hypothetical Meanings (i) Could+Present Infinitive: indicating deduction (ii) Could+Perfect Infinitive: indicating: Unreal Action Probability Permission	• 表示虚拟: 基本情态含义是委婉假设、能够、能、可以、可;不妨 可以、能、可能; (本应)是……可能的;(本来)是可以……的; (本来)会……的

Modal Functions	可供选择的汉语对应词
6) Negative Deduction about a Past Event: Could+Perfect Inf.（could never/never could/could not）	• 对过去事件的否定推论： 不可能、（绝）不会；总不至于、（绝）不致、不见得一定就……；倒并没有……
7) Politeness	• 表示委婉、敬意： ……行吗？ 可、可以、能

请注意以下例句中 could 所表示的情态：

（a）Technological developments that *could* have a far-reaching impact on how films are made and shown are now in the offing.

在（电影）技术方面，不久的将来**有可能**出现足以对制片过程和放映方式产生深远影响的新发展。（Could 表示 Occasional Possibility，也可用 can）

（b）Electronic engineering and the further development of computer technology *could* provide the impetus needed in production.

电子工程和计算机技术的进一步发展则**可以**为生产提供所需要的推动力。（Could 表示 General Possibility，也可用 can）

（c）He *couldn't* like New York——he's met too many non-helpful New Yorkers.

他**不会**喜欢纽约的，他遇到的那种根本不乐于助人的纽约人太多了！（Could 表示 Negative Deduction，也可用 can't）

（d）I *could* never imagine those eye drops wouldn't wear off——after washing.

我**真没**想到（**不能想象**）那种眼药水在冲洗过后还这么有后劲。（Could 表示 Ability，可以用 can 代替）

（e）He *could* not deny to himself that she was going very far indeed.

他再也**无法**否认，她实在是太过分了！（Could 表示 Past Ability，不能用 can not，但可用 was able 的否定式）

(f) Insurance *could* replace the stolen money, but it *couldn't* stem the people's unrest.

保险金**可以**赔偿被偷盗的金钱，却平息不了人心的惶恐。（Could 表示 General Possibility, couldn't 表示 Negative Deduction，现在时可用 can, can't）

一般说来，can 与 could 所表示的情态是大体相同的，因此汉译时的措辞也大抵相通。但在以下四个方面 could 不同于 can，翻译时务必悉心从上下文中体会其中的暗含情态：

1. Could 可以用来表示带有暗含的附带条件的允许（Permission with an idea of condition）。

2. Could 可以用以表示与事实相反的假设（Hypothesis），因此 could 被用于假设语气中，表示虚构性（Hypotheticality），或非现实性（Unreality）。

3. Could 可以用以表示较强的婉转语气，即 Politeness。这种情态多存在于疑问句中。

4. Could 可以用以表示 Diffidence（缺乏自信、疑虑、无把握的心情、态度等）。这种情态往往被忽视，因为译者把 could 看成了 can 的简单过去式。

试分析以下例句中 could 的情态：

(a) The only thing I could think of to the rescue of the poor boy was it *could* be my own child.

在抢救那个可怜的男孩时，我**就当他是**我自己的孩子。（Could 表示虚拟）

(b) The Lunch Bureau may pay $22.87 per thousand for paper plates it *could* have bought else where for $13.13. In one order, the total bill came to $23,716, when it *could* have been $12,615.

为每 1 000 名小学生买纸餐碟，（纽约市）午餐管理局就可能要花 22.87 美元；而如果在别的地方，则**只需** 13.13 美元**就能**办到。这样，一次订货总额即达 23 716 美元；而如果在别的地方采购，一次订货只需 13 615 美元。（Could 表示虚拟假设）

(c) Capital is only the fruit of labour, and *could* never have existed if labour had not first existed.（Abraham Lincoln）

资本只不过是劳动的成果。如果不是先有劳动，就**不可能**有资本。（Could 表示否定的推断）

(d) *Could* you have thought that a girl, so fond of reading, could not sense in such lines the rapture and the anguish of a boy in love?

这个姑娘这么喜欢读书，难道你**真**的认为她不能从字里行间感觉出一个男孩子在恋爱中的喜悦和痛苦？（Could 表示委婉的诧异，也可译为"难道"）

(e) I don't think I *could* teach you. Nobody *could*, as Meredith put in his line, "She whom I love is hard to catch and conquer".

不单是我，我想任何人也**无法**教你如何去爱一个女人。正像麦瑞迪斯在他的诗中说的："我所钟爱的女人，难以寻觅，也难以征服"。（Could 表示缺乏自信）

(f) He（Mike Mansfield）has abandoned the practices of counting heads before votes——a pressure tactic at which Lyndon Johnson and aide Bobby Baker used to excel. Should he twist more arms? "In the first place. I *could* not do it," Mansfield answered in an interview.

迈克·曼斯菲尔德不再搞投票前点人头那一套了，而林登·约翰逊总统和他的助理勃比·培克以前却极擅长这套施加压力的策略。有人问曼斯菲尔德：他要不要扭住更多的人的胳膊，让他们投票？曼斯菲尔德在一次接见记者时说："首先，我**不能这样做**"。（Could 表示疑虑或缺乏意愿）

(g) *Could* you, Captain Jones, testify that you have fired the fifty bullets from Hoffman's gun by producing the shells of those bullets?

那么，琼斯上尉，你**能不能**拿得出 50 颗子弹的弹壳来，证明那 50 发子弹是你用霍夫曼的枪放的呢？（Could 表示婉转的反诘）

(h) The director says we *could* use three or four cameras to make the pictures sharper and, the color truer.

导演说我们**可以**用三部或四部摄影机同时拍摄，使景象更清晰、

色彩更逼真。(Could 表示假设，或某种尝试)

如以上例句所示，can 与 could 的基本词义虽然是一致的，但 can 不能用于虚拟，它的情态含义不如 could 那样委婉、多变。Could 的情态含义常常是很微妙的，翻译时宜多琢磨定夺。

5.1.2.2 **Dare/Dared**

Dare/Dared 所表示的情态比较简单。这一对情态动词主要用于否定句、疑问句与条件句。

表 5-3

Form & Use	可供选择的汉语对应词
1) Negation: Subj.+dare/dared+not+Verb	• 用于否定句： 不敢（做某事） 没勇气（做某事） 没胆量（做某事）
2) Interrogation: Dare/Dared+Subj.+Verb	• 用于疑问句： 敢……吗？敢不敢…… 有没有勇气、胆量……
3) Condition: If+Subj.+dare/dared+Verb	• 用于条件句： 敢于、竟敢、胆敢； 硬要、有胆量
4) Interjection: Indignation, Resentment, etc. How+dare/dared+Subj.+Verb	• 用于感叹句：不满、反诘等： 竟敢、怎敢、岂敢
5) I dare say: (i) =I suppose (ii) =I accept what you say	组成 I dare say 这一独立短句： (i) 我想，我认为： (ii) 就算你……对了，即使说你……是对的

试体会以下例句中 dare/dared 的情态：

(a) He simply *dare* not approach her between the ups and downs of her moods.

她情绪这么变幻莫测，平时他简直**不敢**接近她。（或：没胆量、没勇气）

（b）If, regardless of the consequences, you *dare* take the bitch in marriage, I will not give you the time of day.

如果你不顾一切后果，**硬要**娶这个坏女人，那我就不认你。（或：胆敢、竟敢）

（c）She was the idol with the looks of an angel yet in fact she was the scandal with powers of a devil—What on earth *dared* she not do?

她是众人崇拜的偶像，具有天使般的容颜，而骨子里却是一个无恶不作的魔鬼：试问天下有何事她不**敢**为？

（d）You said you knew what's ahead. I *dare say* you did, but I must remind you: you are heading for a pitfall not meant for you.

你说你知道前面的险阻。**就算**你知道吧！但我得提醒你，那并不是一个为你而设的陷阱啊！

5.1.2.3 May/Might

（一）May 可有以下情态含义：

表 5-4

Modal Functions	可供选择的汉语对应词
1）Permission: (More formal than "can")	• 表示允许、泛指的允诺或许可： 可以、能、许可；……行吗？ ……可以吗？
2）Possibility:④ (More possible than "might" implying factual possibility; Also used in clauses of purpose and concession)	• 表示可能（包括用于目的和让步从句中）： 可能、可以；或许、也许、也许会（能、是）、或许会（能、是）；（以便）……得以
3）Wish	• 表示祝愿： 愿、祝、祝愿

（二）Might 可有以下情态含义：

表 5-5

Modal Functions	可供选择的汉语对应词
1) Permission: ("may" in the Past)	• 表示允许、泛指的允诺或许可： 可以、能、许可； ……行吗？……可以吗？
2) Possibility: (Less possible than "May". Also used in clauses replacing "may")	• 表示可能： 可以、可能； 也许、会、能； 不一定不会（能、是等）
3) Hypothetical Meanings: Speculation, Uncertainty, etc. (i) Might+Present Infinitive (ii) Might+Perfect Infinitive	• 表示虚拟：推测、不确定性： 或许（已经）……，也许（已经）……； 可能（已经）…… (否定式：不一定就、也可能不、未免有点不)
4) Casual Command: 2nd & 3rd Person, implying the speaker's casual instruction	• 表示非正式指令或训示（第二、三人称）： 可以、可以……（吧）；就……（吧）

注意以下句中 may 与 might 的情态：

(a) Teachers are anxious lest some new reasons *may* be found to delay the operation of the long-waited increases.

教师们感到十分焦虑，唯恐（当局）**又找到**什么新的理由，推迟盼望已久的增拨经费。（May 表示 Possibility）

(b) Her trip to Latin America *may* offend some 19th century chauvinists but the First Lady's striking a blow for the full partnership of women.

这位第一夫人的拉美之行**也许会**触犯某些 19 世纪式的大男子主

义者，但她的出访却是为妇女的充分参政打出了有力的一拳。（May 表示 Possibility）

(c) You *may* use hand or arm signals as instructed in the Manual for Drivers if your vehicle's signals don't work.

如汽车的信号系统失灵，你**可以**按《司机手册》所示使用手势信号。（May 表示 Permission）

(d) Before I left the Oval Office the President, after an explicit hesitation, said in a very gentle voice that Stephen *might* resign some time in October to ease off the strained relations.

当我离开椭圆形办公室时，总统说斯蒂芬**可以**在 10 月间辞职以便缓和这种紧张关系。他说话时声音很轻，内心忐忑，这一点可以看得出来。（Might 表示 Permission，是 May 的过去式）

(e) The busboy who alerted patrons of the fire at the Hills Super Club said that cigarette butts dumped into soiled tablelinen *may* have caused the fatal blaze.

向客人惊呼希尔斯高级俱乐部起火了的餐厅侍者说，这场损失惨重的大火**很可能**是由于把香烟蒂倒在弄脏了的桌布里引起的。（May 表示 Possibility about Past Things）

(f) Ten years ago, an acre of land near Pine Hills not far from the sea *may* have cost $10, or, five years ago, $50,000; a month ago it *may* have cost $1 million, and today it could sell for $2 million.

10 年前松树山庄濒海的地产每英亩（1 英亩等于 4 047 平方米）**也许**只要 10 美元，5 年前卖 5 万美元；一个月以前**也许**值 100 万美元，而今天每英亩可以出手 200 万美元。（May 表示 Possibility about Past Things）

(g) Looking straight down at a house plant on the floor often makes it appear tall, and it really *might* not be.

一盆花木搁在地上你直着朝下看时常显得挺高，可实际上**不一定**。

(h) This *may* not be a very common occurrence, but if it happened to us, it could happen to others.

这种事情**不一定会**经常发生，但它既然在我们身上发生过，也就可能在别人身上发生。（以上两句 might 与 may 均表示否定式 Possibility，但 might 表示"slightly increased doubt"）

(i) Great music is a psychical storm, agitating to fathomless depths the mystery of the past within us. Or we *might* say that it is a prodigious incantation. Well *may* the influence of music seem inexplicable to the man who idly dreams that his life began less than a hundred years ago!

伟大的音乐是一阵**可以**使人心荡神回的风暴，它在我们内心深处唤起神秘的往昔；或许，我们可以说，音乐具有的是一种无边的魅力。那种只知道自己呱呱坠地不及 100 年的浑浑噩噩之辈**很可能**无法理解音乐是如何给人以至深的影响。（句中 might 与 may 均表示 Possibility，但 Might 表示"slightly increased doubt"）

(j) The removal of guides to pronunciation from the foot of every page *may not have been* worth the valuable space it saved.

为节省宝贵的篇幅，便将每一页底下的发音规则去掉这种做法**不一定是**可取的（未免有一点**不**值得）。

此外，Might 还可以表示以下情态：
1. 表示一种"very casual command"（漫不经心的指令）或"persuasive request"（劝导性要求），如：

(a) You *might* give it away. You're a preppie millionaire.
你**就**把它给了人吧，你是未来的百万富翁啊！

(b) You *might* tell Daddy all about it. He *might* do whatever he wants.
你**可以**把一切都告诉爸爸。他**爱**怎么办**就**怎么办吧。

2. 表示"Irritation"（烦恼）或"Reproach for the nonperformance of an action in the past"（由于没有完成某项行动而表示的异议或轻度责备），如：

（a）He is quite unfit to be seen. He *might* have borrowed my razor to get rid of all that stubble on his face.

他那副模样真没法见人，他**本来可以**借我的剃刀刮掉那一脸邋遢胡子。

（b）You *might* tell me what the sign means. I don't know much of your traffic control devices.

这个标志是什么意思，你**应该**告诉我。我不大了解你们的交通标志。

（c）He *might* pay us. He is quite well off now.

他**也该**还我们钱了，他现在已相当富裕了。

（d）It's no use passing the buck on me. You *might* have known that for three weeks I held both jobs, worked from eight in the morning until midnight.

你责怪我有什么用呢？你**又不是不**知道我一个人做两份工作，从早上八点一直做到午夜，做了三个星期了。

May/might as well 所含的情态稍稍不同于 might just as well，前者表示的是说话者的某种无意坚持或加强的意图（Intention）或建议（Recommendation），如：

（a）You *might as well* wait for sometime—with your annual vacation and accumulated days off, you'll get nearly a month to have lots of fun in.

你**其实可以**再等一等。你有年假又加上积攒起来的节假日，差不多有一个月，可以好好玩一玩。

（b）You *might as well* quit the job. It's all-day fetching and carrying.

你**不正乐得**离开那份差事吗，整天跑跑颠颠的！

Might just as well 有"（二者相权）还不如（倒不如）……""……岂不更好"等情态，有时也有"it would be equally good to…"的意思，如：

(a) Taranto? He *might just as well* set his story in Sicily where he learned their speech and folkways and lots of island ballads.

写塔伦多（意大利半岛东部城市）？他**还不如就以**西西里为背景。他会岛民的语言，了解民俗，而且学了许多那里的民谣。

(b) You *might just as well* write things out because shortcuts sometimes waste the reader's time instead of conserving it.

你**还不如**写出全名，因为有些简称不能给读者节约时间，而是浪费读者的时间。

5.1.2.4 Must

Must 可有以下情态含义：

表 5-6

Modal Functions	可供选择的汉语对应词	
	肯定式 Must	否定式 Mustn't
1) Necessity or Obligation	• 表示必要性或义务⑤：必须（须）、务必，务；应、应当、应该（应）；要、一定要	(i) Negative Obligation (ii) Speaker's emphatic Advice
2) Deduction or Probability	• 表示或然性或推论⑥：很可能、准是、准定是；谅必是、想必是；大概正是	一定不要、切勿（勿）、切莫、切忌、切记不要、不可、不得、不许、不准；可别、千万不要、千万别、绝不
3) Inevitability or Certainty	• 表示不可避免性或确定：一定、必定、必定（会）；必将、定将、必然会；无疑将；肯定会；实在是	
4) Assertion or Insistence	• 表示坚决主张：坚持要、（一定）要	
5) Impatience, Annoyance or Perversity	• 表示不耐烦、烦恼或偏执：偏偏、偏要、竟要；非……不可、硬要	Mustn't 有时还可译成"为什么要……呢？"如：He mustn't laugh!（他为什么要笑啊?!）

试体会以下例句中 Must 的情态：

（a）His father watched him across the gulf of years and pathos which always *must* divide a father from his son.

他父亲看着他跨过了漫漫岁月和悠悠哀愁的鸿沟——那一条**必然会**割断父子之情的鸿沟。（Must 表示 Inevitability）

（b）He had imbibed at Geneva the idea that one *must* always be attentive to one's aunt.

他在日内瓦时就有了这种想法，他**一定要**孝敬姑母。（Must 表示 Obligation, must always/ always must 都是强调式）

（c）That *must* appear to him too impossible a piece of luck. He must wonder at it, at the way they have taken him up.

对他说来，这**实在是**一种可望而不可即的好运。对于他们为什么这样抬举他，他一定大惑不解。（Must 表示 Certainty）

（d）I *must* go down to the seas again, to the lonely sea and the sky, and all I ask is a tall ship and a star to steer her by.

我**要**再次走向大海，走向那孤寂的碧海蓝天。我需要的只是一艘高大的帆船，和一颗指引它航行的星星。（Must 表示 Assertion）

（e）The tree of liberty *must* be refreshed from time to time with the blood of patriots and tyrants. It is its natural manure.

自由之树**必须**经常用爱国志士和暴君的血来浇灌。血是自由的天然肥料。（Must 表示 Necessity）

（f）You *must* know that money is like a sixth sense without which you cannot make a complete use of the other five.

要知道，金钱犹如人的第六感官，没有它，其他五种感官就不能充分发挥作用。（Must 表示 Necessity）

（g）To describe the disastrous collapse of the stock market, a journalist—it *must* be Sime Silverman—wrote a witty headline: Wall Street Lays An Egg.

有位记者（**想必**是塞姆·西弗曼）写了一条很讥诮的标题，描述那次股票市场的惨跌:"华尔街以惨败告终"(Sime Silverman 是美国发行很广的娱乐杂志 *Variety* 的著名记者。句中说标题讥诮,是指西弗曼用了一个百老汇娱乐界的双关行业语"lay an egg",即"演出失败"以喻 1929 年华尔街股票市场的倒台。Must 表示 Deduction or Probability)

(h) The public *must* serve and will be served.

人人(**应该**)为大家,大家为人人。(Must 表示 Obligation)

(i) It *must* have been rather uncomfortable to endure the scrutiny of the passport official while the decision was made as to the shape of your nose, forehead, face.

护照检察官会细细端详你的鼻子、你的前额和尊容究竟是不是照片中那个人,这种时候要忍受那番端详,想**必是**颇不自在的。(Must 表示 Deduction or Probability)

(j) My husband *must* invite someone to dinner just when I had arranged to go out for the day.

那天我本打算出门,可我丈夫**偏偏**要邀客人来吃饭。(Must 表示 Annoyance)

(k) Dr. Thompson *must* get the emergent message when he was turning in after a hard day, hoping no one would call him before morning.

汤普森医生忙了一整天,正要上床休息,希望天明以前不会再有人打电话来,**偏偏**在这时接到一个紧急电话。(Must 表示 Annoyance)

(l) Just why *must* the voice be so weak and unstable? Always something jarring in the background.

为什么声音**总是**这么微弱,这么不稳定?(话筒里)老有刺耳的杂音。(Must 表示 Impatience)

(m) Why *must* you be so stubborn?

你**何必**这么固执呢?(Must 表示 Impatience)

注意 Must 的否定式 Must not 不能译成"不必"。可供选择的译词见前表所示。试分析以下例句的情态:

(a) You *mustn't* get involved. She's got the confidence to go it alone.

她自信能独自干下去,你就**不要**去管她了。

(b) "It was their Silver Wedding; such lots of silver presents, quite a show. We *must* not grudge them their show of presents after twenty-five years of married life; it is the silver lining to their cloud."

"那是他们的银婚纪念日。多少银器礼物啊,真是够排场呢。他们夫妇生活25年,我们**也不必**妒忌人家那个排场——人家也是苦中之乐呢。"

Must 与 have to 的区别许多语法书上均有阐述,此处从略。就翻译而言,汉译措辞有差别,见下表所示。翻译时要注意体会其含义,选择恰当的措辞。Have to 的否定式是 do not have to,目前用得很多,其基本含义是"不一定(要)""不是非……不可""不必",与 must not 不同。⑦ 如:

(a) In New York you *don't have to* be very rich but you *have to* be heartless—you *have to* be able to just sit there and let your fellow men bleed. Once you get heartless you get rich.

要在纽约立足,你**不一定要**非常富有,但你**得有**一副铁石心肠:眼看着你的同胞流血命危,你**要**能坐得住。什么时候你有了这副铁石心肠,什么时候就会变得非常富有。

(b) Films don't have to be new; they just have to be good. You don't have to have frenetic photographic technique to make good films. More and more I think the cinema is most in need of good writers and good stories.

有新招的影片**不一定**就是好片子。摄制一部好影片**不在于**有一手变幻莫测的摄影技巧。我越来越认为,电影最需要的是好作家和好剧本。

Have to/must/need 三者情态含义比较:

表 5-7

肯定式	汉译	否定式	汉译
• Have to: External Obligation • 客观义务及必然⑧	一定得、一定要；非……不可、非得……不可；得	• Do not have to: External Obligation • 客观义务或必然的解除	不一定（要）；不是非……不可；也可以不……
• Must: Obligation Imposed by the Speaker • 说话者赋予的义务	必须、应当；务必；一定是（在）……（进行体）	• Must not: Speaker's Authority • 说话者的权威性	一定不要、切勿；绝不（能）
• Need: Necessity & Obligation • 必须和义务	需要、必须、有必要	• Need not: Absence of Obligation • 解除义务或必须	无须、不需要、不必要、不必；用不着

5.1.2.5 Need

Need 可有以下情态含义：

Need 作情态助动词用时主要取否定式及疑问式。Needn't 是主要的否定式，还可用 never, neither, no 等。⑨

试体会以下例句中 need 的情态：

表 5-8

	Modal Functions	可供选择的汉语对应词
否定式	1) Absence of Obligation or Necessity Externally Rejected	• 表示无义务或由外部原因对必要性之否定：不必、没有必要、无须、并不需要；用不着、（不一定要……）不一定就是……
	2) Future Habitual Action (=won't have to/ do not have to)	• 表示未来的习惯行为：无须（再）……了、就不必（再）……了、（以后）不必……了
	3) Unnecessity of Past Action Needn't+Perfect Inf: denoting an unnecessarily performed action	• 表示过去行为的不必要性：本可不必、（其实）可以不必；（本来）可以不……；（其实）不一定要……；（本来）无须……

	Modal Functions	可供选择的汉语对应词
疑问式	Need (I go)?=Must (I go)? Denoting a request for instruction or approval 2nd & 3rd Persons: Complaint or disapproval	• 第一人称疑问式： 需要（我去）吗？ • 第二、三人称疑问式：抱怨、不以为然、 有……的必要吗？非得……吗？ 一定得……吗？……有此必要吗？

（a）The Chicago lawyers *needn't* be so indignant as to think that I was trying to take the bread out of their mouths.

芝加哥的律师们**用不着**对我这样愤愤然，以为我要抢他们的饭碗。（Needn't 表示 Necessity Externally Rejected）

（b）You *needn't worry* about your story. With my father's name on it, all the papers will pick it up.

你**不必**担心你那篇小说发表不了。有我老子的名字在，所有的报纸都会登。（Needn't 表示 Absence of Necessity）

（c）The war *needn't* have cost mankind so many lives——It *needn't* have happened.

在那场战争中**本来不必**有那么多人丧生；不仅如此，它**本来就是**一场不应发生的战争。（Needn't 表示 Unnecessity of Past Action）

（d）Now that I'm dying ... After a few hours, after a few moments ... I *need* never go to my broker ... I *need never* wait for my wife till midnight ... I *need never* see so much blood, so much pain and so much strife.

我快要死了……也许是几小时……也许是几分钟，我就会死去。我**再也不必**去找我的经纪人……**再也不必**待到半夜等待妻子的归来……**再也不必**看到人世间这么多血、这么多痛苦和这么多争斗。（Need never 表示 Future Habitual Action）

（e）Exercise *needn't* be distasteful and can often be effective as an emotional as well as physical release.

（体育）锻炼**不一定**就是枯燥无味的。体育活动常常是一种能使人们在精神上、体力上得到放松的有效办法。（Needn't 表示 Inevitability Externally Rejected）

（f）In lower Manhattan you *need* go *nowhere* to look for signs of this building boom: plans are now before the city officials for at least two "cities within the city".

在曼哈顿南部，你根本**不必**费劲就能看到这股建筑热的迹象：眼下市政官员面前就摆着许多计划，至少要建两个"城中之城"。（Need... nowhere 表示 Necessity Externally Rejected）

（g）They *needn't* have flocked here in Paris for what they think the French art of living. Paris is for artists not for Detroit tycoons.

其实他们**大可不必**这么一窝蜂涌到巴黎来领略他们所谓的法国生活的艺术。巴黎是艺术家的都市，不是底特律大亨们的都市。（Needn't 表示 Unnecessarily Performed Action）

一般说来，Need 作疑问助动词用时所含情态相当于 Must，常有（为什么）非……不可吗（呢）？用于第二、三人称时包含说话者的一种很不以为然的情态，如：

（h）*Need* it (the wedding) be so religious? *Need* we make the occasion so religious? It's far too trying for unlapsed Catholics.

婚礼**是不是非得**这么符合教规呢？我们有没有必要把它弄得这么富于宗教气氛？这样办婚礼简直是想做百事不息的天主教徒了！

（i）*Need* you drop ash all over my best carpet?
你为什么**非得**在我这块最好的地毯上到处撒烟灰呢？

5.1.2.6 Ought

Ought 可有以下情态含义：（Ought 后接不定式 to）

表 5-9

Modal Functions	可供选择的汉语对应词
1) Obligation or Duty (Ought+Infinitive)	• 表示义务或职责：应该、应当、该、必须
2) Advice (Ought+Infinitive) 3) Unfulfilled Duty or Neglected Action (Ought+Perfect Inf., denoting Inference)	• 表示忠告或告诫： 可以；应该、应当（真得） • 表示推量： 理应、本应（本来应该）、本该、原应、理当

Ought to 在表示"义务"与"责任"（见上表 1 项）时不同于 must，也不同于 have to。Ought to 重在表示说话者对对方的职责或义务，表示关心而提醒对方去完成；或对对方提出忠告（见上表 2 项），这时"义务"与"责任"的含义很少，常暗示说话者缺乏充分信心。而 Must 则重在表示说话者的权威性，语气很强。Have to 重在表示外部因素加之于对方的义务（External Obligation），因此汉语常以"不得不"来表示。Ought to 在表示"未完成的义务或被忽视的行为"（见上表 3 项）时，一般接动词的完成式，这里的所谓的"被忽视的行为"常指所谓 Sensible Actions（明智的行为），逻辑上称为推论（Inference）。

整个说来，ought to 虽不是一个具有很强的语气的情态助动词，但在表示义务时 ought to 比 should 强，只是用得不如 must 与 have to 普遍；Ought to 较多用于口语中以代 should 表义务与职责。它可以表示比较丰富的情态，如强调的提醒及较有分量的惋惜和遗憾等等。Ought to 表示"义务"与"责任"时，情态功能常常扩展至情理上的某种自省或谴责以及符合常理的必要性（Natural Necessity）等。翻译时请注意分寸，悉心推敲措辞：

(a) Anxiously she watched the butterfly. It fluttered a little, and began to move towards the window, dangerously close to the passengers' feet. Dora held her breath. She *ought* to do something.

她提心吊胆地注视着那只蝴蝶，它拍动了一下翅膀，飞近窗口，又飞到乘客们的脚边,多危险啊!多拉屏住了呼吸,她**真该**想办法去救救它。(Ought to 表示 Obligation or Duty)

(b) He was born with twisted, malformed stumps where legs *ought to* be.

他生来就是下肢残缺。(Ought to 表示某种自然的、符合常理的要求:"在**本来应该**长腿的地方没有腿")

(c) You *ought to* see her. She absolutely knocks me out.

你**真该**去一睹她的丰姿:她实在使我五体投地。(Ought to 表示较强的 Advice)

(d) You *ought to* go and try Macy's. They may have some right ties to go with your suit.

你**应该**去梅西百货公司看看,他们可能有配你的西服的领带。(Ought to 表示较强的 Advice)

(e) To vegetate in a state of cowardly dependence, once the meaning of life, the right to life has been lost, *ought to* be regarded with the greatest contempt by society.

人如果失去生活的意义,失去生活的权利,从而过着怯懦的寄生生活,那么,他就**应**受到社会的最大蔑视。(Ought to 表示 Obligation or Duty)

(f) The Commerce Department *ought to* have warned the car firms to take steps to protect their working capital, given no prospect for a sharp turnaround in the immediate future.

既然在最近的将来不可能出现明显的回升,商务部**本应**向各汽车公司提出警告,以便它们采取措施,保护流动资本。(Ought to 表示 Unfulfilled Duty or Neglected Action)

(g) I *ought to* have learned a bit earlier the truth that to plant seeds and watch the renewal of life is the commonest delight of the race, the most satisfactory thing a man can do.

播种,注视着生命的复苏,乃是人类最常见的喜悦,又是一个人能做到的最使他心满意足的事情。我**理应**早一点懂得这一真理。(Ought to 表示 Unfulfilled Duty or Neglected Action)

5.1.2.7 Shall / Should

（一）Shall 可有以下情态含义：

表 5-10

Modal Functions	可供选择的汉语对应词
1) Willingness or Promise: 2nd & 3rd ⑩ Persons（Weak Volition）	• 表示意愿或允诺（第二、三人称：弱意愿）：可、可以、会；就……吧；会让……的、不会不让……的
2) Intention or Approval: 1st Person （Intermediate Volition）	• 表示意向或准许（第一人称：中间意愿）：会；可以；是打算……的
3) Command or Insistence: 2nd & 3rd Persons（Strong Volition）	• 表示命令或坚持（第二、三人称：强意愿）：应、应该、得、须、必须；非……不可、非得……不可
4) Obligation or Regulation（Chiefly in documents）	• 表示义务或定则（主要在公文中）：应、应该、必须、当（应当）
5) Uncertainty: 2nd & 3rd Persons Futurity: 1st Person（In Conditional Clauses）	• 表示不确定（第二、三人称在条件句中）：倘若、若、果真；真要是……
6) Request for Orders or Advice: 1st Person in Interrogative Forms	• 表示询问：可以……吗？可否……？可以吗？是否可以……？……，行不？（行吗？）

（二）Should 可有以下情态含义：

表 5-11

Modal Functions	可供选择的汉语对应词
1) Obligation, Logical Necessity or Appropriateness cf. Ought to（Also in some clauses）	• 表示义务、逻辑必然性及适宜性（亦见于从句中）：就、应该、得、必须；按说（按理）也应；也得（否定式：不应，不得、不该）

Modal Functions	可供选择的汉语对应词
2) Putative Use: Expressing Surprise or Unexpectedness (Also in some clauses)	• 表示惊奇或意外（亦见于从句中）：竟然（竟然会）、居然；（不料）竟……；到头来竟……
3) Unfulfilled Obligation: Often implying criticism, complaints, etc. Deduction or Speculation: Often implying uncertainty（Should+Perfect Infinitive）	• 表示未履行义务、推论或推测：本应、本来也该、原本应该；按说、按理、按说（理）也应；总该、总应；会、很可能（否定式：绝不会、绝不应、根本不可能）
4) Unlikely Supposition or Tentative Condition (Also in some clause)	• 表示未必可能的假设或试行条件（亦见于从句中）：万一、一旦、果真；倘使、即使、即令、究竟
5) Probability or Result: 1st Person Willingness or Preference: 2nd & 3rd Persons (1–3 Persons chiefly used in the main clause with conditions)	• 表示或然性或结果：第一人称：就；会……的；早该……了；非……（了）不可、也许、或许、很可能会 • 意愿或偏爱：第二、三人称：可以、就、不妨（以上用法主要见于带条件句的主句中）
6) Politeness: 1st Person	• 表示委婉：想、请、倒想、谨

试体会以下例句中 shall/should 的情态：

（a）Blessed is he who expects nothing, for he *shall* never be disappointed.

得福者将是那无所企求者，因为他永远**不会**感到失望。（Shall 表示 Promise）

（b）You *shall* judge of a man by his foes as well as by his friends.

你**可以**以其友知其人，也**可以**以其敌知其人。（Shall 表示 Willingness）

（c）If the good people, in their wisdom, *shall* see fit to keep me in the background, I have been too familiar with disappointments to be very much chagrined.

若明察事理者**以为**我退居幕后为宜，则我亦不致迁怒，实因我对失意已习以为常。（Shall 表示 Uncertainty）

（d）At some railroad crossings flashing lights accompany a railroad crossbuck. When these lights begin to flash, a train is approaching, traffic on the crossing highway *shall* stop immediately. No pedestrian and vehicle *shall* proceed until the crossbar is raised.

在铁路与公路交叉处设有指示灯及横杆。火车驶近时，指示灯发出红光，交叉公路上的交通**应**即停止。在横杆立起前，任何行人与车辆均**不得**通行。（Shall 表示 Obligation or Regulation）

（e）Haven't got an Visa card yet? Call your nearest Visa Office for an application form and we *shall* send it to you in no time.

你还没有 Visa 信用卡吗？请给离你最近的 Visa 公司办公处拨个电话，我们**会**马上给你寄去申请表。（Shall 表示 Intention）

（f）He who thinks that simple manhood is to have a chance to play his stake against Fortune *shall* be punished in the long run.

如果有人认为芸芸众生也可以与命运之神一较高低，那么，有朝一日，他**非**受到惩罚**不可**。（Shall 表示 Warning）

总的说来，shall 作为情态助动词，除了用于某些场合表示义务、规定、意向与允诺外，用得并不很普遍。翻译者必须注意，作情态动词用时，shall 的基本情态是 Obligation（义务），称为 Obligational Modal Verb，区别只在于分寸。上表中第 3、第 4 项 Volition 最强，第 2 项居中，第 1、第 5、第 6 项 Volition 最弱。请在翻译中注意措辞。

Should 作为情态动词用得非常普遍：

（a）I *should* want to write to Mr. Miller about it—*Shouldn't* I?

看来我**得**写信将这件事告诉密勒先生。你说对吗？（Should 表示 Obligation）

(b) If Felman is with his friends, you *should* walk with your mother.

如果费尔曼要陪客，你**可以**和你母亲一起去散步。(Should 用于主句第二人称，表示 Willingness，见表第 5 项)

(c) Look here Kathy, I don't think I want to know what you mean. I don't think I *should* like it.

告诉你，凯西，我根本不想知道你这是什么意思。你**就是**讲出来，我也不想听。(Should 表示 Politeness)

(d) What if she *should* hate Lucy who had taken him from her?

如果她**竟然**恨起露西来又怎么办呢？是露西将他夺走的啊。(Should 表示 Unexpectedness)

(e) Thinking of himself as a Napoleon, he didn't feel that he *should* go into the Army as a private.

他认为自己是拿破仑式的人物，根本**不应该**（不屑于）去军队当一名小卒。(Should 表示 Obligation)

(f) Among the purposes of a society *should* be to try to arrange for a continuous supply of work at all times and season.

尽力采取措施不断提供劳动就业，乃是社会**应尽**的职责之一。(Should 表示 Obligation or Appropriateness)

(g) If I didn't walk everyday I *should* expire.

我一天不散步**就会**断气。(Should 表示 Result or Probability)

(h) If the spirit of liberty *should* vanish in other parts of our Union … it could be replenished from the generous store held by the people of this brave little State of Vermont.

即令自由的精神在我国的其他地方消逝了……它也会在佛蒙特这个英勇不屈的小小的州里重新激发起来，因为佛蒙特人是心中洋溢着自由精神的人民。(Should 表示 Unlikely Supposition or Tentative Condition)

(i) I am amazed that you *should* ever have picked up such a lousy book—a jeremiad in my view which only heaps detail upon harrowing detail about the "extinction of the human species".

真奇怪你**竟然**挑了那么一本糟糕的书。我看那只不过是一本所谓"人类绝种"的悲惨史,连篇累牍的惨剧,使人不忍卒读。(Should 表示 Surprise)

(j) With Apple III things *should* have been made easier. But it's not the case with us—after all Apple III is not for rookies.

买了"苹果三号"事情**按理应该**更好办了,可是我们却并非如此。"苹果三号"究竟不是给我们这种对电脑一窍不通的人用的。(Should 表示 Unfulfilled Obligation)

(k) The government *should* have expanded its aid—$10 million by July to farmers who organize cooperative groups that develop foreign markets.

到七月间,政府**应已**将其对农业的援助拨款对象扩大,为开发国外市场而组成合作集团的农民也应得到,这笔援助拨款为数达 1,000 万美元。(Should 表示 Deduction or Speculation)

(l) You *should* have known that Central Park is Central Park, Motorists are always fighting over a parking space at the entrance.

中央公园(此处指纽约中央公园)就是中央公园。这一点你**早就应该**知道了,开车的总是在入口处抢停车场地。(Should 表示 Unfulfilled Obligation)

(m) At ordinary times I *should* have taken this sentence to mean merely that Helen was going to her own home. I *should* not have suspected that it meant that she was dying.

要是在平时,我会以为这句话只是说海伦不久就要回老家去,我**绝不会**疑心那是指她快要死了。(Should 表示 Deduction or Speculation)

(n) With its horrific power, its effect to *aestheticizing* violence, I wonder if the film together with other "political thrillers" *shouldn't* be banned.

这部片子令人恐怖,美化暴力。我不知道这类所谓"政治恐怖片"为什么不(应该)统统禁演。(Should 表示 Necessity or Appropriateness)

Should 的情态变化很多，细微处需要译者细心琢磨。翻译的难处是：有时很难找到恰如其分的汉语措辞。我们用以翻译英语情态动词的词汇手段主要是汉语的能愿动词，但汉语能愿动词为数有限，常常不足以表达英语情态动词所含的情态变化和细微差别；此外，我们还不得不用同一个能愿动词表达几个英语情态动词的不同的情态含义。

1. Shall, should, must, ought to 都有"应该"的情态含义。其间的差别，有些属于英语的用法（Usage）范畴，含义没有多大差别，汉语措辞可以共用，见各表中的提示。有些属于人称和修辞（如避免重复、加强语气）范畴。[①] 如：should 与 ought to 一般并无多大区别。下句取自狄更斯的"A Christmas Tree"：

> And I do come home at Christmas. We all do, or we all *should*. We all come home, or *ought* to come home, for a short holiday—the longer, the better—from the great boarding-school, where we are forever working at out arithmetical slates, to take, and have a rest.

2. Must 与 ought to 之别在于前者比较正式，要求"以义务之名付诸行动"，而后者容许 Non-Action。ought to 常有诚心诚意（Sincere）等感情因素，如：

> You must come again. 你务必再来一趟。
> You ought to come again. 你一定要再来啊。

Shall 语气最强，无异于命令、警告等，如：

> You shall come again. 你必须再来。（否则……）

5.1.2.8　Will/Would

（一）Will 可有以下情态含义：

表 5-12

Modal Functions	可供选择的汉语对应词
1）Willingness or Invitation（Weak Volition）	• 表示愿意或邀请（弱意愿）： 会、可以；愿、愿意
2）Intention or Approval: mainly 1st Person（Intermediate Volition）	• 表示意向或准许（较强意愿,或中间意愿）： 会、可以、是会……的；就、就会
3）Insistence or Command[12]（Strong Volition）	• 表示坚持或命令（强意愿）： 应、必须、非……不可；得、一定得、定将、一定会（一定要）；要、总要、硬要、偏要、实在要
4）Habit or Characteristic	• 表示习惯或特点： 会、是会……的、不会不……的；总是
5）Assumption or Prediction	• 表示假定或预见、预测： 将、会、将会、终将；说不定会、可能、也许；大概（是）、大概（要）（否定式：不会……的、不可能……的）

（二）Would 可有以下情态含义：

表 5-13

Modal Functions	可供选择的汉语对应词
1）Willingness or Invitation（Weak Volition）	表示愿意或邀请（弱意愿）： 会、可以；愿、宁愿
2）Past Intention or Inclination（Also in Clauses: Intermediate Volition）	• 表示过去的意向或倾向（较强意愿或中间意愿）： 会、可以、是会……的；就、就会；要、偏要、偏偏、硬是、总是

Modal Functions	可供选择的汉语对应词
3) Insistence (Also in clauses: Strong Volition)	• 表示坚持（强意愿）： 就、应该；非……不可
4) Past Habit or Characteristic (Customary "Would")	• 表示过去的习惯或特点： 往往、常常、每每、总要、通常要
5) Hypothetical Meanings: Wish, Request, Regret, etc. (Would+ Infinitive/ Would+Perfect Inf.)	• 表示虚拟： 要、想要；愿意、肯；不惜、宁愿；就、就会、会、总会、总会……的；本可以、本来会；原来是会……的
6) Probability or Inference (Also in clauses)	• 表示或然性或推量、预测： 可能、也许、或许、也许会；没准、也可能就是；大概、恐怕
7) Politeness or "Tone Softener"	• 表示委婉或缓和语气： 想、请、谨、愿；不妨；劳驾；要不要

试体会以下例句中 Will/Would 的情态：

（a） *Will* you come and see the Manhattan skyline at twilight from the roof of one of these twin buildings?

你**愿意**到国际贸易中心大厦的屋顶上去观看曼哈顿的夜景吗？（Will 表示 Willingness or Invitation）

（b） In the days to come, as through all time that is past, man *will* lord it over his fellows, and earth *will* be stained red from veins of the young and old.

在未来的年月里，人类**还会**像往昔一样欺压自己的伙伴；大地上，**还会**有老者和幼者的血迹。（Will 表示 Assumption or Prediction）

（c） No idea is so antiquated that it was not once modern. No idea is so modern that it *will* not some day be antiquated.

没有任何一种过时的观念不曾一度是时兴的观念；也没有任何一种时兴的观念不**会**在将来成为过时。（Will 表示 Assumption or Prediction）

（d）I, for one, *will* never accept the idea that love is a sickness full of woe and all remedies refusing.

有人认为爱情只是一种充满哀怨而又无药可医的疾病。我**根本就**不同意这种观点。（Will 表示 Insistence）

（e）To those who fully admit the immortality of the human soul, the destruction of our world *will* not appear so dreadful.

对那些深信人类灵魂不朽的人来说，世界毁灭之说**并不**显得有多么令人毛骨悚然。（Will 表示 Insistence）

（f）They *won't* let you down and they *won't* pass the buck on you.

他们不**会**使你失望，他们也不**会**把责任推给你。（Will 表示 Intention）

（g）"Yes, you *will*!" shouted the chef, "You *will* bear the shame of standing on the chair——and you *will* bear the shame of starvation!"

"你**给**我站好！"厨师长大叫起来了，"我**要让**你丢脸，**让**你站在凳子上，**叫**你挨饿！"（Will 表示 Command）

（h）Each time the expert *will* predict a crunch. The commission staff *will* recommend a remedy and Congress *will* agree on the terms of long-range reform. Then there *will* be a compromise, if not a lingering hot issue.

每次**总是**专家出来预言会出现危机，然后由委员会工作人员提出一个补救方案，国会一致同意制定一套长远的改革办法，于是达成妥协。要不就酿成一个争论不休的难题。（Will 表示 Habits）

Will 也是一个 Volitional Modal Verb。在很多情况下，它所暗示的是一种"弱意志力"，其基本情态是 Willingness and Intention（愿意和意向），请注意表中所示"意志"强度的递增。Would 与 Will 有许多相似之处，但前者的虚拟色彩比后者浓得多。

(a) When the storm of grief had spent itself she went away to her room alone. She *would* have no one follow her.

当悲痛的风暴平息以后，她独自走向自己的房间。她**宁愿**一个人待着。（Would 表示 Willingness）

(b) Some rules of etiquette are indeed ridiculous. If we *would* concern ourselves more with how we treat our fellow human beings and less with which fork to use, society *would* be better served.

有些礼节规则实在是荒唐可笑。我们如果**能**在如何待人上多花些功夫，在如何用刀叉上少花些功夫，这**也许会**给社会带来更大的好处。（Would concern 与 Would be 都表示 Hypothetical meaning）

(c) I *would* like to try it just to see if I could.

我**想**试一试，看看我能不能办到。（Would 表示 Politeness or "Tone Softener"）

(d) If a young person was interested in breaking into the music business and came to you for advice, what *would* you say? You *would* turn your back on him. But I *would* tell him if he *would* try hard he could.

如果有个年轻人想要打进音乐这一行而求教于你，你**会**怎么说呢？你**也许会**背过脸去不理他。而我呢，我**会**跟他说，只要努力干，就能成。（Would say 表示 Willingness, Would turn 表示 Probability, Would tell 表示 Willingness, Would try 表示 Hypothetical Meaning）

(e) The best solution *would* be for Congress to carefully examine the flaws in the Administration's program rather than to rush for passage.

对国会来说，最好的办法**也许是**认真审查政府的计划有何弊病，而不是匆匆忙忙地表决通过。（Would 表示 Probability）

(f) Going to or from her parents on one of her innumerable journeys, her train *would* stop sometimes between stations, revealing suddenly the silence of the mountains. Then Annette *would* look at the grass beside the railway and see its green detail as it swayed in the breeze.

在探望父母的数不清的旅途往返中，火车**往往会**在两站之间停下来，这时会突然出现一种山间的寂静。这时安妮特**总要**去看看铁路旁

的青草，看那青青的草叶在微风中摇曳。（Would 表示 Past Habits）

(g) As I *would* not be a slave, so I *would* not be a master. This expresses my idea of democracy.

我**绝不会**去当奴隶，因此我也**绝不会**成为奴隶主。这就是我的民主观。（Would 表示 Insistence）

(h) I *would* define, in brief, the Poetry of words as the Rhythmical Creation of Beauty. Its sole arbiter is Taste.

我**不妨**将诗的语言概括为美的有韵律的创造，它的唯一的裁判官是审美品位。（Would 表示"Tone Softener"）

(i) *Would* you be able to hear at such a distance?

你离得这样远，**能**听见吗？（Would 表示 Inference）

Would 在构成英语虚拟语气结构（特别是条件句）中是非常活跃的词。其基本情态是：在条件从句中表示 Willingness（如用 Will 则可能表示 Obstinate Insistence "硬要"），即"要""想要""愿意"等，或 Polite Request，即"能""可以（的话）"；在主句中表示 Inference 或 Result，即"会""（本来）会……的""就""就会"等。在其他形式的虚拟结构中，Would 的情态可能是 A Possible Request or Wish（如：I wish you would help me），Regret（如：I wish he would write me often），Dramatic Wish（如：If only he would join us）。汉译时大多可译为"能"或"愿"（"但愿"）等。试体会以下虚拟条件句中 would 的情态：

(a) I think you should have attended the wedding. If you had not been wanted, the bride *wouldn't* have phoned you personally.

我认为你本应该去参加他们的婚礼。如果他们不希望你去，新娘就**不会**亲自给你打电话来。

(b) All *would* have gone well if he had not blown the whistle on them.

如果他不去告发，他们**本来会**得手**的**。

(c) The reasonable explanation was that long before Mrs. Park could get to the point of suicide she *would* have suffered, her neighbors *would* have noticed; she *would* not have been neglected to muddle through problems alone until the fatal moment.

符合情理的解释是:在帕克夫人走到想要自杀这一步以前,她**早**已处在痛苦之中了,她的邻居也**早已**注意到了这一切,人们**不会**不理睬她而让她独自忍受着,直到无可挽回的地步。

(d) My ambition was now stirred, and in spite of the hardness of my life, I *would* not have exchanged Lowood for all the comforts of Gateshead.

这时,我的抱负受到了激励。尽管生活清苦,我还是**宁愿**留在洛伍德,而不向往盖茨海德的那种舒适。

(e) If only you *would* listen to me and attend to the claims of conscience!

但愿你**能**听听我的话,不要违背自己的良心!

以下是 could/should/would/might 在条件复杂句中的情态含义比较,汉语措辞仅供英汉翻译时参考。原文语句情态固然千差万别,关键还在译者掌握上述各表中所列的基本情态,在比较中体会情态微差,细心琢磨措辞。

表 5-14

		Could	Should	Would	Might
在从句中	情态	Ability Possibility	Unlikeliness	Willingness Polite Request (Implying the Speaker's Assumptions)	Permission Polite Request
	对应汉语措辞示例	能、能够、可以、可	万一、一旦、竟然、果真	要、想要、愿意、肯、可以	可以、可能、能会

		Could	Should	Would	Might
在主句中	情态	Possibility: Certain Chance	可用 Would 代替	Inference: Certain Result Probability	Probability: More Uncertain Than "Would"
	对应汉语措辞示例	可以、就……是可能的、是可以……的、可能会、是会……的	与 would 大体相同	会、会……的、就、就会、要、就要、将要、可能、总会	也许（会）、或许（能、会）、也许（已经）、或许（已经）

以下例句可以大体显示以上四个常用情态动词的基本区别：

（A）在条件从句中：

  If you could try again . . .

  如果你**能**再试一次……

  If you should try again . . .

  如果你**真要**再试一次……

  If you would try again . . .

  如果你**想**再试一次……

  If you might try again . . .

  如果你**可以**再试一次……

（B）在带条件从句的主句中：

  If you try again you should / would succeed.

  ……你**会**成功的。

  If you try again you could succeed.

  ……你**能够**获得成功的。

  If you try again you might succeed.

  ……你**或许**能成功。

5.1.3 结语

翻译情态动词必须重神似而不重形似,要特别注意语境。在以上几节中,我们较详细地讨论了英语 8 种(共 13 个)主要的情态动词的翻译问题。为启发和引导学习者进行英汉翻译实践,我们还尽可能给出了每个情态动词可供选择的汉语对应词。但是,必须指出,重要的问题不在于熟悉或记住这些汉语对应词,希望在英汉翻译中"对号入座"。最重要的问题,还是在于深透理解情态动词在具体的、特定的上下文中是怎么用的,它表示什么情态。既然这是一种基本功,翻译者就必须在多多进行翻译实践的同时,研读一些英美出版的重要语法著作,务求深透理解它们在英语中的用法,弄清楚它们所含的情态究竟是什么,才好下笔翻译,选择恰到好处的表达法。

其实,翻译者只要准确把握了原文的情态,英语某个情态动词的本身,不必见之于某个汉语对应词,也就是说,可以寓意于句,寓情于"尽在不言之中"。在以下例句中,情态动词都没有翻成汉语对应词,但句中英语情态动词所表示的情态却很好地表达出来了:

(a) You *would* have to be pretty incompetent not to make money in cattle this year.

如果今年你不在牲口生意上捞一把,那你未免太不在行了。

(b) "Yes", she said, "It is a pretty place, but I fear it will be out of order, unless Mr. Rochester *should* decide to come and live here permanently".

"是啊,"她说,"这地方是挺美的。但是如果罗彻斯特先生决定不来长住,恐怕也会变得不像样子。"

(c) If I was to be shot for it, I *couldn't*.

就是把我枪毙了,也是枉然。

(d) He *might have* accepted the Kipling phrase——"East is East, West is West, and never the twain *shall* meet". But I like the way he said it better: "Maybe, it's both our faults".

吉卜林（20世纪初英国作家）有句名言："东方是东方，西方是西方，二者永远不相干"。对此，他似有同感。可是我倒是赞同他本人的提法："也许，我们双方都有错。"

（e）His self-advertized paranoia *might* have been working overtime.

他这是太多心了。

（f）Everybody wants that he *would* live to be 100—Well, I expect I *could* live to be at least 99.

每个人都希望长命百岁。我呢，但愿至少可以活到99岁吧。

（g）I just *can't* seem to come up with any inspiration.

我现在简直是才思枯竭了。

（h）Paneling in a kitchen *must* be bright. Paneling in a den *needn't* be dark.

厨房的墙板要亮，书房的墙板忌暗。

翻译的关键在理解作者的深层意念，情态尤然。只要译者的理解摆脱了表层结构的约束，准确地把握住原作者为什么用这个情态动词，而不用另外一个情态动词，那么行文表达则不过是"水到渠成"的一步。希望学习者记住：见微于比较之中，知情于入化之境，"情态"庶己可得之。

5.2　动词进行体的情态翻译

英语动词的所谓"体"（Aspect）是指这个动词所表示的动作的态势或状态。英语中有些动词表示的是瞬间动作，不是持续性动作，如：kill, close, open, cut 等；还有一些动词所表示的动作虽然不是瞬间可以完成的，但也不会长期持续，它们有一定的"终极界限"，如：make, mend, paint 等；另有一类动词表示的动作具有长期持续性，没有"终极界限"，如：love, hope, study, depend 等；最后一类动词表示的动作特征是重复，如：flap, pant, blink 等。以上所说的种种动词表示的动作的态势或状态，统称为动词的"体性"(Aspect Character)。所谓"进行体"(The Progressive Aspect),就是指动词进行时所表示的特性,即动作的持续状态这一基本属性。本节所讨论的问题是:随着英语的发展,现代英语进行体的表意范围扩大了,除了说明动作的持续性外,还可以带有种种情态色彩;我们在英译汉的高级阶段必须注意应如何掌握这方面的发展,如何将进行体所含的情态适当地表现在译文中。

现代英语动词进行体常具有以下种种情态色彩,可以概括为下述几种加强了的表意功能。

5.2.1 描写功能(Descriptive Function)

现代英语动词进行体常用以加强对外界景物、情状、背景描述的生动性,使人对静态的东西产生动态感,从而可以增强语言的直观效果。如:

(a) Under the warm sun silver creeks *were* coiling in all directions.

暖阳下,银色的溪涧,曲折蜿蜒,流向四方。(进行体使景物生动,增强动态感)

(b) It used to be a florist shop run by Greeks. Now it's in a state of disrepair. The pipe *is leaking* and the roof *is sagging*. Its days *are running out*.

这以前是希腊人开的一间花店,现在已年久失修,管子漏水,屋顶下塌,用不了多久整个屋子就会全完了。(进行体使情状生动,增强动态感,are running out 表示一种带幽默的惋惜)

(c) I am six feet five. I try never to give my friends the feeling that I *am looming* over them.

我身高一米九八,因此每当我见到朋友们时,我总是想方设法不使他们感到站在他们面前的是个庞然大物。(进行体使描绘生动,增强直观效果)

(d) The other day I *was trying* to explain to my little daughter about which foods should be kept in the refrigerator and which could be left outside. She asked me questions I just don't know the answer to.

前些天我给小女儿大讲了一通哪些食品得放在冰箱里，哪些东西可以放在外边。可她向我提的问题，我却答不上来。

（e）If you want to see crowds, just watch the people pouring across West Street to the ferries about five o'clock. You'd think the whole city of New York *was moving* out.

你如果想看看人群，就在下午五点钟光景去观赏涌过西马路去乘渡船的人潮，你会以为整个纽约市全都出动了。（以上两句中的进行体都为了加强动态感）

现代英语常常用过去进行时追述对某件往事的回忆，以加强描述的生动性，似乎可因用了进行式这样一个富于持续性（Durativeness）的动词体性，就可以使过去已成静止状态的事件和行为产生动态感[13]。用进行式突出动词描写功能还表现在英语中一批"感觉动词"（Verbs of Perception）和"认知动词"（Verbs of Cognition）的用法发展中，这些词有：feel, love, hate, suppose, remember, forget, believe, know, understand, mean, hope, wish, fear, seem, like, dislike 等[14]。这些词都是人对客观事物的感官反应和认识过程或形式。本身具有持续性，因此在传统语法上是没有进行时的。正因为这个缘故，人们在用这些词时都嫌缺乏动态感，改用进行时，可以增强它们的动态感和现实感，正好与进行时体貌情态相符，如：

（f）"I am assuming she's alive. I *am hoping* so."

我想她还活着，我时刻没有失去这个希望。

（g）When I sat on the sun-warmed planking of the old dock, I *was feeling* lucky with my rod and tackles, and sure enough, I caught a nice three-pounder.

来到旧码头，我坐在一块被太阳晒得暖烘烘的木板上，手拿钓竿，心想这回可要走运了：果然就钓着了一条足有三磅重的大鱼！

（h）Mum is getting more and more forgetful, she forgot names and she is *forgetting* faces nowadays.

妈越来越爱忘事了,以往她老记不住人家的名字,如今她连见了人家的面都认不出谁了!

表示存在和一些表示持续性动作的动词(The Durative Verb),用进行体时的情态一般都是为了突破静态的凝滞感或突出现实的紧迫性:

(i) She *is being* too uptight. She can't let it drop.
她这会儿神经太紧张了,没法把这事置之脑后。
(j) I would just indicate that Hans and I would *be needing* the room.
我只不过表示汉斯和我很想用一下这间房。

翻译的难处在于:进行体情态含义往往十分精微,难于把握,更难于表达。

5.2.2 过渡功能 (Interim Function)

这里的所谓"过渡",指进行体所表示的行为或时间的暂时性(Temporariness)、未完成状态(Incompletion)以及开始、转折、变化等。如:

(a) That's ridiculous. A girl of fourteen *is taking* uppers as a matter of habit, and her mother *is becoming* very disillusioned.
真可笑,14 岁的女孩子就吸毒成瘾了,她母亲现在灰心极了。(is taking 表示未完成,is becoming 表示开始、转折或变化)
(b) They were all hot headed types. They bugged and bugged and bugged each other and half an hour later they *were playing* cards, calmly and jolly as if nothing had happened.
他们全是那种火暴性子,他们没完没了地你刺我,我刺你,半小时以后竟然又相安无事、谈笑风生地打起扑克来,什么事也没有啦。(进行时表示行为的转折或变化)

（c）When Katty *is telling* her troubles to people, half of them are not interested and the other half are glad to see she *is getting* what's *coming* to her.

当凯蒂向人们诉说她的苦处的时候，半数的人无动于衷；另一半呢，反而幸灾乐祸：原来你也落得个如此这般！（is getting 表示转折，is coming 表示未完成）

（d）Carrie *is beginning* to see more and more benefits for the rich and less and less for the needy.

嘉莉这才看到富人越来越得意，而穷人却越来越吃亏。（进行体表示未完成或暗示变化）

（e）One staffer who *is now sharing* newspapers with several other White House workers complains that his newspaper arrives in shreds because "everyone tears out the articles they want before passing on the paper".

一位眼下与其他几个白官工作人员共看报纸的政府职员抱怨说，他们的报纸到他手里时都成纸条条了，因为"每个人经手时都撕去了自己需要的文章"。（进行体表示暂时性）

（f）He asked me if I was a virgin and I told him I was——which is true. Well, I *was just wondering* what it was that interested him.

他问我是不是处女。我回答他说是的——这也不假。问题是，我真不知道他感兴趣的究竟是什么。（进行体表示转折与暂时性）

5.2.3 表情功能（Emotional Function）

现代英语进行体可以表示说话者的情绪或态度，如惊讶、反感、埋怨、讥讽、厌烦、赞许、兴奋、亲切等。

（a）Fifty-seven, his hair *is just beginning* to go grey.

他五十七了才开始双鬓泛白呢。（进行体表示惊异）

（b）Why would you *be driving* a car if you were drunk?

你喝醉了酒为什么还要开车呢。（进行体表示责备）

(c) I know that kids sometimes make up things, but after I explained the seriousness of their accusation they assured me they *were telling* the truth.

我知道孩子们有时是会胡乱编造的，但在我追问他们告状是不是真有其事时，他们保证说的确实是真话。（进行体表示某种真切感）

(d) They *are liking* whatever they think is new. When artificial eyelids are go-go, they rush to switch on.

凡是她们认为是新的东西，她们都喜欢。当假睫毛盛行时，她们就趋之若鹜。（进行体表示讥讽：可随时爱上……）

(e) I've seen more and more people who can not read and write. Our Government *has been saying* that they *are trying* to eliminate illiteracy. Is our Government trying to eliminate education?

我发觉不会读书写字的人越来越多了。政府老是说他们正在尽力消灭文盲现象——他们莫非正在想方设法消灭教育？（has been saying 表示厌倦或反感，are trying 表示讥讽）

(f) For the first time people *are watching* actual combat scenes while they eat their dinner.

人们第一次能边吃晚餐边亲眼看到战斗实况。（进行体表示惊叹或对现状的赞许）

(g) My mother says I am a lousy listener because I am too restless. But I do listen. Still, I must *be doing* something wrong.

我母亲说我听人讲话时太不认真，因为我总是很不安静。其实我并没有充耳不闻。话虽如此，我还是忐忑不安，说不定我真有什么做得不对劲的地方。（进行体表示不安）

(h) Paper napkins *were costing* the school $25.87 per case but were available elsewhere at just $8.75. For paper cups the Bureau paid $35.30 per 3,000 while other city agencies *were getting* them for $17.90.

学校为购买纸餐巾，每盒竟付款 25.87 美元，而其他地方的价格仅 8.75 美元。（教育）局为购置纸杯，每 3 000 个需付款 35.3 美元，而市一级的其他机构只需花 17.9 美元即可购得此数。(were costing 表示不满，were getting 表示惊异)

在翻译这类表示某种情绪的进行体动词时，可在细心琢磨原意后视情况增补有助于恰如其分地表达原文语气的汉语词语（大抵是副词）。下列词语仅供译者酌情使用：

表示惊讶、惊异等：竟、竟然、居然、总是、又是、又在、还在、竟在、却、却在等。
表示赞许、满意等：真、真的、真在、确实、居然、总算、却、倒是、满（蛮）、正等。
表示反感、责备等：究竟、到底、总是、就是、老是、倒、却、可、可……总是……、还、又等。

翻译时译者应掌握好：(1) 不能失之过偏，过偏就不是恰如其分，难免有失于原意，费尽了心机反而弄巧成拙；(2) 要照顾文体的总体需要。汉语中很多语气词只能用在口语文体中，翻译时不能只着眼于一处，必须着眼于全局；(3) 注意借助我们的母语语感进行语气上的调色工作。

5.2.4 修辞功能（Rhetorical Function）

英语动词进行体还可以用来表示礼貌（Politeness）、委婉（Indirectness）或亲切（Familiarity）等，如：

(a) He *was shaking* her hand before I could finish the introduction. I noted that he was not wearing any of his Banker Costumes.

还没等我介绍完，他就跟她握起手来了。我发现他也没有穿银行家那种堂而皇之的礼服。（进行体 was shaking 表示亲切）

(b) I'm afraid you *are getting* lost on the subway, Ma'am. Which way do you want to go?

恐怕您坐错车了，太太。您要坐地铁哪一条线啊？（进行体表示委婉）

(c) I'm happy to have you with us this morning, and I hope you'll *be feeling* at home here.

今天上午能跟你们一起度过，我很高兴，大家千万别客气啊。（进行体表示亲切或礼貌）

(d) You'll *be working* with Mr. Miller and his teamworkers. The office is on the third floor.

你将与米勒先生和他的小组成员共事，办公室在三楼。（进行体表示委婉，避免遣使口气：cf. You'll work with ...）

(e) As a matter of fact, we've *been hoping* you will come, Edith. And I *was expecting* you to phone me in any case.

我们真的一直在盼你来啊，艾迪丝。我想你无论如何会给我打一个电话。（进行体表示殷切）

5.2.5 表示主语的特征（Characteristic）或倾向（Inclination）

(a) Kipling *was being* humorous, of course, but none the less, that is an excellent statement of the attitude that many people have in all seriousness.

当然，吉卜林在这里表现出的是他那种幽默感。但他以绝妙的方式说出了许多人一本正经时说的话。

(b) Jackie Felt hovered around the med room, telling the physician how I *wasn't eating* right and that all this might have been averted *had I been taking* sufficient salt.

杰姬·费尔特在诊室里缠住医生，说我吃的东西不对头，说我要是在食物里放够盐，情况就会完全改变。

(c) Unlike some other superstars, Denver *is not changing* partners with the seasons.

丹佛（美国流行歌曲演唱家）可不像其他的超级歌星，那些人总是随着季节的变化变换搭档。

（d）I wish she would be a bit more cheerful; she *is* always *complaining* of her aches and pains.

但愿她会快活一点，她总是今天说这儿疼明天说那儿疼。

（e）This may be a large factor in your failure. You may *be putting off* your colleagues by the expression on your face.

你很可能败就败在脸上那副表情怠慢了同事。

进行体在当代英语中有增多趋势，它的情态表意功能很可能不限于以上五个方面。译者在翻译中遇到具体上下文宜多琢磨其精微含义，加深理解，不必斤斤于见诸文字，以免过犹不及，以词害义。

5.3　句子的情态翻译

除了情态动词和动词进行体以外，英语句子的情态还可有以下表现手段：（1）句式；（2）语序；（3）用词。

5.3.1　通过变换句式表现句子的情态

变换句式是英译汉中表达英语整个句子的情态的可取手段。在一般情况下，人们在进行交流中总是通过"按一定形式组织起来的一种完整的言语"的单位⑮即句子来表达自己的思维和情态。不同的句式（在英语中被称为句型"The Sentence Pattern"，句型中最重要的部分为动词形式，即"The Verb Pattern"，迄今为止，我们在讨论情态翻译时所涉及的问题都只与动词形式有关），表达不同的情态。例如，一般说来，以陈述事实为目的的陈述句不可能表达否定疑问句（The Negative Question）所含的种种情态（惊讶、责难、质问、赞叹等）。否定疑问句在汉语中称为反诘问句。如：

陈述事实：That shows what you know about music.
你的话表明你对音乐的了解程度。

反诘表情：Doesn't that show what you know about music?
你这一番话不恰恰表明你对音乐是多么无知吗？

可见，变换句式可以达到表达情态的目的。英译汉中最常见的是将英语的陈述句变换成汉语的疑问句或感叹句，或者将英语的疑问句、感叹句变换成汉语的陈述句。变换的依据通常是：（1）汉语的习惯表达方式，汉语倾向于直接表明（Directness），英语倾向于间接暗示（Indirectness）；（2）语言环境的要求。此外，汉语译文的句式选择还常常涉及到译者个人的翻译风格问题。这一点，与写作并无二致。

请比较以下例句不同的翻译法：

(a) I've seen a better one. I don't give a damn for it.

直译：这并不稀奇，再好的我都见过。

变换句式：再好的我都见过，这有什么稀奇呢？

(b) Are you telling me? I know all about it.

直译：你是跟我说吗，我全知道。

变换句式：你不必说了，我能不知道吗？

(c) What is the hurry, Buddy; Are you going to a fire?

直译：伙计，你为什么这么匆忙，是去救火吗？

变换句式：看你这么慌慌张张，像是谁家着了火！

(d) Well, I'm quite a sports fan, if that's any qualification.

直译：唔，我倒是一个很喜欢运动的人，如果这也算是一种资历。

变换句式：嗯，我倒是挺爱体育运动，这是不是也算是一种资历呢？

(e) A woman could ask no more.

直译：一个女人不能再要求更多的了。

变换句式：一个女人还能要求什么呢？

(f) It would amount to putting the cart before the horse.

直译：这等于把车子放在马前面。

变换句式：这不是本末倒置吗？

(g) You are old enough to be more reasonable. You're old enough, dear Miss Miller, to be talked about.

直译：你是到了更通情达理的时候了，亲爱的密勒小姐，你年龄够大了，不宜被人议论。

变换句式：你已经到了应该更通情达理的年龄了，亲爱的密勒小姐。你已经不小了，难道不怕人说闲话？

(h) Ouch! Isn't that a little steep for a room this size?

直译：哎呀，才这么大的一间房子，租金不是太贵吗？

变换句式：哎哟，才这么大一间房，房租未免太贵了！

(i) That sounds ghastly. I suppose they're likely to have bugs and mice in them, too, aren't they?

直译：那太糟了。我想屋里大概还有虫子和老鼠是不是？

变换句式：真太糟了！我想屋里大概还有臭虫和耗子。

(j) We shouldn't need very much for a start.

直译：我们不应在一开始就需要这么多。

变换句式：一开始何必需要这么多呢？

(k) If you're black, stay back.（美国黑人的愤懑之词，注意押韵）

直译：如果你是黑人，就靠边站吧。

变换句式：黑人？靠边站！

从以上例句可以看出，变换句式是表现情态的可取手段，特别是在口语体和文艺文体中，但译者必须密切注意，是否有必要变换句式一方面取决于句子本身，另一方面还必须切合整个句、段行文或抒情、叙事、说理的要求，最好不要脱离前后文及文章总体风貌和气势。试读下面这个长句及其汉译：

Now above the dark grey clouds and against the remotest horizon stood high the King, *the King of Kings*, that reigned over the depths and murk ...

此刻，在深灰色的云霓之上，众神之君高高挺立在一望无垠的天际，统治着那冥冥之中的天国……

这一句的结构与 Dylan Thomas 的抒情散文 *Memories of Christmas* 中的一个长句非常相近（见 4.2.2），其中"comes the stocking, the stocking of stocking, that..."又与"stood high the King, the King of Kings, that..."尤无二致。但 Thomas 的文章是抒情散文，将前者译为"啊，那只最漂亮、最漂亮的袜子"，即变换了句式，比较切合行文基调，具有抒情的和谐感。而上例长句在汉译时则没有必要变换句式。

根据上述变换句式的一般原则，英语许多反义疑问句汉译时不宜变换句式，也可以适应汉语的表达习惯。如：

（a）You have already seen the pyramids, *haven't you*?
你不是见过金字塔吗？
（b）Your brain is utterly depleted, *isn't it*?
你已经绞尽脑汁了吧？
（c）Let's face the fact. Most Americans today are simply fed up with government at all levels, *aren't they*?
我们还是面对现实吧。今天，大多数美国人不是已经对各级政府感到十分厌倦了吗？

5.3.2 变换语序

我们已在第 2 章中详细地讨论过语序问题。就句子情态的翻译而言，有必要注意的是倒装（Inversion）问题。

（一）在英语中属于结构性的倒装（由于句子结构的要求而引起的倒装）一般不存在情态问题，如：*Should anyone* come, tell him to wait for me，这里的倒装完全是由于句子比较正式，在结构上的省略了 if 而引起的。倒装不带来任何情态上的变化。

但是修辞性倒装（为强调句中的某一部分、加强句子的表现力和节奏感等）则可能引起情态上的变化，翻译时宜细心体会句子的深层意念，使译句顺应原文情态。如：

（a）Love is mutual. No need to hang on. You can get over him if you try and *try you must*.

爱情是相互的。单相思没必要。只要你尽力去忘掉他，就能忘掉他；而且你也必须这么做。

（b）Yet *so elusive is their* (*the flowers'*) *beauty* that it is a rare artist indeed who can capture it with accuracy and realism.

这种花具有一种飘逸之美。一个真正能不差分毫而又真实地再现这种美的艺术家真可谓太难得了。

（c）*As inevitably* they interact as one end of a seesaw rising when the other falls.

它们此起彼伏地相互影响，活像一块跷跷板。

（二）取自然语序的疑问句往往含有惊异、疑惑、厌烦等情态。如：

（a）There's no doubt that this man is still unable to see any evil intent in that business?

干那件事的人居心叵测，难道你真相信这个人没看出来？

（b）It's quality dress material you bought yesterday? Quality what?

什么？你昨天买的衣料是高级的？高级在哪儿啊？！

（c）The car's doors leaked? But it's new!

汽车门真的关不紧吗？那可是一辆新车啊！

（d）95 calories never tasted so imported?

只含九十五卡路里热量（的橘子水等）能有这股进口货的美味清香。你不信？

（e）She gave me a buzz?

她会给我打电话，怎么可能呢？

5.3.3 译出句中带情态的词语

句子的情态还可能体现在作者的用词上,这些词在表达句子的情态中起关键作用,在翻译中准确地抓住这些关键词语的情态含义是至关重要的。一般说来这些词语往往正是原作家精心挑选的词语。试细心体会以下句中表示情态的关键词:

(a) She wears her clothes as if they were *thrown* on with a *pitchfork*. (Jonathan Swift: *Polite Conversation*)

(b) You can *spot* the *bad* critic when he starts by discussing the poet and not the poem. (Ezra Pound: *ABC of Reading*)

(c) The minds of some of our statesmen like the *pupil* of the human eye, *contract* themselves the more, the *stronger* light there is shed upon them. (Thomas Moore: "Preface to Corruption and Intolerance")

(a) 句的情态是诙谐。体现作者的诙谐笔调的关键词是动词 thrown,其次是 pitchfork:她不修边幅,衣服胡乱往身上披,就像用草叉子挑起衣裳往自己身上扔似的。(b) 句表现的是作者的一种含愠的讥讽,体现作者情态的关键词主要是动词 spot:你一眼就可以识出一个蹩脚的批评家,如果他一开口就言不及义,谈诗人而不谈其诗作。(c) 句作者的立意在用比喻讥笑那些所谓政治家,鼠目寸光,不识大义,他们的头脑和心胸犹如人的瞳孔,照射在它上面的光越强,它越缩小。作者用几个比喻词蕴藏讥讽情态。

准确掌握好情态关键词之所以重要是因为书面语是无声的,它不像口语可以凭语流中的重音来判断对方句中的词孰重孰轻:重者必然是含意比较深,需要引起听者注意的词。在英语中,任何具有词汇意义的词类都可能是情态关键词。如:

(d) I had been *away* only forty-eight hours, and some bastard named

Phil had *crawled into* bed with Jenny. (*It had to* be that!)

我才 48 个小时没守着窝，一个叫菲尔的混蛋就爬上了琼尼的床。（这还有错？！）

（e) What is perhaps *strangest* today is the *keen widespread interest* displayed toward people who are, on the one hand, not *real* celebrities and, on the other, not *personally* known to one.

如今有件令人百思不得其解的事。有些人对某些并不知名的名人谈得津津有味，并广为散布；这些"名人"非但并不知名，而且连谈论者对他们都素不相识。

准确掌握文中的情态关键词有助于译者在行文中分清主次，在重点上用笔墨、下功夫。有时作者将情态包含在整个句段中，译者确实很难琢磨出孰重孰轻，似乎作家用词字字都有用意。这种情况是很多的。我们说"关键词"只是比较而言，任何词语在上下文中的词义和情态都是互相制约的。正确的翻译方法仍然是"大处着眼、小处着手"，统览全局，掌握总的行文风貌，自然能抓住若干情态关键词。美国现代作家赛林格（J. D. Salinger, 1919- ）写过一篇短篇小说 "The Long Debut of Lois Taggett"，全篇充满讥诮之词，译这种作品，就应主要着眼于全局：

Lois Taggett was graduated from Miss Hascomb's School, standing twenty-sixth in a class of fifty-eight, and the following autumn her parents thought it was time for her to come out, charge out, into what they called Society. So they gave her a five-figure, la-de-da Hotel Pierre affair, and save for a few horrible colds and Fred-hasn't-been-well-lately's, most of the preferred trade attended.

从赫斯柯姆女校毕业时，洛薏丝·塔格特在全班 58 人中名列第 26。第二年秋，她父母认为她已到走出闺房去所谓的社交界抛头露面的时候了，于是他们为她在花红酒绿的皮尔饭店一掷万金开了一个的舞会，除了几个据说得了重感冒和"贱体欠安"的人以外，幸得垂青的名门子弟大都应约而来了。

5.3.4 增补适当的语气助词及其他虚词

汉语是借助词汇手段表意的语言,因此增词法就成为我们表达英语情态不可或缺的手段。在英汉翻译中,经常需要增添的语气助词(吧、嘛、吗、呢、啦等)来补足句子情态的需要,比如:

(a) We might just well go the whole hog and stay over night.
我们索性在这里过夜吧。("吧"一般表示建议)
(b) No hard feeling. I said I'm sorry, didn't I?
别生气啦,我不是说了对不起吗?("啦"一般表示劝慰、抚慰,"吗"一般表示疑惑、询问等)
(c) Man, that's really living!
伙计,这才是真正的生活哩!("哩"一般表示自信、肯定等)
(d) He jumped on me when he learned that I made a report about his wrong doings.
听到我报告了他这些不良行为,他还对我大发雷霆呢。("呢"一般表示惊奇、诧异等)

翻译中加语气助词主要靠我们的母语语感,宜了解现代汉语常用语气助词一般表示什么情态。为补足句子情态,我们在英汉翻译中除了用语气助词之外,还可以视情况添加其他虚词(大都是副词),如:"究竟""到底""就是""罢了""才好"等:

(a) What have you to be so proud?
你究竟有啥了不起?("究竟"在此处补足 have to)
(b) Inspite of the fact you treat him very nice, he is a yellow dog.
你对他虽好,但他到底是个忘恩负义之徒。("到底"在此处补足 is)
(c) The police are looking for the one-arm-driver.

警察就是要抓（你们这种）一只手开汽车的人！（"就是"在此处补足进行时）

(d) He is so sassy, some one should call him bluff.

他这样趾高气扬，有个人教训他一顿才好！（"才好"在汉语中是补语，在此处补足 should 所含情态）

这类语气补足词就句子结构而言并不是必不可少的，许多语气补足词都可以从句中略去而并不损害全句的意思；然而，就句子情态而言，恰当使用这些词，就可以使全句的语气顿趋明朗或生动，要紧处添上一个语气补足词可以使全句生辉。

5.4　超文本情态的领悟和翻译

不论英语或汉语，作者写作都有一定的**意向**（intention）。在一定的意向支配下，作者心目中有些意思明确地表示出来了，有些话作者又不想明确地说出来，就半明半暗、吞吞吐吐地说了出来。还有一些话，作者出于种种意向，根本没有说出来。这第一及第二种情况，我们称之为"Said"（已表述出来的，"半明半暗、吞吞吐吐"也还是说了），第三种情况，心中有而口里不说我们就称之为 Unsaid（未表述出来的），所谓"隐性话语"，用俗话说就是"言外之意""弦外之音"或"潜台词"。如下表所示：

表 5-15

"Said"（已表述出来的）层级：显性表述
第一层级 Form 　　包括 SLT 的各种形式要素，涉及音、形方面的语言修辞设计 **第二层级** Substance 　　包括 SLT 的意义（语义内容）

> "Unsaid"（未表述出来的）层级：隐性表述
>
> 　　第三层级 "Hints"（J. Dryden, 1680）; "intention"（W. Benjamin, 1995）
>
> 　　包括原作意向（"aboutness", Steiner, 2001）、"潜台词"、对主体的感应力（"appeal"，包括以下方面：文化的、审美的、情感的、价值观的等），使之在 TLT 中"闪现"

由此可见，所谓"超文本"的"成分"，就是在行文中没有见之于字句的一切。问题是，既然没有见之于字句，译者又凭什么判断原作者有如此这般的"隐情"呢？

一般来说，可以从以下几方面分析超文本情态：

（一）文本内证

所谓"文本内证"，就是上表中说的"hints"。这个词借自德莱登（John Dryden, 1631–1700）的 *Preface to Ovids Epistles*（1860），意思是"来自原作的一般暗示"（"general hints from the original"）。德莱登的意思是说，如果我们悉心研读一部作品，一般不难在其中发现几处作者掩藏得很深的"心灵絮语"，正是这几句话，像一把钥匙，打开了通向作者那个广阔的**隐蔽世界**的心扉。美国获诺贝尔文学奖的剧作家奥尼尔（Eugene O'Neill, 1888–1953）写过一部很知名的戏剧 *Strange Interludes*（1928），剧中写的是人物完全无法自我把握的人生遭遇、情感冲击和心理纠葛，全剧充满怨情和悲凉感。人们看了不禁要问：这一切矛盾、纠葛怎么解释？奥尼尔借人物之口说了一句他的"心灵絮语"："Our lives are merely strange dark interludes in the electric display of God the Father."（人的生命无非是圣父大人玩弄在股掌之中的莫名其妙的插曲罢了，它们在冥冥黑暗中闪现电光。）实际上这正是作家未说出来的**潜台词的一个导语**，也正是整个剧本的主题。

（二）文本外证

超文本情态常常需要到文本以外去寻找蛛丝马迹。宋代大诗人苏轼写过两篇《赤壁赋》，一前一后，一正一反。有意思的是，《前赤壁赋》高扬的言外之意是逍遥自在的哲理化，这正好是对《后赤壁赋》低迷出世的弦外之音的逆反，这也反衬出《前赤壁赋》超然物外的深意。而《后赤壁赋》的言外之意则是对人生虚淡、尘世无常的感伤和追问，同时也正好是对《前赤壁赋》的弦外之音的扬弃。有古人评苏子前后两赋说，前赋是从"乐"字引出"**歌**"来，后赋则是从"乐"字引出"**叹**"来。像这样的例子西方文学中也有。爱尔兰作家乔伊斯（James Joyce, 1882–1941）写过两本可以互证互释的书：《尤利西斯》（*Ulysses*）和《芬尼根守灵夜》（*Finnegans Wake*），前者写"白天的如梦遐思"，后者写"黑夜的冥灵幻想"。乔伊斯提示说，前者有一个玄机词（shibboleth）"yes"（据说这个词最能表现女性的温存甜蜜），而后者的玄机词则是"the"（据说这个词最能表现女性的温婉含蕴）（参见 C. G. Anderson, *James Joyce*, Thames & Hudson, 1967）。没有后者，就很难深刻地理解前者；而没有前者，读者会觉得后者简直就是痴人说梦。这就叫作"文本互证"。

（三）风格、体式的玄机性

风格、体式的玄机变异，常常是一种超文本情态的表象。最常见的有省略（古人称之为"隐匿"）、跳脱、转折、延宕、简约、反讽、反问、暗讽、突降、突起、戛然而止等，大抵运用这些手法时作者心中的"Unsaid"已"小露端倪"，研究者可以"顺藤摸瓜"，析出超文本的"隐情"来。例如《红楼梦》中林黛玉气绝时的那句"宝玉你好……"中爱怨交加、悲愤难诉、凄苦哀怜、幽思无限，引出了一代又一代中国读者说不清的悲思来。奇绝的简约也是一种**体式玄机**，元代马致远的《越调·天净沙·秋思》就是一个典型："枯藤老树昏鸦，小桥流水人家，古道西风瘦马。夕阳西下，断肠人在天涯。"前三句连用九个看似没有关系的偏正词组，被誉为"珠落银盘"，王国维称之为"纯属天籁"，天籁牵动人心，欲罢不能，加上那幅凄苍的情景所具有的超文本艺术魅力，足以传颂千古。

超文本情态的魅力，就像罗曼·罗兰说的，能"莫名其妙地揪住读者的心，让他无远弗届地跟着你走"，看来，它对译者的意义，也在于此。有了这份审美艺术感染，就看你怎么将它表现于译文了，大抵最佳对策是与作者亦步亦趋，也就是罗曼·罗兰说的无远弗届地跟着他走了！

〔注释〕

① "Death in the Wood"，引自 *Subject and Structure*, 1970 年美国版，第 49 页。
② 这里是根据功能语法（交际语法）的概念，不同于传统语法，参见 G. Leech 著：《英语交际语法》汉译本，第 307—365 页。
③ 也可以认为是表示可能。根据 G. Leech 在《意义与英语动词》一书中的解释，句中主语是有生命的东西时，can 的意思是能力；主语是无生命的东西时，can 的意思就是可能。另外，can 的谓语动词呈被动语态时，意思多半是可能，也可以是能力。因此，反映在翻译上，汉语措辞往往可以交互使用"能、能够"；"可能、可以"；"会、有时会"等几组词。参见《意义与英语动词》汉译本，上海外语教育出版社 1983 年版，第 89 页。
④ May 的完成体一般表示"可能"，但重在表示过去的行为或状态的"现在的可能性"：即到现在为止"可能已经发生"（或"发生过"）的行为（或状态）。汉译对应时往往可以加上"曾经、曾、一度、过去曾、过去一度"等与"也许"或"可能"搭配。但实际上可以简省为只需表示"可能性"，因为"可能性往往是不受时限的一种概念"（G. N. Leech）。
⑤ 或称"由说话人施予的强制"，用于第一人称则表示一种自我强制，往往是出于责任感、自我约束或权宜之计（此时与第 4 项词义接近，有时很难分辨，可用表示强意愿的 will 代替）。
⑥ 或称"逻辑必然"，即强调推断。通常无否定式及疑问式。此时，弱式是逻辑假设，强式与第 3 项词义接近，强弱通常只表现在口语中的语气。
⑦ Leech 认为 have (got) to 比 must 的含义更强，而且也不会像 must 那样被弱化为"逻辑假设"。由于在语感上 must 在二者中比较迂回委婉，因此用 must 表示"必定"（推理），比用 have to 多得多。
⑧ 同⑦。
⑨ 或可用所谓"半否定词"（the Semi-Negative），如：hardly, scarcely, only 等，如：

He need hardly come.

She need punish the boy only if he is guilty of an offence.

见 *An advanced English Grammar*, P. Christophsen & A. O. Sandred, Macmillan, 1971, p. 202，及 *The English Verb*, F. R. Palmer, Longman, 1974, p.28。

⑩表中 1、2、3 项中所说的意愿（Volition）都指陈述句中说话者的意愿，这正是 will 与 shall 两个情态动词表示意愿时的区别；前者的意愿是指主语的意愿，说话者只加以客观表述；而 shall 所表达的意愿却是从说话者的角度说的，与主语没有直接关系，意思是：说话的人要"你、你们""他、他们"怎么办等。

⑪参见 R. Quirk 等著：*A Grammar of Contemporary English*，p.100。但在不同的上下文中 ought 却比 should 语气重或重得多。这可以从语流中显示出来：前者通常要重读，后者通常不重读。这一点从文中引述的狄更斯的话中也可以看出来。

⑫这种用法不很一般，Leech 认为可能是因为伴随强烈的感情暗示。与第二、第三人称主语连用时主要表示对某人的顽固态度感到恼怒；与第一人称连用时，表示主语的不妥协态度。这种用法的 will 总是伴有重音，而且不能取缩写式。笔译时宜分外注意，力求充分表达出情感来。

⑬这时说话者心目中似乎有一个模糊的"时间框架"以包容动作的"有限的持续性"，因此不一定用表示过去的时间状语。

⑭事实上，对这些词也不能等量齐观，其中不少词都有自己的"个性"。Leech 著：《意义和英语动词》，中译本，上海外语教育出版社 1983 年版，第 18—29 页。

⑮参见 R. W. Zandvoort 著：*A Handbook of English Grammar*，转引自 *A Comprehensive English Grammar*, London, Longman, Chapt. 22。

第六章 科技文体

6.0 概述

6.0.1 科技文体的范畴

科技英语（English for Science and Technology，简称 EST）目前已发展成为一种重要的英语语体，70 年代以来引起了国际上广泛的注意和研究[①]。科技英语可以泛指一切论及或谈及科学和技术的书面语和口语，其中包括：(1) 科技著述、科技论文和报告、实验报告和方案；(2) 各类科技情报和文字资料；(3) 科技实用手册（Operative Means，包括仪器、仪表、机械、工具等的结构描述和操作规程）；(4) 有关科技问题的会谈、会议、交谈的用语；(5) 有关科技的影片、录像等有声资料的解说词等。本章中所论的科技英语是指上述第 (1)、(2) 项所提到的书面英语。第 (3) 项中所用的科技英语的翻译问题，我们将在第七章中加以讨论。

6.0.2 科技文体的特点

我们在上述第 (1)、(2) 项中所提到的科技英语，在文体学上统称为科学散文（Scientific Prose）。科学散文具有以下特点：

一、词汇

科技英语在用词上最明显的特点是大量使用科技词汇。在英语各语类中，科技英语的这个特点是相当突出的。科技英语使用科技词汇有以下两个特点：

（一）常用语汇的专业化

科技英语大量使用科技术语，其中有相当数量的专业术语借自英语的常用词汇，它们是英语的常用词，但用到某一专业科技领域中却成了专业技术用语，具有严格的科学含义。例如，splash "（水等）飞溅"，在英语中是一个常用词，但被空间科学借用，含义专业化，变为 To land in water, especially in the ocean, after a space flight（宇宙飞船等从太空归航时溅落于大洋水面）。又如：messenger "信使"，被遗传工程学借用，含义专业化，变为 A chemical substance which carries or transmits genetic information（一种携带或传递遗传信息的化学物质）。借用通用词语以表达专业技术概念，在语义学上属于以联想建立词义理据，即以引申或扩展（包括借助各种修辞格）的基本词义来给新的概念命名，符合英语一词多义和词性转化的历史传统。在现代英语中，新兴科学在传统科学的影响下，尽量利用常用旧词，赋新义于旧词。例如，近年来遗传工程学的发展给旧词 template [刻印模板，pattern or gauge (usu. a thin board or metal plate) used as a guide in cutting or drilling metal, wood, etc.—ADD] 带来了新义："遗传密码载体分子"（A molecule in a biological system that carries the genetic code for another macromolecule—WTNID, 6,000 Words）。仔细观察即可发现这个新义的理据来自该词的基本词义，也就是 pattern 或 gauge 含义的扩展或具体化引申。汉语不同于英语。现代汉语给某一专业概念命名的基本趋势是避免使用常用词语，力求赋新义于新词，因为汉语中有"正名""以名副实"的悠久传统，用词忌词义含混游移。现代汉语科技术语在给新概念命名时还力求赋义于形，使某一专业的术语尽量带上该专业的色彩。例如，科技英语借用常用词 gain 作电学和电子学术语时，形音未改；但翻译成汉语后，汉语术语成了"增益"，避而不用"利益"或"增加"，以免词义混淆。又如：carrier 一词在英语中是一个常用词，被医学科学借用，词形词音如旧；但汉语的"携带者"与"带菌体"则形音完全不同，而且后者还带有明显的生物学、医学色彩。

（二）同一词语词义的多专业化

伴随常用词汇专业化倾向的是同一个词的词义多专业化。同一个英语常用词不仅被一个专业采用，而且被许多专业采用来表达各自的专业概念，甚至在同一专业中同一个词又有许多不同词义。例如，transmission 一词在无线电工程学中的词义是"发射""播送"，在机械学中的词义是"传动""变速"，在物理学中的词义是"透射"，在医学中的含义是"遗传"等。Power 的采用范围更广了，在机械动力学一个专业中它的词义即有"力""电""电力""电源""动力""功率"等。科技英语中同一词语词义的多专业化倾向在科技汉语中是不存在的。汉语的传统趋势始终是专词专用。为各专业共用但又具有各种不同的专业含义的科技词语在全部汉语科技词汇中所占的比重，远远不如在英语中的比重。跨专业科技汉语词汇多为基础科学常用或通用词汇。

（三）科技英语除以上两个手段大量吸收词汇以外，还通过现代英语构词法，构成极丰富多样的科技词汇。学习科技英语的构词法对准确理解和翻译科技情报资料和文献极有裨益（见 6.2.1）。

二、语法

首先是词法，即用词倾向方面的若干特点：

（一）科技英语在词法方面的显著特点是名词化（Nominalization）。名词化倾向主要指广泛使用能表示动作或状态的抽象名词（如下例中的 determination, transmission, evaluation）或起名词功用的非限定动词（如下例中的 programming, teaching, processing）。科技英语的名词化倾向是与科技文体的基本要求密切相关的。科技文章的任务是叙述事实和论证推断，因而要求言简意明，其基本问题之一是语言结构的简化。

与名词化密切相关而在英译汉中又比较重要的问题是名词连用。所谓"名词连用"是指名词中心词前可有许多不变形态的名词，它们是中心词的前置形容词修饰语，被称为"扩展的名词前置修饰语"（Expanded Noun Premodifiers）。

名词连用可以有效简化语言结构，如：

illumination intensity determination=determination of the intensity of illumination 照明强度测定

power transmission relay system=a relay system for power transmission 送电中继体系

breast cancer survey program evaluation=an evaluation of the survey program with regard to breast cancer 乳腺癌普查计划实施总结

科技英语中名词连用有以下主要组合形式：
（a）递进式：前一个名词依次修饰下一个名词，而形成递加层次，如：

（b）意群组合式：名词前置修饰语之间有更紧密的意群组合，通常也是修饰和被修饰关系。如：

（c）并列式：中心词前形容词化名词取并列式，它们之间并无修饰关系，如：

（二）倾向于多用表示行动的动词以代替表示存在的动词 be。由于科

技英语在大多数情况下都是描述行为、过程、现象及发展等，因此多用表示行动的动词。表示行动的动词具有较鲜明的动态感，比较生动；表示存在的动词给人以静态感，比较凝滞。试读下文，注意作者如何使用动词：

utilize	Harries was the first to *utilize* the reactivity of the
gain	double bond in order to *gain* an insight into the nature of the
	rubber molecule, and the evidence for the general skeletal
base	structure and for the position of the double bond is *based*
	almost entirely on his ozonolysis experiments (1905-1912).
pass contain	By *passing* oxygen *containing* 6% of ozone into a solution
obtain	of rubber in chloroform or ethyl acetate, Harries *obtained*
	a glassy explosive mass of the composition $(C_5H_8O_3)_n$.
afforded	Decomposition of the ozonide with water *afforded* levulinic
	aldehyed, its peroxide, its further oxidation product levulinic
	acid, and only minute traces of carbon dioxide, formic
	acid, and succinic acid. These experiments were later
verify extend	*verified* and *extended* by Pummerer (1931), who was able to
account	*account* for about 95% of the carbon skeleton in the form of
consist	decomposition products, almost 90% of which *consisted* of
mean	levulinic compounds. This *means* that the isoprene units must
link	be *linked* head to tail. (*The Chemist*, 1951)

上文使用了 13 个不同形态的行为动词，使整段叙述的行动过程给人以强烈动感，比使用静态动词生动得多。

与倾向于使用行为动词相关联的是科技英语倾向于使用由动词派生的名词，这类出自词根属于及物动词的名词，具有 Transitivity（"他动性"，即及物动词的施事表意功能），在结构形态上表现为：这类名词通常带有一个介词词组，而词组中的名词正好是具有他动性的名词的宾语，如：

the *discovery* of interferon 干扰素的发现（cf. bto discover interferon） the *standardization* of the series 系列的标准化（cf. to standardize the series）

the *generation* of heat by friction 摩擦生热（cf. to generate heat by friction）

这种现象就是所谓动词的名词化，已如上述。科技英语充分利用了动词名词化这一手段，从而有效地简化了叙事层次和结构，即减少了使用句子或从句的频率，使行文更加直接、紧凑、简洁。

从语法上说，科技英语的用词还有一个不可忽视的特点，即十分重视使用连接成分（The Connector）。这一点显然与科技英语重视叙事的逻辑性、层次感和转折、对比以及推出前提、列出条件、导出结论等论证手段很有关系。关于科技英语各种连接成分的使用和翻译问题，详见6.2.2。

以上所述均属科技英语的用词倾向。下面我们将讨论科技英语句子中最重要的部分即谓语形态的特点问题。

（一）科技英语倾向于多用动词现在时，尤其是多用一般现在时，来表述"无时间性"（Timeless）的"一般叙述"（General Statement），即通常发生或并无时限的自然现象、过程、常规等。一般现在时在科技英语中用于表述科学定义、定理、方程式或公式的解说以及图表的说明，目的在于给人以精确无误的"无时间性"（Timelessness）以排除任何与时间牵连的误解，使行文更生动。

（二）科技英语倾向于多用被动语态。这是因为科技英语叙述的往往是客观的事物、现象或过程，而主体往往是从事某项工作（试验、研究、分析、观测等）的人或装置。这时使用被动语态不仅比较客观，而且可以使读者的注意力集中在叙述中的事物、现实或过程即客体上。应当注意现代科技英语同时还倾向于使用自动性（Intransitivity）强的表示行动的动词（上述语法第二项），这时就不用被动式。自动性强的动词如 emerge，vary，give，send，bring about, come within 等为数相当多，掌握这些词，是科技翻译的基本功之一。

（三）科技英语倾向于广泛使用动词的非限定式（Nonfinite Verbs），

文体与翻译

即分词、不定式和动名词,特别是分词(包括现在分词和过去分词)。

以上三点,构成了现代科技英语文体句子中动词形态的主要特征和趋势。试以下段文字为例:

added(分词)have(现在时)	These *added* quantities of inert gas *have* an important characteristic. The relative abundance of their isotopes, which *are* elements *having* the same atomic number but different atomic weights, is characteristic of the process that *produces* them. For example, helium that *originates* as alpha particles *consists* only of the isotope helium-4. Argon from the radioactive decay of potassium *exists* only as the isotope argon-40, and xenon from spontaneous fission *consists* primarily of xenon-134 and xenon-136.
are having(现在时)	
is(现在时)produces(现在时)	
originates(现在时)	
consists(现在时)	
exists(现在时)	
consists(现在时)	
found(分词)	Consequently, the inert gases *found* in the various rocks, minerals, and waters of the earth and its atmosphere *are* "*tagged*" with unique isotopic "signatures." These isotopic patterns *enable* earth scientists *to utilize* the inert gases as tracers in a number of natural geochemical processes.
are tagged(被动式)	
enable(现在时)to utilize(不定式)	
have been known and used(被动式)	Some of these characteristic isotopic signatures for the inert gases *have been known and used* for a long time. For example, argon-40 is the basis for the potassium argon method *used to date* rocks and minerals.
is(现在时)used to date(过去时)	

第六章 · 科技文体

occur（现在时） adding（分词） represents（现在时）	Because inert gases *occur* in such small quantities in the earth, *adding* even a little inert gas to terrestrial material *represents* a significant increase in the total. In May 1978, geochemists Ichiro Kaneoka and Nobuo Takaoka of the Geophysical Institute of the University of Tokyo reported that they found excess quantities of a xenon isotope, xenon-129, in minerals from recent lava flows in Hawaii. Xenon-129 *is produced* by radioactive decay. Any radioactive isotope *decays* into the isotope of another element—in this case, iodine-129 *decays* into xenon-129.
is produced（被动式）	
decays（现在时） decays（现在时）	
has（现在时） compared（分词）is（现在时） takes（现在时） to decay（不定式） was formed（被动式）	Iodine-129 *has* a very short half-life of 17 million years, *compared* with the age of the earth. A half-life *is* the length of time it *takes* for one-half of a radioactive element *to decay*. Because of this short half-life, any iodine-129 that was present when the earth *was formed* desintegrated very early in the earth's history.
is（现在时） indicates（现在时） was formed（被动式） indicates（现在时） has been trapped（被动式）	The fact that there *is* excess xenon-129 in the earth today *indicates* that iodine-129 was present in the earth when it was *formed*. It also *indicates* that some of the xenon-129 into which the iodine-129 decayed *has been trapped* within rocks in the earth throughout its history. (*Science Year*, 1980)

上段文字共 17 句，其中一般现在时即占 19 个，被动语态共 6 个，段中自动性强的表示行动的动词很多，如：produce, originate, enable,

241

occur, represent, flow 等。段中非限定动词反复出现，共计 9 个。动词的形态趋势是相当明显的。

三、文体总貌

科技英语的显著特点是重叙事逻辑上的连贯（Coherence）及表达上的明晰（Clarity）与畅达（Fluency）；避免行文晦涩，作者避免表露个人感情，避免论证上的主观随意性。因此，科技英语总是力求少用或不用描述性形容词以及具有抒情作用的副词、感叹词及疑问词。科技英语力求平易（Plainness）和精确（Preciseness），因此尽力避免使用旨在加强语言感染力和宣传效果的各种修辞格，忌用夸张、借喻、讥讽、反诘、双关及押韵等等修辞手段，以免使读者产生行文浮华、内容虚饰之感。

在总的文章体式上，现代科普英语也出现了一种与上述文体特征并行的趋势，即强调摆脱科技文体的因袭文风（EST Stereotypes），力求洗刷科技文章的枯涩与沉闷感（Dullness and Heaviness）。以下一段文章取自爱因斯坦的《相对论》：

> "I am standing in front of a gas range. Standing alongside of each other on the range are two pans so much alike that one may be mistake for the other. Both are half full of water. I notice that steam is being emitted continuously from one pan, but not from the other. I am surprised at this, even if I have never seen either a gas range or a pan before. But if I now notice something of bluish color under the first pan but not under the other, I cease to be astonished, even if I have never before seen a gas flame. For I can only say that this bluish something will cause the emission of the steam, or at least possibly it may do so. If, however, I notice the bluish something in neither case, and if I observe that the one pan continuously emits steam while the other does not, then I shall remain astonished and dissatisfied until I have discovered some circumstance to which I can attribute the different behavior of the two pans."

爱因斯坦的文体自然、亲切，受到推崇。

6.0.3 科技文体的汉译要点

一、准确翻译科技词义

考虑到科技英语的用词特点，我们在翻译时务必仔细认真，勿将科技词语误认为并不具有特殊专业含义的常用词；同时，也不应将一个常用词不假思索地认作科技词语。例如，有人将专业用语 light show（光显示）误解为"轻松的表演"（误认为类似 light music "轻音乐"）；将常用词义误解为专业词义的情况也常发生。如：feedback（反馈）是科技词语，但在现代英语中词义又常被引申为"反应"，属通用词语。但有人却把电台的一次播音（transmission）后收到的"大量反应"（a mass of feedback）译成"聚集反馈"。准确翻译科技词语还必须注意以下几点：

（一）密切注意一个词在某一特定的专业领域中的专门词义，不要不顾专词专用，张冠李戴。在科技翻译中特别需要恪守严谨的作风，不容丝毫的主观随意性。译词时宜勤查专业词典，切忌"想当然"。

（二）学习英语现代构词法是从事科技翻译的一项基本功。科技英语专业词汇日新月异，但一般说来，都是有"法"可循的。通晓英语构词法，可以使译者在面对浩如烟海的科技词汇时心中有数，这个"数"，就是懂得如何去解析词语。通晓英语科技文体构词倾向，尤其有助于探求新词词义。（详见 6.2.1）

（三）译者通过悉心的词义辨析获得该词词义以后，即应严格遵循某一专业技术领域的用语习惯，给概念以约定俗成的译名。某一词语一经译出，即应保持一贯性（Consistency），不应在不同的上下文中随意改变，引起概念上的混乱。

（四）科技翻译工作者应十分注意研究各种译词的手段，因为词是科技英语有别于其他语类的一个重要方面。科技翻译应十分注意研究英译汉中的增词法，须知有些增词对科技英语而言是具有重大实意的，如：表示名词复数概念的增词（gas "气体"与 gases "几种气体"）、表示具体概念的增词（processing "加工过程"）以及很多具有实意的结构词（如：

being a semi-conductor "由于是半导体"，only to reduce "结果只会减低"）等。一般说来，科技英语汉译时增词多于减词。

二、熟练掌握常用结构

科技英语虽然不像公文文体那样程式化，但由于它在语法结构上有较强的倾向性，因此科技英语许多句式出现的频率很大，熟练掌握这些句式的翻译规律，就能既保证译文的准确性和可读性，又可以提高翻译的效率。比如：科技英语倾向于多用被动语态，从而派生出一系列以被动式为基本谓语形式加上 It... that... 的常用句型，如：It is believed that（人们认为、据信），It is suggested that（有人建议），It has been proved that（已经证明），熟悉这种句式的形态及各种译法，有助于提高翻译质量和速度。又如：科技英语注重逻辑性，因此分词连接成分（Participle Connectors）的使用率很高，如：supposing that（假定、假设），assuming that（假设、假定），provided that（倘若、只要），seeing that（由于、鉴于）等。熟悉这类常用结构的翻译无疑是十分必要的。掌握尽可能多的科技英语常用结构，也是科技翻译的基本功之一。

三、透彻分析深层结构

准确翻译科技英语的关键，在于透彻理解原文，因此仅仅掌握单个词的词义、仅仅掌握许多科技英语中的常用结构还是不够。事实证明，应用中的科技英语句式常常远比一些常用结构复杂而多变，译者见到的原文句子很可能是某种句式的变化或扩展式。由于译者看不出词项与词项之间的语法关系，因此这种情况下的翻译不过是词汇意义的串联、拼凑或主观臆断，错误百出。这是很多科技翻译的机械主义通病。

正确的是要透彻分析句子的深层结构。具体说来，要求译者掌握以下基本要领：

（一）一句话的意义大致可以分为以下三个互相制约的层次：词汇意义、语法关系及主题关系。错误的翻译是表层词汇意义的拼缀。句子的意义必须深入到词项的语法关系和句子的主题关系层。语法关系指语言成分在某种具体的结构中所表露出来的关系，通常以句法手段加以体现，呈线性配列式，即通常所说的"主语加谓语"，或"主语加谓语加宾语"等。主题关系指语言成分的概念范畴之间的关系，即通常所说的施事、受事、动作对象或工具以及一切词项与词项之间的逻辑意念关系。

（二）要抓住句子中词项与词项之间的语法关系和主题关系必须识别英语的两大类词，即形态词（Form Words）与结构词（Structure Words）。形态词包括名词、动词、形容词、副词，是英语词汇中的主体，常有一定的能表示词性的形态符号特征，如：名词的复数词尾变化，动词的变化形式等。结构词包括介词、连词、冠词、关系代词、关系副词。它们的数量不多，但使用率极高，也需要记住。结构词没有统一的形态，其本身可以看作语言的一种形态符号。

（三）识别了英语两类词的形态符号，就为识别英语的基本句型结构，即深入到句子中词项与词项之间的语法关系和主题关系这关键的一步创造了必备的条件。换言之，要掌握句子的意义，必须透析句子的深层结构，而要透析句子的深层结构，就必须能够通过识别词的形态达到能够识别英语的基本句型（见2.2），搞清句中词项与词项的语法关系与主题关系。这时，表层的词汇意义才能找到各自在深层结构中的位置，在语法关系和主题关系的前提制约下，排除其他词义，按英语基本句型的主干配列式，导出句子的"骨架含义"。

（四）译者抓住了一个句子的骨架含义以后，对句子的分析并没有告终，这时必须做的工作是要找出每一个修饰成分的语法关系和主题关系，以便确定其在深层结构中的位置，只有在将句中每一个修饰成分在深层结构中的位置准确显露出来，完成了完整的句子主干配列以及附着于主干配列的句子次要成分分析以后，才能导出句子的全部含义，并加以修辞性处理。

以上描述的过程，就是我们通常所说的"紧缩翻译法"。显然，所谓紧缩，就是通过形态识别，排除一切次要成分，使主、谓、宾、表这些主干成分先一步准确显露，以便译者找出"骨架含义"为构筑句子的全部含义打下基础（见4.1）

四、努力学习科技知识

任何翻译工作都具有客观从属性和主观能动性这个两重性质。科技翻译的客观从属性是很突出的。严谨的科技英语表达严谨的科学事实或预测,因此在翻译中不容许有任何差错。为此,我们必须勤于学习与翻译有关的科技专业和知识。专业科技翻译工作者应当做到通晓本专业各方面的基础知识,掌握本专业发展动态,能理解或解释本专业情报资料中所提出的问题。只要勤于学习,勤于翻译实践,科技翻译的主观能动性就一定能得到很好的发挥。

五、不断提高语文水平

翻译中突破理解阶段以后即进入表达过程,表达的主要任务是赋思想于语言。常见的情况是译者在理解上并无差错,但由于拙于表达,译文可读性很差,科技英语汉译尤为常见。因此,科技翻译工作者不仅要努力提高英语水平,努力学好科技知识,还必须注意加强自己的语文素养。科技英语长句很多,层次复杂,从句盘结,译者尤宜多研究长句翻译问题(见 4.2),注意译文的逻辑性与修辞方面的基本要求,力求做到文理通顺、准确、有效地表达出原文的内容。

六、培养、发扬严谨作风

科技英语中不仅长句、难句较多,处理时必须一丝不苟,以免出现差错,而且经常会出现种种数字、数据、公式、方程式、分子式,还有各式符号、标记、图表等,所有这些都必须准确无误地出现在译文中,不能有任何疏漏,以免贻误工作。为此,科技翻译工作者必须培养和发扬严谨的翻译作风,切不可由于翻译上的疏误,给科研或生产带来损失。严谨的科技翻译工作者,凭借自己的知识和高度审慎的精神甚至可以觉察出原文中的疏漏,这类事例并不罕见。

6.1 英语动词的翻译

6.1.1 英汉动词对比及翻译

英汉动词的对比研究，是一个很大的课题。我们在这里只拟从英汉翻译的角度，探讨在双语转换中与动词有关的最重要的基本问题。

（一）不同的语言有不同的形态。英语动词具有稳定的屈折式变化（Inflexion），即动词的不同形态变化（词根式、过去式、过去分词式、词根加 ing 式），这样就派生出英语 16 种时态的不同形态，两种语态的基本形态和三种语气的基本形态。可见，英语动词形态范围是很宽的。汉语也有形态变化，但汉语没有屈折式形态变化[②]。汉语的形态变化主要表现为：（1）形态助词的黏附（Affixation），如："着"（笑着）、"了"（吃了）、"过"（看过）、自动化、绿化；（2）词的重叠和组合（Duplication and Combination），如：想想、讨论讨论、试一试、说说笑笑。此外，汉语以黏附式形态助词表示时态时有严格的限制，如：有完成意义的动词"懂""死"不能黏附时态助词"过"；某些表示心理活动的动词，如："喜欢""佩服"等也不能黏附时态助词"着"。总之，汉语动词形态范围较窄。

（二）基于上述不同情况，汉语与英语在表达动词概念的手段上有如下差异：

1. 英语主要依仗形态表意（语法意义），汉语主要依仗词汇表意（词汇意义）。因此，在英译汉中，由于必须将英语以屈折式形态变化所含的语法意义转换为汉语的词汇意义，加词意译法就成为必不可少的手段[③]，如：

非限定动词（Non-finite Verbs）：

> *a canning* tomato 一种供做罐头的西红柿
> *infected* children 受到感染的儿童
> radio telescopes *to be used* 将要交付使用的射电望远镜
> *modified* processing 经过改进的加工方法
> *aging* and *dying* stars 日渐衰老和濒于死亡的恒星

247

data *to be checked* 尚待核对的数据
modulated voltage 已调制电压
confusing signals 引起混乱的信号

限定动词（Finite Verbs），以时态为例：

（a）It *was* the province of geoscientists alone. It *is* a source of growing interest for chemists and zoologists as well.

过去，它只是地球科学家们的研究领域，现在，它也是化学家和动物学家愈益感兴趣的所在了。

（b）More than three thousand IPC symbols jammed into the chart. He *certainly was not scanning* the rows with a magnifier.

图表中密密麻麻地排满了三千多个国际专利分类符号。他总不见得非要拿着放大镜一排排往下找不可吧。

（c）Since the middle of the century oil *has been* in the fore-front of energy resources.

自本世纪中期以来，石油一直是最重要的能源之一。

（d）Although no one *has yet set* foot on Vesta, and no spacecraft *has been* near, planetary scientists *have obtained* conclusive evidence during the last decade that cold, silent Vesta *was* once the scene of volcanic activity.

尽管从未有人登上过灶神星，甚至也从未有过太空飞船飞近过灶神星，但在最近10年中，研究行星的科学工作者已经获得了可靠的证据，证明寒冷而宁静的灶神星曾经（一度）是火山活动之地。

（e）Scientists *thought* that regular orbits of such faint particles were practically nonexistent. The idea *has now been* rejected by facts.

科学家原来以为这样微弱的粒子实际上是不存在有规则的轨道的。这种看法现在已被事实否定了。

在实际翻译中，不要把英语动词各种时态的形态与汉语表示时态的形态助词（着、了、过）和副词（已经、曾经、将要等）作机械的对应。在很多情况下，英语原句的时态与汉语译句的时态并不是一致的，如：

(f) Even though asteroids are very small and very faint, astronomers have learned a great deal about their sizes, shapes, and composition by using a variety of direct and indirect techniques. For example, it *is known* that the brightness of many asteroids varies periodically.

小行星虽然既小又暗，但是天文学家们已使用各种直接和间接的方法，弄清了有关它们的大小、形状和组成等方面的大量情况。例如，我们已经知道不少小行星的亮度会发生周期变化。

(g) The experimentalist *forgets* that animals "*enjoy*" their children all day, every day when he is not at work. They must be put back to their lairs.

试验者（总是）忘了：他在不用动物做实验的时候应该把它们放回去，因为动物是整天要抚爱着它们的幼仔的。

(h) Tifflin *must be saying* something right when he *points* out that the focus is man's adaptation to the environment.

梯夫林曾经指出，关键在于人对环境的适应能力。他一定说对了。

(i) As the disease progresses, the large muscles also *grow* steadily weaker. Without treatment, the patient becomes paralyzed, *has* great difficulty breathing, and eventually *dies*.

随着病情发展，大肌肉会逐渐衰竭。不经治疗，病人就会瘫痪，呼吸会发生困难，最终将导致死亡。

以上例句说明，在很多情况下，英语原句的时态与汉语译句的时态虽然在表面上并不一致，但深层结构中词项与词项以及句子各部分之间的主题关系（逻辑意念）是基本一致的，译句中的时态转移（Tense Shift）符合汉语的表达习惯。时态转移无论在英译汉或汉译英中都是十分必要的，英译汉中常见的时态转移有：

（1）英语的一般现在时转移为汉语的将来时，这种情况最多，如：

Tooth decay *reverses* completely thanks to early treatment.
早期治疗龋齿会完全治愈（是可以完全治愈的）。

(2) 英语的一般现在时转移为汉语的进行时、过去时，如：

(a) Enzyme *plays* an important role in the complex changes in tooth growth.
酶在牙齿生长的复杂变化中起着重要的作用。（转移为进行时）
(b) These substances further *speed* up the decay process.
这些物质进一步加速了腐烂过程。（转移为过去时）

(3) 英语的完成时转移为汉语的过去时，如：

More drifting ocean buoys *have* now *been* deployed in that area by NCSS.
国家空间研究中心在那个海域部署了更多的海洋浮标。（不用"曾经"）

(4) 英语的进行时转移为汉语的将来时（尤其是在这类进行时具有将来时的作用和含义时），如：

Knowing a severe winter *is coming* would enable farmers to plan crop selection.
农民预知严冬将至就可以更好地选择种植什么作物。

英译翻译中的"时态转移"几乎随时都可能发生。译者在翻译中应当对这种调整非常敏感，不应拘泥于英汉时态在形态上的机械对应，因为汉语与英语属于不同语系的语言，汉英动词的形态变化分属两类，不存在结构上的对应联系。下表罗列了英语现在时、过去时、将来时、进行时及完成时五大范畴中的对应汉语时态构成词，仅供译者择词时参考。

英语时态汉译时，可参考下表选择适当词语：

表 6-1

英语		汉语可供选择的词语	说明
现在时	语气助词	的（表示判断）：他是有道理的。	重状态
	时间副词	总、总是、常、常常、往往、每每、一向、始终、都、现在、此时等	在原文中常以动词形态表示
过去时	时态助词	过、了	
	语气助词	的（表示经历）：他知道的，放心吧。	重状态
	时间副词	过去、以前、从前、以往、已（已经）	在原文中常以动词形态表示
	动词加强词（补语，表示经历或结果）	好（修好了）、出（寄出了）、到（没想到）、完（吃完了）、成（做成了）、掉（跑掉了）、开（干开了）	多用于表示英语完成态（除"到"以外）
将来时	语气助词	（会）……的（表示判断）：他会来的。	应密切注意上下文
	助动词	会、能、可能	也称能愿动词
	时间副词	将、将要、即将、行将、快要等	在原文中以助动词表示
	动词	准备、打算、拟等	必要时译出，注意上下文
进行时	时态助词	着	
	时态副词	正、正在、正要、在、要、一直、一直在、不停地、不断地等	在原文中常以动词形态表示
	动词加强词（补语，表示继续或开始）	下去（表示继续）：（继续）干下去。起来（表示开始）：下起雨来了。	应密切注意上下文

英语		汉语可供选择的词语	说明
完成时	时态助词	过、了	
	语气助词	了（表示既成性）：我去过了。的（表示确实性）：我知道的。	应密切注意上下文
	时间副词	已、已经、曾、曾经、刚、刚才、才、一直、仍在、一直在（完成进行）	在原文中常以动词形态表示
	动词加强词（补语，表示经历或结果）	好（修好了）、出（养出了）、完（吃完了）、成（做成了）、掉（跑掉了）、开（干开了）、到（没想到）	到多用于表示过去时

* 见胡裕树主编《现代汉语》，第306—308页。

2. 汉语以动词占优势，可以以动词连用来表达动作概念；英语以名词占优势，尤其是在科技英语中，名词化倾向非常突出。英语词根式动词不能连用。因此，在英译汉中，我们常以词类转换的手段将英语中以名词形式体现的动词概念转换成汉语动词，如：

（a）Despite the long-standing *availability* of effective antibiotics, particularly penicillin, pneumococcal disease continues to take a heavy death toll, particularly among people suffering from other chronic diseases.

尽管有效的抗生素特别是青霉素应用已久，但肺炎球菌病仍然造成大量死亡，患有慢性病的人尤甚。

（b）The researchers found a 12 percent *reduction* in the patients' blood cholesterol from a level of 349 milligrams per 100 milliliters of blood.

研究工作者们发现病人血内胆固醇从每100毫升血液349毫克这一水平下降了12%。

（c）The *transfer* of information from one part of the computer to another depends on the electrical current being conducted over wires.

信息从计算机的一个部分传送到另一个部分，靠的是电线中传导的电流。

(d) Neurons do not make direct electrical *contact* with other neurons.
神经元之间并不直接通电。

(e) Only two things were needed for astronomical *observation*——a place to stand and a place to look.
只需要两件东西便能观测天象：一个站立处和一个观测点。

上例中带重点的名词可称为"行为名词"（Action Nouns）。科技英语的名词化倾向除了指行为名词的广泛使用外，还指具有名词功能的名词性动词（Verbal Noun）④，动名词（Gerund）和不定式三种非谓语形式动词的广泛使用。前两式非谓语形式动词（即非限定动词）已参与构成了许多专用科技词语，如：tapered winding 锥形绕组，potential shifting 电势变化，tailing 衰减尾部，plotting scale 比例尺，modulating potentiometer 调制电位器等。

汉语以动词占优势，同时汉语动词又具有与形容词兼类（"兼类"：汉语语法术语，指一个词经常具有几类词的语法特征）的强烈倾向。因此在英汉翻译中，我们能以非常简洁的方式转换这类带有修饰语性的名词化动词，能不加词就尽量不加词，如：plotting scale（a scale for plotting）不必译成"供调节比例用的标尺"；modulating potentiometer（an instrument for modulating potential）不必译成"供调制电位用的仪表"。这类例证不胜枚举（试比较加词译法：a canning tomato "供做罐头的西红柿"）。英语名词化的目的是为了简化语言结构，同时突出表达的"纪实性"（Factualness）。因此，我们在翻译中应力求使汉英契合。

3. 伴随以英语名词化表达动词概念这一倾向的是介词的广泛使用，如：在科技英语使用得很普遍的"Verb+Object+Prep"式：

make use of 利用
pay attention to 注意
obtain support from 得到……支持
keep watch over 密切注视

> make a claim to 要求，主张
> have a look at 看一看，谈一谈
> give no evidence of 不足以说明……
> take warning from 从……中引以为戒

从这一类词组可以清楚地看出英语中上述两种并行的倾向。在绝大多数这类词级的英汉转换中，汉语的动词概念都落在原文句中作宾语的名词上，因为前面的动词被称为"Empty Verbs"（空心动词），包括 have, get, make, do, take 等，它们的语法功能大于它们的主题功能（Thematic Function）。英译汉时，应主要着眼于其中的名词，以形成汉语的动词概念。

必须注意，英语介词本身就是极为活跃的词类，介词与名词结合也可以有效地表达动词概念，即"Prep.+Object+Prep."式，空心动词被第一个介词所取代，如：

> with a view to 考虑到
> in accordance with 根据，依照
> for lack of 缺乏
> in proportion to 与……成比例
> on account of 基于……的原因
> in answer to 响应
> by means of 凭借
> at the expense of 由……负担

科技英语与其他英语语类一样，介词用得极多。关于介词的翻译问题，我们将在第七章7.2节再加论述。

（三）就整体而言，英语谓语动词形态稳定，范围很宽，表意功能都有一定的规范。与英语对比，汉语动词是不重形态的，谓语动词的时态、语态和语气可以用词汇手段表示，也可以不以任何形式表现出来，一切受情景或上下文的制约，所谓"尽在不言之中"，这是由汉语源远流长的历史传统和特有的语言心理决定的。试比较以下几段文字就可以清楚地看出

英汉两种文字在使用谓语动词上的明显差异：英语谓语动词形态变化繁多而严谨，时态、语态、语气虽多更替，但语感清晰；汉语谓语动词本身形态稳定不变而含义明确，时态、语态、语气更替自如，未因其无形态变化标志而造成语义含混：

（a）We *know* from the fossil record that our ancestors and other intelligent creatures, the australopithecines, branched *off from* an apelike creature 2.5 million to 3 million years ago, and *coexisted* until the australopithecines died out a little less than a million years ago. Stone tools and other evidence at campsites that *date* from about 2,000,000 B. C. *indicate* that some form of australopithecine *performed* human activities—making tools, sharing food and working together.（F. D. Drake）

我们从化石记录得知，我们的祖先和另一类有智慧的生物——南方古猿——在250万到300万年前从猿类分化出来并且共同生存，直到将近100万年前南方古猿灭绝为止。石器及在营地发现的时代约为公元前200万年的其他物证表明，某种南方古猿也从事于人类的活动，如：制造工具，分享食物和共同劳动。（译文中动词一律呈原形，但实际上除"表明"无时间性外，其他都是过去时或完成时）

（b）Other anthropologists *disagree* that these fossils *should be designated* as a separate species, that the two sets of findings *should be grouped* together, or that Hadar and Afar fossils *represent* the oldest hominid. For example, anthropologist Richard Leakey of the Kenya National Museum *thinks* that the Hadar and Afar fossils *could be grouped* with other early hominid species, such as A. africanus, and that the common ancestor being sought *may date back* even further, to about 4 to 6 million years ago.（*Science Year*, 1980）

其他人类学家不同意把这些化石当作独立的物种，不同意把两个化石地点归并在一起，也不同意哈达尔和阿法尔的化石就是最古老的人类遗骨。例如，肯尼亚国立博物馆的人类学家理查德·利基就认为哈达尔和阿法尔的化石可以归并为别的早期人类（如非洲南猿），而正在探索中的人类共同祖先，其年代可能更为遥远，估计距今约 400 至 600 万年。（原文动词的语态及语气在译文中均以句法手段化除；同时又兼用助词与副词）

现代汉语使用动词各种手段，兼容并蓄，相得益彰，使动词十分活跃；现代汉语动词形态变化少而功能极大。英语动词形态变化多，是句子中的语法关系和主题关系的"枢纽"；我们翻译时往往出现谓语动词形态一旦认错，则全句句义谬以千里的情况。因此，英译汉中切勿掉以轻心。

6.1.2　英语被动语态的翻译

汉英对比，英语的被动句显然多于汉语，其原因比较简单：英语有表示主语和谓语动词之间处于"被动关系"（即：受事者＋行为，Recipient+Action）而不是"主动关系（即：施事者＋行为，Doer+Action）的形式程式，那就是：

主语（Subject）+ be（各式形态变化）+ 动词的过去分词式（Past Participle）

在英语中，这种形态表示程式非常稳定，非常明确，可以使被动语态成一个界定十分清楚的语法范畴：

Peter was robbed to pay Paul.

如果说话者要指出施事者来，英语的表达方式也很简单，就是在谓语结构后面加一个由 by（介词）引导的短语：

Peter was robbed by him to pay Paul.
他偷了彼得的钱去还保尔的债。（剜肉补疮）

汉语是一种在形式（形态）上呈弱势的语言。我们固然有"被"字可用来表示被动词态，但在更多的情况下，我们并不执着于主语与谓语动词之间究竟是什么关系，因而一律用主动式。如：

(a) 海水不可斗量。（实际上是"被斗量"）
(b) 文章总算写好了。（实际上是"被写好"）

这种受事施事化的倾向在汉语中源远流长，可以追溯至《诗经》，因而成了汉语中表示"被动"的主要形式。如果我们探究个中原委，那就是：说汉语的人自古以来有一种主体式思维方式，认为"成事者必在人"，还有什么必要明说呢？这叫作"尽在不言之中"。在语言学上称为"语感"或"语言直觉"：以汉语为母语的人都知道，因而说话者与受话者之间有很敏感的默契：海水当然不可能自己用斗去量，"量者"是人；文章又绝不可能自己去写，"写者"是人，一切尽在不言之中，不必赘述。除受事施事化这个主流倾向以外，汉语中还有许多实质上是表述主语与谓语动词之间的"被动关系"的表达法或句式，不必一定要用"被"字句这种原来只限于表示"不幸语气"（Inflicted Tone）的结构，我们将在下面阐述。

一、被动语态的"语义价值"（Semantic Values）

英语被动语态在科技文体、公文文体和应用文体中用得极为普遍。被动语态之普遍使用除了上面说的语言结构上的原因以外（结构意义），还有语义上的原因及其功能意义。

第一，被动语态有强调受事者，将它置于话题（Topic）的主位（Thematic Position）的语用功能。例如：

(a) The happy man cannot be harried.
吉人自有天相。（注意汉语用主动）
(b) In an adversary spots are soon seen.
对手的缺点最易发现。（注意汉语用主动）

第二,被动语态有隐含施事者,以便于表达思维,便于形成句子的句法结构功能,例如:

(c) Leather tawing was first introduced in Italy in the 7th century.
(d) Individualised tuition and assessment are carried on to help the students.

如果我们执着于主动句,以上这类的句子就无法成形,除非改变思维的形式和内容。

第三,被动语态有承接上句,以便实现第一、第二项中所述作用的修辞功能。例如:

(e) Many advances in computer technology took place in the twenty years after 1950. *They are generally classified* into four stages or generations.
(f) An instruction register contains the instruction *that is being executed.*

被动语态的修辞功能还包括在特定的语境中表达对主语的尊敬或说话者的谦恭。例如:

(g) Where can you be reached?
在什么地方可以找到您?(请问您住在什么地方?)
(h) When will I be interviewed?
我什么时候来参加面试呢?

第四,被动语态常用以表示说话者对所提出的话题(或人或事或物)持有某种客观态度,因而比较婉转。例如:

(i) He is said to be the most respected teacher in our Department.

(j) It is suggested that each speaker is allotted five minutes.

以上两句都暗示说话者力求避免主观、武断。如（j）句的意思是："建议每位发言者讲话不要超过五分钟"，言下之意是"不是我个人的规定"。

综上所述，英语被动语态除了表示语法关系以外，还表示一定的意义，这是我们在翻译中要注意的。

二、被动语态的翻译问题

上文已经提到，汉语与英语不同，汉语的动词不具备英语动词那样的形态变化，因而主要依仗词汇手段以及句式来表示被动语态，而且在很多情况下主谓之间的被动关系是隐含的。据此，我们可以将英语被动语态的汉译归纳为以下几种表达法：

1. 将被动语态译为主动语态，即被动隐含句；
2. 转换主语，或另行选择主语或转换动词，译成"Doer+Action"或主谓句；
3. 使用泛指主语，如"有人""人们""大家"等；译成主动语态句或不用主语，译成"无主句"；
4. 用"……的是……"或"……是……的"句式；
5. 用"……为……所……"式；
6. 用介词短语"在……下"式（主动式动词＋介短）；
7. 用"据说""据信""据报道""听说"等动宾式合成动词引导句；
8. 译成"被"字句（除"被"字外，还可以用"叫""让""给"等替代介词"被"）；
9. 用动词"受""遭受""遭到""受到"等词加动词，形成"双动动宾"式（即宾语也是动词）；
10. 其他词语或句式，如"加以""予以""给以"（"加以"后必须用双音节动词作宾语；"予以"可以用动词宾语，如："予以重视"，也可带名词宾语，如："予以亲切的关照"）等加缀式（"以"是个助词）合成动词，加宾语（可以是名词，但大数情况下是动词）构成动词短语表示被动含义（如："这个问题应从速加以研究"）。试观察以下例句的翻译：（译句后数字

指上述项数)

(a) His pride must be pinched.
他这股傲气应该打下去。(1)

(b) Opinions grounded on prejudice are always sustained with the greatest violence.
植根于偏见的主张总是靠无所不用其极的暴力来维持。(2)

(c) Poets are born, but orators are made.
诗人是天生的,而演说家则是后天造就的。(4)

(d) Agricultural technique spreading centers have been set up everywhere in that province, helping farmers to do their work in a more scientific way.
该省已普遍成立农技推广中心,帮助农民以更加科学的方法种田。(2,转换了主语)

(e) A new instant NESPRAY has been put into the market in Hong Kong.
新配方雀巢即溶奶粉在港上市。(2,转换了动词)

(f) Power would be gotten if there were money to get it with.
有了钱,就会以钱谋权。(3)

(g) It is said that a dying person tends to recollect his whole life, like seeing a film.
据说,人在弥留于人世之际都要回顾自己的一生,就像看一部影片,一切历历在目。(7)

(h) Footprints on the sands of time are not made by sitting down.
沙滩上的足迹是走出来的。(喻"不身体力行不足以成事")(4)

(i) Two super go players from Japan were defeated one after another.
日本两位围棋高手接连受挫。(9)

(j) Nearly 400 tons of accumulated refuse and dregs were removed altogether in five days.
五天内运走了近400吨堆积的垃圾与渣土。(3)

(k) It's believed that her plans for a movie career had all been merely a pipe dream.

有人说她那些当明星的计划全都是些非非遐想罢了。(3)

(l) Many lives were destroyed by the robbers. But none left the village.

许多人都死在盗匪手下，但无人离村出走。(6)

(m) The details of the facade will be further fitted up to match the interior.

铺面将进一步加以装修，使之与室内装饰浑然一体。(10)

(n) In his late thirties he was almost knocked down in his despondency of the unsuccessful career.

近四十岁时，由于事业上的挫折，他几乎为失意所毁。(5)

(o) The company was enjoined from using false advertising.

这家商号被禁止使用虚假广告。(8)

(p) It's crystal clear: what's been schemed for in his plan is power rather than money.

很清楚，他这个计划图谋的是权，而不是钱。(4)

必须指出，以上例句的翻译都不是仅此一式。句中其所以那么译，主要是为了与本节中提出的被动语态的汉译表达法前后照应。而本节提出的十种译法，又与前一节（6.1.2 一）提出的英语被动语态的四项"语义价值"相照应，特别是英语被动词态的语用功能（强调受事者）和修辞功能。归根结底，翻译的方法和技能技巧的发挥必须以语言的交际功能为依据和依归。也正因为如此，方法论和技能技巧的获得才是一个永无止境的探索领域。把任何一个翻译课题的研究只看做十种、八种翻译程式的运用，囿于程式运作的方寸之地，对翻译实践和翻译研究来说，都是十分有害的。

在实际的语段翻译中，被动语态的翻译要求以上种种方法综合灵活地运用，这是自不待言的。以科技文体为例（科技文体中被动语态的使用率最高）。试指出以下语段中被动句的译法：

Computers and People

In future, cash will be used less and less. We may one day, live in a *cashless society* where all financial transactions are processed by computers without the use of cash.

Transference of money will be through electronic fund transfer.

电脑与人

将来,现金将会用得越来越少。我们很可能会生活在一个"无现金的社会"里,一切银钱交易都由电脑来操作。银钱往来可以通过电子转账。

The *way we live* will also be affected. We shall work shorter hours and have more time for leisure. There will even be no need to travel to work.

我们的生活方式也会受到影响:工时将会缩短,闲暇增多;要办事,甚至可以不必远行。

Unemployment may also result. Many workers will be replaced by machines. People will need to be computer-literate and re-training is required for the people involved.

也可能引起失业。很多工人将会被机器取代。人们需要熟谙电脑,从事有关行业的人则需加以培训。

There will be more *computer crimes* like theft of computer time, theft of confidential information stored in computers, unauthorised manipulation of computer information, etc. Large sums of money are involved. The criminals are rarely convicted because it is difficult to catch/charge them.

利用电脑作案的罪行将会增加。在电脑中贮存的机密很可能被窃;非法的电脑信息盗用也会发生。作案金额将变为巨款,而作案者则很难定罪,因为不易将他们捉拿归案。

There is also the danger of more people knowing things we would like to keep private.

The more information is stored in computer, the greater the possibility of it being misused or accessed by the wrong people.

人们希望秘而不宣的隐私也将遇到危险，被越来越多的人探测出来。在电脑贮存的信息越多，被无关的人盗用或攫取的可能性就越大。

从自然语段中被动句汉译的译式来看，可以大致表明：（1）英语被动句汉译，以将受事施事化，即直接译为主动式（或"隐含被动式"）为主；（2）在现代汉语行文中，用得自然的"被"字句是可以接受的；（3）语境（上下文）对句式的调节功能很大，因此翻译被动句时以不拘一格为上策；归根结底，语境是决定句式最重要的调节因素。

6.1.3　英语状语性分词结构的翻译

在科技英语中状语性分词词组用得十分普遍，原因可能是这种词组相当于副词从句（Participles as Adverb Clause Equivalent）[5]，使用词组以代从句，有助于行文的简洁化。有人认为它实际上是两个句子的简略式组合体[6]，组合后共用一个主语，如以下两个句子：

The solar wind grossly distorts the earth's magnetic field. It drags it out to a long tail.

经组合后，就成了：

The solar wind grossly distorts the earth's magnetic field, *dragging it out to a long tail.*

这种组合，一般都存在某种逻辑意念上的内在联系，不是随意的连缀。以上两句的内在联系是：前句表示某种前提条件或事实，后句表示某种结果或后续情况。作状语用的过去分词词组，也可以认为是各种形式的两句组合的结果，如：

Be conscious in your observation that there are traps around. They will take you in at the slightest opportunity.

经组合后，就成了：

Be conscious in your observation that there are traps around which, *given the slightest opportunity,* will take you in.

组合后的句子以紧凑的结构表达了前两句之间存在的逻辑意念。这是所有的状语性分词词组所具有的语法理据与特点，也是这种状语结构的一大优点。

状语性分词结构与主句之间的逻辑关系有：时间、条件、因果、方式以及描述某种背景或映衬、提出某种假设或前提、表示某种动机或结果。后面提到的三种情况在科技英语中最为常见，现代科技英语显然十分重视状语性分词结构这种灵活而广泛的表意功能。

对具有必备专业知识的科技翻译工作者来说，在翻译中分析出分词结构与主干成分之间存在的逻辑联系是并不困难的。但对缺乏所译材料涉及的专业必备知识的译者，遇到这种结构时很可能难以判明支、干之间的逻辑关系，因此也就很难下笔措辞。这时，与懂专业的人进行商讨是很必要的。

一般说来，状语性分词结构并不表示强调，原文的语序（前置于主干、插入主干、后置于主干）通常只出于行文上的考虑。因此，在翻译这类结构时，一旦辨明支、干之间的逻辑关系，即可以下述几种句式形成译句：

（一）译成动词并列式分句（或后续分句）⑦ 即在一个主语下使用两个或两个以上的并列动词（其中之一就是分句结构中的分词），中间用逗号隔开，如：

(a) The solar wind grossly distorts the earth's magnetic field, *dragging it out to a long tail.*

太阳风使地球磁场的形状发生很大的变化，将它向外拉牵，扯出一条长尾。

（b）Rising and falling gas cells in the convection zone buffet the magnetic lines of force there, *causing them to twist and untwist.*

对流区中不停上升和下降的气流会冲击磁力线，使之发生绞缠和退绞缠。

（c）With the right combination of these dimensions, all six circles will overlap, *opening a window in the center to let in a beam of radio signals from an extraterrestrial civilization.*

在将这些平面进行正确的组合以后，共计六个圆周将依次重叠，从而在中心部分形成窗口，可使地外文化的射电信号光束通过窗口射入。（添加连接成分"从而……"）

（d）And we look at nearby stars; *being nearer,* they would have stronger signals and probably more frequencies carrying detectable signals.

我们注视着附近的恒星；由于比较近，它们会有较强的信号和可能携带可探测信号的更多的频率。（添加连接成分"由于"）

（e）*Watching this display,* Captain Emerson Hiller steered the Knorr to the point at which we wanted to begin our search for warm water.

希勒船长一面注视着屏幕，一面把"诺尔号"驶向我们打算从那里开始探寻暖水的地点。（添加连接成分"一面"）

（f）Subsequently, they will have an aversion to eating more carbohydrates, *preferring protein foods instead.*

随后，她们就不愿意吃更多的碳水化合物，而愿意吃蛋白质食物了。（添加连接成分"而"）

动词并列式分句最基本的特征是表示主要（或先行）意义的分句（也叫正句）与表示次要（或后续）意义的分句（也叫偏句，一般即状语性分词结构的对应部分）共用一个主语，形成连动。译成动词并列式分句时，常常需要尽可能按两个分句之间逻辑意念关系添加连接成分。

（二）译成复合式分句，即有两个主语分置于两句中，形成有逻辑联系的并列或从属句式。如：

(a) About a day after a sector boundary passes, the total spin of all the storms in the Northern Hemisphere declines by about 10 per cent, *making the storms less severe, and then returns to normal.*

在地球通过一个区界大约一天以后，北半球的所有旋暴风的总旋转速度下降了约10%；同时旋暴风强度减弱，随后恢复正常。

(b) Scientists have pursued variations of this idea for almost 40 years, suggesting sound waves, gravity waves, and several other kinds of waves as the most promising carrier of coronal energy.

最有可能携带日冕能量的是声波、引力波以及其他好几种波，近40年来，科学家们一直按这种思路进行研究。

(c) *Pursued with inventiveness and diligence,* the available civilian high power laser options can drastically alter the future of the human race.

如果（人们能）具有创造性和勤奋精神对现有的民用高功率激光器的种种使用前景不断进行研究，那么，人类的未来就可能发生急剧的变化。

(d) *Long regarded by elementary particle physicists as a costly nuisance,* synchrotron radiation is now recognized as a valuable research tool.

同步加速器辐射长期被基本粒子物理学家看作是一种费钱的废物，现在人们却认识到，它是可贵的研究工具。

(e) *Having disproved and disputed the theory for more than two decades,* some biologists are now embarking an undertaking to interprete it in a new approach.

20多年来这一理论一直处在非难和争议中；现在有些生物学家正研究以新的观点对之加以解释。

（三）译成包孕式。包孕式就是句中包含着另一个"句子"（常见的是一个主谓词组或动宾词组），形成"句中之句"。如：

（a）Each swamp sparrow attacked the speaker only when it heard swamp sparrow syllables, *defending its territory* as though the instrument were another male bird.

沼雀只有听到沼雀音节才奋起袭击扬声器保卫自己的领地，好像扬声器就是另一只雄鸟似的。

（b）*Using a computer,* we composed a series of synthetic songs by shuffling the natural syllables into different patterns.

我们用一台计算机把音节组织成种种不同的结构模式从而合成了一系列曲子。

（c）*Using purified interferon,* a research team under the direction of biochemist Christian B. Anfinsen is mapping interferon's molecular structure at the National Institutes of Health in Bethesda, Md.

克利斯汀·B.安芬森是马里兰州贝塞斯达国立卫生研究所的生物化学家，他指导下的一个研究小组正在使用提纯的干扰素，对干扰素的分子结构进行研究。

（d）Be conscious in your observation that there are traps around which, *given the slightest opportunity,* will take you in.

观测时必须注意：使你失误的陷阱处处皆是，稍一不慎即可能落入其中。

（e）*When handled properly and skillfully,* the Heimlich Maneuver can be performed on a victim who is standing or sitting or on someone who has fallen to the floor unconscious.

海姆里奇急救法可由能正确与熟练操作的急救者施用于站着或坐着的患者，也可施用于晕倒在地、失去知觉的病人。

实际上，这里所说的"包孕"已是广义的包孕，即将状语性分词词组译成包孕于句中的适当成分。将分词结构译成包孕于句中的成分时必须注意行文，不宜因包孕而形成句子层次过多，或过于曲折冗长，给人以拖沓感。如句子过长，则应切成分句。

（四）译成外位语句①。如句子太长或成分或层次较多，可将句子切分，用一个代指成分（一般为代词"这""这样""那""它"等）以代替先行部分。这时，代指词前的先行部分就称为外位语，代指词是本位语。本位语承接外位语，形成明晰的层次，符合汉语习惯。如：

(a) Theorists believe that the waves are generated near the bottom of a coronal hole and ride outward, *exerting added pressure on the high-speed stream.*

理论工作者认为，这种波在日冕洞的底部附近产生出来，然后向外运动，**这样**就给高速射流增加了一个附加压强。

(b) The chaffinches showed an instinctive ability to pick out the right sounds to imitate, *suggesting that instinct was as important as learning to the birds as they developed their songs.*

苍头燕雀显示了一种模仿自己同类鸟的歌声的本能。**这**表明，鸟类学习唱歌时，鸟的先天本能和后天的学习过程是同样重要的。

(c) My colleagues and I raised young male white crowns in the laboratory, *taking them from the nest when they were a few days old.*

我和同事们在实验室里培养了一批雄性的小白头雀。**那**是在它们出世才几天就从巢里捉回来的。

(d) To signal the presence of a hunting hawk, the chaffinch becomes a ventriloquist, *"throwing" its voice so that the hawk cannot find it.*

为了通知同伴有恶鹰到来，苍头雀变成了口技表演家。**它**把叫声"抛"得老远，既警告了同伴，又让老鹰找不到它。

(e) In Vilcek's method, they are grown in bottles rotated automatically, *allowing a nutrient solution to bathe each cell continuously.*

维尔切克的方法是让细胞在自动旋转的瓶子里生长，**这**就使每个细胞能不断地受到营养液的冲洗。

(f) The current increases faster than resistance decreases, *leading to more heating and less heat radiation and resistance.*

电流的增长比电阻的下降要快，**这**就导致进一步加热，进一步减小热辐射和电阻。

（五）译成前置无主句。前置无主句实际上是连动式分句，前句与后句共用一个主语，但前句不带主语，后句带主语（句中加重处），如：

(a) *Using this reasoning,* we can estimate the number of detectable civilizations in our galaxy.

根据这种推理，可以估计出银河系中的可探测到的文明世界的数目。

此句也可以译成：

我们根据这种推理，就可以估计出……

(b) *Comparing these spectrograms to those of a wild white crown's song,* we found that the laboratory birds' songs had the same length and tone quality but that many of the details were different.

将实验室白头雀的声谱图和野外白头雀的声谱图进行比较，发现实验室鸟的歌声的音长与音质和野外的一样，但声音的细节有许多不同之处。

此句也可译成：

我们把这种声谱图……比较，发现……

(c) *Combining this estimate with what we know about star density and the number of stars in our galaxy,* we conclude that 1 out 10 million stars has a detectable civilization.

将这一估计与我们已知的恒星密度与银河系恒星数联系起来，**我们**即可推断每一千万颗星中有一颗具有可探测的文明。

此句也可译成：

我们将这一估计……起来，即可推断……

(d) *Using measurements of the density and temperature of coronal holes and the solar wind,* scientists calculated that the gas pressure in a coronal hole is only one-tenth the average gas pressure in the corona.

利用关于日冕洞中的密度和温度以及关于太阳风的测量结果，**科学家们**计算出日冕洞中的气体压强只有日冕中平均气体压强的十分之一。

此句也可译成：

科学家们利用……，计算出……

由于这种句式中的前句与后句共用一个主语，是连动式分句，因此主语往往可以移位。一般说来，如果前句太长，则宜将主语移至前句，等于将原文的分词结构加上逻辑主语，如：

(e) *Combining this quantity with the new information on the gas density and shape of the hole,* they figured that the speed of this stream must have reached 400 kilometers per second at only 5 solar radii.

他们把这个流量随同新获得的关于日冕洞的气体密度和形状的资料结合起来，推算出这束高速射流应该仅在5个太阳半径的地方便达到每秒400公里的速度。

（六）有些表示时间、场所或行为方式的状语性分词结构也可以视情况译成定语修饰语，如：

(a) *Working at the Fruit and Vegetable Chemistry Laboratory in Pasadena, Calif.,* the scientists sprayed young guayule plants with 5,000 parts per million of the hormone stimulator 2-（3-4dichlorophenoxy) -triethylamine.

在加利福尼亚州帕萨迪纳的果蔬化学实验室里，科学家们向幼小的银胶菊植物喷以浓度为5,000ppm的激素刺激剂2-(3-4二氯苯氧基)三乙胺。

(b) *Bred in the areas around the equator,* this protozoan proves very inactive out of the tropical zone.

这种在赤道周围繁殖的原生物，在热带地区以外的地方是极不活跃的。

在科技英语中，句子一般都比较长，因此翻译带状语性分词结构时，最好采取化长为短的一些译法，分层处理，如：连动式分句、复合式分句、前置无主句、外位语句等。

1. 英语重形合（Hypotaxis），汉语重意合（Parataxis），但在带状语性分词结构的句子中，英语也恰恰重意合。因此译者一旦判明分词结构与主句的逻辑意念关系以后，只要能正确、明白地达意，就不必机械地加上连接成分（关联词语），以免画蛇添足，如：

(a) One of them moves a little to one side and drives a stick into the ground, *marking the spot where the moon could be seen in the V.*
其中一人向一侧稍稍移动，把杆子插进地里，（以便）标出他们能够看到月亮在 V 形山坳里的地点。

(b) He then runs this mixture through a centrifuge to remove the white cells, *leaving a crude solution of interferon.*
他以离心机分离这种混合液，去除白细胞，（从而）提取干扰素原液。

2. 科技英语中有时会出现英语传统语法认为不正确的"无关联分词结构"（Misrelated Participles，俗称"垂悬分词结构"Dangling Participles）[9]，即主干成分的主语与分词的逻辑主语不一致。这类"无关联分词"为数并不很多，有约定俗成的趋势，如：considering, seeing, disregarding, providing, suggesting, asserting, supposing, given, based on 等，大都是一些表示"述说者"（The Speaker）的态度或倾向的词，读者是能一目了然的。如：

(a) Supposing the rated speed is 1,500 rpm, or above, the voltage adjusting method would be preferably automatic.
如果额定转速为 1,500 rpm 或更高，则电压调节方式最好为自动式。

(b) Considering the remoteness, wavelengths of X rays that indicate its motion must be shortened to an appropriate cycle.

考虑到（被观测的物体）极其遥远，标出其运动的 X 射线波长应缩短到适当的变化周期。

(c) Based on the measurements of the errors caused by motion, the experimenters readjusted the directions of the laser beam.

根据（仪表）对运动引起的误差的测量，实验者再次调整了激光束的方向。

6.2 英语科技词汇与连词的翻译

6.2.1 科技词汇的翻译

英语科技词汇除以常用语汇的专业化和同一词语词义的多专业化（见6.0.2）构成科技词汇外，还以传统的英语构词法扩充（Replenish）新词，数量之多，速度之快，远为其他语类所不及。科学和技术的发展不仅为科技英语提供了极其丰富的词语，也是现代英语新词首要的、最广泛的来源。⑩

英语科技术语按形态可以分为三种类型，即单词型、合成型和短语型。三类术语的形成都是按英语构词法的基本构造规律产生的。因此，了解英语构词法对我们准确理解科技语词义和翻译科技术语极有帮助。

科技英语以下述方法构词：

（一）合成法（Compounding），即将两个或两个以上的旧词组合成一个新词。科技英语中的合成词有合写式（无连字符）与分写式（有连字符），如：

合写式：　　　　　　　　　　分写式：

splashdown 溅落　　　　　　salt-former 卤素

fallout 放射性尘埃　　　　　dew-point 露点

waterlock 水闸　　　　　　heat-wave 热浪
thunderstorm 雷暴　　　　 hot-press 热压
moonwalk 月面行走　　　　pulse-scaler 脉冲定标器

大部分科技英语合成词均取直译法，即将两个合成语素的词义直译作偏正连缀。有些合成词汉译时需适当增词，才能准确通顺地表达原意。

（二）混成法（Blending），即将两个词中在拼写上或读音上比较适合的部分以"前一词去尾、后一词去首"，加以叠合混成，混成后新词兼具两个旧词之形义，如：

contrail＝condensation+trail 凝结尾流
smog＝smoke+fog 烟雾
telex＝teleprinter+exchange 电传
medicare＝medical+care 医疗保健
gravisphere＝gravity+shpere 引力作用范围

不少混成词前一词或后一词可能是一个完整的单音节或双音节词，如：

zincode＝zine+platinode 阴极
escalift＝escalator+lift 自动电梯
copytron＝copy+electron 电子复写（技术）

混成词在科技英语中似乎比在其他语类中用得普遍，原因可能是熟悉本专业知识或技术的人认为混成词比较简略而不难借助联想理解词义，如：biorhythm 是由 biological 与 rhythm 混成的，词义是"生理节奏"；mechnochemistry 是由 mechanical 与 chemistry 混成的，词义是"机械化学"等。

混成词是合成词的一种变体，翻译时注重直译，一般取偏正式复合构词：自动（偏—修饰语）电梯（正—中心词）。

（三）词缀法（Affixation），即利用词缀（前缀或后缀）作为词素构成新词。英语许多词缀的构词能力很强，因此词缀法就成为科技英语构词的重要手段。例如，前缀 anti-（反）加在词根（Base Word）前即构成 antimatter（反物质），antismog（反烟雾），antiparticle（反粒子），antipollution（反污染），antihyperon（反超子），anticyclone（反气旋）等。后缀 -logy（表示某种学科）是近几年来十分活跃的词缀，新词就有 futurology（未来学），planetology（太阳系星体学），ethnomycology（人种真菌学），anthropology（人类学），ecology（生态学）。-logy 的贬义为"术"，如：escapology（逃生术）。用前缀 micro-（微、微观）与 macro-（大、宏观）派生的词也很多，如：microeconomics（微观经济学），macroeconomics（宏观经济学），microinstruction（电子计算机科学中的"微指令"），macroinstruction（宏指令）等，都反映了现代科学技术的发展。

利用词缀法构词的优越性是显而易见的。词缀具有极大的灵活性，同时又具有极强、极广泛的搭配表意能力，这是因为一方面词缀的基本词义都比较稳定、明确；另一方面它们的附着力都很强，附着在词根之前或之后，概念可以立即形成。此外，拉丁语源的词缀本来就十分丰富，随着科技和英语的发展，又不断产生新的构词成分，并广泛被利用作为科技词语的构词手段，如：bio-（生命、生物），thermo-（热），electro-（电），aero-（空气），carbo-（碳），hydro-（水、氢），-ite（矿物），-mania（热、狂）等。这些构词成分并不是传统的英语词缀，它们都是一些科技词汇的词头或词尾，但它们的黏附构词能力是很强的。熟悉这些科技词汇的构词成分，对我们解析、判断、翻译英语科技词语是很有帮助的。

许多字母多的科技词语都可以以解析法析出词义。如：

barothermograph＝baro（气压）＋thermo（温度）＋graph（记录器）：气压温度记录器

deoxyribonucleic＝de（脱）＋oxy（氧）＋rib(o-核糖)＋nucleic（核）：脱氧核糖核，deoxyribonucleic acid 脱氧核糖核酸

photomorphogenesis＝photo（光）＋morph(o-形态)＋genesis（发生）：光形态发生现象

encephalomyocarditis＝encephal(o-脑的)＋myocard（心肌）＋

itis（炎）：脑心肌炎

有些科技词的组成词素很多，汉译时还要根据某一专业约定俗成的称呼进行调整，如：

pneumonoultramicroscopicsilicovolcanokoniosis＝pneumono（肺）+ultra（超）+micro（微）+scopic（观）+silico（矽）+volcano（火山）+koni（尘埃）+osis（病）：火山超微尘矽肺。

可见科技词汇虽然可能很长，但都是可以通过构词规律，先解析（析出词素及词素义），后合成（将词素意义进行调整、连缀），从而得出一个完整的词义。由于英语中的前后缀及科技构词成分大都来自拉丁语，因此科技翻译工作者最好具有一些拉丁语知识，并备有拉丁语汉语（或英—拉）词典，供析词时查阅。翻译时应注意词素连接时常以元音 [o]、[i]、[a]、[e]、[y] 等充当连字符。当然，学一点英语构词法对一个翻译工作者来说就更加必要了。

（四）缩略法（Acronym），即将某一词语组合中主要词的第一个字母组成新词的构词方法。科技英语中常用缩略词是因为它们简略、方便，典型的例子是 laser（激光）（由 light amplification by stimulated emission of radiation 这个词语组合缩略而成）。常用的科技缩略词有 ADP（automatic data processing 自动数据处理）、IC（integrated circuit 集成电路）、DC（direct current 直流电）、AC（alternating current 交流电）等。由于电子计算机等学科的发展，出现了很多新的缩略词，被广泛用于信息处理中，如 KWIC（key-word-in-context 关键字在文内）、KWOC（key-word-out-of-context 关键字在文首）等。英译汉时遇到没有把握的缩略词，只能多查几本词典。

（五）许多科技名词和术语是借用专有名词（包括人名、地名、商品、商标、机构等）。遇到这种词也宜多查词典。由于它们是专有名词，因此一般取音译或音译加注式。如：Alfven wave（阿尔文波）就是根据瑞典天体物理学家 Hannes Alfven 而得名。Chandler's wobble（钱德拉波动说）得自美国天文学家 Seth Carlo Chandler。医学上新近注意的 kuru（库鲁癫痫症），发生于 New Guinea（新几内亚）的 Kuru Highlands（库鲁高地）。有些专用科技名词得名于某个垄断性商业机构，如：大型计算机的 IBM System 取自 International Business Machines Corporation（美国国际商业机器公司）。"STP 汽油添加剂"得自商标，现在 STP 已被用于医学作为精神分析的药剂名。Mace（迈斯神经镇静剂），原来也是商标，现在这个商标不仅被医学采用，而且还派生出了动词 to mace（喷以迈斯神经刺激剂）。Xerox（静电复制）原是美国的商号名，现在已成为普通名词，并派生了 to xerox，xeroxer 等词。利用这类专有名词并不是科技英语新的发展，很早以前科技英语中就有 ohm（欧姆）、amp（安培）、diesel（内燃机）等来自专有名词的常用科技词语。正如通用英语中有 hamburger（汉堡包）、cardigan（开襟羊毛衫）一样，它们的语源都是专有名词。英语历来有专有名词普通化的倾向。

除了以上几种主要的构词法以外，科技英语还利用剪截法（Clipping，如：从 laboratory 剪截出 lab）、逆序法（Back-Formation，如：从 laser 逆生出 to lase 发射激光）、造词法（Coinage，如：物理学中的 quark 夸克）、词性转换法（Functional Shift，如：to contact the terminal 中的 contact 已由传统的名词词性转换成动词）以及借用外来语（如：gene 基因，借自德语）等构词法构成通用或专用词语。翻译这几类词语首先需要溯本求源，找出原词或根词（先从词形上加以判断，再悉心参照上下文）。除了新造词以外，它们的新义不会与原词或根词的本义相距太远。新造词的翻译引进一般都经历一个音译加注或加引号的过程。Quark 一词最早出现于 1963 年。严格说来它并不是生造词，而是已废弃的古代象声词，意为"海鸟的叫声"[①]。科学家启用这个词可能是由于这个奇怪的词正好用以为一个未知的数字构成命名。

科技词汇和术语用在某一专业范围内时词义一般比较稳定，特别是大批纯专业术语（如："脱氧核糖核酸"）。但有许多常用词语在科技英语中的词义就可能非常灵活，变义可能很多，必须根据上下文细心判断。例如，development 一词在具体的上下文中就不一定是"发展"，而可能是"研究""研制""开发""研制获得的成果""研究取得的进展"等。动词 develop 还可能有"恶化""扩大""变化"等义。这种在科技资料和文献中用得很多、词义又丰富多变的词，在英译汉中要加倍注意，必须紧紧抓住上下文，不要望文生义，主观臆断，以防出错。

6.2.2　科技术语统一问题

由于科技发展日新月异，科技术语大量涌现，术语使用范围和使用频度日益扩大和增加，就难免产生"一物多名"或"多物一名"的现象。这就是说，科技术语存在一个命名的统一问题。命名的不统一会给翻译带来很多麻烦。但是作为翻译，我们遵从的是"名从主人"的原则。除非是熟知本行业务、富有经验的译者，一般不要更改原文的命名。不妨采取"名从主人、译者加注"的办法以助正名。

译名的不统一则是另一个问题。译名不统一的部分原因是由命名的不统一造成的，但大量问题则是不同时期的不同译者根据不同的翻译原则处理译名的结果。例如，有一种防空导弹的英语原名为 Stinger，而译名竟多达五六个：有"斯汀格""针刺""刺针""毒刺""霹雳火"等。译名不统一不仅使译者莫衷一是，更严重的是引起使用上的混乱，贻误工作。

因此，我们需要根据这方面的经验教训，制定一些行之有效的原则，供广大译者在实践中有所遵循。

根据汉语习惯、翻译传统以及翻译工作者译名的总趋势，统一译名的原则似可大致确定如下：

（一）原文命名凡有词义者，应取其义，译其义而得译名，即所谓意译。

汉语命名重义，已有悠久的传统，这是许多外来语逐渐从音译名定为意译名的原因。如：bourgeoisie 从"布尔乔亚"到"资产阶级"，vitamin 从"维他命"到"维生素"，laser 从"莱塞"到"激光"。以原词词义译名，符合汉语"因形见义"的基本原则，又便于记忆。科技术语大量是名词，按词义译名时，宜选择最宜于用做译名的名词性词义，不应取动词性词义（或其他词性词义）。英语命名的规律是一般按事物或现象的本质属性或特征，如：组织成分、作用、结构、外形、部位等。因此，以义定名时，译名最好考虑以上命名理据，做到名副其实，恰到好处。原名为多义词时，往往以基本词义为最合适，译名与"实"当然是越切越好。

原名为普通名词时，应取基本词义再加专业含义以定名，如：couple，基本词义是"对""偶"，再加上专业含义，就成为电偶（电学）、力偶（力学）。翻译新的科技术语时，应掌握并遵循这一传统的译名定名法。

（二）原文命名无词义者，可取其音，译其音而得译名，即所谓音译。

音译的发音依据应为国际音标（IPA），译名则应按汉语拼音，不应用方言音译原名。

此外，音译科技术语应遵从"名从主人"的原则，即原文如果是法语则应按法语发音，是德语则按德语发音。

（三）汉语注重"因形见义"，音译不能表示事物的本质属性或类属时，可取音兼意译。

音兼意译既能取原名之音，又能暗示读者事物的类属、类别、属性等范畴词，读者比较容易接受。如：mastic 玛琋脂、the Vistula 维斯杜拉河、Pumi 普米族。有人又称这类翻译为"注释性音译"，其中"注释词"往往落在词尾，点出事物的类属、类别、属性等范畴。

以音译加注释的方法翻译无普通词义的原名符合汉语传统，是可取的译词法。

（四）以还原法析出原词，再顺序递加词义，得出译名。这种译法有两种情况，其一是缩略词，其二是混成词。

缩略词：英语缩略词在科技文献中用得极多（其次在新闻英语中），原因是缩略词用来很简便：可以将很长的短语型术语截其主要组成词首字母，拼缀成词，甚至可以有特定的发音而成为单词型专用术语，典型的例子是 laser 及 radar（radio detecting and ranging 无线电定位和测距）。

缩略词用来简便，但也带来一些问题，一是难以拼读发音[12]，二是难以辨出词义。例如，APDS-FS（APDSFS）是 armor piercing discarding sabot fin stabilized 的缩写，既难发音，又不易辨识。因此，目前翻译这类词的主要方法是以还原法译全称，APDS-FS（APDSFS）的全称译名是："尾翼稳定脱壳穿甲弹"。

在原文中，缩略词的使用有时和全称是并行的，但以新词为限，为人所熟悉的词，就只取缩写式。新词往往辅以全称，以利推广。例如，美国的一种防空导弹型号原是 howling all the way killer，缩写式是 Hawk 其发音为

[hɔːk]，所以也有人译为"霍克"，因为英美电台也是这样读。翻译时应取全称，译为"全程寻的杀伤器"。这个词在开始使用时，英美报刊也常用全称，以正视听。

混成词：混成词在科技术语中也叫作"行囊词"（Portmanteau Words），是一种非常时兴的构词现象。原先人们使用这种词是出于幽默或心血来潮的插科打诨，以剪缀词头、词尾加以黏合来取悦读者或听众。后来发现这样构造新词很有实用价值，特别是近 20 年中，在科技、新闻和广告英语中越来越流行。

翻译混成词也采取还原法，析出全称，再按顺序递加词义，即得译名。如：

　　Multivider＝multiply＋divider 简便乘除计算器
　　Programatic＝program＋automatic 能自动编制程序的
　　Airveyor＝air＋conveyor 空气传送机（器）
　　Talkathon＝talk＋marathon 长篇讲话
　　Pictogram＝picture＋telegram 图像电讯

一般说来翻译混成词并不困难，原因是它们的词形与组成词半隐半现，易于做出联想判断。

（五）汉语对应词早已有之者，不再取新译名。例如，"the Plough"，早已有"北斗星"。"the Pluto"在汉语中叫"冥王星"。英语的 tin plate 在汉语中叫作"马口铁"，zinc plate 叫作"白铁（皮）"，因此不宜再译做"镀锡铁皮"及"镀锌铁皮"。Marijuana 在汉语中叫"大麻"，不应再有音译名。汉语历史文化悠久，许多动植物、矿物及天文、地理名称古已有之。翻译时，见到英语（或拉丁学名）都应沿用汉语的对应词语。

（六）约定俗成的不规范译名，由于沿用已久，不应再按以上所述的原则重新译名。例如，Greenwich 已有"格林威治"这个古旧译名，就不要再按国际音标发音，改为"格林尼奇"了。

译名规范化问题应有专门机构负责。目前最重要的是：从事翻译的人员都遵循统一的译词原则，作为译名的准绳，将译名不统一的混乱现象控制在尽可能小的范围内，以免贻误工作。

6.2.3 连词汉译问题

连词是用来连接词、词组和分句（从句）的词类。英语与汉语的连词无论在功能和类别上都有许多相似之处。但比较而言，汉语的连词少于英语的连词。原因是英语的连词无论在表示并列关系（Coordination）或从属关系（Subordination）时，其结构功能（Structural Function）要比汉语的对应成分稳定得多。在很多情况下，英语连词的使用是一个语法规范问题，而汉语则不然。汉语可以说"东、西、南、北"，"南"与"北"之间不需要连词。而英语的 east, west, south, and north 中, south 与 north 之间就必须用连词 and。此外，还有一个表意功能的强弱及方式问题。

一、形合与意合

一般说来，英语重形合，因为英语连词的结构功能比汉语稳定得多。汉语重意合，词与词、词组与词组以及句子与句子之间的连接常常凭借内在的逻辑关系，不必言明或不言自明，句子连接得灵活但并不含糊。如："年富力强"，可以是"不但年富，而且力强"，也可以是"既年富又力强"，还可以是"年富而力强"。精简连词是汉语的历史传统。精简连词要以使文句更加洗练而洒脱，符合汉语"以简驭繁"的传统。

英译汉中的形合与意合，主要是指句与句之间（包括以联合关系配列及以偏正关系配列的句与句之间）起连接作用的成分是否省略的问题。

英译汉中的形合与意合大体有以下几种情况。翻译中遇到某一具体实例时，可以按以下情况逐一考虑，权衡译文的优劣，以定取舍。

（一）形合是唯一的（或最佳的）连接方式。下例句是不能取意合式的：

(a) Underwater currents and several other factors swing the sled about, making it impossible to tow the device over exact, predetermined routes *unless* we know precisely where it is all times.

深海洋流及其他一些因素使橇状装置摇摆不定，**因此**我们无法将它在准确、预定的路线上拖曳，**除非**我们每时每刻都能准确地知道它的位置。

(b) *After* our triumph on August 23, we spent a lot of time letting people fly our bird.

8月23日的胜利**之后**，我们花费了很多时间让人们试飞那架"飞鸟"。

(c) *Despite* precautions, 20 minutes *after* beginning to traverse the bottom, the huge sled smashed into the rocky sea floor.

尽管采取了一些预防措施，**但是**在横越海底20分钟**以后**，那个巨大的橇状装置还是跌跌撞撞地掉进了多岩石的海底。

(d) In most instances the mixed function oxidase system works to benefit people *because* it rids the body of many unwanted compounds.

在大多数情况下，双功能氧化酶系统对人是有利的，**因为**它能去除人体所不需要的许多化合物。（"因为"或可译为"原因是……"）

(e) These studies are aimed at determining *not only* their（vaccines）ability to stimulate the production of antibodies to the antigen *but* their salty in clinical practice.

这些研究的目的**不仅**是检查疫苗激起制造抵抗这种抗原的抗体的能力，**而且**还为了检验将疫苗投入临床应用的安全性。

以上例句中的连词在英语中不能省略，因为它们的结构功能十分稳定，词义也很明确。而在汉语译句中，这些句子其所以取形合式连接法，则主要是由上下文所规定的逻辑概念决定的。如果译文不用对应连词，则肯定有失于原义。上下文是否要求以连词表达出明确无误的逻辑概念（因果、条件、让步、目的等）是决定译文是否应取形合式的基本依据。

（二）意合是最佳的连接方式。以下例句则宜取意合式：

(a) *While* I remained aboard the Knorr to help tow the sled in search of other temperature rises, Edmond, Dymond, and Corliss transferred to the Lulu to dive in Alvin.

我留在"诺尔号"协助拖曳橇状装置去寻觅其他的水温升高的地点；埃德蒙、戴蒙德和科利斯则转到"露露号"，以便乘"阿尔文号"

深潜入海。(省去形合连接成分"当……时")

(b) *As* a payload specialist, a new category of scientist or engineer is charge of experiments or handling payloads, you have nothing to do during the ascent but relax and enjoy the flight.

你是一名载运专家,是一名新型的科学家或工程师。你的职责是要进行实验或者照料货物。眼下(飞船)正在上升,你无事可做,不妨好好观赏一番这次试飞。(省去形合连接成分"作为……")

(c) Every one was excited. *And* we were anxious to dive for a firsthand look at the creatures we had discovered.

大家都激动起来,迫切地想潜到海底亲眼看看我们发现的生物。(省去"而""而且"等)

注意句段连贯表达中英语句子间的形合与汉语句子间的意合:

... *If* wire tension exceeded 9,000 kilograms, the cable would break and $100,000 worth of unique equipment would be lost. *But* Captain Hiller quickly backed the ship, *and* cable was paid out to reduce towline tension. *After* several minutes of maneuvering, the sled pulled free *and* the towing continued.

……张力超过9 000公斤,拖缆就会断裂。这台唯一的、价值10万美元的装置就会毁于一旦。希勒船长立即使船退行,放松缆绳以减少它承受的张力。经过几分钟的周折,橇状装置终于解脱了出来,拖曳又继续进行了。(省译 If ... and ... But ... and ... After ... and ...)

以上例句中的连词在英语中不能省略,但在译文中则可将对应连词略去不译而取意合式。意合复句及句子组合虽然缺了连词,但逻辑概念并没有阻断,只是从明示改为暗含,可以认为这是一种"连接概念的弱化"。

以暗含为手段使连接概念弱化的好处是可以使行文更简洁、更灵活,还能使译文读来更自然,较少翻译味而有助于使译文增添汉语那种不言自明的内在语感。状语性分词结构汉译取意合式见6.11。

（三）在许多情况下形合和意合都是可取的，两种不同的连接方式也并没有很大的差别，如：

(a) *Since* Vesta is about 2.4 times farther from the Sun than is the Earth, it receives only about one-sixth of the light and heat that we do.

意合：弱化（暗含）

灶神星离太阳的距离是地球离太阳的距离的 2.4 倍，它从太阳那里接受的光和热只相当于地球从太阳那里接受的光和热的六分之一。

形合：强式（明示）

由于灶神星……的 2.4 倍，所以它从太阳……的六分之一。

(b) *As* we zigzagged back and forth across the area, compared the profiles of the bottom obtained by this sonar to a detailed sonar map of the rift area.

意合：弱化（暗含）

我们迂回曲折地横越那个海域，将这次用声呐探测到的海底分布图同一幅裂壳区域的声呐详图加以对照。

形合：强式（明示）

在迂回曲折地横越那个海域时，我们将……对照。

(c) T. T. Beach, an immunologist, was about 35 years old *when* he died of unknown causes.

意合：弱化（暗含）

免疫学家 T. T. 比奇死时年约 35 岁，死因不明。

形合：强式（明示）

T. T. 比奇，免疫学家，因不明原因死亡。死时年约 35 岁。

有时形合与意合两者都是可取的。但将形合改为意合时，译文的时态、语气及句子的总体要按（如上句）需要加以调整，如使用"了"等时态助词，如：

(d) *When* they analyzed that sample, they found an unusual chemical composition, including high concentrations of helium and radon.

形合：强式（明示）

他们在对海水样品进行分析时，发现了一种特殊的化学组成，其中包括高浓度的氦和氡。

意合：弱化（暗含）

他们对海水样品进行了分析，发现……。

（e）*After* 30 samples, we were certain of the conclusion.

形合：强式（明示）

在经过对 30 种样品的试测之后，我们确信结论是正确的。

意合：弱化（暗含）

我们测试了 30 种样品，对结论确信无疑。

（f）*Although* his objection never ceased, the experiments were carried on.

形合：强式（明示）

尽管他从未停止反对这么做，但我们还是继续进行试验。

意合：弱化（暗含）

试验还是进行了多次，他不遗余力地反对也无济于事。

英汉翻译中要特别注意英语结构功能很强的句中呼应连接成分，如：so...that..., such...that, to the extent of, so as to, as far as, so far as to,（to do sth.）by doing sth. 等在译句中是否取形合式或意合式的问题。拘泥于形合，常常是造成"翻译味"很浓的重要原因，试读以下译句：

（a）Shaft hardness is *so* important *that* it must be determined by at least two different kinds of hardnessmeters.

转轴的硬度是如此重要，以至必须至少以两种不同的硬度计分别加以测定。

宜译为：转轴的硬度至关重要。某一转轴的硬度至少应以两种……测定。

（b）The instrument must be *so* carefully designed *as to* block any short circuits, the greatest hazard to the continuity of service.

仪表之设计应达如此精心之程度从而杜绝一切短路致使工作之继续受阻。

宜译为：仪表应精心设计，防止短路，因为短路对运行的连续性危害最大。

(c) Perfect insulation can also be achieved by using thermoplastic materials or porcelain *in absence of* rubber.

通过使用热塑性材料或瓷料，在没有橡胶的地方，完全绝缘也是可以实现的。

宜译为：无橡胶时，使用瓷料或热塑性材料也可以完全绝缘。

汉语重意合，英语重形合是一个总的倾向。在英译汉中使用一些在汉语中不必使用的连接成分，造成行文拖沓、用词芜杂，是科技译文的一大弊病。但同时也应注意科技文章重逻辑性和连贯性的特点。正确、适当的形合可以使行文在逻辑性和连贯性上更明确、更紧凑，可以排除不必要的语义含混。

二、连词的本义与变义

英语连词的基本词义是不难掌握的，但是变义则有时不易准确把握。准确把握连词词义的关键在于准确把握被连接的两个部分之间深层的逻辑意念，千万不要囿于语言表层的限制。以连词 and 为例，and 在实际运用中的变义很多，翻译时必须悉心推敲前后两个部分之间的逻辑意念关系。

（a）And 可以用于表示结果或某种符合逻辑的进程，因而可视情况译为"从而""因而"等：

The heat causes the aluminum to diffuse into the silicon near the surface, *and* this forms a P-type layer.

热使铝扩散进入至近表层的硅，**从而**形成了一个 P 型层。

(b) And 可以用于表示转折或对比，因而可视情况译为"但是""然而"等；实际上是一种弱化的 but，如：

In some cases pollution may only have been diluted *and* people are not aware of the dilution.
　　有时污染只不过被稀释罢了，**然而**人们却没有意识到污染只是被稀释并没有被清除。

(c) And 可以用于表示让步或补充说明，因而可视情况译为"虽然""尽管"等；实际上是一种弱化的 though（although），如：

They（white-footed species）remained very inactive *and* the light and temperature had been raised to a degree that best suits their behavior.
　　尽管我们已将光亮度和温度提到了最适宜于那些白足类动物活动的程度，它们仍然行动呆滞。

(d) And 可以用于协助构成一种句型，表示"只要……就"的语气，如：

One line blurred *and* the whole scanning will fail.
　　只要一条线模糊不清，整个扫描**就**会失败。

(e) 句首 and 一般用于承上启下，不一定有多少实在的连接概念，用 and 在语感上比较紧凑、比较具有非正式英语的亲切感，如：

… *And* some（animals）were even more fussy, like a child who refuses to say goodnight unless a light is turned on or off.
　　……有些动物甚至百般挑剔，好像一个孩子除非称他的意把灯打开或关上，否则他是不会道声晚安去睡觉的。
　　And there in lies the allure of turbulence research …
　　湍流研究的魅力正在于此。……

下例段首 and 不仅可以使两段之间连接得更紧密，同时又可以减轻正式英语的端庄感，如：

> *And* they (liver cells) work effectively—miraculously.
> **而**肝细胞**却**照样有效地工作着，真可以说是一种奇迹。

遇到这种连词，译者必须静心体会它的结构功能和表意功能，如果译文能达意传神，英语连词的这种双重功能也不必非找到一个汉语连接成分不可。大多数句首 and 的词义可能是"而且""然后""而""此外"等；有些句首 and 往往可以给句子带来"而……却"的语气，表示转折。"却"是副词，修饰主语后的谓语。

用得越多的词变义越多，英汉皆然。连词也不例外。连词 and 的变义在实际运用中肯定比上述几种情况还多。除 and 外，常用连词 if, but, when, while 都有变义，译者必须牢牢抓住上下文，细心体会语句的深层意念。许多连词表达的意念在深层。

三、连词的语体问题

英汉翻译中宜视情况选用与全文总体风貌相适应的连词，使白话体连词与文言体连词能各适其所。一般说来，科技英语属正式语体，译成汉语，不宜用过俗的口语词语。许多权威性科学论述的文体是很端庄的，请注意下段行文中的连词：

> 在一般外科学中以细菌因素为最重要。机械性的**或**物理性的因子作用时间比较短暂，**因之**炎症过程也仅是组织短时受累的结果。化学因素、坏死组织或异物作用之时间较长，但其强度比较恒定。微生物常常不断地繁殖，时时变更作用强度**而且**作用的时间较长，**因之**这类因子引起的组织反应也往往比较复杂与强烈。（沈克非：《外科学》，第 1 页）

科技文体在近 30 年内出现了一个分支，即科普文体（或称"科学通俗体")。⑬科普文体要求深入浅出地阐释科学原理，因此在用词上可以通俗一些。英译汉时请注意针对不同材料、不同读者对象来遣词造句。

6.3 英语计数的汉译

6.3.1 倍数表示法（Multiplication）

无论在英语或在汉语中，同一个倍数具有不同的表示法。英译汉的任务首先在于准确无误地表示倍数本身，不要强求语言形式上的对应。翻译倍数必须紧紧抓住语言深层的逻辑意念，不要把语言当作数理符号处理。

（一）翻译倍数时（无论增加或减少），有一个基本问题即包括不包括基数（The Base Amount），包括基数时汉语有一些常用的句式（或措辞），不包括基数时又另有说法。英语则都包括基数。倍数翻译的准确无误，就是在这个基本问题上的准确无误，译文的句式（或措辞）必须明确无误地显示出包括不包括基数，必须与原文所指的实际倍数吻合。

（二）汉语与英语通常以如下句式表示倍数，句中 n（number）指倍数：

1. 汉语基本句式或表达法：

　　(a) 甲比乙……（形容词或副词）n 倍：不包括基数，

　　(b) 甲是乙的 n 倍：包括基数；

　　(c) 甲比乙增加了 n 倍：不包括基数；

　　(d) 甲已增加到乙的 n 倍：包括基数。

2. 英语基本表达法：

　　(a) "n+times+adj. 比较级 +than" 式：包括基数；

　　(b) "n+times+as+adj.+as" 式：包括基数；

　　(c) "n+times+the（its, that of, etc.）+Noun" 式：包括基数；

　　(d) "Verb（e. g. increase, grow, rise, be raised, multiply, be up to, etc.）+n+times" 式：包括基数；

　　(e) "Verb (double, treble, quadruple, duplicate) +the+Noun" 式及 "be twice the+Noun"式：包括基数。

可见英语与汉语不同，英语中各式表达法都是包括基数的。这里必须说明的有两点：

第一，（a）式即"n+times+adj. 比较级 +than"是不是包括基数，有些英美语法学家已提出异议。目前对此式在看法上特别是在用法上并不一致。传统上认为这种倍数表达法包括基数，等于（b）式，即"n+times+as+adj.+as"式。但英美均有著名语法学家认为这种说法很可能引起歧义，不合逻辑，应避免使用[15]。然而在实际运用中，英美科技工作者似乎仍遵循传统用法，其意义等于（b）式。我们查阅了40万字的各学科科技文献，发现表示倍数句共39例。其中（a）式句为13句，恰恰占三分之一，（b）式句为6句，（c）式句为6句，（d）式句为7句，其余为其他各式。可见科技人员倾向于用（a）式，而且从13例（a）式中看绝大多数句子中的倍数是整偶数，很多是10、100、150倍等等，而不是9、99、149倍等，可见作者在运算和计数时确已包括基数。

第二，（d）式句中动词用 increase 等词时有时后面跟着一个 to，再加倍数，这个 to 并无实意。有时后面跟的介词是 by。其实 by+n+times 就是乘 n 倍，并不表示净增数。To 与 by 的意思都等于 to the extent of（AHD）。

第三，由于英汉表示倍数的句子有以上差异，因此英汉翻译时要注意：凡是译者用不包括基数的汉语句式时，都要在原文的倍数上减1，成为 $n-1$ 倍。请注意下表中英汉句型转换时译文应取的实际倍数：

表6–2

英语各式表达法	汉语句式	译文应取的倍数
（a）式 n+times+adj.(taller, brighter, wider)+than	甲比乙（高、亮、宽）$n-1$ 倍	按原文减1
	甲的（高度、亮度、宽度）为（是）乙的 n 倍	照原文
	甲的（高度、亮度、宽度）n 倍于乙	照原文

英语各式表达法	汉语句式	译文应取的倍数
(b) 式 n+times+as+adj. (tall, bright, wide)+as	甲的（高度、亮度、宽度）为（是）乙的 n 倍	照原文
	甲的（高度、亮度、宽度）n 倍于乙	照原文
	甲比乙（高、亮、宽）$n-1$	照原文减 1
(c) 式 n+times+the+Noun+ （energy）	甲的（能量）为（是）乙的 n 倍	按原文
	甲的（能量）n 倍于乙	照原文
	甲的（能量）比乙（大）$n-1$ 倍	照原文减 1
(d) 式 increase+n+times (as against . . .)	甲（比……）增加了 $n-1$ 倍	按原文减 1
	甲（在……基础上）增加到原数的 n 倍	照原文
(e) 式 double+the+Noun+ (output) treble, quadruple, twice	（产量）翻了一番 增加了两倍、三倍、一倍	均需按原文减 1

注意以下不同译句中倍数的变化：

（a）The particles on the surface layer are three times more than those beneath the crust.

表层的粒子数比表壳下的粒子数多两倍。

表层的粒子数是表壳下粒子数的 3 倍。

表层的粒子数 3 倍于表壳下的粒子数。

（b）The distance is eight times as long as the previous one.

这一距离为前者的 8 倍。

这一距离 8 倍于前者。

这一距离比前者长 7 倍。

（c）The intensity of the impact is 11 times the momentum changes.

撞击强度是动量变化的 11 倍。

撞击强度比动量变化强 10 倍。

(d) Auto accidents increased by 2.5 times compared with late 1960s.

车祸比 60 年代末期增多了 1.5 倍。

车祸增加到 60 年代末期的 2.5 倍。

(e) Plans to duplicate this capability at Fermilab were under study in 1979.

费米实验室正在研究于 1979 年将这个能量翻一番的计划。

在实际的翻译工作中，遇到倍数的汉译时还必须注意以下问题：

第一，由于倍数的汉译有几种可选择的句式，因此，译者最好选用能顾及译文倍数为整偶数的译法，以免 "n−1" 后将原文的 10 倍、100 倍、200 倍变为 9 倍、99 倍、199 倍等，如：

(a) The signal-collecting area of each system would be at least 100 times greater than that of the Arecibo telescope.

每个系统的收集信号区域将至少 100 倍于阿雷西博望远镜。（试比较：将至少比……大 99 倍）

(b) Consequently, the impact on an unrestrained driver or passenger would be about 10 times greater than the impact on the car.

因此，不系安全带的驾车者或乘客所受到的撞击力是汽车本身受到的撞击力的约十倍。（试比较：约比汽车本身受到的撞击力大九倍）

(c) He had used the 305-meter (1,000-foot) radio telescope in Arecibo to obtain measurements at least 100 times more sensitive than any previously made.

他用阿雷西博的 305 米（1 000 英尺）射电望远镜所做的观测的灵敏度至少 100 倍于他以前所做的观测。（试比较：比……至少要灵敏 99 倍）

(d) They found that the rays were 20 times, more active at night than during the day, drifting over the rocky bottom searching for prey.

他们发现当鳐鱼漂过岩石底部搜索捕获食物时，它们在晚间的活跃程度是其白昼运动的 20 倍。（试比较：比在白天的运动多 19 倍）

照顾原文与译文的整数主要是出于语感上的考虑，同时，采用汉语包括基数的句式或措辞可以免去减一之烦，减少出错的可能性。在数字较大时，照顾原文与译文整数，可以获得一种比较悦目的整体感，如：

(e) They have developed a biodegradable material that can absorb 5,000 times its weight in water, 2.5 times the capacity of earlier experimental materials.

他们研究出一种可以生物降解的材料，这种材料可吸收相当于其自身重量 5 000 倍的水，是以前使用的实验材料吸水力的 2.5 倍。

当然，科技情报或文献重在准确，"悦目的语感"（Be easy on the eyes）是次要问题。有些科技翻译工作者仍然倾向于严格地遵循原文与译文句式的对应，遵循 $n-1$ 的原则：

(f) Measurements on links 340 and 440 miles long give intermodulation noise that *are greater than* for free space by factors of about 1.35 and 2.15.

在 340 英里及 440 英里的线路上所测出的互调噪音比自由空间的互调噪音分别大约 0.35 倍（即 35％）和 1.15 倍（即 115％）。

(g) The region of depletion is five to six times *greater than* the region of transition.

耗尽层区比过渡层区大 4 至 5 倍。

(h) Under high pressure the particles beneath the crust are 2000-fold *more than* normal.

高压下表壳下的粒子数比常压下多 1,999 倍。

第二，原文中有巨大倍数时，译成汉语不包括基数的句式再 $n-1$ 似无多大意义[⑯]，因此一般都不加变动，如：

(a) Synchrotron radiation in the X-ray range would be 1 million times brighter than that from an X-ray tube.

同步加速器辐射的亮度比 X 射线管所发出的大 100 万倍。

(b) The waste radiation is revolutionizing X-ray science, enabling researchers to see things on an atomic level with eyes that are a million times more powerful than ever before.

这种废料辐射使 X 射线科学发生了一场革命：它使科研工作者能用眼睛看到原子级的东西，这一放大率比已往提高了 100 万倍。

(c) Damaged cells increased by some 115,000 times as against those before stripping away the protein.

受损伤的细胞比除去蛋白质前增加了约 115 000 倍。

第三，英语表示减少时也用倍数，汉语不能用倍数表示减少的概念，原因是在传统上汉语的用词是"倍增"及"递减"，没有"倍减"之说。因此凡是遇到原文中倍数表示减少率时，汉语都需转换成分数。这是个表现法问题，包括以下诸项。

表示减少（减小、减缩、缩小、下降、降低、少、轻等）也有一个包括不包括基数的问题，汉语的基本句式为：

(a) 甲（比乙）减少了几分之几；

(b) 甲减少到（了）（原……的）几分之几。

英语表示减少的基本句式与表示增长的倍数没有什么不同，只是用词上的差别，如：increase ⇨ decrease, raise ⇨ reduce, more than ⇨ less than 等。因此，我们在转换倍数为分数时要牢牢掌握的是如下公式：

(a) 表示净减数时为：减少了 ($\frac{n-1}{n}$)；

(b) 包括基数成分（表示剩下）时为：减少到 ($\frac{1}{n}$)。

注意下列的翻译：

(a) 16-fold decrease 减少了 ($\frac{16-1}{16}$)，即 $\frac{15}{16}$；或减少到十六分之一；

(b) four times less than the original length 比原长度缩短了 ($\frac{4-1}{4}$)，即 ($\frac{3}{4}$)；或缩短到原长度的四分之一；

(c) $5\frac{1}{2}$ times lighter than lead 比铅轻（$\frac{5.5-1}{5.5}$），即比铅轻十一分之九（$\frac{4.5\times2}{5.5\times2}=\frac{9}{11}$）；

(d) reduce by a factor of 10 减低（$\frac{10-1}{10}$），即（$\frac{9}{10}$）；减少到（原数量）的十分之一。

许多科技材料及报刊倾向于用百分比。用百分比的确是最简明的表达法，也易于翻译。但有人认为多于百分之百的百分比也可能使人产生"不悦目的语感"。特别是在倍数大于五的情况下，用百分比可能很不"悦目顺耳"。

英语中还有一种用"every"的计数法。Every other 等于 each second（每隔一个）；如：every three days 等于 every third day，即每三天，或每隔两天等。因此，译成"每隔……"时，有时必须运用 $n-1$ 的原则，如：

(a) Multi-purpose testers are installed to check the pressure—one for every ten.

每隔 9 个测试器即装有一台多用途测试器以校正压力。（每 10 台成排装设的测试器中有 1 台是多用途的）

(b) Signals will be issued every fourth minute.

每隔 4 分钟发出一次信号。（每 4 分钟发一次信号；因发信号时间不至于长过一分钟）

(c) The record of hexagon cell behavior must be checked every 4 and a half hours.

六面体胞囊活动的记录必须每 4 个半小时检查一次。（每隔 4 个半小时检查一次）

此外还有 at ... interval（s）(at 10-day intervals, "每隔 9 天"或"以 10 天为一期"）及 out of ... （nine out of ten "十有九"；one out of every 20 samples 是"每 20 个样品中即有一个"，不能译为"每隔 19 个……"）。

6.3.2 计量转换

计量的转换（Conversion）并没有一成不变的规定，主要取决于使用传统，特别是科技界约定俗成的做法。在较多的情况下，计量是采取并用式，特别是在科技翻译中。英美一些科技文献也是如此。原文取并行式时，汉译一律照译不作变动。如：0.6-millimeter（1/2-inch）译做0.6毫米或0.6mm（1/2英寸），3/4 knot（about 1 mile per hour）译做每小时3/4海里（约每小时1英里），113-kilogram（250-pound）译做113公斤（250磅），6 736 meters（22,100 feet）译做6 736米（22,100英尺），3 kilometers（2 miles）译做3公里（2英里），400℃（800°F）照写不变，10 to 18 kph（6 to 11mph）译做每小时10—18公里（6—11英里），18 gallon（about 82 litres）译做18加仑（约82升）等。原文取并行式主要是为了兼顾英美传统的计量习惯。

（一）英译汉时不转换或不换算者（Non-Conversions），主要有以下情况：

（a）所有的公制（The Metric System）度量衡计量。

（b）世界主要货币制（The Monetary System），包括美元制、英镑制、法郎制、马克制、卢布制、日元及港币制。

（c）国际标准时间（The International Standard Time）或格林威治时间GMT（Greenwich Mean Time）。

（d）已成定式的专业专用词语（单位或代号等），如：MWC 349（威尔逊山天文台早型发射星表第349号星），CCD（电荷耦合器件），分子式，CT切割，p-n结等。

（e）方程式及公式，如：$\lim\limits_{x \to \infty} f(x)$

（当x趋近于∞时x的函数$f(x)$的极限）。

（二）英译汉时需要转换或换算者（Conversions）主要有以下情况：

（a）华氏温度计数一般需换成摄氏度数，公式如下：$n\,°F\left[(n-32)\times\dfrac{5}{9}\right]℃$，因为我国科技界仍通用摄氏度数。

（b）英制中有些汉语不常用的度量衡单位，如：yard（码），需换成公制（米）：1 meter (m)=1.0936 yard；ounce (oz) 盎司，需换成克 1 gram (g) = 0.0353 oz.（但作为黄金重量单位时不换算）。

（c）英美十亿以上计数有时需互换；翻译时请注意材料来源：

表 6-3

英　　制	美　　制	汉　译（按美制）
one thousand million	one billion	十亿
ten thousand million	ten billion	百亿
one hundred thousand million	one hundred billion	千亿
one billion	one trillion	万亿（兆）
one thousand billion	one quadrillion	千兆
ten thousand billion	ten quadrillion	京
one trillionbillion	one quintillion	百京

兆以上大计数可以换成乘方，"京"目前已不通用。

（d）外国非常用货币在译文中第一次出现时，最好换成美元制或英镑制，用括号写在原文货币后，如：din（dinar 第纳尔，阿尔及利亚货币）。

（e）未成定式的专用缩略词（如：药物、未探明物质、星球、船舶、装置、卫星及新的信息程序等的代号或名称）在译文中第一次出现时，应将表意文字部分尽可能直译，也可用括号注明附在原文后，从第二次起即可只用原文。如：BCG-4（卡介苗—4），DNA（脱氧核糖核酸），EBCDIC（扩充式二进制编码的十进制交换码）。也可用混合式，即在原文前或原文后加注释性汉译词，如："3C273"可转换成"类星体 3C273"，可使读者更加清楚，使非本专业读者也能知其大意。

〔注释〕

①参见 D. Crystal 与 D. Davy 合著 *Investigating English Style*, p.251。

②这一问题我国语法界各家说法不一。本书取王力先生在《中国语法理论》导言中的论断。

③除词汇手段外，汉语还可以用句法手段表示时态，即用整个句子的陈述、说明或叙述等衬出时间概念，如："礼多人不怪"（一般现在时），"他先来，你后到，先给他换"（先、后是一般过去时）。表示时间的句法手段大抵是个语境和语感问题，没有什么规律可循。

④根据 R. Quirk 等著 *A Grammar of Contemporary English*，在中世纪英语和早期的现代英语中，Verbal Nouns 都带有冠词，后面跟着介词，如：the saving of his life, the acting of one's body 等。后来，冠词和介词逐渐被省略，即现代英语的动名词，如：to thank him for saving his life。

⑤参见 C. E. Eckersley 与 J. M. Eckersley 合著：*A Comprehensive English Grammar*, Chapt. 17, Longman。

⑥参见 A. J. Thomson 与 A. V. Martinet 合著：*A Practical English Grammar*, Sect. 25, Oxford。

⑦本书取张志公之说，参见《汉语语法常识》，第 262 页。

⑧我国有些语法学家将外位语称为"称代式提示成分"，见胡裕树编《现代汉语》，第 338 页。

⑨参见 A. J. Thomson 与 A. V. Martinet 合著：*A Practical English Grammar*, Sect. 279, Oxford。

⑩参见 *6,000 Words, A Supplement to Websters, Third New International Dictionary* 序言。

⑪此词出自英国作家 James Joyce 著 *Finnegans Wake*（《芬尼根的苏醒》）。

⑫缩略词有下述大致可遵循的拼读发音规则，可供译音时参考：

a）一两个字母组成的缩略词，按字母发音，一般照读，不拼读也不音译。如：US（United States，美国），FM（frequency modulation，调频），MS（Master of Science，科学硕士）等。

b）二三个字母组成的缩略词，发音时可按字母照读，如：BBC（英国广播公司），IBM（国际商用机械公司），也可以按拼读发音，如：GEM [dʒem]（ground effect machine）地面效力机动车辆。GSO ['dʒesou]（General Staff Officer）总参谋部军官。一般规律是：字母间有元音或便于发音者，取拼读；字母均为辅音或不便发音者，取各字母音（如 GMT 格林威治时间）。三字母组成的缩略词在翻译时取并行式（照写原文字母或加注释词，如：YAG 激光器，但在文中第一次出现时，常需析出全称，译出词义：YAG 铝石榴石激光器）。

c）三个辅音字母组成不便发音而又有音译的科技术语只限于非常流行的几个词，如：TNT 被译为"梯恩梯"。

d）三四个以上字母组成的缩略词，发音有以下几种情况：

i. 按字母逐个照读，如：UNDP；

ii. 按一般拼读规则拼出，如：PERT [pət]（Program Evaluation Review Technique 计划评价检查技术）；

iii. 第一个字母照发字母音，其余字母拼读，如：CTOL [siːtəl]（conventional take-off and landing 常规起飞和着陆）；

iv. 最后一个字母照发字母音，其余字母拼读，如：MACV [mæk'viː]（Military Assistance Command, Vietnam 美军驻南越司令部）；

v. 添加元音字母与前位辅音拼读，如：PLSS [plis]（Portable Life-Support System 手提式助生设施）。

⑬参见《现代汉语参考资料》，上海教育出版社版，第 593 页。

⑭此处的形容词比较级不包括"较少于、较小于、较低于"等反义的形容词比较级。

⑮参见 Ernest Gowers 著：*The Complete Plain Words*, 1977, p. 232；持异议者认为"…the figure that is three times greater (or more) than three is not nine but twelve"。传统用法，请查阅 *OEC* 及 *COD* 中 "time" 词条的解释，可知 "be larger than=be as large as"。

⑯参见 Arthur L. Bowley 著：*Elements of Statistics*，其理由是巨大倍数通常只是一种估计，不是准确度很高的数据。

第七章 应用文体

7.0 概述

7.0.1 应用文体的范畴

应用英语不是一种统一的文体类别，它的体式最为驳杂。举凡公函、书信、通知、请柬、启事、通告、海报、广告、单据、契约、合同以及迎送辞、协议书、备忘录、商品说明书等都属于应用文之列。显而易见，以上各种书面材料中的英语文体差别悬殊。我们拟从翻译工作的实际需要出发，在本单元中选择应用文中三种常用文体进行探讨，并掌握各类应用文翻译要领：(1) 公函英语（English of Business Letter），(2) 契约英语（English of Contract），(3) 教范英语（English of Instruction）。此外，作为现代英语中一种重要的应用文体，我们将先对广告英语作一简要介绍。

7.0.2 应用文体的特点与汉译要点

7.0.2.1 广告文体

广告英语在英语语体中是一种独特的类型，文体学上一般将它分成两种体式：书面广告语体和口语广告语体[①]。我们在这里只讨论前者。

英语书面广告语体有如下特点：

（一）英美现代广告学认为广告的作用在于：Information（提供信息），Persuasion（争取顾客），Maintenance of Demand（保持需求），Creating Mass Markets（扩大市场），以及 Quality（确保质量）。以上五个方面的作用是通过各种手段完成的，特别是现代广告业，资金和技术力量都很雄厚。但不论其发展如何日新月异，最基本的手段还是语言。广告英语为更加有效地完成以上五个方面的任务，必须注意语言的感召力（Appeal），首先必须大众化、口语化。这是书面体广告英语使用非正式体英语的基本原因。下例引自 G. N. Leech 著《广告英语》一书：

Think about all this. And ask yourself…, isn't it worth finding out more about it? Of course it is. And there is no time like the present…, so get that pen out now, and fill in the coupon right away. Or call in and talk things over at your nearest R. A. F. Career Information Center and discuss the question there.

这是很平易的谈话体英语，现代英美广告不仅崇尚流畅的口语，还力图使口语带有亲切感，例如，广告中流行所谓"女性英语"：For all the sweet nothings you've whispered in my ears——real gold for yours。现代广告作者十分注意这种可感知的（Perceivable）语言风韵。

（二）100 年前的英语广告几乎完全是纪实性的（Factual），但现代广告则充满浮夸词语。除人称代词（尤其是第二人称）以外，用得最广泛的是形容词及副词（尤其是最高级），其次是各式动词。形容词中用得最多的则是描述性形容词和各种名词化形容词（如：the fair, the real）及形容词化的名词（如：a luxury sports car 中的 luxury 及 sports）。请注意下则广告中的用词倾向：

表 7-1

代词	动词	形容词/副词	What to see and do aboard a Boeing 747 superjet:
your your your	let, wander	spacious	*Let* your eyes *wander*. And *your* legs. And *your* imagination. A *Spacious* Age flight aboard the Boeing 747 *is* a holiday enroute to a holiday. A vacation
your	is		from business on *your* way to business.
	step		*Step* inside the superjet.
		double-width	Beyond the 10 *double-width* doors
they	are	spacious,	*are* foyer entrances. *They're spacious.*
they	lead	light, airy	*Light* and *airy*. And *they lead* to a cabin
they		wide, wide	20 feet *wide*, as *wide* as most living
you	find, explore		rooms. *Explore*. *You'll find* the 747's
	is divided	separate	cabin *is divided* into three *separate*
	is	first	economy class sections, and a *first class* section up front extending to the nose of the 231-foot plane. Each section *is* a
	spare	private	*private* world of elegance with room to *spare*.
your	stand	straight	*Stand* up *straight* at *your* seat,
	go, are, stretch		*stretch* out *go* for a stroll. Ceilings *are*
you	note	enclosed	8 feet high. *You'll note* the *enclosed*
that,	is	overhead	*overhead* stowage compartment. *That's*
you	have	carry-on	so *you* won't *have carry-on* baggage at
your	are	main,	*your* heels. There *are* two *main* aisles.
	make	cross, added	Instead of one. *Added cross* aisles *make*
it	get	easier	*it* even *easier to get* around.
	relax, settle		*Relax, settle* back for a catnap.
	are	extra large	747 seats in every class *are extra large* with more leg room, more head and
	cruises		elbow room. While the superjet *cruises*
		faster, subsonic	*faster* than all other *subsonic* jetliners,
it, you	gives	quietest, most restful	*it gives you* the *quietest, most restful* jet
you	had		ride *you've* ever *had*.

除上述商品推销广告以外，英语中还有一类招聘、招标广告。这类广告的纪实性很强，很少使用描绘性形容词及最高级形容词和副词。以下是纽约公共汽车公司的招标广告：

Advertisement
New York City Transit Authority
Replacement Trucks (Bogies) for
Transit Passenger Cars

The New York City Transit Authority is actively seeking to locate foundries capable and willing to manufacture one piece castings for trucks (under carriages or bogies) for passenger cars for New York City's Rapid Transit System. To be considered qualified, a foundry must demonstrate that it has the necessary facilities and the skill and experience in producing one-piece castings of rapid transit trucks that have performed satisfactorily on passenger railroads or rapid transit systems for a period of not less than five years or 250,000 miles.

A total of approximately 1,500 truck sets of castings are required. A truck set consists of seven castings and includes a one piece truck frame, bolster, spring plank and four equalizer spring seats.

The castings are to be delivered in the final machined condition, with all necessary holes drilled and tapped and with bushings and wear plates applied.

The truck will be a modified version of a General Steel Industries truck which has been operating on the New York City Transit System for the past 30 years without failure.

The truck frame, bolster and spring plank castings are to be of a nickel alloy steel in accordance with AAR Specification M-201. The equalizer spring seat casting material is to be of ASTM A-27, Grade 70-36 steel.

The Authority contemplates that the quality of the castings will be Class 2 in critical areas and Class 3 in non-critical areas and will be evaluated in accordance with ASTM Specifications E-446 and E-142. After five successive truck frames have satisfied the radiographic quality criteria, one in each lot of 25 frames shall be subjected to 100% radiography inspection. Also, all castings shall be required to be 100% inspected by the magnetic particle method. The truck frame is a one piece hollow tubular and channel shaped casting with an overall length of approximately 11 feet (31/2 meters), a width of approximately 7 feet (2.3 meters), a height of approximately 2 feet (0.65 meters), and weighs approximately 3,800 pounds in the final machined condition.

The bolster has an overall length of approximately 6 feet (2 meters), a height of approximately 1.25 feet (0.4 meters) and a width of approximately 1.03 feet (0.3 meters) and weighs approximately 650 pounds in the final machined state.

The spring plank has an overall length of approximately 6 feet (1.9 meters), a height of approximately 0.50 feet (0.125 meters) and a width of approximately 1.01 feet (0.25 meters), and weighs approximately 315 pounds.

The equalizer spring seat casting is a small casting and weighs approximately 14 pounds.

The Authority will assemble these castings together with other parts and components.

While the Authority contemplates the initial delivery of truck castings to be within 13 months after the award of the contract and final delivery to be within 36 months after the award, with a rate of delivery of up to approximately 20 truck sets of castings per week, it will consider other schedules and awards to more than one foundry to assure earliest possible delivery. The Authority also contemplates making the award or awards within a few months.

Foundries capable of meeting the above qualifications and requirements are invited to write to Mr. George Ziegler, Chief Engineer, New York City Transit Authority, 370 Jay Street, Brooklyn, New York 11201, United States, for receipt by the Authority not later than June 6, 1980, indicating their interest, capabilities, qualifications and experience for further consideration by the Authority.

  George Ziegler
  Chief Engineer
  New York City Transit Authority

  文中尽量避免使用描绘性形容词，使用得较多的是表示程度、条件、方式的副词（如：approximately，satisfactorily，actively 等），及表示形状、大小的必要的形容词。投标、招标广告通常使用正式书面英语，近似公文文体，用词比较端重（如：上文中的第三人称 shall 等）。招标广告中的动词形态具有比较鲜明的特点，即广泛使用将来时、被动式以及"to be+infinitive"式。

  投标、招标广告通常需要使用很多专业词汇和术语（包括标准代号），因此行文往往技术性很强，读者一般限于特定的范围。这类广告中使用的英语又很像科技英语。

  此外，英美广告中还有一种比较有实用价值的材料，即附加在某种商品介绍和金融、商业机构介绍后面的商情分析和市场信息。

  （三）一般说来，广告英语的句子比较简短，讲求利落有力，忌用结构盘错的长句、复杂句，大量使用省略句（省略到只有一个词，即 One-Word Sentence）、祈使句及破折句。试分析下列广告的句子结构。

  Webcor Zaps the Beeper
  New York.
  Throw your beepers away.
  Webcor gives you a better idea.
  The Webcor ZIP 1010.
  A remote telephone answering system that works without beepers.
  Just think what that means.
  No more bulky, noisy beepers to carry around.
  Instead, use a touch tone phone to plug in your personal code and your

messages play back instantly.

If there's no touch tone phone where you are, just speak right up into a dial phone and get your messages.

The ZIP 1010 even lets you erase messages and change out going messages, from wherever you're calling.

But don't let the Webcor ZIP 1010's looks fool you.

How come we thought of it first?

That's our reputation.

Advanced technology.

Modern styling.

And a total commitment to telecommunications.

What next?

Go to any of the terrific stores listed below.

Walk up to the counter and say,

"I want to see the ZIP the zapped the beeper."

上则广告在形式上共 20 句，其中大多数为省略句和祈使句，行文在简略中求节奏，编排新颖，被称为 Staccato Style（断续文体）。

（四）广告英语的常用修辞手法：

广告英语着重修辞，通常围绕广告学中的三个中心问题运用修辞手法，即商标、公司和价格。常用手法是：

（1）玩弄辞藻

（a）堆砌形容词和形容词最高级

finest food, *most attractive* surroundings and a friendly disposition（餐馆广告）

Incredible sale: *beautiful, beautiful, beautiful* lynx and mink, *top* quality, *latest* styles fur garments（服装广告）

（b）夸大其词，以耸听闻

Our Sunday Brunch Buffet Is A *Legend* In Its Time（餐馆广告）

When your anger becomes a *volcano* ...（药品广告）

(c) 运用押韵法

BETA *Bui*lds It *Bet*ter 押头韵 (Alliteration)（家具广告）

Never *Late*, on Father's *Day* 押准韵 (Assonance)（礼品广告）

Spend a *dime*, Save you *time* 押尾韵 (Rhyme)（电器广告）

广告英语还常使用比喻和双关语等方式在用词上别出心裁以吸引读者注意。近几年来在广告英语中常出现新的混成词，也是一种玩弄辞藻的手法：

In Miami, it's no *newelty* (new + novelty)（旅游广告）

Come to OUR *fruice* (fruit + juice)（饮料广告）

（2）使用警句，以发人思考，从而注意宣传中的商品：

No dream is too big.（高级轿车广告）

If you think getting only one cavity a year is OK, by 1990 you'll have 10 holes in that theory.（牙膏广告）。

有时广告作者故意套用名句或谚语：

To smoke or not to smoke, that is a question 套用莎士比亚名句 "*To be or not to be, that is a question*"（香烟广告）

7.0.2.2 公函文体

公函文体主要指公务函件 (Business Letter) 中使用的文体。私人书信 (Private letter) 一般用非正式语体，接近口语甚至俚俗语，不在此论。

一、公函英语的特点

（一）英语公函有固定的格式（见信例），一般由七个部分组成：(1) 函头 (Heading)；(2) 受函人地址 (Inside Address)；(3) 称呼 (Salutation)；

（4）函件正文（Body）；（5）结束语（Closing Sentence）；（6）函尾套语（Complimentary Closing）；（7）致函人签名（Signature）。除以上七个部分外，有些公函在称呼下写上标题（Caption）或参照（Reference），一般以一句话概述本件内容。现代英语公函常省去此项。结束语一般涉及致信人的希望与要求等，可长可短，以短为宜。公函的主要部分是函件正文，如：

STANDARD EQUIPMENT COMPANY
THE STANDARD BUILDING

(1) 75 NEWELL SQUARE. OMAHA. NEBRASKA 68124

March 25, 1970

Mr. Owen L. Conover

(2) Complete Office Supplies, Inc.

79 Broadway

Centerville, Nebraska 68724

(3) Dear Mr. Conover:

(4) Thank you very much for sending us your financial statement so promptly. You are to be congratulated on the fine credit record your company has established. We have shipped your order of March 21 by express today, and you should receive this merchandise by the first of next week. As you know, we will bill you on the 10th of each month for goods purchased the previous month. Payments within ten days of the date of our invoice entitle you to a two per cent discount.

(5) We hope that you will like doing business with us. For our part, we want to do everything we can to deserve the confidence you have placed in us. We regard every order as an opportunity for prompt and efficient service.

(6) Yours sincerely,

(7)

Maurice A. Nesbitt (signature)

Maurice A. Nesbitt
Credit Manager

（二）公函英语的交流目的是磋商公务，重点和中心思想必须突出，一目了然。由于公函一般谈的都是公事，因此使用正式英语，用词力求简洁、准确、庄重，避免空泛，讲求纪实（Factual）。公函尾首大都按固定程式行文，使用套语，讲求规格。

由于公函往来多属磋商、答询公务，往往涉及愿望、允诺、赞许、建议、催促、询问、拒绝、辩解或申述、质问、谴责等，情态比较丰富，但在表达上一般都比较婉转、含蓄、尽量保持"公事公办的持重感（Businesslike Poise）"。公函文体中情态动词很多，如：

［例一］

Dear Mr. ——

Thank you for your promptness in sending us the credit information we requested. We are glad to report that all of your credit references spoke favorably of you as a businessman.

The new store which you are opening in Bellport *should* eventually prosper, since yours is a thriving community. But its location within 20 miles of New York city forces you to compete with the larger stocks and lower prices of the metropolitan department stores, so readily accessible to commuters from Bellport and similar communities. Because your resources do not indicate that you *can* meet such competition by starting with a large indebtedness, we *must* refuse your credit application.

We *would* suggest, therefore, that you cut your order in half and pay cash for it. This *will* entitle you to our 2 per cent cash discount, a saving which you *may* pass on to your customers. By ordering frequently in small quantities, you *can* best meet the competition of the New York stores through keeping up-to-date merchandise on your shelves. Thus, through cash buying you *will* establish your business on a sound basis that *will* entitle you to an excellent credit reputation.

The enclosed duplicate of your order *will assist* you in making your selection. Just check the items you wish and sign the order. Your merchandise *will* arrive C.O.D within two days after our receipt of the order—in plenty of time for your opening sale.

Sincerely yours,

(Signature)

[例二]

Dear Mr. (Name),

Thank you for your order of February 16. We regret to state that our investigation of your credit standing shows that your firm is not a good credit risk.

We hope that you *will* understand our position in this matter as we want your business, but we operate on so small a margin of profit that we *dare* not risk any credit losses.

You stated that 2,100 of our No.14 cardboard containers *would* fill your needs for the next three months. In that case, we think we *would be* placing no hardship on you if we ask you to order C. O. D.

If you still want to place an order with us, we *shall* be glad to take care of it. As you know, our workmanship is better and our prices are lower than any of our competitors.

Yours truly,

(Signature)

（三）许多公司或机构常收到附在公函或申请书中的简历（Curriculum Vitae 或 Résumé），格式如下：

姓名、地址		312-0392	Chester C. Parsons 6710 Parkwood Place St. Louis, Missouri 63141 November 6, 1971
学历 (也可取由 近及远式)	EDUCATION	1961–65 1965–67	Beaumont High School; graduated June, 1965 Central Business Institute Business Administration Course; graduated June, 1967
工作经历 (也可取由 近及远式)	EXPERIENCE	January, 1969, to present June, 1967, to January 1, 1969	Employed as an assistant to the chief engineer of the American Food Corporation, St. Louis, Missouri. My duties included compiling reports for the chief engineer on production in the various departments. I also made time study analyses of production methods. Worked as a traffic rate clerk for the Continental Engineering Company of Pittsburgh, Pennsylvania. In this position I started as an assistant in the traffic department and later prepared and filed claims for overcharges.
个人简况	PERSONAL DETAILS		Age, 24; height, 5 feet, 9 inches; weight, 165 pounds; health, excellent; married, no children; American; hobbies: photography, amateur radio, stamp collecting; sports: tennis, bowling, and swimming.

证明人 （职务及 地址）	REFERENCES	Mr. Ernest G. Blankenburg Central Business Institute St. Louis, Missouri 63108 Mr. H. L. Judson, Personnel Manager Continental Engineering Company 3926 Seventh Avenue Pittsburgh, Pennsylvania 15215 Mr. H. C. Williams, Chief Engineer American Food Corporation 2241 Euclid Avenue St. Louis, Missouri 63121

二、公函英语的翻译要点

（一）由于公函英语重在纪实，译文总的要求是不求虚饰但求简明、严谨、准确，特别是事实细节（包括日期、数量、代号等）不应疏漏，以免贻误工作。

（二）公函文体目前虽有平易化的趋势，但总的说来仍是一种比较正式的拘谨文体，不容许挥洒自如，函件中情态虽常有变化，但一般在表述上都很婉转，翻译时宜掌握分寸。翻译情态动词时请参阅第四章中的阐述。

（三）汉语公文及公函用语和行文都讲求端重，常用文言词语，套语亦多。常用的公函词语，如："收悉、承蒙、乞谅、见告、为盼、赐复"等现在还可酌情使用。翻译公函全文时请保留英语正式书信程式，不必套用中国传统旧式。

（四）在实际工作中，公函使用者往往并不要求将函件全译，而只需摘译。摘译公函请注意如下要领：

（1）摘译之前必须通读全文，完全弄清楚其中所说的事实。处理函件的新手往往遇到这种情况：将公函看了几遍还不知道信中说了些什么。这时译者应通读在此以前有关此事的往返函件，并应特别注意时间顺序，力求捋清事件的来龙去脉，这是能做到准确摘译的先决条件。千万不要任意猜测。弄不清时，应多请教承办过此事的人员。

（2）摘译应包括信中所有主要事实的梗概，包括时间、地点、条件、请求等。一般公函主要事实都包含在"函件正文"及"结束语"中。

（3）摘译带有很大的伸缩性，取决于材料使用者的要求。最简略的摘译是函件摘要，往往要求只用一两句话概述来函意图或涉及何事、有何要求或建议等。以上述公函例一、例二为例：

（例一）摘要：
来函拒绝本公司申请。建议我方折半付现。
（例二）摘要：
对方要求交货付现

如函件使用者要求了解较多的具体情况，则可将信中最重要（一般说来也就是最具体的）语句加以摘译。如（例一）：

对方恐本公司无力应付竞争，拒绝受理我方信贷申请；建议我方折半付现，即可符合对方百分之二现金贴现条件；并降低售价、小额定货，以利竞争。提出收到我方订单后两天内交货付现。

（4）摘译公函不必拘泥于原文词句的形式，但必须做到不仅在事实上符合原件内容，而且在语气上也不失分寸。摘译者可用第一人称。

（五）公务电文是一种比公函简略得多的文书样式，但在公函通信中作用极大。在电文中不仅可以省略冠词、连词、助动词，而且还可以省略代词以及省略以后不致产生对电文的误解的介词。电文中极少用形容词及副词，也不用标点符号，现代电文已基本上废弃以词代标点符号的做法（如：以 STOP 代替句号）。现代电文采用通体大写式：

(a) RE CABLE APR 20 SCHEDULED TIME ARRIVAL 1830 PM INSTEAD 1130 AM PLS CONFIRM TRANSPORT & ACCOMODATION REGARDS GRAINDORGE

(b) NEGOTIATED YOUR CREDIT 215/80085 TERMS COMPLIED WITH PLS PAY BANK NEW YORK ACCOUNT OUR HEAD OFFICE USDLR 155645 CHARGES 260.28

电文中除用词力求简洁外，还采用很多缩略词，如USDLR:US dollar, RE: reference, PLS: please, COF: Coming on Friday, PRAB: Please reserve a bedroom 等。翻译电文尤需了解事件背景和发展经过，不可贸然做出断言，因为电文往往过于简略。如译者弄不懂电文含义，应多与了解背景情况的工作人员商榷。遇到含义不清的电文，可在时间允许的情况下电询对方。

6. 公函属于正式文体，一般要求用词端重，不同于私人信件。翻译公函不宜用口俗语。以下文言词语现仍可以视情况用于译文中：贵（贵国、贵方、贵社、贵校、贵公司等）、敝（敝社、敝校、敝公司等）、兹、谨、查收、癥此、阁下、惠寄、乞谅、火速、敬颂等。目前用"我"代"敝"较为适宜。

7.0.2.3 契约文体

契约英语也可以称为"条法英语"，但后者范围比较宽，包括法律文书，而许多法律文书又属于公文文体，已在第四章中论述过了。本节所讨论的契约，主要从翻译工作实际出发，着重探讨商务、外贸和技术契约的文体及翻译问题，包括这些方面的合同、协议书、申请书、技术保证书。

一、契约文体的特点

（一）条理性——契约文体的基本体式是纲目、条款及细则，因此要求条理十分清晰。这里的条理不仅是指逻辑上的，而且是指语言体式上的。契约文体完全不同于论述文，不求铺叙，但求明晰；也不同于描述文，不求修饰，但求达意。契约文体条目的句式结构往往大同小异，目的也在求行文的条理性。特别是契约条款的第一句句型往往是始终一贯的：这种一贯性不仅是为了求得形式上的整齐，出于程式上的要求，而且往往主要是出于达意上的要求，使读者产生句式相同的条款所表达的内容在契约效力上也是等同的印象。因此契约语言要求纲清目明，尽力避免拖沓的铺叙性或描述性扩展句。以下是国际上常见的外贸保险契约：

1. Scope of Cover

This insurance is classified into three forms — Total Loss Only (T. L. O.), With Average (W. A.) and All Risks. Where the insured goods sustain loss or damage, this Company shall undertake to indemnify therefor according to the risks insured and the Provisions of these Clauses.

(1) Total Loss Only (T. L. O.)

This Company shall be liable for

(a) total loss of the insured goods caused in the course of transit by natural calamities — heavy weather, lightning, floating ice, seaquake, earthquake, flood, etc. or by accidents — grounding, stranding, sinking, collision or derailment of the carrying conveyance, fire, explosion, etc. and falling of entire package or packages of the insured goods into sea during loading or discharge;

(b) secrifice in and contribution to General Average and Salvage Expenses.

(2) With Average (W. A.)

This Company shall be liable for

(a) total or partial loss of the insured goods caused in the course of transit by natural calamities — heavy weather, lightning, floating ice, seaquake, earthquake, flood, etc. or by accidents — grounding, stranding, sinking, collision or derailment of the carrying conveyance, fire, explosion, etc. and falling of entire package or packages of the insured goods into sea during loading or discharge;

(b) sacrifice in and contribution to General Average and Salvage Expenses.

(3) All Risks

In addition to the liability covered under the aforesaid Total Loss Only and With Average insurance, this Company shall also be liable for total or partial loss of the insured goods caused by shortage, shortage in weight, theft &/or pilferage, leakage, contact with other substance, breakage, hook, rainwater, rust, wetting, heating, mould, tainting by odour, contamination, etc. arising from external causes in the course of transit.

Goods may be insured on Total Loss Only or With Average or All Risks conditions and may also be insured against additional risks upon consultation.

2. Exclusions

This Company shall not be liable for

(1) Loss or damage caused by the intentional act or fault of the Insured;

(2) Loss or damage falling under the liability of the Consignor or arising from inherent vice or normal losses of the insured goods;

(3) Loss or damage caused by strikes of workers or delay in transit;

(4) Risks covered and excluded in the Ocean Marine Cargo War Risk Clauses of this Company.

3. Commencement and Termination of Cover

This insurance shall take effect from the time the insured goods leave the Consignor's warehouse at the place of shipment named in the Policy and shall continue in force in the ordinary course of transit including sea and land transit until the insured goods are delivered to the Consignee's warehouse at the destination named in the Policy. The Cover shall, however, be limited to sixty days upon discharge of the insured goods from the seagoing vessel at the final port of discharge, before the insured goods reach the Consignee's warehouse.

以上契约条理清晰，提纲挈领，项目分明，一般说来并列的项目都具有等同的契约效力。因此，翻译时必须恪守条款原文的体例安排。

为求得语言上的条理性，纲目和条款的结构是始终一贯的。一般说来，纲目多用名词短语，并一用到底；纲目下的释文可长可短。一般说来，纲目的名词短语（称为领语"the lead"）如已经一目了然，即无必要逐条重复或再作阐述。契约文体句子扩展的基本模式是并列式，这一点也与契约要求行文有条理性有密切的关系。

文体与翻译

（二）纪实性——制订契约的目的是为了提出、限定、筹划、应策某种事务，必须言而有实，即"纪实"。因此，契约文体一般都很简洁，这方面的公务文件也没有公文文体中那种繁文缛节。契约文体也有很多程式化语句。但是契约中的程式一般表述某种事务的工作程序或约定常规，或"标准信息"，一般还是言之有实的，同业见之，照此办理。以下是银行信用契约的条款：

We hereby issue in your favour this documentary credit which is available by your draft (s) at _____ sight for 100% invoice values on us marked as drawn under this credit and accompanied by the following documents marked with numbers:

(　) Signed commercial invoice in _____ copies indicating contract No. _____ and L/C No _____ .

(　) Full set of clean on board ocean bills of lading made out to order and blank endorsed marked "Freight notifying _____ Trade Transportation Corp." at destination.

(　) Packing list/weight memo in _____ copies showing quantity/gross and net weight for each package.

(　) Certificate of quality in _____ copies issued by _____ .

(　) Your letter attesting that the extra copies of documents have been dispatched according to contract terms.

(　) Your certified copy of cable dispatched to the accountees within after shipment advising name of vessel, date, quantity, weight and value of shipment.

(　) In case of F. O. B. shipment:certificate issued by the shipping agents certifying that the carrying vessel is chartered or booked by _____ (Charter-party bills of lading are acceptable). In case of C and F or C. I. F. shipment: Your letter attesting that the nationality of the carrying vessel has been approved by the Buyers.

以上信用契约，即所谓"信用状"（L/C），用词都很具体，除了几个限定性形容词外,都属于纪实词(Factual Words)。

(三)规范性——契约文体要求用词规范,符合约定俗成的含义,一般不能改动,除非双方(或多方)经商定才可以变动措辞或修辞,因为契约都是约定的书面依据,不能容许文字上的随意性。契约英语属于正式英语或庄严体英语。

二、契约英语的翻译要点

翻译契约英语必须十分熟悉本行业务,因此首先要求译者要有虚心学习、勤于求教的精神;要有高度的责任感和工作热忱,并在翻译实践中不断培养严谨的翻译作风。契约的翻译比较枯燥,但事关重大,因此翻译者应在业务上、翻译水平上、工作作风上不断严于要求自己。具体的翻译要点请参阅公函英语的翻译要点(见 7.0.2.2)。

7.0.2.4 教范文体

教范英语指各种类型的操作指南或手册(Operating Manuals),大至成册的工业装置说明书,小至一般机械或家用器具的操作说明、结构简介以及排除故障和维修保养方法介绍。教范英语还包括以下方面的书面材料:交通及驾驶员手册(Manual for Drivers)、邮务指南(Mail Manual)、旅游指南(Guidebook)以及服药须知(Doctor's Directions)等。

一、教范文体的特点

(一)描述性——一切教范(Instructions)都是为了要求读者遵循而编写的,因此编写者首先要考虑的是如何使书面语言具有直观的效果(Intuitive Effect),也就是说,要使读者见文如见物。为此,编写者必须凭借有效的、生动的描述才能办到。好的教范英语都是对某一客体的"好的描述"。就教范英语而言,"好的描述"指:(1)具有科学的思维逻辑,即能使语言描述富于层次感和程序性,使读者见文即能循序渐进地理解或弄明白某一机械的结构原理和操作程序、某一事务的经办手续和注意事项、某一活动进行的常规和有关规定等。(2)具有生动的形象效果,即能使语言描述不停留在抽象的推理或说明上,使读者见文即能产生某种实感,因此教范英语一般都是写实的。(3)具有明白、晓畅的说服力,即语言必须简练、通俗,避免铺叙婉曲,以及不必要的修辞格。

以下是美国汽车驾驶员手册关于行车程序的规定,具有以上所述的特点:

Passing Procedures

When you decide there is sufficient clear road ahead to permit safe passing, you should do the following:

* Look for signs and pavement markings. Many roads have signs and lane markings that tell you when you can or cannot pass safely under normal driving conditions.

* Look ahead carefully before you start to pass. Check for any hazards in the passing area.

* Look in your side and rear-view mirrors. Make sure there are no vehicles about to pass you when you start your move left to pass.

* Before passing, give the proper turn signal to show you're going to move into another lane. Signal early enough so others will know your intentions in advance.

* After passing, signal that you intend to return to your lane.

* Return to the proper lane as soon as possible after passing.

* Make sure you can see the front of the vehicle you passed in your rear-view mirror before cutting back into the lane.

* When passing, be particularly cautious in areas where someone is likely to enter or cross the road. These places include crossroads, railroad crossings and shopping center entrances. When you're passing, your view of people, cars or a train may be blocked by the car you're passing. Also, a driver turning onto the roadway into the left lane won't expect to find you in that lane and may not even look your way.

(二)技术性——许多教范都涉及某种专业或专门知识,即便是一般家用电器的使用说明书也可以相当专业化。至于工业用机械说明书的技性就更强了。以下是化工工业仪表系统的安装说明：

INSTRUMENTATION DESCRIPTION

The plant instrumentation shall be mainly of the pneumatic type with 3-15 PSI STD signals.

The main control operations shall be carried out from the control room; local controls shall be provided for the quantities which generally remain constant when the plant is operating.

Local boards shall also be provided for controlling the operation of complex machinery.

As far as the instrumentation is concerned the plant can be considered as composed by two parts.

——The first one includes sections 100-, 200-, and 300-Utilities, and is centralized in the main control room;

——The second one includes sections 300-, 500-Utilities, and is centralized in a control room placed in the Finishing Building.

The machinery equipped with a local board shall be: the flash gas compressor K-201, the centrifuges CM-307 A/B and the weighing systems.

Besides the pneumatic instrumentation, electropneumatic, electronic and electric instrumentation shall be used in the plant.

一般说来，这类教范英语很近似科技英语，但在大多数情况下教范英语比科技英语简略。

（三）简略性——主要指语言结构上的简略。为了使读者一目了然，教范英语中较少使用复合性扩展句，而代之以扩展的简单句，句子结构很类似新闻报道体。此外，教范英语的简略性特点还表现在以下几点：

（1）广泛使用祈使句，以致被称为"the-do's-and-don't style"（"注意事项"体）。

（2）广泛使用复合名词词组（即名词连用），以代替各式后置定语，如：下例中的 parcel damage and loss（不用 the damage and loss of parcels）， address information（不用 the information about your address）及 pressure-sensitive filament。

（3）尽量省略冠词、介词及无关重要的形容词、副词及连词。

《美国邮务须知》

The Consumer Advocate:
U. S. Postal Service:

  Packaging and Mailing Parcels Failure to pack and mark packages adequately is a major source of *parcel damage and loss*, You should use a container strong enough to prevent damage from handling, transportation, and compression. *Cushion* the content to make sure it does not move within the container, *and use pressure-sensitive filament* or reinforced tape for closures and reinforcement of flaps and seams.

  Avoid using paper wrappers on fiberboard containers.

  Be sure the address is clear and shown on one side only. *Repeat address information* inside the package.

  You may obtain a free copy of Publication 2, Packaging for Mailing.

左栏对照：
- parcel damage and loss
- cushion
- and use（祈使句）
- pressure-sensitive filament
- Avoid（祈使句）
- Be（祈使句）
- Repeat（祈使句），address information

二、教范英语的翻译要点

  在当前的翻译实际工作中，教范英语的翻译是不容忽视的。这类翻译材料多为科技设备的说明书。毫无疑问，忽视或延误这类材料的翻译工作，必将影响到建设工程的进程及质量。

  如上所述，从语言上说，教范英语的难度并不大。但是，翻译者往往可能遇到很大的困难。这主要是由于教范英语具有的特点，首先是描述性：翻译者往往是"见文不见物"，加以工业成套设备极其复杂，一项装置的说明书就可能多达数十公斤。因此，译者很可能越看越糊涂。其次，这类材料技术性很强，缺乏专业知识的译者显然会遇到很多困难。

面对这种情况，译者必须：

（一）加强责任感以及对翻译工作的认识。

（二）力争做到见文又见物。很多从事技术教范翻译工作的译者同时参加业务谈判、设备采购、样品抽验、开箱检查等项工作，特别是亲身参加开箱检查和交点工作对日后的资料翻译极有裨益。翻译工作者实际深入到安装现场，对增加实感以利于准确翻译，也很有好处。

（三）技术教范材料的翻译工作量往往很大，时间又紧迫，但这项工作关系重大，宜平时注意钻研本行业务，提高技术专业水平。养兵千日，用兵一时。

（四）仪表、机械、电器、医药、化学试剂等方面的说明书最好在译好以后请专家过目定稿，再交付使用或印行。

7.1 英语代词的汉译

7.1.1 英汉代词比较

代词是用来代替或指示事物、行动、性状、数量的词，在句中具有名词和形容词的句法功能，这一点英语和汉语并无区别。但是，就总的情况来看，英、汉代词有如下差异：

（一）在分类法上，汉语代词分类的依据是代词的指代作用，英语代词分类的依据是代词的句法功能。

按照代词不同的作用，汉语在传统上将代词分为三类：

> 人称代词（用于代替人或事物）：我、你、他（她、它）、自己、别人、大家、人家等；
>
> 指示代词（用于指称事物、行为或性状）：这、那、这里、那里、这样、那样、这么、那么、每、各、某、等、有的、有些等；

疑问代词（用于提问、质询）：谁、什么、哪、怎么、怎样、怎么样、几、多少、多、多么（多、多么用于提问程度）等。

英语代词在分类上不仅考虑词义，而且还依据代词的句法结构功能，因而分出了传统上的九类代词。以下几类代词在汉语中是没有的：

(a) 人称代词独立式或称"名词性代词"(Pronoun Nominals)，即 mine, his, hers, ours, yours, theirs 等。

(b) 关系代词(Relative Pronouns)，即 who, whom, whose, which（以及后接 -ever 和 -soever 的各式），that, as, but 等。

(c) 连接代词（Conjunctive Pronouns），即 who, whom, whose, which, what（以及后接 -ever 和 -soever 的各式）等。

（二）英语代词有性、数、格的屈折型形态变化。如：数的变化 yourself ⇨ yourselves, other ⇨ others, mine ⇨ ours; 性的变化 he, his, himself ⇨ she, her, herself ⇨ it, its, itself；格的变化 I ⇨ me, he ⇨ him, she ⇨ her, we ⇨ us, they ⇨ them, whose ⇨ whom 等。汉语代词的形态变化是黏附型的，如："我—我们"；"我—我的"；"这—这儿"等。其中"们"是表示复数的形态助词，"的"是表示修饰关系或领属关系的助词，"儿"是北方方言的儿化助词。

（三）上文已经提到，英汉代词的句法功能相同只是就文体而言，实际上并非完全一致。汉语代词的句法功能比较宽。比如：汉语指示代词可以在句中充当谓语，它们在句中可以替代动作或性状。例如：

他怎么啦？（比较：他走啦。）
我们今天就这样吧。（比较：我们今天就干吧。）

英语任何代词都不能构成谓语成分。

此外，汉语人称代词还有一种特殊的功能，即所谓虚指用法，如："你一言，我一语""你干你的，我干我的"。

从翻译上说，汉英代词最重要的区别在以下两点：

（一）英语倾向于多用代词，特别是人称代词，汉语倾向于重复名称、人名或称谓，避免在容易混淆的上下文中交替使用不同的人称代词。这一差异，除了语用传统等历史因素以外，可能是由于汉语人称代词"他""她""它"与"他们""她们""它们"在语音上完全一样，在语流中很容易造成误解的缘故，而在英语中则完全不存在由于发音相同而产生的指代关系混淆。试比较以下英语与汉语：

> She told them he never gave her any information about his friend at Cambridge fearing that she would in one way or another leak it out.
>
> 她告诉他们说他从来没有对她谈过他在剑桥的朋友的情况，唯恐她会在不知不觉中将它泄露了出去。

在英语中人称代词的指代关系很清楚。而在汉语中人称代词在口语语流中的指代关系则很不清楚。导致指代关系混淆的根本原因是多词一音。多词一音影响了现代汉语人称代词的句法功能。

（二）英语代词指代事物或人物时有两种方式，一是复指式（Anaphoric Reference），二是预指式（Cataphoric Reference）；汉语只用复指式，不用预指式，这一点将在下面详细加以阐述。

7.1.2 代词汉译的几个问题

（一）摆脱英语的影响，在译文中适当减少代词（特别是人称代词）的使用频率可以大大改善译文的可读性。

英语倾向于多用代词，凭借指代关系传递逻辑信息；汉语倾向于重复名词或名称，凭借复述传递逻辑信息。因此，我们应注意在汉语译文中适当减省代词而多重复名词或名称。

> (a) *We* tender *our* sincere compliments and express our heartiest thanks and appreciation for the close cooperation and generous patronage

you always render to *our* Corporation.

衷心感谢**贵**国对本公司所给予的合作和照顾。(英语用五个人称代词)

(b) Previously in *our* letter dated last 5th, *we* asked *you* for the delivery of these goods not later than the 25th, but *they* finally failed to reach *us*.

本公司曾于上月5日致函**贵**方要求货物启运日期不得迟于25日，但迟至今日仍未运到。(英语用五个人称代词)

以上只是人称代词在英译汉中的省略，如果加上其他英语代词，汉译中的代词省略就更多了，如：

(c) Thank *you* very much for *your* letter of May 5th from *which we* are pleased to learn that *your* Institute has agreed to send *its* first research group to help *us* in *our* programs or along the lines as outlined in *our* preceding letter.

收到五月五日来函，敬悉**贵**院已同意派出第一个研究小组，按**我**方前函所列项目或研究方向前来协助工作，十分感激。(英语中共用了九个各种代词)

(d) *I* am sure that *we* can find an experimental project *which you* would find of interest and *which* could provide material for publication within the time scale *that you* suggest.

我确信能找到一项使**贵**方感兴趣的实验项目，并提供材料，在拟议的时间内发表。(英语中共用了七个代词)

从上列一些例句可以清楚地看出英语代词用得远比汉语多（特别是人称代词）。究其原因，当然与语言传统很有关系。从语言结构上说，英语代词用得很多的原因是：

1. 英语普通名词具有一个很独特的属性，即前面必须用一个不同类型的、排他的（Exclusive）所谓限定词（Determiner）[②]。最常用的限定词是冠词，在不用冠词的情况下，限定词必然是某种类型的代词，详见下表：

表 7-2

限定词	名　词
1. 冠词：the 　　　　a（an）	
2. 代词： 　人称代词所有格：my/our/your/his, etc. 　不定代词：all, each, any, either, every, no, etc. 　指示代词：this, that, these, those, such, the same, etc. 　疑问代词：whose, which, whichever, what	pen (s)

英语普通名词要求前置限定词的属性，导致了代词的广泛使用（普通名词复数式可以不用限定词，如："Pens are useful"或"We have enough pens"等），而汉语则不然，汉语没有冠词，也不存在功能相当于冠词的限定词。

英语普通名词前以人称代词所有格充当限定词时，常常容易造成汉译中的赘词：

Put your gloves on your hands. 把**你的**手套戴在**你的**手上吧。可改为：戴上手套。

He almost runs his feet off these days. 这几天**他**差不多把**他的**腿都**跑断了**。可改为：这些天他快把腿都跑断了。

Rack your brains, you fool! **你这个**笨蛋！动动**你的**脑筋吧！可改为：开动脑筋想想吧，傻瓜！

For a punishment, you'll get no allowance for two weeks—whatever your excuses are. 作为一种惩罚，**你**两个礼拜得不到工资，而不管**你的**理由是什么。可改为：扣你两个星期的补助，不管有什么理由。

以下成语（或常用词组）中的代词都不要译出来：to tear *her* hair 怒不

可遏; to have *her* hands free 没事可干, 可以随心所欲地干; to set *her face against* 硬顶; to put *her* fingers on 干预、染指; to eat *her* humble bread and cheese 吃得很节省; to leave *her* mark on 给……留下印象或影响等。英语中这类带有代词所有格的成语（或常用词组）极多，但大多数情况下只是结构上的需要，已如上述。有些有词义上的需要，在汉译中都应考虑是否可以省略，能省略应尽量省略。以下人称代词所有格都有不可缺少的词汇意义，但汉译时也可以省去不译：

Well, give us *your* reasons, please. 请说说理由吧。
Regards to *your* family. 谨向家人致意。
Now I make *my* protest once again. 现在我再次提出抗议。
A blush witnesses *her* confusion. 她脸红正说明心虚。（如上下文清楚，"她"也可以省略）
As a matter of fact, he's lukewarm in *his* religion—religion of any kind. 其实，他对宗教是很淡然的，他并不信教。

在上下文已经交代得很明白的情况下，现代汉语显然是不倾向于多用代词的。汉语重含蓄，忌多用代词，这是一个源远流长的传统问题，上文已谈到代词在语流中的音韵障碍，同时与汉语的语言（主要是句法）结构形式也很有关系，汉语普通名词前不必带限定词。

2. 英语及物动词必须带宾语

英语中所有的及物动词都必须带宾语，这也是导致英语代词广泛使用的一个原因。有以下两种情况在英语中是很特殊的：

（1）英语中有许多带人称代词的及物动词，它们所表示的行为或动作是"可以返回的"（The verb returns to the doer），就是说它们的主语和宾语是同一的。表现在语言形式上，就是这些动词后都带上一个反身代词（The Reflexive Pronoun），即 myself ⇨ ourselves, yourself ⇨ yourselves, himself ⇨ herself ⇨ themselves 等。这类动词，如: cut, lose, find, shave, dress, distinguish, amuse, enjoy, treat, bethink, devote, commit, behave, pledge 等与介词的搭配式 devote oneself to, range oneself with, integrate oneself with, attach oneself to, betray oneself to, debate with oneself, say to oneself, throw oneself at, throw oneself into, thrust oneself in 等。英语反身代词一般不必译成汉语（见 a），但在形态上与反身代词完全一致的强调代词（Emphasizing Pronouns）则必须译出来（见 b），如：

(a) Reflexive Pron.——He has distinguished *himself* in cost accounting.
他在成本核算业务方面是很出众的。

(b) Emphasizing Pron.——He had sent John to the university and was eager to have him distinguish *himself*.
他送约翰上大学，期望儿子超过自己。

（2）英语中有一些及物动词必须带上一个"Expletive It"（语助词 It），即完全充当结构上的宾语而无实义的 it。如：to lord *it* over 对……作威作福，to leave *it* at that 就这么样吧，believe *it* or not 信不信由你，to hit *it* to somebody 对……倍加赞扬，take *it* easy 泰然处之，take *it* or leave *it* 要么接受、要么放弃等。以上一些语助词 it 多用于成语中。下列句中的 it 也是 Expletive It：

(a) To understand what has happened in retail trade over the past decade, *it* is necessary to be aware of the underlying causes that has been at work.

(b) Stock Exchange Introductions make *it* easier for executors to decide when to sell the unquoted shares, which are difficult to handle.

以上（a）句中的 it 是形式上的主语，（b）句中的 it 是形式上的宾语，都不必译出来。译句如下：

(a) 要了解以往十年中零售贸易的发展情况，必须对促使其发生变化的根本原因了然于心。

(b)"伦敦证券交易所介绍"可使企业行政首脑较易于决定何时

抛售不报价股票，因为此类股票不易处理。

英语及物动词必须带宾语，更多是出于一般及物动词后的结构要求，不仅限于以上情况。这一点与汉语不同，汉语及物动词后如果加上一些表示完成、开始、继续的动作助词（补语），及物动词就转化成了不及物动词，如：

(a) I threw the ball to him and he caught *it*.
我把球扔给他，他接**住**了。
(b) She was very rude to him but he stood *it*, without complaints.
她对他很粗暴，但他忍受了**下来**，并无怨言。
(c) Put the banana skin in the bag and throw *it* away.
把香蕉皮装在袋里扔**掉**吧。
(d) Sometimes he would give us a disc of pop songs. We would listen to *it* day in and day out.
有时他给我们带来一张流行歌曲唱片，我们就不分白天黑夜地听**起来**。

在英语中与及物动词要求带宾语的情况相类似的是介词。介词后必须用宾语，这就增加了代词的使用频度，而介词在英语中又是非常活跃的词类，介词转化成 Particle 后与动词结合，构成了难以数计的现代英语的成语动词（The Phrasal Verb），具有英语及物动词的功能。成语动词的宾语如果不是名词，就必须使用代词。代词被置于成语动词的 verb 与 particle 之间，产生和谐的节奏感（Rhythm），往往形成具有音律美的所谓"扬抑格"（Iambic），如：put *it* off 推迟，give *it* up 放弃，pick *them* out 选出，burn *them* off 烧掉，put *her* up 安顿，let *me* down（使我）失望、拆台等。翻译中请注意根据行文要求省略代词。

总之，由于语用传统和语言结构上的原因，英语倾向于多用代词，汉语倾向于尽量少用代词。因此，在汉语译文中适当省略代词，将大大有助于提高译文的可读性，减少"翻译味"。

（二）照顾汉语用词倾向，在译文中尽力消除不易弄清的指代关系，必要时应重复名词或名称。

注意以下例句中英语代词在译文中已被名词或名称所取代：

（a）The creditor draws the Bill; *he* is the person in the above definition and is called the drawer (in foreign trade, usually, the exporter). *He* addressed it to another, who is the debtor and is called the drawee (in foreign trade, usually, the importer).

汇票由债权人开出。**债权人**即上述定义中之出票人（在对外贸易中通常称为出口人）。**出票人**将汇票开给另一个人，即债务人。债务人即所谓受票人（在对外贸易中通常称为进口人）。

（b）For instance, the English manufacturers intend "Cash Against Documents" in London, whereas, unless they expressly state that the cash should be paid against documents "in London", the buyer are entitled to arrange for cash to be paid in the place of his address. Suppose the buyer is located in Damascus, Syria, *he does* not have to pay until the documents are presented to *him* in *his* home town, and the seller has to wait whilst the collection takes place.

例如，英国制造商如欲在伦敦"凭单付款"，则除非**该制造商**已明确注明"在伦敦"凭单付现，否则买方有权安排该制造商在买方驻地支付现款。假定买方驻地在叙利亚大马士革，那么在卖方将各类单据于大马士革向买方呈出以前，买方可不付款；此时，卖方仍应在伦敦等待收款。

上例中的人称代词及关系代词均被名词取代。现代汉语中似有如下倾向：越是正式的文体越尽力避免使用代词，宁用名词或重复名词。以下例句的译文不用代词而重复名词，主要着眼于避免指代关系产生混乱：

（c）This Organization has repeatedly declared that *it* will never involve in any regional conflict which has so far led to discordance in that

329

area. *It* will never commit *itself* to any undertaking against its fundamental principles. Moreover, *it* will never act for any agency *that* has involved in regional conflicts and will never do anything in the interest of any agency *that* has committed *itself* to ventures against the fundamental principles of this Organization.

  本组织曾反复宣告，绝不介入任何导致某一地区纠纷的区域性冲突，绝不参与与**本组织**的基本原则背道而驰的活动。不仅如此，**本组织**绝不充当任何业已卷入区域性冲突的机构的代理人，绝不参与这类机构所从事的任何违背**本组织**基本原则的活动。

  (d) The Conference called for most detailed planning, as *it* differed greatly from the two previous conferences at *which* experts spoke in *their* own right.

  本届会议要求制订最详尽的计划；在这一点上，**本届会议**与前面两届大会是截然不同的。在**前两届大会**上许多专家均已以专家身份发言。

  (e) Seated in an easy chair, the mayor awaited him. He was also the notary of the place, a stout, serious man, given to pompous phrases.

  镇长坐在沙发椅上等他。**镇长**兼任当地的公证人；**此人**身材健壮，总是一本正经，开口就是堂而皇之的话。

根据汉语的传统，行文中必须清楚地交代谁是当事人，谁是主事者；不能混淆谁是施事者，谁是受事者。为此，汉语习惯于在要紧处添加一些必要的名词，以厘清脉络，而不习惯于依仗容易弄混淆的指代关系，如：

  (f) Studying Battleship Row through binoculars, I saw the big explosion had been on the Arizona. *She* was still flaming fiercely, and since *her* smoke covered the Nevada, the target of my group, I looked for some other ship to attack. The Tennessee was already on fire, but next to *her* was the Maryland. I gave an order changing our target to *this ship*, and once again, *we* headed into the anti-aircraft fire.

  我用望远镜窥查主力舰停泊区，见到"亚利桑那号"发生了大爆炸，**舰身**仍在熊熊大火之中，浓烟遮住了"内华达号"，**后者**正是我的机队的攻击目标。我于是另找攻击对象。这时"田纳西号"已经起火了，在它旁边停泊的是"马里兰号"。我于是改变了攻击目标，发出命令向"马里兰号"进攻。**机群**再次冲进了高射炮的火力网。

(g) It is hereby made known that there was lost this morning, on the road to Beuzeville, between nine and ten o'clock, a black leather pocket-book containing five hundred francs and some business papers. *The finder* is requested to return *the same* with all haste to the Mayor's office or to *Maitre Houlbreque of Manneville*. A reward of twenty francs will be paid.

今晨 9 时至 10 时之间，**曼纳维尔地方的乌尔布赫克先生**在前往布兹维尔途中遗失黑色皮钱夹一个，内有 500 法郎及若干商业文件。拾得者请即将**原物**送交市长办公室或交失主。**失主**将向**交还失物**的**拾者**致酬 20 法郎。仰即周知。

汉语重复名词而避免用代词除了可以消除指代关系的混乱以外，还可以使引文中的某些部分产生"语感上的优势"，加强有关词语的感染力，如：

(h) Literature is my Utopia. *Here* I am not disfranchised. No barrier of the senses shuts me out from the sweet, gracious discourse of my book friends. *They* talk to me without embarrassment or awkwardness. (Helen Keller: *The Story of My Life*)

文学是我的理想之邦。只有在**这个国度**里我才没有被剥夺公民权。在这里，我可以与我的书友们进行沁人心脾的交谈而不存在感官上的障碍。**书友们**跟我谈话时没有那种使人难堪的拘束不安。

(i) Because every-one uses language to talk, everyone thinks he can talk about language. But talking about *it* is one thing, and using *it* correctly is another thing.

因为人人都用语言交谈，所以人人都认为自己能谈论语言；但是谈论**语言**是一回事，能否正确地运用**语言**则是另一回事。

这类以名词代替代词的翻译方法大都有修辞上的考虑：或是为了强调、对比（h），或是为了对仗、排比（i），基本上是一个语感问题。汉语讲究语言的音乐美，注重"音以律文"，节奏感往往产生于重复或迭出③。从事英译汉的工作应当熟悉并逐步掌握汉语这种源远流长的传统。

（三）上文已经谈到，英语代词指代事物或人物时既可以以复指式表达，又可以以预指式表达。所谓"复指式"，就是将代词用在它所指代的名词或名称之后；所谓"预指式"，就是将代词用在它所指代的名词或名称之前。很显然，代词预指式用法在汉语中是不符合习惯的。试比较英、汉用法：

（a）On the title page of *his* book, *Alan Warner* cites Robert Frost's famous line: All the fun's in how you say a thing.

句中代词 his 先于人名，即其所指代的词 Alan Warner 而出现。以下例句都属于代词预指式：

（b）*Such* Florsheim shoes *as advertised in Newman's Yellow Pages* are really hard to come by. You can't buy that just anywhere.（代词 such 先于其所指代的 as advertised in Newman's...）

（c）*It's* bad manners to *speak when your mouth is full*.（代词 it 先于其所指代的 to speak when...）

（d）*It* may be worth *quoting a few comparative social statistics.*④（代词 it 先于其所指借的 quoting a few...）

（e）Like *any others who live in glass houese*, they never throw stones.（代词 any others 先于其所指代的 who-clause）

除以上说的以外，上文提到的成语动词中介乎动词与 particle 之间的宾格人称代词也大都是预指式代词。

汉语一般取复指式，即名词或人称先行，代词居后，如："在由所有的内阁成员签署的'告全国国民书'中，他们都一一承认各项工作的失策，并一致表示辞职……"，而不说："在他们签署的……中，所有的内阁成员都一一承认……"（除非将"他们"改为"一份具名"）。

汉语中除非出于特殊的修辞需要（如：他怎么知道，一个远在他乡的人？）一般均取复指式。因此，在英译汉中，基本原则是改预指式为复指式。注意以下译句中代词的位置：

1. 取消预指代词，只用名词或人称

（a）Even in *his* old age, *Voltaire* was said to have consumed 50 cups of coffee daily. *He* is credited with the famous reply to the remark that coffee was a slow poison: "I think it must be, for I've been drinking it for 65 years and am not dead yet!"

据说，甚至到了晚年，**伏尔泰**每天仍然要喝 50 杯咖啡。当时有一种议论说咖啡是一种慢性毒药，而伏尔泰对这种议论的广为流传的回答是："我想它一定是慢性毒药，我喝了 65 年还没有死呢！"

（b）In *his* thirtieth year *Whitman* left New York for New Orleans, to become a special writer on the staff of a newspaper.

30 岁时，**惠特曼**离开了纽约来到新奥尔良，在一家报社的编辑部当特约撰稿人。

（c）Despite *their* attempts in the early fifties *these farsighted people* were simply not listened to.

在五十年代初期，尽管**这些具有远见卓识的人**作过很多努力，但根本没有人倾听他们的意见。

（d）After *he* visited the White House, *Crean was* sent 35,000 to augment his already bulging campaign kitty.

克里恩访问白宫以后得到了 3.5 万美元的外快从事竞选活动，这样**他**那已经胀鼓鼓的腰包就塞得更满了。

2. 将预指代词与名词或名称换位

在代词不能省略的情况下，我们可以将代词改为复指式，以顺应汉语的习惯，如：

(a) To expand *its* terms of reference, *the Fund* has cover all aspects of the economic and social planning in connection with the research work.

基金会为扩大**其**职权范围,已将与研究工作有关的经济和社会等方面的计划工作置于自己的管辖之内。

(b) The fear that *their* port would lose its importance also worried *the people of Baltimore*.

巴尔的摩人也担心这样一来**他们**的港口就会失去重要性。

(c) Considering *its* lack of training and inconcinity to the weather, *the team* has acquitted itself well.

该队平时缺乏训练,又不适应当地的气候;这次**他们**取得这样的成绩是不错的。

(d) When *he* bought a limousine equipped with television, *Stephanie* also ordered a special nook for the gun he always carried.

当**斯特芬尼**购买那辆装有电视的高级轿车时,**他**还定制了一个专门搁枪的暗盒,放他那枝总是随身携带的手枪。

英汉使用代词中的这一差异是很值得注意的。就英语而言,复指式与预指式都可以用,一般说来,预指式似乎更经常地用于句首短语(包括介词短语、非限定动词短语、独立短语等)中,也用于从句中。以 It 为先行主语或形式上的宾语的各式句型(如: It is necessary that . . . , It is believed that . . . , It is necessary for us to . . . , It makes *it* possible for us to . . . 等),则都是出于结构上的需要。就汉语而言,一般只用代词复指式。习惯用法是重复名词或名称,用代词时总是力求经济,切勿滥用。现代汉语行文还有一种倾向(特别是在新闻文体、公文文体和应用文体中),中心人物或事物往往尽可能居于句首,取所谓"中心人物句首式",忌代词先出。将中心人物或事物置于句首,易于唤起读者注意,使重心突出,针对性(议事对象,有关事件等)很明确。请注意分析下述函件的优点:

阁下来函及附件已于上周收到。**本社**编纂的《中国旅游指南》是由国际书店发行、经销的。**此书**近未再版,**本社**亦无存书。有关来港旅游的具体事宜，请径与香港旅行社洽谈为荷。

英译汉时应多顺应汉语行文的传统体式，但也不必拘泥于古雅词语。

7.1.3 代词的指代关系

英语中各类代词用得很多，加以英语句子层次的脉络时有盘错，修饰成分很多。因此，代词与其所指代的名词或事物相距可能很远。这时如何判断指代关系，就成了一个关乎句子是否可能译错的大问题。在翻译实践中，由于指代关系判断失误而造成严重错误的事例是很多的。

英译汉中判断指代关系的依据有如下几点。

一、语言结构上的呼应

语言结构上的呼应是判断指代关系的基本依据。所谓语言结构上的呼应，指代词在句子上下文中的一致（Concord）。其中包括人称、性、数等方面的发展线索。如：

the girls ⇨ they ⇨ themselves ⇨ their ⇨ theirs, etc.
she ⇨ Dorothy ⇨ her ⇨ herself ⇨ hers, etc.
its ⇨ the Fund ⇨ it ⇨ itself, etc.
Mathews ⇨ he ⇨ him ⇨ himself ⇨ his, etc.
one ⇨ his ⇨ him, etc.
others ⇨ they ⇨ them ⇨ their ⇨ theirs, etc.

在句子上下文中代词在性、数、人称上的呼应是判断指代关系极为重要的线索，尽管一个代词的各式在句中分布很远，但如果译者紧紧抓住这根线索，就能很准确地理清作者的思想脉络。

二、思维逻辑上的呼应

如果句中包含两个以上的名词、名称及其代词，而这些代词在人称、性、数等方面又是巧合的，那么仅仅依靠语言结构上的线索就不够了。这时必须顺着作者思维逻辑的发展去判断指代关系，特别是在代词交错使用而人称、性、数又是一致时，更宜细心琢磨，理清作者的思维逻辑。

问题是，如果指代关系不清，则势必很难理清作者的思维逻辑。英译汉中遇到这种情况是常有的事。这时，唯一可行的办法是采取比较分析法，将各种可能逐项试译进行比较、淘汰、采取最符合情理的一种判断；并宜密切注意前后文，防止前后矛盾，判断失误。

三、根据"靠近的原则"（The Principle of Proximity）判断指代关系

代词究竟指代前面哪一个名词或人名，还有一个"大抵如斯"的"靠近的原则"，如：代词前最近一个名词（或人名）大抵就是其所指代的词。例如：

> The art of living does not consist in preserving and clinging to a particular mood, of "happiness", but in allowing happiness to change *its* form without being disappointed by the change; for happiness, like a child must be allowed to grow up.

文中 its 前有很多单数名词，但它指代的是最近的一个词 happiness。

四、根据中心议题的"一贯的原则"（The Principle of Consistency）判断指代关系

在很多情况下，文中虽然出现很多名词，它们之间的人称、性或数也是一致的，但代词的确始终是作者笔下那个中心议题，指代关系不变，尤其是当句式或结构大体对仗时，指代关系通常不会出现突然的改变，如：

> Penrod was doing something very unusual and rare, something almost never accomplished except by coloured people or by a boy in school on a spring day; *he* was doing really nothing at all. *He* was merely a state of being.

文中 he 前最近的词虽然是 boy，但作者的中心议题始终是 Penrod，而且句式大体对仗。在这种交错的情况下判断指代关系一定不要割断作者的思路，必须紧紧把握住作者思考的连贯性（Coherence in Thinking）。

五、根据总体的语法分析判断指代关系

在许多情况下，代词（特别是 it, this, that 等）的指代成分并不是一个名词或名称，而是一个短语、从句、上文的一个句组或其他。因此，在弄不清这些代词的指代关系时，应该对句子作总体的语法分析，不要执着于一两个词。要注意整个句子的结构及逻辑概念。

试注意分析以下例句中的指代关系：

（a）In the language of science, a few words such as force, work and power, have definite meanings. *They* are different from the meanings that are given to *them* in everyday life.

在科技语言中，"力""功""功率"这些词都有特定的含义：**它们的词义**与日常生活中所赋予**这些词**的词义有所不同。（句中 They 指代的是 meanings（"靠近的原则"），而 them 指代的则是 words（逻辑理念））

（b）In general, English people like villages for the same reason as *they* like the country; because *they* are peaceful and because the best of *them* possess the charm of being natural and unspoilt.

一般说来，英国人之爱村庄与**他们**之爱乡村是基于相同的原因。**乡村**宁静。最恬静的**村庄**具有那种一尘不染的自然之美。（句中第一个 they 指代的是 people，依据逻辑理念；第二个 they 所指代的则是 villages 而不是 people，同样依据逻辑理念。Them 与第二个 they 属于语言结构上的呼应；同时在句式上也大抵对仗，因而同指一词。）

（c）In terms of size, quality, reputation, responsibility, what the audiences demand and get from *it*, the theatre is first class.

从各方面来说**这个剧院**都是第一流的：规模、质量、声誉、艺术责任心以及观众的期待和从中得到的艺术享受等。（句中 it 很容易被

误认为指代先行的四个单数名词之一，特别是最近的一个名词。其实这里的 it 指 theatre，是预指代词）

(d) It seems to me that every few months something we have all been eating for years and thinking was okay turns out to be dangerous—like saccharin or that color *they* called Red No. 2.

看来好像过不了几个月就会发现一样什么东西对健康有危害，而这些东西我们多年来都在吃，谁也不认为有害。比如：糖精，又如**人们**叫它"红二号"的染色素。（句中 they 不指代句中任何一个复数名词。这是一种常用以泛指"人们""有人"的代词）

(e) A man travels the world over in search of what he needs and returns home to find *it*.

一个人走遍了全世界找他需要的东西，到头来在自己家里找到了（**它**）。（句中 it 不指代上文中任何一个单数名词，而指代从句 what he needs。）

(f) *They* have no lawyers among *them*, for *they* consider *them* as a sort of people whose profession *it* is to disguise matters.

他们中间没有律师，因为他们认为**律师**是一种以掩盖事实真相为职业的人。（句中第一对 they-them 是同一代词的前后呼应；第二对 they-them 不是同一个代词，they 指第一个 they，而 them 则指 lawyers（逻辑理念），句中 it 属于 expletive）

(g) The highest proof of virtue is to possess boundless power without abusing *it*.

美德的最高表现是拥有无限的权力而不滥用**这种权力**。（句中 it 所指代的是 power（"靠近的原则"））

(h) His imagination resembled the wings of an ostrich. *It* enabled him to run, though not to soar.

他的想象力就像鸵鸟的翅膀，虽然没有使他能在天上翱翔，却使他能在地上飞跑。（句中 it 在逻辑上似与 wings 呼应，其实是指 imagination, it 与 wings 在数上也不一致）

（i）Happy is the man who hath never known what it is to taste of fame——to have it is a purgatory, to want it is a hell.

只有那些没有尝过盛名之苦的人才是幸福的人：享有盛名如经受地狱的苦炼，追慕盛名如乞求苦炼的地狱。(句中第一个 it 是预指代词，指代 to taste of fame；第二个 it 指 fame，根据"靠近的原则"；第三个 it 也指 fame，根据"一贯的原则"。整个句中逻辑概念很严谨)

英语代词（特别是第三人称代词）在使用中的变化绝不是以上例句悉能包括的。在英语各类文体中，各种代词与名词或名称交错，译者稍一不慎即可能判断失误，造成张冠李戴。分析代词的指代关系重在严谨；其次，要统观全句及上下文，最忌先入之见，放不开思路。

7.1.4 不定代词 one 的翻译

在英译汉中比较特殊的一个代词是 one。One 是不定代词⑤。从句法结构要求上说，它相当于第三人称单数人称代词。从意义上说，它又相当于第二人称的 you，如：It's easy to lose one's/your way in Venice 及 One/You should always give people a chance to prove themselves。同时，one 还可以用于取代先行的名词，如果这个名词是复数，one 也可以取复数式 ones；这时，它前面还可以加限定词及形容词，如：the small one/ones。它既可以用于代人，又可以用于代事代物，有时甚至交错地使用。One 用于代表 you 时比后者正式，用 you 时有较多的亲切感。总之，这个不定代词变化较多，翻译时要分清情况，不要一概而论。

（a）Walking through the dark, dark hallways of the massive buildings with the sound of footsteps echoing, *one* can imagine being on the plateau in 1778 when George Washington helped fortify West Point against the British.

走在那些雄伟建筑物的甬道走廊里，光线昏暗，和着步履的阵阵回声，不禁使人想起1778年那次高原之战，乔治·华盛顿就在那里抗击英国人，固守西点的阵地。（此句英语比较正式，one宜译成人们或人）

(b) If the skin has become thoroughly wet or *one* has perspired a great deal, sunscreens should be applied as often as every 30 to 60 minutes to maintain a reasonably high degree of effectiveness.

如皮肤已完全潮润，或大量排汗，则应每隔30分钟或60分钟使用遮阳屏幕，以保证适当的高效。（此句英语也很正式，one代表"人们"，但在译句中可以省略，不宜译成"你"）

(c) Even the villages are an essential part of the countryside. Admittedly, most British people prefer not to live in *one* because of the lack of amenities.

村庄仍然是乡村中最重要的组成部分。但是，大多数英国人还是不愿住在**乡村**，因为那里毕竟缺乏舒适的生活条件。（句中one实际上不是指代"乡村"，而是"村庄"，译句改为乡村，主要取与城市对立之意：amenities暗示城市）

(d) The important point is that any skin cancer treated at an early stage will be just a passing incident, not a disastrous *one*. But in any case, *one* should not think that recurrence is impossible elsewhere in the skin.

重要的是，任何皮肤癌只要早期治疗，都是可以治疗的，是没有危险的，但不应认为皮肤癌不可能在体表其他处复发。（句中两个one各有所指：第一个one指物，第二个one指人。译文中可酌情省略）

(e) The skin of the man of letters is peculiarly sensitive to the bite of the critical mosquito. He is seldom stabbed to the heart—he is often killed by pin-pricks. Unfortunately I live in a climate in which the most critical *ones* swarm.

文人的皮肤最怕要命的蚊子的叮咬，这种叮咬很少能深及心脏，却能使他死于咬伤。不幸得很，我生活的地方正是那些最爱咬人的**蚊子**的滋生之地。（句中ones代表mosquitoes，注意词前加的限定词）

在一般的叙述文体中，将 one 译成"你"比较自然，比较亲切，英汉皆然：

（f）One can acquire everything in solitude—except character.
你可以在离群索居中得到一切——除了性格。

7.1.5　人称代词指代范围的扩大

英语人称代词的指代范围有时被扩大了，这在翻译中是值得注意的，特别是在应用文中。

一、以人称代词指代公司、商号、旅馆、剧院、俱乐部、球队等。

（a）For more than five decades we have been looked upon as the fanciest. You'll find us caring, practical, comfortable, not fancy.
50 多年来，**本店**一直被视为最豪华的饭店。实际上**本店**服务周到，实惠舒适，并非豪华饭店。（句中 we 指上下文中提到的饭店）

二、以人称代词指代报社、通讯社等。

（b）As *we* were going to press, *we* received the following news story.
本报正待付印时，收到了下面一条消息。

三、以人称代词指代飞机、车辆、船只等。

（c）I kept east of McKee all along until we passed over the southern tip of the island.
我（的飞机）一直在麦基的飞机的东边飞行，直到我们**中队飞过那个岛的南端**。

（d）McKee told me in the headphone *he* was hit in the right wing.

"*You're* all right, man!" I told him, shouting myself hoarse.

麦基在耳机里对我说他的**飞机**右翼中弹了,"你(的飞机)没事,伙计!"我对他叫喊着,嗓子都哑了。

四、以人称代词表示其资产、所属物等。

(e) They were well fixed in Kansas before *they* are on sale——house and everything.

他们在堪萨斯时是很有钱的。现在呢,却落得**卖房卖地**。

(f) At last *we* are packed.

我们终于把**行装**打好了。

人称代词在函电中的指代范围往往是很灵活的,有时 we 可以译成我方、我公司,有时也指双方、此间商业界、有关机构及当事人等。

7.2 英语介词、冠词及名词数的汉译

7.2.1 英汉介词比较

英语和汉语的介词在语法功能上是一致的,即前置于名词和代词,以显示词与词之间的引介关系。因此,介词常被称为虚词。介词独立的时候几乎没有意义可言,只有处于某种关系中时,才有意义,所以介词在汉语中又称为"联结性虚词"[⑥]。

英语介词具有以下特点:

(一)英语介词主要显示以下三种关系,即名词与名词间的关系、名词与形容词间的关系以及名词与动词间的关系(以上名词也可以是代词)。此外,介词也可以联系从句。可见英语介词的语法功能是它最基本的属性,词义只居其次。但是所有英语介词的语法功能并不都是一致的,其中 of, to, by 和 with 的语法作用显示得最强,词汇意义显示得最弱(如:the city of London 中的 of，只表示同位关系；the population of the world 等于 the world's population, of 只表示所属关系等）。

（二）从英语发展史上看，英语介词的出现是英语词尾形态变化蜕化的结果。词尾的废弃使介词成了不可或缺的联系词，并在漫长的发展过程中逐渐增强了活力，即连接功能。介词搭配联结力的加强，又使它能表达原来用变格法很难体现的词汇意义。随着历史的发展，词汇意义不断累积，形成了现代英语介词的一词多义。其实，英语介词的词汇意义也相当丰富，变化很多，含义微妙，我们必须注意研究。

（三）现代英语介词仍然处在活跃的发展变化过程中，尽管这种发展十分缓慢，但它确实引人注目。例如，现代英语中由分词转变而来的介词已渐渐增多，即所谓"Participial Prepositions"，如：during, past, concerning, regarding, respecting, considering, given 等。近年来 given 已用得很多。

（四）英语介词的兼类现象十分突出，许多介词同时又是副词、连词、形容词甚至动词（如：round, except 等），许多介词与动词结合，构成了现代英语中丰富多彩的成语动词（Phrasal Verbs），这时介词被称为"particles"[⑦]。

总的说来，汉语中的介词用得比较少，无论就语法功能或词汇意义的范围和变化来说，汉语介词都不如英语介词那么活跃。汉语介词多数是从动词变来的，并与动词兼类，即介词可以充作句子的谓语，成了动词，即所谓"返介为动"的现象。

介　词	动　词
他在家学习	他在家
我把门关上了	他把门
为人民服务	为人处事

汉语中能返介为动的介词虽然为数不多，但却说明汉语介词的一个特征：句法上的动词性。了解这一点，对英汉翻译，很有裨益。

343

7.2.2　介词汉译的几个问题

在英汉翻译中，英语介词通常可以按如下手段转换：

一、将英语介词译成汉语动词

英语中也有一类动词性很强的介词，如：across 横过、against 反对、along 沿着、into 进入、through 通过、off 离开等。英语中几乎所有的介词都可以在双语转换中获得汉语动词的含义：

> *by* train 乘火车
> *against* the proposal 反对该项提议
> *around* the center 围绕中心
> *before* everything 居于首位
> *off* shore 离岸
> *for* principled unity 主张有原则的团结
> *above* classes 超阶级
> *in* the rain 淋着雨
> *toward* the south 朝南
> *from* the masses, *to* the masses 从群众中来，到群众中去
> *within* one's power 尽力
> *of* necessity 必定；势必
> *through* the ages 古往今来
> *up* the wind 顶着风
> *on* the wrong track 走错了路子
> *with* a smile 笑了一笑
> *without* a handle 缺了一个把

上述例子中有一些介词的汉译是借助于带动词的成语或正说反译、反说正译等手段而获得动词含义的。这一点十分重要。翻译介词，往往要顺

着行为方式措辞，一带上动词含义，意思就活了。请注意以下一段英语中介词译成汉语动词的频度及效果：

In international trade, sometimes it deems necessary *for* the importer to arrange *with* his bank to cable the money *to* the exporter or *to* the exporter's bank. This, the bank is able to do *by* sending their correspondent a coded message *by* cable or wireless, authenticated *by* a secret cypher known only *to* himself and that correspondent, ordering the payment *of* the amount *of* money *to* the named exporter, or *to* that exporter's bank *for* payment *into* his banking account. This method is called, *for* short, "T/T".

以上一段英语共有介词16个，其中6个（包括短语）被译成了汉语的动词，译文如下：

在国际贸易中，对进口人来说，通过银行用电报把款项汇给出口人所委托的银行，这一做法有时是必要的。其办法是，由该银行用密码发一份电报或无线电报给他的代理行。这是一种只有他和该代理行才知道并为双方所确认的密码，用以指示该代理行支付一定的金额给指定的出口人，或者记入出口人在其银行的账户中。这一方法简称为电汇"T/T"。(《国际贸易问题》)

英语介词被转换为汉语动词的情况几乎占二分之一。英语介词与汉语动词之间的转换大抵有如下类型：

（一）表语性介词短语

以 at 为例：to be *at* anchor 抛下锚，to be *at* ease 安心，to be *at* leisure 闲着、有空，to be *at* work 上班、工作，to be *at* the cinema 看电影，to be *at* this rate 照这样下去，to be *at* a pinch 极有必要，to be *at* someone's service 听候（某人）吩咐，to be *at* peace 处在和平时期，to be *at* war（with）（与某某）交战，to be *at* variance（with someone）（与某某）有分歧，to be *at* one's mercy 听从（某某）摆布，to be *at* someone's expense 由（某某）

担负开支，to be *at* play 游戏等。几乎每一个介词都有一批可以作表语用的短语，特别是 at, against, beyond, by, for, from, in, of, off, on, out of, over, to, under, with, within, without，它们组成的表语性介词短语又几乎都可以用积极或消极手段将词义转换成汉语动词。

（二）表原因、目的、方式、手段的状语性介词短语

以 on 为例：to act *on* someone's advice 按照（某人）建议办事，to do something *on* one's authority 依仗（某人的）权威做某事，to read *on* end 没完没了地读下去，to go out *on* a spree 出外寻欢作乐，to rack one's brains *on* a case 为处理某一案件大伤脑筋，to act *on* impulse 凭冲动办事，to set one's teeth *on* edge 发出嘎吱嘎吱的刺耳声（使人难以忍受），to promise something *on* one's honor 用名誉担保等。以下介词构成状语性介词短语时有较强的动词含义：to leave Beijing *for* Shanghai（离京去沪），to work *as* an apprentice（当学徒），to do something *with* a good intention（怀着善意），to do it *out of* right senses（出于良知），to get *off* the track（离题），to do something *by* force（用武力做某事），to stay *over* the weekend（过了周末再走）等。

（三）补语性介词短语

在英语中，补语性介词短语的作用是补充说明宾语的行为、性状、处所等。译成汉语时，它们往往成了兼语式结构中"兼语"的动词（兼语式即第一个动作的宾语又成了第二个动作的主语），如："命令他们停止前进"，因此介词常常被赋予动词的含义，如：to arrange troops *for* battle 部署部队准备作战，to ask sb. *about* his intention 询问某人有什么打算，to let sb. *into* the secret 让某人了解其中的秘密，to exhort sb. *to* sth. 勉励某人做某事，to name sb. *for* some position 提名某人担任某职，to nominate someone *to* the vacant post 推荐某人填补空缺，to take someone *about* the city 领着某人游览该市等。

二、紧扣介词词义，添加语义补足词

翻译英语介词的关键是准确掌握某一介词的词义，而英语介词一词多义的现象又比较突出。因此，译者必须十分重视介词的词义辨析，根据词

义添加补足词。

大量作定语用的介词词组在英译汉时都需要加补足词，financial support *under* obligation 义务性财政支持（资助），an examination *with* credit 计学分的考试，"Want Ads" *in* the newspaper 报上登的征求广告，loan *on* credit rating 根据信用记账提供的贷款，a package *by* surface mail 走水路或陆路的包裹（非航空邮包），gossips *over* lunch counter 午餐柜台上的闲话，guests *on* homecoming 应邀参加校友返校会的来宾。大多数定语性介词短语译成汉语时需要添加动词补足词，这一点是十分明显的。

除了动词以外，为充分表达介词的意思，译者还可以视情况添加任何语义补足词直至一个分句，如：

(a) I did not hear much *of* him.

关于他的情况，我听到的不多。（我不常听到**有人谈到**他）

(b) I could hear her voice distinctly *amidst* the din of the crowds.

尽管人群拥挤，我还是能**在**一片嘈杂声**中**清楚地听到她的声音。

(c) He is already *past* recovery.

他已经**没有**康复的**希望**了。

(d) Try and get *round* him.

尽力说服他，**争取他同意**吧。

(e) The spectacle unfolded *to* the music.

（银幕上的）奇景**伴随着**音乐，展现在人们的眼前。

(f) I don't think he did all this *within* reason.

在我看来，他的这一切所作所为并不是**在**理智健全的情况下干的。

在英语的词类中，介词属于词义非常微妙的多义词。其实介词的任务并非只是表示词与词之间的关系，它具有自己独特的表意功能，这种表意功能虽然常常是辅助性的，却是不可缺少的。英译汉中，介词词义往往全靠译者体会，于精微处见功夫。有时体会到了它们的词义，又很难赋之予汉语措辞。试细心体会以下例句中 on 的表意作用。在现代英语中，on 无疑是一个词义很微妙的多义词。下列译句还远远不够理想：

(a) Well, he is often zonked out *on* something—alcohol, this time.

是啊，他常常是那么迷迷糊糊，像中了什么邪——这次，是多喝了几杯酒。

(b) These people are really something. They get in with you before they can cash in *on* your innocence.

这些人真有一套。他们先对你来软的，然后利用你的无知，在你身上打主意。

(c) But experienced terrorists never move in on homes. They stay *on* the outside and always *on* the lookout for an opportunity.

但是有经验的恐怖分子从不破门而入，袭击抄家；他们只是守在外面，无时不在伺机作案。

(d) Winant told me later they had been tightening up *on* CIA secrets, *on* direct instruction from the President.

威南后来告诉我说，根据总统本人的指令，他们一直在加强措施，给中央情报局的秘密把关。

(e) I want to help you see over the barriers of strangeness and the background *on* that on discover the fascinations of the city's past and present.

我希望能帮助你越过那陌生的屏障以及造成这种陌生感的背景，发现这座城市往昔和今天的迷人之处。

从以上例句可以看出，只要准确把握了介词的词义，译者可以在添加补足词外将词义融合在整个句子或词组之中，不必拘泥于词的表面对应。融合是处理精微词义的很好办法。融合的结果常常是字面对等的消失，而在深层契合。

同时，译者应注意，绝不是所有具有词汇意义的介词都需要添加补足词以便将词义表述出来；恰恰相反，有些难于在汉语中加以表述的介词不仅不必添加补足词，而且正好可以省略不译。如：

（a）He made away *with* all my valuables.

他拐走了我所有值钱的东西。

（b）He left a son *behind* him.

他死后遗下一子。

（c）She wrapped a shawl *around* herself and, *without* turning round, lost in the snow.

她围上围巾，头也不回地在雪中消失了。

（d）Chips differ in size.

硅片大小不一。

在实际的翻译工作中，我们时时可以遇到省略而不影响汉语词或句意思的介词。这时我们应力求简洁，删去赘词。

三、运用反说法，将介词（介词短语）译成否定式

英译汉中也可以运用反说法翻译介词，以顺应行文的需要。反说有时比正说婉转，语气比较轻。但也不尽然，译者应注意上下文语气的要求。

正说反说的变换是翻译中变通说法以利行文的重要手段。英语中除了一些具有明显反说词义的介词（如：without, despite, except, notwithstanding 等）外，很多介词（介词短语）都可能有反说式，如：above price 无价的, above such actions 不屑于（无须）采取这样的行动, after a while 不久, against any compromise 不赞成作任何妥协, go athwart one's purpose 与……目的不同, barring those items 不包括以上项目, before long 不久, behind the times 不合时宜, below sea level 不及海平面, beneath attention 不值得注意, beyond compare 无法相比, by the year's end 不迟于年底, inside of a week 不到一周, near navy blue 与海军蓝差不多, off duty 不当班, out of sight 看不见, outside the law 不包括在法律范围内, well over fifty 还不止 50, past bearing 忍受不了, under fifty 不到 50, within ten miles 不到 10 英里等。许多成语介词（Phrasal Prepositions）通常取否定式，如：at variance with 与……不一致, beyond the reach of 为……力所不及, in default of 由于没有……, in defiance of 无视、不顾, independent of 不依靠、

不以……为转移，in disregard of 不顾，in spite of 不顾，in (the) face of 不顾、面对，irrespective of 不顾，out of keeping with 与……不协调，out of proportion to (with) 与……不成比例、与……不相称，without regard to 不顾、不考虑等。

在英译汉中究竟宜将介词译成正说式或反说式取决于：(1) 是否能准确达意；(2) 是否符合汉语传统的表达习惯。特别是后者。比如以下情况汉语传统上均取否定式：

（一）表示否定假设、否定条件（"如果不是""要不是""若非""若无""无非"）时

(a) But for your efficiency, our timely communication should have been impossible.

若无贵方之高效率工作，敝公司必不可能得到及时的通知。

(b) Without health, happiness is impossible.

（如果）**没有**健康，就没有欢乐。

(c) He never gets angry unless when his patience gets frayed.

他从不生气，**除非**到了忍无可忍的地步。

（二）表示排除在外而又不宜于在译文中用"除……以外"等措辞时

在现代汉语中，"除……外"可以表示"除此以外还有……"，即肯定的意思；还可以表示"除……没有（不）……以外，其他都……"。因此，这个词组兼而具有计算在内与不计算在内两种可能的含义，不过表示计算在内时"除了"往往要与"还""也""只"同用。翻译中必须注意的是，当 but, except, except for, barring, besides（以及旧式英语中的 save, saving）的词义相当于 leaving out 时，宜译成反说式，以免引起词义含混，如：

(a) It's anything *but* bad.

这根本**不是**什么坏事。

(b) The meeting will not be held *barring* your approval.

未经你同意，会议是不会开的。

（c）He is a very promising lawyer *besides* being good at language.

他**不只是**长于语文，而且是一个很有发展前途的律师。

（d）She is on the whole generous and friendly *except* that she is a bit frippery from time to time.

整个说来她这个人还是大方友善的，只**不过**有时有点俗气。

（三）表示超过某种限度或防止越出某种限度、规定、性状时按传统的汉语表达习惯，倾向于用否定式，如：

（a）The team has been trained off *against* all chances.

由于训练过度，体力不支，该队**没有**任何取胜的希望了。

（b）No one will survive the shake-up except those who are obviously *above* suspicion.

除了那些实在**不可能**涉嫌者外，没有人能幸免于这次清洗了。

（c）I've asked you again and again to go it alone *against* any involvement in those messy cases.

我反复跟你说过自己干自己的，**千万不要**与那些案子有任何瓜葛。

翻译无定式。介词究竟译成肯定式还是否定式，宜在比较中定夺，应不拘一格。

四、运用比较句式，使用汉语介词"比""较"或"比较"

在现代汉语中，"较"常用于正式文体中。英语介词中有相当多的词与汉语在这方面有词义对应。如：

（a）Are you suggesting that his paper is just *above* the middling? Well I think it's rather *above* his normal work.

你是不是说他的论文只不过**比**中等水平的好一点？但我认为他这一次比平时写得好多了。

（b）But the baroness couldn't stand any one *before* her son's superiority.

男爵夫人却不能容忍任何人**比**她的儿子强。

(c) He is quite strong now *to* what he used to be.

他**比**过去强壮多了。

(d) There's nothing *like* exercise for making you warm.

没有**比**运动更能使你感到暖和的了。

(e) More people have laughed over and cried over the books of Dickens *than* of perhaps any other writer.

读狄更斯的书**比**读其他作家的书更令人悲喜交集。

现代英语中常用以表达"比较"概念的介词有 than, after, before, to, like, with, under, beneath, below, above, beyond, over, against to, behind, of 等，以及成语介词 by comparison, beyond comparison with, in comparison with, in contrast with, in contrast to 等。一般说来，成语介词含有的比较概念是很明白的；译者要多加注意的是单个介词。例如，of 的"比较"概念就不是很容易体会出来：

(a) At one time Sony seemed to have got the upper hand *of* all the other Japanese incorporations in competition.

有一个时期，索尼公司的竞争力似乎**超过了**其他所有的日本电器公司。

(b) He had the advantage *of* all his opponents, including those from Europe.

他**比**他的所有的对手都强，包括欧洲选手。

7.2.3 复数的翻译

汉语名词没有数的语法范畴，只有数的逻辑范畴。汉语中只有"们"是表示人称名词多数的形态助词，黏附能力很有限。汉语名词复数概念主要有以下面两种手段表达：一是使用量词（如："四个星期"），二是使用表示数量的形容词（如："许多""很多""诸""各"等）。现代汉语量词丰富多彩。数量词组是数词加表示单位的量词的组合（如："几缕青烟""四尾鲜鱼"）。英汉翻译工作者都应当非常熟悉汉语数量词的构成和使用原则。除上述两种主要的复数表示法外，现代汉语还继承了古汉语的传统，可以借助重叠构形法，重叠单音节名词和量词以构成名词复数概念，如"人人""处处""家家""个个""件件"（以上为量词），但这个复数概念一般只表示"所有的"，也可以表示"每一个（件等）"。因此翻译时宜注意准确含义；而且，能重叠构词的普通名词并不多。

在英语中，数是名词重要的语法范畴之一。在古英语中，名词单复数都有词尾的屈折型变化。现代英语只有名词复数有词尾变化，很多都是沿用古代英语形态变化体系。

从英汉翻译的基本要求上说，英语名词数的翻译首先应注意表示法以及名词复数的变义问题。

（一）许多英语名词复数的概念在英汉翻译中可以略去不译。请注意以下名词复数概念在英汉表示法上的不同：

（a）Many *operators* choose to rent venting machines.
许多商号的经理都宁愿租用自动售货机。
（b）Big *shops* in the main centres have increased their trade and the trade of *shops* in side *streets* has decreased.
主要商业中心中的大商号的营业额增加了，而偏街商店的营业额则下降了。

以上例句中英语普通可数名词用的都是复数，不可数名词用的是单数，可见名词数的概念在英语中基本上依据逻辑理念。例如，（a）句中，既然是"许多商号的经理"，就不可能只有一台售货机。因此，自动售货机必须取复数式 machines；（b）句也一样，"主要商业中心"和"大商号"都不可能只有一个，因此均取复数式。就汉语而言，这些名词的单、复数似乎都不是很重要。在名词数的问题上，汉语有一种"尽在不言之中"的历史传统和语言心理。如果数的概念并无特殊含义和重要性，汉语就不加表述；另外，汉语也是有充分的逻辑理念的，即："许多商号的经理"当然不可能去合租一台自动售货机，"商业区"既然成为中心，大商号也绝不止一个。因此，这些名词都是多数，实在是不言自明的事。逻辑理念和语言心理以及语言形态体系的历史稳定性就成为两种语言名词数的表示法差异的根由所在。

许多在英语中习惯上用复数的名词在汉语中均以单数表达，如：labor relations 劳资关系，stores records 库存记录，terms of reference 职权范围，market forces 市场约束力，credit terms 信贷条件，bank clearings 银行结算，legal proceedings 诉讼。如果我们细心以英语和汉语各自的逻辑理念、语言心理及历史传统去体验英语用复数和汉语用单数的道理，就会认识到这二者确实都站得住脚。在英语的思维逻辑中，普通名词不仅可以有可数与不可数之分，而且即便是不可数的抽象概念，也可以化为比较具体的可数概念。例如，relation（关系）是比较抽象的，但可以化为具体概念：外交的、军事的、经济的、法律的、长期的、短期的等关系。因此，relations 又可以是可数的了。但是在汉语的逻辑思维中，"关系"这类概念都属概指范畴词，把它列为一件一件的事物是没有意义的。

因此，在英译汉中我们必须建立英语和汉语的"语感差"并以此来处理英语名词复数的翻译问题。这是最基本的一点。

但是语言并不等于数理逻辑。许多语言现象是不能机械地用逻辑原理去加以解释的。许多英语名词的复数式都是习惯用法，汉译时均不译出复数式。如：表示人类种种感情活动或生理活动的词 pains, cramps, sufferings, agonies, feelings, fears, sentiments, aspirations, wishes, regards, ardors, animosities, sympathies, grievances, passions, moods, thoughts, recollections, memories, sobs, sniffs 等，都可以取复数式，这些词在汉译时都不必译出复数形式来。

（二）有些英语名词复数概念在汉译时应该译出来，往往可以视情况加上"若干""一些""有些""们""各""诸"等，如：

(a) The *Governments* agreed that the Treaty constitutes an especially relevant contribution to international peace and security.

各国政府一致同意该协约对国际和平与安全做出了非同小可的贡献。

(b) Churchill immediately sent dispatches to his *ministers* saying that he was very much worried about the eventualities.

丘吉尔立即去函通知**各位**大臣说他对事态发展的结局深感焦虑。

(c) *Objections* were later heard in the House of Commons.

后来在下议院听到了**一些**非议。

(d) Reports came into offices of the *Departments* late in June, all unmistakably clear that further cuts were impossible.

六月下旬，**各部**都收到报告，明确表示不可能作进一步的削减。

从上例可以看出，凡是在汉语中必须译出的复数都具有不可忽视的词义，如果不译出来就很可能造成误解或语义不全：The Governments 指协议的各个参与国的政府，如只译成"政府同意"，意思就不清楚是指哪国政府。(c) 句中的 objections 如不译成"一些非议"，就会影响"非议"的范围或分寸，或造成暗含语义不全。

但是判断这个问题又不能"钻牛角尖"。上文已经提到，我们必须运用汉语语感和逻辑理念。例如，下例译句译出了名词复数就很可能是译者"钻牛角尖"的结果：

(a) *Hypermarkets* are entirely self-service stores, with the selling area twice as large as *supermarkets*. Hypermarkets are geared to the *needs* of the car-owning consumer.

一些大型超级市场则完全是顾客自选的商场，其售货区面积比一些超级市场要大一倍。大型超级市场是为适应有汽车的顾客的种种需要而开设的。

译句中的"一些"及"种种"都是赘词，尽管在意思上有这些限制词是有道理的（因为不可能所有"大型超级市场"都恰恰是所有的"超级市场"的两倍，顾客的需要也不可能都是划一的）。但是语言并不是刻板的逻辑推演或数理公式的推演，常常有模糊性的一面：一种语言中必须言明的东西在另一种语言中则是不言自明的。

(b) Ploughing back *profits* instead of distributing them to *shareholders* has always been an important way of providing capital for development.

将一切利润再投资,而不是将它们分配给所有的股东,这一直是提供发展资本的重要途径。

译句中的"一切"与"所有的"都是赘词,译者可能是出于专业方面的考虑,拘泥于英语概念。其实将复数译成"一切""所有的""全部""大多数""多数"等措辞都已脱离了原意,不忠实于原文。在英语中复数表示的只是"一个以上"(more than one),没有以上那些意思。复数概念只能视情况在完全必要时译成"若干"等非定数限定词,已见前述。

同样,以下例句中将 homes 译成"家家"(表示每一个家庭、所有的家庭)也是错误的:

(c) But today homes have more rooms than they used to.
但是今天家家都比以往有更多的房间了。

这里的 homes 其实是指各种家庭住宅,译成"家家",变成了每家每户,违背原意。以下 things 译成"样样东西"也不妥当:

Things cost more in London than in Liverpool.
伦敦样样东西都比利物浦贵。

原句中 things 属于上文提到的概指范畴,比 governments, ministers, ministries(各国政府、各部部长、政府各部)在词义范畴上广泛得多,因此译成"样样东西"就太绝对化了,汉语中的东西就是属于概指范畴词(如在下列句中:She put back her things to the tote bag 她把东西放回手提包)。但是在以下例句中 things 则确实是可以译成"事事(样样事情)":

（a）You take things too seriously.

你把事事都看得太认真。

（b）Things go well now with him.

眼下他是事事如意了。

名词重叠在汉语中属于具有强调义的构词法，往往可以用以翻译带有对应词义的形容词的名词复数，如：various places 处处，all trades 行行等。但是现代汉语中以名词重叠表示复数的情况并不很多，翻译中不要随意推演生造。

当然，翻译名词复数最重要（也是最巧妙）的办法还是词义融合，求得英汉深层意念的对应。融合法使英汉复数概念契合，但双语表层若即若离，符合汉语"尽在不言之中"的妙处。如：

（a）Yet I lived in the very underworld, rubbing shoulders with all walks of life that I had hated before.

我生活在其中的，正是那个我曾经憎恨过的下层社会，与三教九流的人摩肩接踵。（"三教九流"比各阶层好）

（b）I could write them—the endless ideas and associations that haunted me whenever I closed my eyes.

我可以去写那写不尽的思绪和翩翩联想，一闭上双眼它们就萦绕在我心头。（比种种情思和联想好）

（c）No more of your smut excuses! They won't listen to them.

收起你的胡说八道吧，他们不会听你那一套！（以"那一套"表示"借口"的复数）

综上所述，我们可以将英语复数名词的翻译要点归纳如下，供译者参考：

表 7-3

译出复数概念	不译出复数概念
①防止排他性，如： governments 各国政府 factors 诸多因素 reasons like dry weather 气候干燥等原因 the preceding steps 在此以前的一些步骤 ②强调多样性，如： despite the errors 纵有种种错误 steps taken 已采取的若干措施（在汉语中属于此类的名词多为可数） ③将复数概念融合，化入其他词语中，如： evasions of questions 一提问题就躲躲闪闪 splashes of grease and dirt 东一道油渍，西一道泥污 affections 缕缕情思	①在汉语中概念为不可数（属于此类的词是大量的），如： feelings, regards, spirits, passions, sentiments, pains, tensions, reflections 等，如：在 in low spirits，情绪低落 ②防止绝对化，防止囊括，如： Things cost more in London than in Liverpool.（不要译成：许多东西、样样东西等） ③防止累赘，如： Take off your clothes.（不要译成：几件衣、所有的衣、一些衣等） ④某些作形容词用的名词复数，如： competitions paper 竞赛试卷

7.2.4 英文名词复数的变义

在英语名词复数的汉译中，必须特别注意的是名词复数的变义问题。英语中有许多名词单数式与复数式词义有了变化，即名词一加上复数词尾就产生了变义，有时变义还不止一个。

因此英译汉时首先必须进行词义辨析，千万不能想当然，只把它当作复数概念看待。请注意以下名词复数的词义变化：

单数（本义）　　　　　复数（变义）
reparation 赔偿　　　　reparations（战败国）赔款
experience 经验　　　　experiences 经历
manner 方式　　　　　manners 礼貌
utterance 发出的声音　 utterances 言论

blue 蓝色	(the) blues 忧郁的情绪
colour 色彩	colours 军队的团旗
compass 罗盘	compasses 圆规
custom 风俗习惯	customs 关税
effect 结果	effects 财物；私有财产
force 力	forces 有组织的人类团体，如：军队、警察
ground 地、场地	grounds 理由；渣滓
spirit 精神	spirits 酒精；兴致

翻译中遇到没有把握的名词复数词义时，务必查阅可靠的辞典，切勿想当然。

有些名词的复数式带有一定的词义色彩，翻译时应该将它们的词义色彩体现在译文中。以 waters 一词为例：

1. 复数式有河流的意思

The Mississippi has been called the "Father of Waters."
密西西比河一直被称为"河流之父"。

2. 复数式表示水流或水质

（a）The waters from the east are clear and blue; they come from hills and valleys where plentiful forest and plant cover has kept the soil from being washed away.

东面的水流清澈碧蓝，因为那里的山峦和山谷都被茂密的树木覆盖着，泥沙没有被冲刷到河水中。

（b）These waters—his hand swept out to indicate the table—are from natural springs. When you mix them with whisky, the taste of the whisky is not marred.

他用手指着桌子说，这些都是天然的泉水，你把它掺进威士忌，酒味醇然不变。

3. 复数式表示水力，特别是水面部分

The Yellow River has changed. Her waters is now sending vessels of all sizes to and fro for the people she once played havoc with.

黄河已经变了。河面上各种船只往来，为一度饱受它蹂躏的人服务。

一般说来，名词复数式的词义都是属于从抽象到具体的引申，如：

(a) economy 节约 ⇨economies 节约措施，节俭之举

Such economies may appear small when compared to President Carter's pay increase for most of his aides.

如果与卡特总统为大部分助理增加的薪金相比，这些节约措施看来也许是微不足道的。

(b) generalization 一般化 ⇨generalizations 见解、论断

Hasty generalizations are no better than oversimplifications. You can put an end to the meeting by them but they are of no avail to the point at issue.

仓促地做出论断与将事情过分简单化并无二致。你可以借此将会议收场，但完全无补于解决争议。（oversimplifications 也是抽象词义以复数式引申为具体词义：过于简单化的办法、快刀斩乱麻的办法）

(c) silence 沉默 ⇨silences 相对无言的时刻

There are awkward silences if people have nothing in common to talk to each other.

如果人们没有什么可以交谈的共同点，那么那些相对无言的时刻实在是令人尴尬的。

(d) beard 胡须 ⇨beards 长长的络腮胡子，蓄络腮胡的人

I have seen a great many beards recently. You can say it's fashion, but mostly of men I know are growing them because their hair is thinning and they feel they need beards for that reason.

近来我看到很多蓄长胡子的人。当然你可以说这是一种时尚。但是据我所知，很多男人留长须是因为他们的头发日见稀疏，因此感到需要以长须来弥补。

（e）sound 声音 ⇨sounds 唱片、录音带上的录音

The sounds of Mozart and Brahms filtered out from the doors.

从门缝里透出了莫扎特和布拉姆斯的录音演奏。

这里附带说一下名词复数作形容词用时的翻译问题。将名词用作形容词是当代英语的显著趋势。但有时以名词用作形容词可能产生误解，因此有人喜用复数式，典型的例子是 second/seconds hand：单数时，second 意思是"二手的""次要的"，复数时词组的意思是"秒针"。可见用 second hand 来指"秒针"可能产生误解。这时用名词复数就能避免误解，因为它们的特指概念功能很强。为避免这类语义含混，当代英语有以名词复数式作形容词以取代其单数式的倾向。如：

brains trust（电视或广播中即席解答问题的）专家小组
greens keeper（高尔夫）球场管理员
sales department（商场中）廉价商品出售处
singles court（网球）单打球场
arts majors 文科大学生

上例提醒我们要特别注意名词作形容词用时，词义有变化的名词复数式的词义。宜多查辞典，以免译错。

7.2.5 数量词必须符合汉语习惯

在汉语中数词加上量词再加上名词所构成的数量词组（如："一头牛"）实际上是一个以量词为中心的偏正词组。这种偏正词组在英语中的对应成分即 Collective Noun Phrases。

翻译英语的名词复数式 Collective Noun Phrases 应按照汉语的规范化

用法习惯。汉语最常用物量词有：个、只、支、把、项、条、根、张、匹、头、件、块、颗等。

请注意英译汉中的搭配式：

> a brood of chickens 一群鸡
> a colony of ants 一窝蚂蚁
> a chain of mountains 一脉高山
> a twinge of embarrassment 一阵尴尬
> a school of porpoises 一群海豚
> a bouquet of flowers 一束花
> a clump of trees 一丛树木
> a flight of stairs / steps 一段扶梯（台阶）
> a ray of hope 一线希望
> a cake of soap 一块肥皂

翻译这类词组时必须注意以名词为中心，用名词去配对应的汉语量词，虽然在汉语的数量词名词词组中逻辑含义是以量词为中心。此外，英译汉时不要忽视文化差异，与中国文化密切相连的物量词如"丈""斗""升""斤""担"等不要用来译英语的度量词，需要加修饰词，如："英亩""千克""美分"等。

7.2.6　冠词的汉译

英语冠词是古英语中的指示代词和置于名词前的形容词发展的产物，因此有些传统语法学家把冠词分别归入代词和形容词[⑧]。但是冠词属于虚词，它在现代英语中只担负一种指示范围的功能，即指出其后置的名词是一般的、个别的还是特定的、复指的。就这一点来说，它又具有不同程度的词汇意义，因而牵涉到翻译问题。

在汉语中没有与英语冠词对应的词类。但是，当英语冠词具有不同程度的词汇意义时，翻译者的任务就在于赋予这种词汇意义以恰如其分的汉语表达形式。

第一，当不定冠词（a, an）具有 one 的含义时，汉译时宜视情况译出来："一个""一件""一本"等，有时可以译成"某一……"。下列例句中有两个不定冠词，请注意译文的处理：

If there are many buyers and many sellers, and the conditions outlined above are in force, perfect competition will exist. Whether this would be *a* good thing for the economy is *a* matter for discussion.

在上述条件有效而买方与卖方又为数甚多时，"完全竞争"即可能出现；至于对经济而言这种竞争是否是一件好事则是值得讨论的问题。

译文中第一个不定冠词译出来了，第二个不定冠词则没有译出来。如果细心体会，a good thing 中的 a 具有较强的 one 的意思，而 a matter for discussion 中的 a 虽然也略带 one 的意思，但词义已经很弱，a matter of (for) 可以构成很多短语：

a matter of time 时间问题：The settlement of the dispute is a matter of time. 争端的最后解决只是时间问题。a matter of honor 面子问题、荣誉问题：Regarding it as a matter of honor, the proposal was flatly rejected. 他们断然拒绝了该项建议，认为这关系到荣誉问题。

此外还有 a matter of credibility 信誉问题，a matter of style 作风问题等，所有这些词组中的不定冠词都不必译出。但以下不定冠词都有较强的 one 的意思：

(a) These provisions and definitions and the following articles apply to all collections of commercial paper and are binding upon all parties there to unless otherwise expressly agreed or unless contrary to the provision of *a* national, state or local law and/or regulation which cannot be departed from.

上述规定和定义以及下列各条目均适用于所有商业单据的托收,并对有关各方均有约束力。除非另有明示同意,或除非与一国、一州或当地不得违反的法律或规定相抵触。

(b) The control instruments may be located on *a* vertical control board.

控制仪表可装设在一个垂直的控制盘上。

(c) Above all he was *a* great patriot under whose guidance and inspiration we regained our national respect and international influence.

他首先是一位伟大的爱国者,在他的指引和鼓舞下,我们重新赢得了民族尊严和国际威望。

许多不定冠词只起一个引导名词的作用,表示同一类中的任何一个,可此可彼,因此它只具有非常一般、非常虚泛的意思。这时,汉译时可以略去。请注意比较以下例句中的省略与不省略:

(a) *A* banker will give *an* opinion on the standing of *a* customer if he is asked to do so by another bank.

票据人在受到另一银行询问时,应对**某一**顾客的地位和身份提出**意见**。

(b) Strictly speaking, monopoly means *a* single seller, but any firm with *a* large share of the market may enjoy *a* degree of monopoly power.

严格说来,垄断指**独家卖主**。但是任何占有**大部分**市场的公司都可能具有**一定**程度的垄断能力。

这种无须译出的冠词含义非常一般、非常虚泛,也称为"无限定性冠词"(The Article of Indetermination),英语中许多成语和谚语中都有这类不定冠词,而唯恐漏掉这些并无实意的冠词则是初学翻译者的通病。我们的原则仍然是看它是否具有较明白的"一"的概念:

An apple *a* day keeps the doctor away. 一天吃个苹果，长年无病乐哈哈

Give him *an* inch, and he will take *a* yard. 得（一）寸（必）进（一）尺（因照顾四字格而省略）

a blow below the belt 致命的一击

在更多的情况下，成语中的不定冠词必须省略，以利行文：*a* labour of love 喜欢干的事、爱干的活，*a* square peg in a round hole 直把黄牛当马骑，*a* wild goose chase 水中捞月一场空，*a* clean bill of health 百病全无，*a* skeleton in the cupboard 家丑，*a* bird of passage 浪迹天涯的人，to seat *a* worn out trousers 给破裤子补后裆，to have *a* ready pen 下笔很快等。这时的不定冠词数量概念已经很弱，只是一个名词引导词。

但是英语中有一种与动词 have, give, do, get, make, take, show, feel 搭配的动宾结构（如：have *a* look, take *a* pleasure）中的不定冠词往往有"一"的含义，因此要译出来，这时 a (an) 的数量概念相当强，如：have *a* smoke 抽一支烟，have *a* look 看一看，take *a* pleasure 乐一乐，have *a* taste 尝一尝，have *a* touch of fever 有一点发热，make *a* shrug 耸一耸肩，give sb. *a* nod 对某人点一点头等。这种结构很像汉语的动量词词组。

此外，在以下几种情况下不定冠词的"一"的概念比较强，因此往往需要译出：

（一）动词词义很强的名词前用不定冠词时，常常需要译成"一次""一番""一下""一种""一阵""一通""一场""一顿"等，如：*a* talk（with sb.）与……的一番（一席）谈话，*a* stomachache 一阵胃痛，*a* fight 一场殴斗，*a* good beating 一顿毒打。这类动词性很强的名词及动词性名词（the Verbal Nouns）有：bath, bite, chat, claim, cough, defeat, desire, disgust, dislike, doubt, escape, fall, faint, feint, fever, funk, fuss, guess, headache, hope, hurry, laugh, look, need, pain, pardon, pause, promise, protest, pull, push, quarrel, read, rescue, revenge, run, sacrifice, say, search, shoot, show, stand, swim, talk, toothache, visit, walk, wash, welcome, 及 beating, hearing, helping, knocking, misgiving, reading, rising, scolding, sitting, standing, spanking, thrashing, waiting, warning, wasting, watering, wetting 等。

（二）具体化了的抽象名词前用不定冠词时，常常要译成"一种""一个""一类""一桩""一件"等，有时可以在正式的文体中译成"某一"。如：*a* beauty 一个美人，*an* injustice 一桩冤案，*a* secret 一个秘密，*a* culture 一种文化，*a* law 某一法律条文，*an* art 一种艺术。这类名词在英语中极多，翻译时应注意行文需要并宜注意名词前的物量词（见 7.2.5），使之符合汉语用词习惯。

（三）完全名词化了的形容词前用不定冠词时，常常要译成"一个""一种"等，如：*a* classic 一位古典作家、一部经典著作，*an* adulterant 一种掺合剂，*a* stupid 一个蠢货，*a* stimulant 一种兴奋剂，*a* captive 一个俘虏等。翻译时的注意事项同（二）。

第二，当定冠词具有 that，this，those，these 的对应词义时，汉译时宜视情况译成"那"（个、件、桩、次等）、"这"（与"那"同）以及"那些""这些"等。在汉语的正式书面文体中，定冠词也可以译成"本""此"或"该"（如：本校、该市、该店、该公司等）。下列例句中有不止一个定冠词，请注意译文的处理：

(a) *The* notion of putting safety in *the* first place seems so simple that many people would give a whole-hearted "yes" to *the* question.

把安全放在第一位的概念十分清楚，很多人都会毫无保留地肯定**这一**问题的重要性。

(b) We will take *the* matter up with *the* company and ask instantly for *the* spare parts for *the* defective valves.

我们将向**该**公司提出**此事**，并立即要求该公司提供备件以便替换**那些**有缺陷的自动阀。

以上（a）句中共三个定冠词，只有 the question 中的冠词词义相当于 this，因此可译成"这一"。（b）句中 the matter 相当于 this matter，the company 相当于 that company，the defective valves 相当于 those defective valves，因而分别译成"此事""该公司"及"那些有缺陷的自动阀"。其

他定冠词都是名词前的各式指示词的弱化，可见它是一个综合性的通用弱化式，其语法功能比词汇意义强得多。

第三，定冠词在下述情况下具有较强的指示概念，因此往往需要译出：

（一）用在受"限制性定语从句"修饰的名词前时，定冠词的指示概念很强，如：

(a) This does not include *the* voluntary groups and chains we set up in mid-1970s.

这里不包括我们在七十年代中期建立的**那些**零售商自愿组合集团及联号。

(b) These are *the* areas where aromatics destroying the dry insulation are likely to be present.

这是**那些**可能存在破坏干绝缘的芳烃的区域。

(c) Credits, by their nature, are separate transactions from *the* sales or other contracts on which they may be based.

就性质而言，赊账交易脱离了**那些**交易必须遵守的买卖合同或其他合同。

（二）用在受"限制性后置定语短语"修饰的名词前时，定冠词的指示概念也很强，因为这些短语往往是定语从句的省略，如：the shares offered to the public（the shares that were offered to the public）那些公开开价的股票，the outlets solely for maintenance purposes（the outlets which are designed solely for maintenance purposes）那些专为维修而设计的电力引出插座，the method feasible in such particular cases 那种在这类特殊情况下切实可行的方法，the Act to be brought into force in the next fiscal year 该项拟于下一财政年度付诸实施的法案等。

（三）修辞性措辞，特别是在抒情及描写性行文中，适当使用"这""这些""那""那些"来表达英语定冠词不同程度的指示概念有助于增添译文的抒情风味：

(a) The English, in fact, are strongly gifted with the rural feeling. They possess a quick sensibility to *the* beauties of nature, and a keen relish for the pleasures and employments of the country.

事实上,英国人生性酷爱乡村。**那**自然之美,他们最能领略;对于乡居的乐趣和农事也颇为醉心。

(b) She kept firm: *The* sorrow, *the* agony had to be brushed aside, in any event, for the moment.

她仍然保持着坚定:**这**悲伤,**这**痛苦,必须置之不顾——至少在此时此刻。

但归根结底,这类措辞只是修辞性的,而且必须适合文体,不能广泛使用,否则它不仅使人产生累赘感,而且读来矫揉造作。

事实上,以上所述的原则都是相对而言。在实际翻译工作中,定冠词需要译出来的只限于那些特指概念很强、不译出来就可能造成误解的词。因此,要译成"那个""这个"的情况并不是很普遍。英语的冠词十之七八均需省略,即使是用在带限制性定语修饰成分的名词前的定冠词,能省略而不致造成误解者,也应当省略。请注意以下例句中的限制性定语及其中心词前的定冠词:

Tied shops accept restrictions in *the* way in which they trade, or in *the* goods which they sell and in return receive assistance from *the* manufacturers concerned.

例句中三个定冠词后的名词中心词都受后置的限制性定语成分制约,但在汉译中都可以省略不译:

特约商店在经营方式或所售商品方面受到限制,同时又接受与之有关的制造商的协助。

总之,不论是不定冠词还是定冠词我们都应抓住它们的本质来处理翻译问题：

（一）英语冠词的基本功能是语法的，不是词义的，因此冠词并没有独立的词汇意义。辞典中所能查找到的冠词释义，只体现在它与名词的关系中。冠词赋予名词以一定的范畴含义。

（二）因此，冠词要不要译出以及如何译出，基本上取决于名词中心词。不译出不足以表示"一个"或"某一""这个"概念时，可以考虑译出不定冠词；不译出不足以表示特定指示概念时，可以考虑译出定冠词。还可适当考虑修辞上的需要。

（三）冠词的翻译问题对译者的母语语感也是一个测试。请译者常注意汉语行文特别是呼应方面的问题，努力提高汉语语言素养。

〔注释〕

① D. Crystal 与 D. Davy 在 *Investigating English Style* 一书中将广告英语分为"电视广告"与"报刊广告"（见该书 Part II, Sect.9）。广告学上将广告手段（Advertising Media）分为以下几类：Press Advertising（报刊广告），Television and Radio（电视和无线电广告），Outdoor and Transport Advertising（露天广告和交通广告），Window and Point-of-Sale Display（橱窗和销售点陈列广告），Exhibition and Trade Fairs（展览会和商品交易会），Direct Mail Advertising（直接邮件广告）及 Cinema（电影广告）。

②参见 R. Quirk 等著：*A Grammar of Contemporary English*, pp. 136–137，意思是不能同时用两个，只能用一个。

③刘勰有"句句相衔，字字相俪，宛转相承"之说。我国历代文论名家都倡导巧用复叠，讲究呼应相承的音乐感和修辞效果。见《文心雕龙·丽辞篇》。

④这种句式传统上认为是不正确的，现已通用，而成为英语代词预指式的句型之一。

⑤在 R. Quirk 等人著《当代英语语法》中，One 按句法功用分别被称为 Replacive（替代代词）及 Indefinite（不定代词），第 221—222 页。

⑥参见王力著：《汉语语法纲要》，上海教育出版社版，第 51 页。

⑦参见 T. McArthur 等著：*Dictionary of English Phrasal Verbs and Their Idioms*

序言。有各种不同的说法，另见 A. Meyer 编著：*The Two-Word Verbs: A Dictionary of the Verb-Preposition Phrase in American English*, Mouton, 1975。

⑧参见 Curme: *Syntax* 以及 Sweet: *A New English Grammar* 等传统语法著作。

第八章 翻译三论

8.1 论严谨

严谨是一种翻译态度,也涉及翻译思想、翻译观,所以必须倍加注意。

8.1.1 概述

中国翻译工作历史悠久,译著浩如烟海,从译事者名家辈出,论述亦多,众所周知,近代中国的翻译理论始自马建忠与严复。严复在1901年发表的《天演论·译例言》中提出"译事楷模"在"信达而外,求其尔雅"[1]。这就是嗣后奉为译事经典的"信达雅"。"信达雅"是严复对翻译理论中最基本的问题,即翻译原则所做的最精辟、最明确的表述,一百余年来对中国翻译事业的发展影响极为深远。1932年林语堂提出了"达意传神"的主张[2],促进了翻译界对理论问题的进一步探讨。首先提出"重神似而不重形似"的是译著成绩卓著的现代翻译家傅雷[3]。傅雷在其为数不多的翻译论述中,中肯地分析了翻译作为一种语言转换的科学和艺术,应当如何处理神与形的问题,即内容与形式的辩证关系问题。

为保证翻译水平的不断提高,我们必须关注理论与实践的结合,学习者首先应当对翻译的基本理论问题有正确的、较深入的理解,同时,更重要的是,还必须能够运用基本理论解决翻译中的实践问题。

8.1.2 要义

翻译中的严谨既是翻译实践的原则问题，又是一个翻译作风问题，翻译思想问题。严格说来，与译者的翻译观关系密切。

严谨的第一要义在严于抓住原文的精神实质，严于准确、透彻的理解。诚然，我们提倡重神似而不重形似，但神似绝不意味着可以任凭译者不顾原文精神实质上的约束，而凭借所谓"神驰的再创造力"；也不意味着译者可以不顾原文的精神实质，拘泥于译文与原文在表面形式上的对应，从原文的表层结构直接跨越到汉语的表层结构。

严谨的第二要义是译者在作风上的严于律己，具有一丝不苟的认真精神和实事求是的科学态度。我们应当学习和培养严复"一名之立，旬月踟蹰"的刻苦精神。可以说，这是翻译成才的关键所在。

下面我们要讨论的，是在翻译实践中通常出现的有失于严谨的种种倾向，以及对与此有关的翻译差错的概略分析。

8.1.3 译文不严谨的表现形式

不严谨的翻译有以下几种表现形式：

一、词语误译

这里所说的误译均指性质上属于"判断错误"，不指有意的删改或曲解。

词语误译的情况是多种多样的。如：词义辨析上的错误，其根源常有：词性判断上的错误、词语联立结构剖析上的错误、情态分析上的错误及汉语措辞上的错误。对这些错误的阐释，均见前述。

除以上所说的词语误译外，翻译中有相当多的误译产生于译者的望文生义。望文生义有以下情况：

（1）受"因形见义"的影响。英语不同于汉语，词的形与义并没有必然联系，翻译英语词不能完全依靠词形去判断词义。以下词语误译都是受"因形见义"之害：busboy "公共汽车售票员"（应是餐馆服务员），bookkeeper"书籍保管员"（应是簿记员），gravitation"严重性"（应是重力，译者误认为它是形容词 grave 的名词形式），typewriter"打字员"（应是打字机），nonprincipled"无原则的"（应是非原则的、与原则无关的、一般的），panda car"绘上熊猫标志的小汽车"（应是英国警察的巡逻车），go moonlighting"月下漫步"（应是干兼职）等。

（2）未注意到"同形异义"的现象。英语词汇中同音、同形、异义词很多，如"graze(vi) 喂草"；"graze (vi) 擦破"是两个同形同音异义词。"tap(vt) 轻扣"，"tap(vt) 开发"也是如此。译者遇到同形异义词时很容易想当然地按自己熟悉的那个词义去译。同形异义词在很多辞典中都有标志，如在词后标上①、②，表示是另外一个词。

（3）未注意到词形上的微差。英语中有些词词形非常相似，很易于混淆，如：amiable 和蔼的 ⇨amicable 友好的; prosecute 对……起诉 ⇨persecute 迫害; compliment 赞美之词 ⇨complement 补足物; microeconomics 微观经济学 ⇨macroeconomics 宏观经济学等。英语中还有很多动词词组的词义也极易混淆，如：knock up（敲门）将……唤醒 ⇨knock out 将……击败 ⇨knock off 下班。翻译这类词稍一不慎即可译错。

在不少情况下，望文生义的误译都可能被校稿人发现，原因往往是误译虽然被译者忽略了，但被校稿人看出了逻辑上的破绽。最坏的望文生义是"错在情理之中"，因而逃过了校稿者的注意力。例如：

(a) In a small town like Groton nobody knows much about this disappearing act.

在格罗顿（在美国纽约州）这个小城市，没有人很了解这种日益消逝的做法。（"日益消逝的做法"是望文生义。正确的意思是"遁身术"，disappearing 是动名词，disappearing act 是美国政界、新闻界用词）

(b) He shouts at you today and caps off at you tomorrow.

他今天对你大喊大叫，明天就会对你大发雷霆。（Cap off 没有怒气冲冲的意思，在本句中译为"大发雷霆"则是望文生义。句中有一个对比，意思应该是："他今天对你大喊大叫，明天又会对你脱帽敬礼"）

二、疏漏

疏漏是翻译作风不严谨的另一种表现。读者一旦发现译文中有疏漏，即使是一二处无关宏旨的疏漏，也会直接影响广大读者对整个译文以及对译者本人的信任。对译者说来，疏漏不论有意无意，都是翻译的失职。而且，疏漏一旦成习，译者日益丧失一个翻译工作者必须具备的一丝不苟的责任心和避免错漏的警惕性和敏感性。可见，对翻译而言，疏漏不是一个可以等闲视之的问题。

所谓疏漏，不同于翻译中的省略。疏漏是有损于原意的漏译，而省略则是无损于原意的删减。构成漏译是由于译者忽略了原文中表达实意的部分，致使原意残缺；而可以省略的部分则一般都是结构词，这类词只有语法意义，一般没有独立的词汇意义，省略后无损于译文的忠信，无损于原意的完整。

在大多数情况下，翻译中的遗漏都属于不慎漏译，但漏译的结果使原意残缺，译文无神似可言，因此仍是个作风与态度问题。漏译常发生在词或词组并列时，如：

(a) English, Scotchmen, Jews, do well in Ireland — Irishmen never; even the patriot has to leave Ireland to get a hearing.

英格兰人、苏格兰人在爱尔兰都过得不错。唯独爱尔兰人是例外，纵然是爱尔兰的爱国人士也不得不离开爱尔兰才能取得一个向世人申述的机会。（译句漏掉 Jews，短词常被遗漏）

(b) I have remained so inactive and reclusive and depressive over the past 5 years; I have managed to remove myself from the real world.

过去五年中我一直是那样消极、怕见人，我实际上已与现实世界脱节了。（译句漏掉 depressive。形容词并列时，常易丢三落四，此时设法使词义融合是一个好办法，但原译句并无意融合。以上三个并列形容词可融合为"抑郁消沉"）

(c) A little neglect may breed mischief: for want of a nail the shoe was lost; for want of a shoe the horse was lost; and for want of a horse the rider was lost.

一个小小的疏忽就可能使整个事情闹得使人啼笑皆非：为了找马掌将马弄丢了，为了找马连骑手也丢了。（这个句子运用了一种修辞格，在汉语中称为"顶真"，在英语中称为"传述"[Relay]。传述句在翻译中最易"眼花跳行"，校稿时如不格外细心也不易发现。上述译文漏掉了 for want of a nail [为了找钉子，或缺了一颗钉子]）

以上是由于各种形式的成分并列而产生的疏漏。并列成分在两个以上，使译者顾此失彼而造成疏漏的教训极多，中外皆然，即便是在《圣经》翻译史中亦有先例。

另一种疏漏往往出现在插入成分多、转折多的长句中，译者注意到了长句的衔接，却漏掉了其中的插入成分，造成语义残缺。如：

To die at the height of a man's career, the highest moment of his effort here in this world, universally honored and admired, to die while great issues are still commanding the whole of his interest, to be taken from us at a moment when he could already see ultimate success in view — is not the most unenviable of fates.

这一长句被译成：

一个人死在他事业的顶峰，死在他在世间奋斗的最崇高的时刻，死在艰巨的任务要求他在已能看到最终胜利的时候继续给以全身心的关注：这种死，未尝不是最令人羡慕的。

整个说来译句通顺、流畅，语气连贯，看不出破绽，因而使校稿者未能看出句中的脱漏：universally honored and admired（受到世人的崇敬）。此处译者造成疏漏的原因可能是专注于不定式并列结构的语言分析，在转换成汉语时又力求照顾译文的平衡感。有时，由于译者过于注意语言形式问题，反而容易造成脱漏。

从翻译态度和作风上说，最严重的脱漏是译者有意回避矛盾，跳过了疑难处,造成"跳脱"。跳脱在翻译中属于严重差错。缺乏严格训练或缺少实际工作经验的译者也可能犯跳脱的错误。他们遇到疑难,不求解决,只图把材料译完,只好"一跳了之"。有跳脱的译文是不可信的译文,也是很不严谨的译文。跳脱往往出现在以下情况中:原文中有新词语、典故、引语、拉丁语(或其他外来语)、古英语以及其他疑难成分。对待这类疑难的唯一正确态度是努力钻研,包括查找一切可以找到的辞书、参考书、资料等,然后就个人之见向他人求教。钻研求教的精神是一个优秀的翻译工作者必备的条件。

三、用词不统一 (Inconsistency)

同一概念的译词不统一,为严谨的翻译所忌。我国历史上许多学者都力主"正名"。所谓"正名",就是指名与实的统一、语言与概念的统一。在翻译中,语言与概念的统一还包括同一概念的译词在使用中必须前后一致这一原则。在翻译中用词不统一或前后不一致在许多情况下都是由于译者在词义的理解上模棱两可或摇摆不定所造成的。因此,要保证译词(或词组)的前后统一与一致,最基本的问题是:一要准确判断词义;二是精心选择译词;三是译词一经选定,则必须坚持使用同一个词(或词组),在不同的上下文中绝不任意更动,除非原作者另有解释,或另有措辞。一般说来,严谨的学术论著在"正名"的问题上是严格遵循一致性原则的,译者也应该坚持这一原则。这就是翻译中的所谓"一词一译"问题。

除了"一词一译"是译者(特别是在集体译作中)必须坚持的原则外,这里还牵涉到"多词一译"及"一词多译"的问题。

所谓"多词一译"是指原文中有些用词本来就不一致,但其所指却又是同一个事物或概念,这时我们如果机械地、不顾上下文需要地坚持"名从主人"的原则,随原文措辞的不同,不断改变汉语用词,就很可能使读者产生误解。如:

> ... I believe that basically we are engaged in shaping a genuine *framework* for a cooperation for a world that, for the first time in its history, has become politically active and awakened ... Therefore we have

a considerable stake in the shaping of this new *pattern* of cooperation ...

上段中 framework 指"格局"是很显然的。第二句话中发言者所说的"利害攸关的事"实际上还是指那个"格局",但却换了一个词 pattern。两个词指的是一件事,我们可以统一译为"格局"。如另换译词读者反而可能以为另指什么新的"形式"。

有趣的是,我们还可以在原文中见到一些词,它们的词义也是"格局"。这就是所谓"多词一译",如:

(a) Specifically, during the next decade, any or even all of the following changes in the configuration of world power may well happen.

(句中 the *configuration* of world power 就可译为"全球政治力量的格局")

(b) More flexibility within the *structure* of the existing bureaucracy will be favored by the Majority.

(句中 the structure of the existing bureaucracy 也可译为"现有的行政机构的格局")

多词一译的前提(特别是在同一材料中)是译者对原作者的观点有深透的了解,又能把握改变用词的用意。这时的多词一译非但不是翻译上的疏漏,还可以避免造成概念混乱,可以使译文更严谨。

"一词多译"指同一个词在不同的上下文中的几种译法。"一词多译"既与英语词语的一词多义有关,又与汉语的用词习惯有关。比如:system 一词在现代英语中的含义就越来越多,从日常用语到社会科学及自然科学都使用这个词,词义有时很抽象(如:"体系"),有时很具体(如:"装置")。可能出现这种情况:在同一材料中,system 有时宜译成"制度",有时宜译成"体制",有时宜译成"体系",关键在语境(搭配及上下文);而其基本词义都是"1. A group of interrelated elements forming a collective entity—*AHD*"。例如,在 economic management system 中的 system 宜译成"体制":经济管理体制;在 new financial system 中的 system 宜译成"制度":

新的财政制度；在 a dual-price system 中的 system 宜译成"体系"：双重价格体系。这时如果机械地搬用"一词一译"的原则，则非但不能说明译文严谨，而且由于违背汉语约定俗成的原则或专业上的用词习惯，还很可能造成词语误用。

四、译文松散

所谓松散的翻译指词不达意、句不顺理、情不适境的翻译作品，读这种译文使人产生一种"不痛不痒"或"隔靴搔痒"之感。松散的译文失之于严谨，神不似形亦不似。如果与原作对照，校稿者就会发现，实难动笔修改。

（一）词不达意

词不达意是使读者在阅读译文时不知译者所云的主要原因之一，而译文词不达意的主要原因又在于译者对英语词义理解不深透或对语句逻辑关系把握不准以及汉语表达力差等。关于汉语修辞问题，我们将在下一节中加以讨论。

试对照阅读以下原文和译文，注意译者在掌握词义及把握语句逻辑关系中的问题。先读译文：

> "……人们对麦迪逊大道感到反感，而住在郊区的人在讨论中也可以发现他们在感情上是痛苦的。总之，人们有一种不明确的假设，认为在美国折磨人的基本经济问题已经解决了。……"

译文使人困惑不解。原文作者是这样说的：

> ... There was introspection about Madison Avenue and tail fins; there was discussion of the emotional suffering taking place in the suburbs. In all this, there was an implicit assumption that the basic grinding economic problems had been solved in the United States... (Michael Harrington: *The Other America*, Pelican Book, 1973, p.1)

问题之一出在对一些词的理解上。首先,将 introspection 译成"反感"是错误的。Introspection 的词义是"Contemplation of one's own thoughts and sensations; self-examination—AHD",意思是"深思内省",汉英辞典上有"反省"一词,但"反省"不等于"反感"。译者在这里还犯了一个跳脱的错误,漏译 tail fins。Tail fins 的意思是"鳍翅鱼尾",这里用以指 20 世纪 60 年代流行于欧美的小轿车。很明显,作者想在这里说的是美国城市表面上的繁荣景象引起了人们思考。Emotional suffering 被译成"感情上是痛苦的",是一种"形似而神不似"的望文生义之词。作者的原意指美国中产阶级在基本上衣食无忧之后面临着诸如家庭破裂、感情空虚之类的痛苦。Implicit 被译成"不明确"也是不对的,它的词义是 implied or understood — AHD;可以译为"心照不宣":不是"不明确",只不过是没有说出口而已。

总之,如果译者在一个句段之中有若干词的词义把握不准甚至理解有错,那么就很难不使整个句段的逻辑关系被打断或歪曲,致使译文不知所云。

词不达意除了由于译者穷于表达以外,更重要的原因当然是理解,即词义辨析上的问题。必须着重提醒译者遇到疑难处时,应查找英—英词典的解释,以避免误解,以词害义。

(二)句不顺理

句不顺理指译者对原文语法分析上有错误,以致文理错乱,不合原文的叙事论理逻辑。语法分析包括词法方面的问题和句子结构的问题。

词法方面所涉及的问题极多,我们只拟在这里着重提一下动词时态问题(见 6.1)。英译汉中常常容易忽略时态,而忽略时态很可能造成句不顺理。试细心体会以下译文中由于翻译时把握时态欠周造成的句不顺理:

> The moist pungent perfume lay all the way up to Mr. Alleyne's room. Miss Delacour was a middle-aged woman of Jewish appearance. Mr. Alleyne was said to be sweet on her or on her money. She came to the office often and stayed a long time when she came. She was sitting

beside his desk now in an aroma of perfumes, smoothing the handle of her umbrella and nodding the great black feather in her hat. Mr. Alleyne had swivelled his chair round to face her and thrown his right foot jauntily upon his left knee .... (James Joyce: *Dubliners*, 1914)

从第五句起，译文是这样：

"……现在她正坐在他的写字台边，用手抚摸着她的伞柄，使她帽子上那一枝大羽毛不断地颤动。她全身散发着浓郁的香味。于是阿连恩先生旋动转椅面对着她，逍遥自在地将右脚搁在左膝上……"

译文的叙事逻辑与原文不符，问题出在时态。按原文，阿连恩"旋动转椅"用的是过去完成时，表示在"她"做出那一系列动作以前，"他"已面对着"她"了。而按译文，"他"之所以"旋动转椅"似乎是受到"浓郁的香味"的刺激。又如：

I reminded the Operator who I was, that I was calling my number, that I imagined the telephone was out of order and maybe I had been given a wrong number. "What was that?" she asked. I told her I couldn't remember.

译文是这样的：

我提醒接线生我是谁，说我在叫电话，说我怀疑电话出了毛病，也许人家告诉我的号码不对。接线生问我："你的电话是多少号？"我告诉她，我记不得了。

由于译者没有细心研究时态，译文中出现了明显的矛盾，逻辑也很混乱。原文中有两个关键性的词：一个是 reminded，一个是 what was that 中的 was，说明"我"与接线生讲的事都是这次打电话以前所做或所想的事，否则，"我"怎么需要"提醒"接线生，她又为什么用 was 呢？按原文，"我"

曾经打过电话，没有打通，可能电话号码错了，接线生问："你上次叫的是什么号码？"这时，"我"才可能忘了。

从许多错误来分析，完成时（尤其是过去完成时）最易使译者疏忽。原因是汉语中没有类似英语的表示时态的形态变化体系。英语完成时形态变化也较复杂。译者必须牢牢记住：（1）一定要看准英语材料中使用某一个特定时态的用意和意义；（2）汉语是用词汇手段来表示而英语用形态变化表示意义的，一定要熟悉现代汉语常用的表示时间概念的助词、副词和其他词类，然后根据英语句子深层结构的语义对应，运用这类词类，表达英语用形态变化表示的涵义。如：

Future does not wait, it becomes present and past with every second that ticks. You have barely time to turn around and already the coming has met the going. No, I was not playing the fool. What will be is entirely in what has been and no matter how fast you run, tomorrow is behind you—never ahead.

请注意如何使译文准确表达原文中以时态变化体现的概念：

未来是不待人的。随着每一秒钟的流逝，未来变成了现实，继而又成了往事。你几乎来不及转身顾盼，来者就变成了逝者。不，我以往也并不是在懵懂中打发岁月。未来的一切全都孕育在现实之中：不论你跑得多快，明天总落在你的身后，绝不会跑到你的前头。

句不顺理产生于句法方面的差错也是常见的。译者对比较复杂、比较特殊的句子结构未能理清即仓促下笔，势必出错。

（a）These men are taking from me in ten minutes what it takes a week to make.

原译：这些人从我这里夺去的十分钟我得花一星期才能补上。

译者没有弄清谓语动词 taking 的宾语是 what-clause，不是"十分钟"。这个句子的动词形式是 take sth. from sb.，原句应为："这些人在十分钟里从我手里夺走的东西我得花一星期才能做成。"

（b）All that make this Christmas day was my knowing it was.
原句被译为：这一切就是我知道的圣诞节。

译句有望文生义之嫌，与原意差之甚远。理解这个句子的关键是它的主—谓—宾（SVO）配列关系。原意是：这个圣诞节是这样冷清无聊。它也算是圣诞节，只不过因为我知道这天是圣诞节罢了。英语中有些特殊句型意思往往比较曲折，不严谨的译者没理清句子结构就下笔，当然很容易译错。有些以 as … as 构成的句子就是这样。如：

（a）Her response was as soft as the night was still.
原句被译为：由于夜很静，她的回答也很轻。

As … as 句型在英语句法中称为"比较结构"（the Construction with Comparison），一般不表示因果关系。原意是："她的回答就像静悄悄的夜那样轻柔"。如将原译句去掉"由于"，庶几得之：夜很静，她的回答也很轻。

（b）But that airy stylishness and cool wit is not as effortless to achieve as it is to watch.
原句被译为：（他表演中）那种不可捉摸的入时仪态和冷静的机智做起来和看起来使人感到轻松自在。

译句对原意的理解是错误的。Not as … as 这一结构中的二者，前者是否定的，后者是肯定的。译者在分析语言和逻辑推理中均不严谨。原句意思是："但是，他在舞台上表现出来的那种飘逸潇洒的仪态和恬淡的才情，实在是看似容易做时难。"

(三) 情不适境

情不适境指译文的情态与原文不符，与原文上下文的情景不适应。下例意在着重提醒译者如何严于抓住整个句段的情态，务使自己的译文与原文的情境相适应：

> Three generations ago our gentlemen in Congress got the bright idea that there weren't enough sharp shooters around. So it established the National Board for the Promotion of Rifle Practice. It still exists, pumping out $36,500 a year to encourage people to shoot at all sorts of targets including human heads and hearts.In all this the Board couldn't be more active in its claimed goal as no part of our bureaucracy is eager to cease operation. Meanwhile responsive outcry against organized crimes found no responsible listeners. I just wonder why we have to keep on the monkey business like this.

细读原文可以体会到作者的口吻是讥讽中含有愤怒，作者对私售枪支造成犯罪的做法十分不满。但下面这段译文并没有紧紧把握住这一点：

> 三代人之前，我们的国会议员采纳了一个很好的意见，鉴于我国缺乏足够的神枪手，因此就成立了一个"全国步枪训练促进委员会"。这个委员会至今仍存在，每年以36.5万美元的资金鼓励人们进行打靶训练，包括实弹射击，因为每一行政单位都不应停止工作。但是反对有组织的犯罪的呼声此起彼伏，又没有负责官员听取。我不知道这件糟糕的事为什么要这样拖延下去。

译文除有其他差错之外，最大的问题是情不适境，也可以说译文完全抹杀了原作者的情态，形似而神全非。如果紧紧把握住作者的情态，译文语气就可能大为改观。以下译文仅供参考：

> 三代人前，国会诸公有一个高见。他们环顾四周，总觉得狙击杀

人而又百发百中者为数有限。于是就成立了一个"全国步枪射击训练促进委员会"。时至今日，这个委员会仍然健在，每年耗资36.5万美元去教唆那些持枪者究竟是人的脑袋还是胸膛可以见靶就打。总而言之委员会诸公恪尽职守，教唆杀人，真可谓不遗余力。这也难怪，因为我国的行政机构无一是自愿宣告寿终正寝的。与此同时，反对有组织的犯罪的强烈呼声此起彼伏，却无人把这种呼声当一回事。我真是莫名其妙，为什么让这种"瞎胡闹"的事搞下去。

英语与汉语一样，作者或寓情于词，或寄情于句，词句相连，秉乎情境，神韵即在其中。翻译情境交融的原文，不应只注意译词还要注意句子的安排和语气的连贯。情不适境的翻译，即令词、句中没有错漏之处，看似四平八稳，也会使人在读过原文之后感到译文索然无味，或格格不入于言外之情。可见，有失于传情的译作，于"松散"之外，更兼不信矣。

8.1.4　结语

概括而言，翻译不严谨有以下几个方面的原因：

（一）**理解问题**。对原文的理解有错或有出入，这是最基本的原因。翻译的关键在于理解，越到高级阶段这个问题越突出。从语言上分析，不求甚解是不严谨的翻译的病根。对原文不求甚解而能使译文做到神似是绝不可能的。刘勰说"理融而情畅"是很有道理的。

（二）**作风问题**。译者如一贯不以严字律己，日久必然成习。在学习阶段，教师应从严要求学生。当然在正确无误的理解的基础上，也应允许和鼓励学生采用不同的表达方法。

（三）**方法问题**。其中最突出的是不善于使用辞典及工具书。翻译进入中、高级阶段以后，学习者应努力学会使用各类型以英语释义的权威辞典，依仗这些辞典或工具书解决疑难，而不应仅仅依靠英汉辞典。

（四）**素养问题**。包括汉语文的表达能力和技巧以及各方面的背景知识。背景知识对一个翻译工作者来说至关重要。诚然，百科全书之类的工具书是极有益的背景材料参考书，但翻译所需的背景知识绝非一二套书所能包容，况且有许多是活知识，无书可查。因此，翻译者必须平时注意开阔视野、积累知识，特别要注意从 living language 中积累活知识。从事文字翻译还应注意研究美语与英语的差异以及与此有关的表达问题。下笔前严于辨义，下笔时一丝不苟，下笔后反复检查，这是一个严谨的翻译者应有的工作规范和职业素养。

8.2　论修辞

译文修辞属于翻译美学范畴，涉及的问题很多。本书限于篇幅，只能举要点概述如下。

8.2.1　概述

翻译的任务，一是理解，二是表达。理解是关键，是最基本的环节；但是，理解了原文并不等于完成了翻译的全部使命。深透的理解要靠好的译文来表达。我们经常可以读到理解并无讹误，但文句佶屈聱牙的译文。可见翻译必须兼顾理解与表达，前者缺则前功尽弃，后者缺则可能前功半弃。翻译学中的表达问题，与修辞学关系十分密切，因为两者都是探讨运用语言的技巧。翻译工作者要工于表达，绝不能忽视修辞学，作为第一步，则必须研究基本修辞手段。本节拟就下面几个方面探讨英汉翻译中的汉语修辞问题：（1）精心斟酌译词（8.2.2）；（2）恰当运用成语（8.2.3）；（3）正确使用虚词（8.2.4）；（4）灵活安排句式（8.2.5）；（5）谨慎掌握增减（8.2.6）；（6）妥善调整语序（见第二章）。

8.2.2　精心斟酌译词

汉语修辞中的两大范畴——基本修辞和综合修辞，实际上是两个阶段。两个阶段各有不同的目标。在前阶段，词语的精选是修辞的基本任务之一。关于英译汉中的译词方法问题，我们已在第三章中探讨过了。本节只是从修辞的要求出发，讨论如何在英汉翻译中炼词化滞，也就是修辞学中的精选词语问题。

所谓炼词化滞，就是指在英汉翻译中应如何正确有效地使用词语，避免或消除由于用词不当使行文中出现梗滞（Grittiness，或阻滞、梗阻）。要求译者精心斟酌译词，目的在化梗滞、通行文。

译文中的词语梗滞通常产生于以下原因：

一、梗滞产生于汉语措辞不当

英语与汉语的词汇都极其丰富，一词多义现象都比较突出，如何在翻译中掌握准确的词义是一个极为重要的问题。从翻译修辞上说，汉语措辞不当往往与词义掌握不准确很有关系。比如：

（a）One can *imagine* the battles the president will have with Congress when his cuts are considered *piecemeal* by different committees.

原句被译为：人们可以描绘出国会各委员会在认为总统的预算削减过于零敲碎打时他与国会之间将会出现什么样的厮杀。

译句中有几个译词欠妥："描绘""零敲碎打""厮杀"。这些词都大抵符合英语的词义，但用在上句具体的上下文中，就嫌不够准确了："描绘"应当是"想象得出""可想而知""料想得到"等，也可以译为"预料"。译者把 imagine 译为"描绘"的词义理据是"1. To form a mental picture of;—AHD"，但"描绘"在汉语中含义偏窄，而且过于感性；它的同义词应该是"fancy"（想象）。"零敲碎打"用在这里是不恰当的，恰当的词应当是"微不足道""无足轻重"。"厮杀"一词用在描述总统与国会之间的斗争很不恰当。这些词使整个译句行文梗阻，很不顺耳。

英译汉选词不当最常见的是近义词混淆，以及词的分寸、色彩、用词习惯不合上下文要求或不合逻辑等等。又如：

（b）Equality in that country seems to be going into reverse. *Reason*: *rise* of an elite group enjoying a way of life *denied* the masses.

原句被译为：在那个国家，平等似乎正在走向反面。理由是一个权贵集团的升起。他们享受着拒绝群众享受的生活方式。

译句有两个词在上下文中不合逻辑："理由""拒绝"。Reason 可译作"理由"，也可译作"原因"，这里是后者。"理由"在汉语中指做某事的理据，"原因"指造成某种结果或引发某一事件的条件，按上下文逻辑，这里应译为"原因"。"拒绝"指不接受某人的请求、赠礼、诱惑等。在上述译句中，把原意"排斥"译成了"不接受"，成了"不接受某人享受某种生活方式"，不合常理。此外，"集团"不可能"升起"，应为"兴起"，这是近义词混淆。

二、梗滞产生于词的搭配不当

搭配不当是翻译中常有的修辞上的毛病。这个问题与译者对词义掌握得不准确很有关系。纠正失当的搭配是翻译修辞中重要的课题之一。

词的搭配是约定俗成的词语配列。有时它虽然不是一个固定的配列式（即所谓"自由词组"，固定的配列组合就是成语），但由于早已约定俗成，因而可以使人产生自然的语感，否则就可能产生不协调的梗滞感。英汉翻译中最宜注意的是汉语的偏正式搭配（即定语＋名词中心词）和支配式搭配（即谓语动词＋宾语），因为这两类搭配用得最多，组成这两类搭配的同义词也最多，汉英的用法习惯又常常有很大的差异。

（一）偏正式搭配

偏正式搭配中的两个部分并不是并列的，其中修饰部分是"可替换成分"（Substitutive），被修饰部分称为中心词（Head Word），是稳定的。英译汉中，必须密切注意偏正式搭配中的内在关系，在修辞中不能随意更动中心词，可以调整的是前面的修饰语。例如，以下偏正搭配中，good 经过修辞可以有很多变化：

good will 善意　　　　good heart 好心
good wife 贤妻　　　　good sense 褒义
good mother 慈母　　　good year 丰年

good gold 真金 good match 匹配
good teacher 良师 good player 高手
good friend 益友 good deeds 德行
good neighbor 友邻 good points 优点

英汉翻译中偏正式搭配不当的主要原因除了译者掌握原词词义不准确外，常常是由于译者对汉语近义词缺乏审慎的判断，造成近义词误用。如：

poised manner "稳健"的态度（应当是稳重的态度）
biting humor "切肤"的幽默（应当是尖刻的幽默，"切肤"是"切肤之痛"中的定语，似只能与痛感相连）
smooth runway "平整"的跑道（最好用平坦或平滑的跑道，"平整"中的"整"意思是整饰、整齐，如："平整的田野和阡陌"）
dull eyes "呆板"的眼睛（最好用呆滞的眼睛）
stupid rebuff "愚笨"的回绝（应当用笨拙的回绝，愚笨常指天性、禀性等）
harmonious relations "和协"的关系（疑是"和谐"之误，注意在选词中避免同音或近音词混同）
stern reality "严酷"的现实（最好用严峻的现实。差别在于分寸，在"严酷的斗争"中"严酷"的意思是 ruthless 或 grim）

汉语在传统上十分讲究偏正式词语组合中的炼词。炼词的标准是：准、精、美。"准"指措辞准确，"精"指用词精炼，"美"指遣词优美。翻译中译者应尽力提高炼词功夫，如：

colorless mediocrity 庸才
ingenuous tastefulness 淡雅
careless grace 潇洒
languishing flower 残花
extraordinary thought 奇想

blighting shame 奇耻
delicate fragrance 幽香
humble gift 薄礼
sinister laugh 奸笑
penetrating eyes 慧眼
rejected wife 弃妇
dumb anger 忿愤
slim fingers 纤指
trickling fountain 琴泉

炼词还可以与成语求切，容后再述。

（二）支配式搭配

支配式搭配中充当宾语的名词常常是不能随意变动的，在修辞中可容调整的"可替换成分"是搭配中的动词。在很多情况下，汉英措辞习惯是大抵一致的，有些甚至可以达到理想的对应契合，如：

to rent a house 租房
to open a window 开窗
to report the loss 报失
to repair a watch 修表
to clink glasses 碰杯
to crack the case 破案

在更多的情况下，支配式搭配中汉英动词措辞是不完全一致的，下面这个有趣的句子有19个支配式搭配，其中有一半以上不能直译：

A greeting card can warm a heart, hold a hand, lend an ear, pat a back, light up a face, tickle a funnybone, dry an eye, surprise a child, woo a sweetheart, toast a bride, welcome a stranger, wave a goodbye, shout a bravo, blow a kiss, mend a quarrel, ease a pain, boost a morale, stop a worry and start a tradition.

在英汉措辞不一致的情况下，翻译支配式搭配时必须摆脱英语动词在字面上的约束，否则必然带来行文上的梗滞。译者应紧紧抓住英语动词的实际含义，就着宾语名词来选择汉语动词，求得在深层结构中的语义对应，如：

> to take roots 扎根
> to read a map 查地图
> to do wonders 创奇迹
> to whet appetite 开胃
> to take bribes 受贿
> to throw a party 举办舞（宴）会
> to conduct experiments 做试验
> to sink well 打井
> to read the loneliness 能看出（某人的）孤独感
> to kick the habit 改掉习惯
> to hold one's ears 捂住耳朵

从上例可以看出，词义在搭配关系中很稳定的是处于宾语位置的名词，"可替换成分"是动词。原因是动词有较大的能动性，名词在语言中是一种非常稳定的句法结构材料。

英译汉中容易造成梗滞的是谓语动词（或非谓语动词）在上下文中与宾语没有紧密相连，而是被隔开了，因而有失于前后呼应。例如：

（a）There are some tips for motorists who want to improve air conditioning and their gasoline mileage without buying gas-saving gadgets.

原句被译为：有些开汽车的人想要改进车内的空调状况和每英里平均耗油量而又不必购置省油的装置，这里有些建议可供他们参考。

（译句中的问题是"改进"只能与状况呼应，不能与"耗油量"呼应；耗油量只能降低或提高，这里是降低）

(b) Faced with the realities of Washington politics, the President is now busy tackling the issues in the fields of defense and diplomacy, the federal bureaucracy, and the differences among top officials.

原句被译为：面对华盛顿的政治现实，总统眼下正忙于应付防务和外交领域中的各项问题、联邦政府的官僚主义以及高级官员之间的分歧。（译句中的"应付"只能与"问题"呼应，官僚主义可与"对付"搭配。"应付"不能与"分歧"呼应。与"分歧"搭配的常用动词有"调解""弥合""解决"等）

(c) Deaths and fasts are provoking bombings, gunbattles, riots and public concerns.

原句被译为：死亡和绝食正在引发爆炸事件、枪战、骚乱和公众的关注。（译句中"引发"与"关注"不能搭配，如将"引发"改为"引起"，则可与四个宾语呼应）

在汉语修辞中词语缺乏照应是遣词的一大毛病。在英汉翻译中由于译者没有摆脱原文字面对等的束缚，互相搭配的词语"遥相呼应"时失去照应更是常见，译者在自校及初校时应多加注意。

三、梗滞产生于用词生涩

"生涩词"指生造晦涩之词。所有的生涩词都具有一个共同的特点，即语义含混不清，词语拗口不顺。英译汉时使用生涩词往往是由于译者拘泥于英语的字面对等，不顾约定俗成的法则，任意将词语加以糅合，如：

inflationary squeeze "通货膨胀的挤榨"，"挤榨"是生造词，宜用"压力"

peer ahead "窥瞻前景"，"窥瞻"是生造词。peer ahead into the remainder of 1970's 意思是展望70年代余下的几年（的前景）

shopping malls "店集"，是生造词。译者可能是想把"商店集中点"

糅合简化，但很费解。宜用"商场"。

在某些情况下，译者生造词语，是由于译文安排上的困难。例如，词性不合，但译者又不熟谙词类转换等翻译的基本技能，因而只能生造一个词，以求达意。如：

Language does not exist in isolation — it is the preservation of our past and the record of our present civilization.
原句被译为：语言不存在于孤立的态度中——它是我们往古文明的保藏和当今文明的纪录。（"保藏"不能用作名词。"宝藏"才是名词。译者力求做到与原文字面上的对等，也可能是想将"保存"与"储藏"糅合，生造了一个名词）

译者如果熟谙翻译的种种基本技能，就可以避免由于译文行文安排上的原因而生造词语。又如：

With this pseudo-melting-pot bull shit, he was skirting the issue.
原句被译为：他说了一些假心假意的话以后，仍然兜绕着正题。

"兜绕"是生造词。译者可以采取反译法，将原文译成汉语反说词：

他猫哭耗子似地瞎扯一通以后，仍然不谈正题。

正说、反说（肯定、否定）互换与词类转换等基本技法，常常是化梗滞的有效手段。在翻译的高级阶段，我们应当善于使用种种翻译基本手段，善于在比较中精选词语。只有这样才能巩固基本功，使自己的翻译技能得到不断的综合发展。

有时译文中出现拗口词则是由于译者刻意求雅，运用了一些古词语、陈俗词语，与原文词义既不贴近，在译文中又很不协调。如：

> Even the novelist of the 1970's had one monotonous, self-indulgent message-fulfillment; but this idealistic goal invariably surrenders to the emotional fact of narcissistic preoccupation.

> 译句为：即令是 70 年代的墨客骚人都只有一个千篇一律的自耽之念，即"完成"；但就是这个理想主义的鹄的，也已无一例外地易位于耽溺于自恋的感情事实。

译文刻意修辞，但弄巧成拙。"墨客骚人"在我国古时指诗人或文人，而原文只是 novelist（小说家）。"自耽之念"很拗口，意思也与原文不符，原文的意思是自我放纵的主题思想。"易位于耽溺于自恋"是很不通顺的汉语。应放弃刻意求雅的努力，剔除一些生涩之词以化梗滞：

> ……即令是 70 年代的小说家，也都只有一个千篇一律的主题思想：自我放纵，自我完成，但即使出于这个理想化的目的，也毫无例外地沦为感情上的自我陶醉而不能自拔。

汉语修辞历来注重晓畅、和谐，摒弃晦涩，戒绝诡异、突兀的用词，就是刘勰在《文心雕龙》中着力批评的所谓"空诘奇字"与"纰缪追新"（《风骨篇》），反对用稀奇古怪的诡异之词。英译汉中用词奇涩固然与译者的汉语语文素养很有关系，有些拗口的词语也说明译者语感很差，缺乏健全的判断力。同时，在很多情况下，拙于词语还可以看出译者对原文的理解缺乏应有的深度或准确性。例如，有人将 a kiss in order 译成"逼吻"。"逼吻"奇崛怪异，也是对原意的误解。order 的词义是 "a proper or customary sequence"（*OAD*）。A kiss in order 可以译成"顺理成章的一吻"。使用成语可以去奇化滞，下文再谈。

8.2.3　恰当运用成语

汉语成语（其中四字格成语为数最多）言简意赅，不仅是达意的手段，有时还是适当加强语言效果的积极修辞手段。因此，在英译汉中恰当地使用成语，力争与成语求切，就成为英汉翻译修辞中的重要方法。

英译汉中与成语求切必须注意以下几方面的问题：

（一）力求照顾原文的文采修辞立意，做到"成语对应"，即以汉语的成语译英语的成语、常用词组、谚语、流行语等。如：sooner or later 或迟或早，to sing the old song 老调重弹，like father, like son 有其父、必有其子，to go through fire and water 赴汤蹈火等。有些作家常用成语，我们在翻译时应注意将英语成语适当翻成汉语成语，用意在尽力保留原作的格调。例如：

… By being so long in the lowest form (at Harrow) I *gained an immense advantage over* the cleverer boys … I *got into my bones* the essential structure of the ordinary British sentence — which is a noble thing. (Winston Churchill: *Roving Commission*: *My Early Life*)

上文中 to get sth. into one's bones 是成语，可以译成汉语成语"铭刻在心"，但不宜译成"刻骨铭心"，因为这个成语在汉语中有强烈的色彩。这一点，我们将在下面讨论。To gain (an immense) advantage over 可译为"比……（远）胜一筹"。与成语求切是为了照顾原文的文采与修辞手段，但译者切记勿机械地找"成语对应"，以免弄巧成拙。

（二）利用汉语成语翻译英语词、词组、句子的原则是重神似不重形似，即：能做到既在语言形式上对应又在实际含义上吻合当然更好，如果做不到语言形式上的对应，则应求神似，使汉语成语能达意传神，这一点最为重要。

上面已经提到，许多英汉成语非常相似，有的英汉成语二者契合，可谓天衣无缝。但这类成语为数究竟有限，而且即便是二者吻合的成语用在特定的上下文中，也还有一个情态和色彩问题。

运用汉语成语翻译英语一般词语，特别是作为一种基本修辞手段，当然更不必多考虑字面上的对应，最重要的是抓住原文的实际含义，变通措辞，找到恰当的汉语成语。如：

(a) The night *gains on the day* in winter.

入冬以后，**昼短夜长**。

（b）I had *brought the press to tears*, having six appointments a day, every day, and *never saying a word*. They had to stand there *in that heat* watching me go in, come out, go in, come out, *and never saying anything*.

我把记者们弄得**哭笑不得**，一天六次会晤，对他们却**一字不漏**。他们站在外边**头顶骄阳**，眼巴巴看着我出出进进，就是**守口如瓶**。

汉语成语在英汉翻译中的积极修辞功能是很显著的，例如：

（c）Like a peacock among sparrows, the film flaunts its differences.
这部片子真可谓**鹤立鸡群**，在影坛**大放异彩**。（比喻）

（d）The clouds over the land now rose like mountains and the coast was only a long green line with the gray-blue hills behind it.
陆地上的云在**冉冉上升**，就像**重峦叠嶂**。海岸变成了一条长长的绿线，背后是一抹淡淡的青山。（比喻）

（e）Almost all managers are in the position of having easy access to a special benefit.
几乎所有的经理都处在**近水楼台先得月**的地位。（引用）

（f）It's absolutely irrelevant to the business.
这真**是风马牛不相及**！（简直是**牛头不对马嘴**！）（警策）

（g）With you, there is a galaxy of talents; with us colorless mediocrities.
你们那里是**人才济济**；我们这儿呢——**草包一堆**！（排比）

使用成语还有一个很大的优点：用词经济，常常可以大大简化句子结构，修辞学上称为紧缩，即我们在译词中所说的词义融合，如：

（h）Tired of the pomps and vanities of this heartless world, he chose to live in obscure loneliness.
他看够了**尘世浮华**，甘于**孑然一身**。

(i) Practically all substances expand when heated and contract when cooled.

一切物质无不**热胀冷缩**。

(j) There is much more than meets the eye.

个中大有文章。

以上这些句子如果不用成语,措辞就要累赘得多。

(三)英汉翻译中使用成语一定要注意成语的色彩。成语与词一样,也有褒义、贬义、中性;有些成语本身就具有夸张、讽喻、贬斥、反诘等修辞功能。另外,许多成语都有约定俗成的搭配关系。因此,使用成语时务必注意在具体的上下文中是否用得恰到好处。例如,以下例句中使用的成语就不是妥帖的:

(a) In scientific research, especially in the social sciences, it is not uncommon for a phenomenon to change as a result of study and observation.

原句被译为:在科学研究中,特别是就社会科学而言,由于人们研究和观察的结果,一个现象发生变化是**司空见惯**的。("司空见惯"有贬义,而且常常带有讥讽、不满或幽默等情态及含蓄义。"Mugging in broad daylight is not uncommon in New York"中的 not uncommon 就可以译成司空见惯[光天化日之下拦路抢劫在纽约是司空见惯的]。(a)句中的 not uncommon 可以译成中性词组:"也是常有的事")

(b) The republic is a dream. Nothing happens unless first a dream.

原句被译为:共和国只是**黄粱一梦**。然而如果没有这一梦,也就没有共和国。(这是美国作家 Carl Sandburg [1878-1967] 的一句名言。这里的 dream 并没有贬义,原意是"梦想",可以说有褒义,而"黄粱一梦""南柯一梦"都是有贬义的)

(c) Tom Paine has triumphed over Edmund Burke; and the swine are now courted electors.

原句被译为:潘恩战胜了伯克,于是猪们都成了**君子好逑的选举**

人。(原句出自萧伯纳。译者可能有意照顾萧伯纳的风格。但是"君子好逑"在汉语中比较典雅,而且是有含蓄义的褒义成语,与萧伯纳的原句格调不合,不如改为"备受青睐")

四字格之类的定式成语在汉语中用得相当普遍,因为成语确有它独特的表意和修辞功能,不可忽视。英汉翻译中使用成语是不可少的有效手段,但译者务必注意成语忌滥用、乱用。译者如对某一成语的意思或暗含义没有把握,应多查阅援引成语出处的辞书,切勿望文生义或因兴之所至单凭语感随便使用。英美很多现代作家宁愿喜欢使用俚俗语而不爱使用成语,有人已把成语看成了 cliché。译者应针对具体情况,善加掌握。

8.2.4 正确使用虚词

汉语的词有实词和虚词之分。实词有实在的意义,表示人及事物、行动、感情、性状、数量等具体概念。虚词意义比较"虚",一般不表示具体概念,但虚词绝不是没有词义。就翻译而言,准确掌握虚词的词义及作用,尤为重要。虚词在现代汉语词汇中所占的比重虽然不大,但是运用的机会却很多,使用的范围也很广[④],并且常常不易运用得纯熟自如。本节拟从翻译的修辞要求出发,分析译例中运用虚词的问题,从中阐明在翻译中使用虚词的要点。

一、误用虚词

汉语虚词包括副词、连词、介词、助词及叹词五种词类。在五种词类中除叹词(唉、啊、呢、吧等)外,其他四种词类在句中都比较活,有时不易分清词性。

误用虚词的重要原因之一是译者不重视查考虚词的词义,单凭不准确的母语语感行事。母语语感诚然十分重要,它是一种直觉性的语言审辨力。但语感通常只具有相对的可靠性,原因之一是任何语言都有种种"并存现象",如:通用语与方言并存、新词语与废弃语并存、规范用语与非规范用语并存等。"并存现象"是语言发展的标志。人们的语感常常会受到并存现象的干扰。

导致译者误用虚词的另一个原因是汉语有些虚词有一个同音异义或近似音异义的问题。有些虚词词义非常接近，很不容易分清，翻译时也就容易出错。如：自—至，的—地，而—尔，已经——经，既—即，既使—即使，继而—既而，予以—加以，对于—关于—对等。

以"对""对于""关于"三个介词为例。"关于"表示关涉，主要对人或物表示范围。"对"与"对于"主要表示对象（人或事物），但"对"的使用范围比"对于"大，用"对于"的地方，大都可以用"对"。

（a）Then there is the deluge of information and remedies along with various efforts to seek cures for modern anxieties. All seems essential to the troubled but nonsense to the professional.

原句被译为：然后大量涌现**对**这种毛病的补救办法和介绍，以及各种各样**对于**医治现代生活带来的焦虑心的疗法。**对于**那些患者，这一切似乎都很必要，但**对于**医生，那不过是胡说八道。（第一、二个"对"和"对于"应该是关于，表示关涉，"医治"前的"对于"也可以省略。后面两个"对于"可以通用单纯表示对象的"对"。表示对象时，也可以用"对……来说"。"对于"比"对"略微正式些）

（b）Save for those by Ruth, the portraits are weak attempts.

原句被译为：**除开**鲁斯的作品**外**，其他肖像画**也**都不足取。（译句意思含混，"不足取的"画究竟包括不包括"鲁斯的作品"？汉语虚词"除……外"是表示范围的介词，五词通用：除、除了、除开、除去、除却。这五个词还可以跟"外、之外、以外"连用，形成"除……之外"的呼应式，在上句中表示不包括在内［not counting, not including］的人或事物。但译句后半句虚词"也"［助词］又表示包括在内）

（c）As it stands, the display seems overcrowded, the more so because of the large prints.

原句被译为：从目前情况来看，展品似乎太多一些。**由于**都是大幅照片，所以更显得挤。（句中"由于"应是"因为"。在汉语中"因为"表示原因，"由于"表示理由，此处是说明"挤"的原因。目前有滥用"由

于"的倾向)

(d) Further inquiries will be made with regard to methodology.

原句被译为:**关于**方法论问题,将"进行"进一步的探讨。("关于"可改为"至于"或"对于"。"关于""有关"表示关涉。"对于"表示对象,在译句中与译"探讨"呼应:对[于]……的探讨)

(e) Everybody has his own priorities. For me, the No.1 duty is my husband; that comes first.

原句被译为:每个人都有优先做什么的计划。**对于**我,首要任务是照顾丈夫;这是第一条,居于首位。("对于"宜改为"至于"。"至于"表示在对比或逐项叙述中另提一事,又叫"另涉"。"至于"是不大好用的一个虚词,译者要掌握这个词的上述要义)

二、滥用虚词

有些译者有一种滥用虚词的倾向,即在不必要用虚词处使用虚词。滥用虚词的原因主要是不懂汉语虚词的用法,不了解汉语重意合不重形合的特点,以及缺乏健全的母语语感。此外,滥用虚词与死抠原文也有关系。

(a) A few of the pictures are worth mentioning both for their technical excellence and interesting content.

原句被译为:其中有些照片**既由于**其技术高超**又由于**其内容有趣而值得一提。(删去滥用的虚词,句子可以变得非常明确有力:"有些照片技术高超,内容有趣,值得一提")

(b) Expert opinions are so divided that there won't be a meeting point in the offing.

原句被译为:专家们的意见是**如此**分歧,**以至于**在最近的将来不会有会合点。

So…that 句型汉译时往往可以以意合句表达:"专家们的意见分歧,在最近一段时期内无法取得一致"。又如:It's *so* difficult to live decently today *that* nobody won't stop taking risks. When a penny stock triples in a week, even cautious people become daring.

译成意合句则为:"如今要过体面的生活又谈何容易,每个人都得去冒险!如果一美分股金一星期以后能变成三美分,谨小慎微的人也会变得敢作敢为!"

(c) The reasonable man adapts himself to the world; the unreasonable one persists in trying to adapt the world to himself. Therefore all progress depends on the unreasonable man. (Bernard Shaw)

原句被译为:**由于**明达事理的人总是使自己适应于世界,而不明事理的人坚持让世界适应于他自己,**所以**一切进步取决于不明事理的人。

原句是萧伯纳的幽默语。译文中"由于"是多余的。译者可能误解了汉语"因为……所以"这类分句组合连词的用法,以为必须成呼应式。其实,"所以""因此""可见""而且"都可以单独使用。上例"由于"可以删去,"所以"改为"可见"比较适应萧伯纳的幽默情态。现代汉语连词在使用中有以下三种情况:(1)单用式,即一个连词单独用;(2)呼应式,如:"因为……所以";(3)与副词联用式,如:"只有……才"。能不用呼应式时,可尽量不用呼应式,以求简省。

三、漏用虚词

该用虚词的地方未用虚词,就造成虚词漏用。漏用虚词大都属于以下情况:(1)没有充分掌握上下文的语气,漏用加强表达语气的虚词,如:"才""可""则";或表达转折的虚词,如:"却""倒""可""而"等;(2)不了解或不熟悉汉语虚词的用法,漏用与连词搭配使用的关联词(往往是一个副词或连词)如:"虽然(虽说、尽管)……还是(但是、却、也、却也、仍然、都等)";"既然(既已)……就"等。我们必须非常熟悉现代汉语这些组合连词的呼应式,不要造成疏漏,影响译文质量。例如:

(a) The young lady inspected her flounces and smoothed her ribbons again, and Winterbourne presently risked an observation upon the beauty of the view.

原句被译为：女郎又低头理了理衣裳上的褶缝和缎带，这时温特伯恩（**才**）硬着头皮跟她谈起当地的美景。（漏用虚词"才"）

（b）Man is but a reed, the weakest in nature, but he is a thinking reed.

原句被译为：人只不过是一根芦苇，一根大自然中最脆弱的芦苇，但他（**却**）是一根会思考的芦苇。（漏用虚词"却"）

（c）You can't be married 29 years and not have influence over each other.

原句被译为：你们不可能结婚29年（**而**）不互相影响。（漏用虚词"而"）

（d）People who want to censor books aren't really censoring books; they are censoring other people. They presume to be protecting folks when in fact they are restricting them.

原句被译为：想要禁书的人实际上不是在禁书，（**而**）是在禁人；他们自以为在保护人，实际上是在限制人。（漏用虚词"而"）

英译汉时，最容易忽视这种连接词组或句子的虚词。"而""却""则"在现代汉语中用来表示转折、对比。"才"是一个副词，往往用以从时间、范围、语气方面修饰与之关联的行为、情状。"则"主要用在比较正式的书面语中，并往往与"而"前后呼应。注意以下"则"的用法：

A captain who besieges a city should strive by every means in his power to relieve the besieged of the pressure of necessity, and thus diminish the obstinacy of their defense. He should promise them a full pardon if they fear punishment, and if they are apprehensive for their liberties, he should assure them that he is not the enemy of the public good, but only of a few ambitious persons in the city who oppose it.（*Machiavelli*）

围城指挥官应尽力设法解除被围困者必然受到的压力，以削弱其防守的顽强决心。如被围困者惧怕惩罚，**则**应允诺他们全然无罪。如果他们怕失去自由，围城司令官**则**应向他们保证他并不以公众的利益为敌，他视之为敌者只是城内若干反对公益的野心家。(《马基尔维利》)

在比较正式的书面语中，连词则表示逻辑上的承接或联系，往往用于引导对事理的某种发挥或逻辑发展，是比较难用又是不可忽视的一个文言虚词。"而……"的呼应式也多用于正式的书面语中，如：

> Such attributes are good to mention in a threat. They imply that the oppressors' goals are no different from those of the masses, and that the enemies who say otherwise are misleading the people. (*TIME Essay: The Art of Making Threat*)
>
> 在威胁（性的演讲）中提到这类美妙的辞令是大有好处的。这些辞令暗示压迫者的目标与群众的目标并无二致，**而**敌人的异端邪说**则**正在把人民引入歧途。(《时代周刊·恐吓之道》)

虚词的呼应是严谨的翻译者必须注意的问题。现代汉语有许多这类虚词的呼应式，如："只有……才""才……就""尽管……还是……""虽……仍……"等，共约20余个。

漏用必要的虚词之所以在英汉翻译中经常发生，一个很重要的原因是译者往往只注意英语字面，而很多汉语虚词（如：后呼应关联词）在原文中是没有对应词给出暗示的。有经验的翻译者常体会到虚词是一种"呼之欲出"的词语，往往得之于译者在琢磨、诵读、吟味译句时，顺文章之气势或语气跃然而出，正是刘勰所说的"得一字之助矣"(《文心雕龙·章句篇》)。

四、应分清虚词的文体色彩

汉语虚词有文言虚词与白话虚词之分。译文比较正式时不应用口俗语虚词，反之亦然。虚词要用得适体，这是修辞中的不可忽视的任务。一般说来，单音节虚词比较文，双音节虚词比较白，如："定"（文）—"一定"（白），"必"（文）—"必须（必定）"（白），"倘"（文）—"倘若"（白），"务"（文）—"务必"（白）等。

8.2.5　灵活安排句式

汉语修辞讲究炼句[5]。狭义的炼句只就句子本身的词语增添、结构梳理、修辞手法设计以及句子的形象性、音乐性等而言。广义的炼句涉及句式的选择以及句子在上下文中的适应性问题。我们研究英汉翻译句式安排的首要修辞任务是使句式既与原文的体式基本适应，又符合汉语的修辞习惯。

英汉翻译中灵活安排句式的原则，是在基本适应原文体式的前提下，根据具体的情景或上下文调整译文的句子形式，以适应汉语行文的需要。

（一）译文句子力求长短相隔，以中、短句为最好，长句宜在恰当处切断。

英语多长句，这是因为英语可有后置定语。扩展的后置定语又可以是带从句或长修饰语的复杂句。英语句子可并列、包孕、环扣，长达一二百词。汉语一般不用后置定语，历来忌冗长拖沓，重明晰舒缓。一般文章中多不用长句，以四字至七八字以及十五字至十七八字左右的短、中句居多。汉语修辞上主张长短句相替、单复句相间。这一点我们已在第四章（见 4.2.1）中论及。有些译者目前还有爱用长句的习惯。长句如果结构严谨、层次分明、逻辑思路清晰当然是可以用的，译得好的长句在特定的文体或情景中还可以产生庄严感、紧凑感等语言效果。但是，如果译者使用接二连三的长句，就必然使行文产生累赘感、拖沓感。因此，从修辞上说，我们主张长短句相替，单复句相间。遇到长句时，我们可以设法切断（见 4.2.1）[6]。另外，我们必须认真学习使用汉语标点符号（特别是逗号、分号、顿号、冒号和句号）的用法。按汉语语法规则，合理使用标点符号可以使我们将原文长句化整为零，使读者在阅读中增加舒缓感。实践证明，所谓"一气呵成"的长句往往会隐藏译校者未及发现的疏漏或错译。从语言的修辞效果和交流效果来说，长短句相间的句子易于起落停顿，可使音段产生抑扬顿挫的节奏。同时，由于句子拍节、停顿疏密相间，行文也富于语言的韵律美。这正是汉语这种以韵母占优势的单音节语言所具有的特点。以下句为例：

> In spite of anxiety, we were happy, with a new sense of discovery in our everyday surroundings, the earth was a never ending Source of wonder that glowed in tones of pink, orange, yellow or vivid reds; shadows on buildings, on rocks, and roads were not dull grays but clear mauves or violet; I would see the leaves of a bush, a wonder of small mirrors reflecting pale colored lights or brilliant diamond spots of sunshine, and a sudden overwhelming flood of exaltation would sweep through me so that I was filled with a sense of well-being.
>
> （K. B. Granger）

描述文体汉语长短句配列状况	（左列数字表示字数）
9—7 11—4—4—11 4—3—6—7—11 7—10—9—15 7—12—8	尽管有着谋生的焦虑，我们还是快乐的。/ 这数不尽奇珍的大千世界，红橙黄绿，光彩斑斓，每天都给我们以新的体验：/ 那楼房上、崖石上、道路上的流影，并不是一片灰暗，而是鲜艳如紫罗兰的奇葩；/ 那灌木丛的叶片，好似一面面奇妙的明镜，有时泛着浅淡的光影，有时又迸射出太阳闪烁耀眼的斑点。/ 我看到这一切时，喜悦会突然像潮水流遍全身，心中充满了幸福感。 （凯·格兰格尔）

（二）译文句子力求少用被动式，特别注意在没有必要时应避免连续用被动式，可使主动、被动交替出现，以主动式占优势。

英语常用被动式[7]，汉语不常用被动式。我们经常遇到连续使用被动语态的英语材料，汉译时译者必须注意选择句式，务必考虑汉语习惯表达法，尽量使用主动式或主动、被动相间但以主动句占明显优势的句组。用主动式表示实际上应是被动的概念，是现代汉语的主要趋势（见6.1.2）。如：

Special signals *are also placed* directly over traffic lanes to control traffic. These signals *are designed* to indicate how special lanes of a street or highway *can be used*. A steady downward green arrow over a traffic lane *is used* to show that you *are allowed* to use the lane. A steady yellow "×" over a traffic lane *is put up* to indicate that a lane control change is ahead. A flashing yellow "×" over a traffic lane *is meant* that you *are permitted* to use the lane to make left turns.

（*Driver's Guide, USA*）

此段英语用的都是被动句，译成汉语全部可用主动式。

描述文体汉语长短句配列状况	（左列数字表示字数）
18—17 11—10 15 21	在行车道正上方设有特殊的交通指挥标志，以指示街道或公路各行车道的使用规则。/ 垂直向下的绿色定光箭头，用于指出可通行的车道。/ 黄色定光"×"标志用于指示准备停车。/ 黄色闪光"×"标志用于指示该车道可供车辆向左转。（《美国驾驶员手册》）

英汉翻译进入高级阶段以后，译者应较专注于句式选择，遇到被动语态时不应不加思索地照搬原文句式。

（三）译文句子应力求有气势连贯，不到迫不得已时不宜多用破折句、带括号句。

在英语中破折句、带括号句很普遍，汉语则不然。这是一个语言传统问题。但汉语并不排斥这类新的表现法。

在英译汉中不宜过多地在译文中使用破折句及带括号句，因为汉语行文历来讲究气势连贯，忌突兀阻断。凡有碍于行文流畅疏通的迂曲梗滞，译者都应尽力避免。我们在长句翻译法中已经提到过破折句和带括号句的翻译问题（见4.3.5）。

按照汉语的语法和修辞规则，行文中使用括号和破折号的情况是大体相同的。它们的用法主要有三种：一是表示对上文的解释、注释、说明或总结；二是表示意思的转折或插叙；三是表示意思的递进或增补。

这些用法与英语的 Dash（破折号）与 Parentheses（括号）的用法也是大体一致的。就翻译而言，我们必须注意的是：

1. 英语括号内或破折号内部分太长时，就宜采用包孕、拆离等方法，拆除括号或破折号，按自然语序翻译，以免由于间隔过长，切断主干脉络，使读者在阅读中产生阻断感。如：

The writer's arguments may be sound, but the reader—reluctant to change his views in any case, and certainly unwilling to ally himself with someone who can't even spell—seizes on this irrelevant error and smugly puts aside the essay, confident that he has nothing to learn.

（a）作者的论点也许是无可非议的，但读者——他无论如何不愿改变自己的观点，而且肯定不愿意与连拼写都不会的人为伍——抓住了这个无关宏旨的错误，对作者的文章不屑一顾，自以为从中学不到任何东西。

（b）作者的论点也许是无可非议的。但读者却怎么也不愿意改变自己的观点，而且肯定不愿意与连拼写都不会的人为伍。他抓住了这个其实是无关宏旨的错误，对作者的文章不屑一顾，自以为从中学不到任何东西。

上述（b）式比（a）式好主要是由于（b）式没有被破折号切断主句的思想脉络。如拆出插入部分译成后续分句，则要注意体会句子的逻辑关系，添加适当的连接词语。

2. 英语括号和破折号的用法只是大体相同。实际上，在某些情况下用在括号内的部分比用在破折号内的部分多一层修辞作用。例如，有些作者往往利用括号插入旁白或"潜意识"。如：

…Her handwriting was curious—small sharp little letter with no capitals（who did she think she was, e. e. cummings?）

…As we warmed up on the ice, I didn't wave to her（how uncool!）or even look her way.

…He noted that we had lost the title（very sharp of you, Father）, but after all, in sport what really counts is not the winning but the playing.

（*Erich Segal: Love Story*）

上例中这类括号就不宜去掉，而应尊重原作者的修辞立意与风格，保留原文句式。

3. 英语中有些用括号或破折号（特别是破折号）的部分虽然不长，但译成汉语后，却破坏了汉语行文的连贯性和整体感，切断了读者的思维脉络，形成了突兀、阻滞。这时也宜按汉语行文习惯进行梳理。

（四）由于汉语以中、短句为最相宜，长句不宜连续使用，因此译文句中忌累赘、壅塞，不宜包含过多的语法成分，应力求层次简明、清晰。

为使译文句子层次简化，我们必须设法将句子分化。一个有效的办法是分离出作状语用的引导式词组或介词词组。这类词组在现代汉语中用得很多也很普遍，而且往往可以很长，如："在通过实验不断摸索的过程中"（以上是介词词组俗称"空心结构"）；"按联合国安理会第544号决议的原则精神""通过争议中的双方在第三国进行的协商"（以上是引导式词组）等。在翻译中用逗号将这类词组与主干成分分离，可以改善长句结构，使长句层次比较鲜明，条理比较清晰。试对比以下两式：

Since World War II, the American economy has been on a "throwaway" basis, making shoddy products that break or wear out quickly on the theory that the sooner a product wears out, the sooner the need for repurchase.

（a）二战后美国经济按照商品耗损得越快消费者就需要更新得越快的理论建立在一种"用过就扔"的基础上，制造出很快就破损的次品。（引导式词组居中）

（b）按照商品耗损得越快消费品就需要更新得越快的理论，美国战后将经济建立在"用过就扔"的基础上，生产出很快就破损的次品。（引导式词组居句首）

引导式词组或介词词组在表示前提、条件、原因、方式等情况时居句首取分离式，可以有助于改善长句结构，使句子层次鲜明，我们已在第二章中讨论过了。

另一个简化句子结构、分清层次的手段，就是在译句中使用复指成分，即用同位语和外位语。外位语的使用已见前述，我们只在这里略举二例加以说明：

1. As a result of this combination of tradition and policy, there are not many farms which are owned by absentee landowners.

（a）农事传统和（美国政府的）政策结合导致的结果是农场主不在场内经营农业的农场为数不多。（全句加括号内解释共36字）。

（b）农场主自己不住在农场里经营农事的农场在美国为数不多。/ 这是美国传统和政府的政策相辅相成的结果。（全句取25—17字分句配列）

2. Close to the western edge of this region, there is a particularly lonely stretch of desert named Death Valley by pioneers who tried to cross it in their rush to the goldfields.

（a）靠近这个地区的西边沙漠中，有格外凄凉的一段被早年急急

忙忙赶往金矿去时试行跨过的地方,被拓荒者称为"死亡谷"。(取 12—28—9 分句配列)

(b) 靠近这个地区的西边,有一片特别荒凉的沙漠。早年的拓荒者曾经想越过沙漠,到金矿山去淘金。/ 这就是他们所谓的"死亡之谷"。(取 9—10—13—7 分句配列)

以上二句(b)式均使用了外位语,句子层次比较明晰利落,不致使读者产生累赘感。

8.2.6 谨慎掌握增减

翻译修辞离不开增词、减词及重复。这种对译文的熔裁,目的在于提高行文的可读性。增减问题涉及的面较广,这里只从修辞角度进行探讨。

一、增减应无损于原意

刘勰说过一句很有意义的话,可视为我们掌握翻译增删的原则,他说:"善删者字去而意留,善敷者辞殊而义显"⑧。在任何情况下的增减都必须无损于原意,有助于传神。严谨的翻译既不容许华而不实的增补,又不容许削足适履的减删。试分析以下华而不实的增补:

(a) three generations inbred arrogance 世世代代生而有之以至浸透到骨子里的傲慢(比较:祖孙三代一脉相承的自傲)

(b) He would take guts to ask her. 他竟会壮下斗胆,一亲芳泽。(比较:他会鼓起勇气向她提出要求)

(c) to make stars out of nobodies 把庸庸之辈捧为金光闪闪的明星(比较:把无名之辈造就成明星)

(d) It had been tragically slow-witted of me. 可怜我愚不可及,笨不可言。(比较:可惜我当时太迟钝)

(e) She has a great figure. 她有亭亭玉立的楚楚风姿。(比较:她身材姣好)

上例译者刻意修辞的用心是显而易见的,但是这种修辞增补不啻随心所欲地添枝加叶,因而背离了原意,实与严谨的翻译格格不入。

为考虑到修辞效果而减省原文实意词的翻译也必须非常谨慎。保证可读性不能以牺牲原意为代价。

以下是削足适履的减省:

(f) Judges are supposed to treat every person as equal before the law. 在法律面前人人平等。(削掉了实意词 judges,另外 to be supposed to 也是有实意的)

(g) What underlies all this sound and fury? 这一片鼓噪之声所谓何来?(削掉了 fury 这个实意词)

(h) Difficult, sir, to speak at length. 说来话长。(削掉了实意词 difficult 及称呼 sir)

上例译者为了套用汉语的成语或习惯说法,不惜削掉了实意词。套用成语必须基本贴切,不能为求成语而使原意残缺。

总之,无论是增补还是减省,必须保证与原意对应契合,不能只顾修辞而损害译文的忠实性。

二、增减应有助于传神

从修辞的要求来说,增减必须有助于达意传神,否则修辞即失去积极的意义。下句的补足主要是为了达意,添加了结构补足词:

(a) By birth be was an Englishman; by profession, a sailor; by instinct and training, a rebel.

就出生来说他是英国人,就职业来说他是海员,就本性和教育而言他则是叛逆者。

下句的补足主要是为了传神:

(b) It's a bit fishy that she should have given away a villa like that.

那么好端端的一座别墅,她竟然拿它白白地送了人,个中颇有蹊跷。

在英译汉中需要增补的词语基本上可分三类:一是结构性补足,即补足由于双语语言结构上的差异而在行文中省略的部分,以求符合目的语表达习惯和结构要求,如以上的(a)句;二是语义性(或修辞性补足),即将英语暗含义在汉语行文中加以表明,以求符合汉语表达习惯,如以上的(b)句;三是连接性补足,作用是按上下文即语境需要增补以利于贯通及连接行文。⑨ 三类增补综合运用如下例:

They call Sollozzo the Turk. Two reasons. He's spent a lot of time in Turkey and is supposed to have a Turkish wife and kids. Second, he's supposed to be very quick with the knife, or was, when he was young. Only in matters of business, though, and with some sort of reasonable complaints. A very competent man and his own boss. (Mario Puzo: *God father*)

他们叫索罗佐土耳其佬。原因有(结构补足)两个:其一是:(连接及结构补足)索罗佐在土耳其待过很长时间,据说还娶了一个土耳其老婆,养了(结构补足词)孩子;原因之二是(连接及结构补足),人们都说他容易动(结构补足)刀子,至少是过去(语义补足),在他年轻气盛(语义补足词)的时候。当然只是在一些生意经上,而且他之所以爱动刀子(语义补足)也不是没有正当的理由。不管怎么说(连接),索罗佐是个能耐人,而且很有主见。(普佐:《教父》)

由上述译文可以看出,英译汉时以增补最为普遍,减省的都只是冠词等只有语法意义的词。从修辞上考虑,汉语行文中的增补与现代汉语的基本特征很有关系,如:重动词,汉语常出现动词连用;其次是重连接,讲求语气贯通;再次是忌隐晦,要求含义晓畅。由于英语词的形态变化而必须增补语义补足词时,则更不可忽视。

8.3　论风格的翻译

风格的翻译（translation of SL style）指对原语作品风格的审美转换，它不同于**翻译的风格**（the style of TL translation）。后者指译者翻译原作时自己的行文风格，实际上是译文风格。我们关注的是前者。

8.3.1　概述

翻译中的风格论与文学或一般写作中的风格论并不是完全相同的研究课题。一般的风格论主要是研究作家或作品的思想内容与语言文采的统一性和多样性以及文采（情采）的表现规律和艺术感染力诸要素[⑩]。在翻译中，原作的思想内容不取决于译者，而取决于原作者。译文应取的基本体式也受到原文很大的限制。译者不可能不顾原作的思想内容和语言形式，随心所欲地抒情、叙事、论理，不可能做到"文必己出"。这是翻译工作者面临的客观上的局限性。这一局限性在很大的程度上影响了我们对翻译的风格的研究。

但是，翻译终究是一种极富创造性的工作。风格论在翻译学中理应成为不可缺少的组成部分，否则，所谓提高翻译质量和翻译水平，真正做到重神似而不重形似，就会成为空泛之谈。

翻译上的风格论所研究的基本问题是在语言转换中如何保证译文对原文的适应性（Adaptation）。由于翻译受原作的局限，译文的基本体式和风貌不能由译者随意加以改变或渲染，从这个意义上说，译者的创造性和文思的活动领域是相当狭小的。但是，由于译者的知识结构和语言素养、刻苦精神和个人才力、翻译工作经验、翻译理论水平和对翻译技能的领悟掌握（Acquisition）各不相同，因此，译者在翻译实践中所表现出来的"对原文的适应性"是悬殊的。正因为如此，同一篇原文在不同译者的笔下才有明显的高低之分，优劣之别。在这个意义上，翻译再创造的空间又是极其广阔的。翻译作品的质量，译文对原文的高度适应性，原作风貌的逼真再现，通常正是译者的功力和才情的最好说明。

8.3.2 "返其真"：译文应适应原文文体风貌

"返其真"源自《庄子·秋水》："谨守而勿失，是谓反其真"（"反"同"返"）。庄子的这个论断对翻译应该如何适应原语的风貌很有指导意义。所谓"真"指原语风格的"本来面目"，"返其真"就是说翻译要回归到原语风格的本来面目，而且必须兢兢业业地做到这一点，不容闪失（"谨守而勿失"）。

翻译必须密切适应文体特点，译文中遣词造句务须符合文体的需要，这是本书贯彻始终的基本要求。本书从第二章至第七章对英语各类文体的文体范畴、文体特点与翻译要点作了探讨。除了语类不同造成文体有别外，文体差异的形成及发展机制还受到以下因素的制约：(1)读者对象的知识水准；(2)作者的知识水准及气质；(3)语境所要求的"正式的等级"（Level of Formality）等。

任何书面语都是为读者而写的。概括说来，书面语有三类读者：(1)专业读者（the professional reader）；(2)高级读者（the advanced reader）；(3)一般读者（the general reader）。以下是同一题材（或同一论题）由于读者对象不同而产生的文体差异：

对专业读者：

(a) Morse's Disease is one of a small number of known diviral diseases in which the primary and secondary stages are caused by two separate viruses or by two morphologically distinct stages of virus, (See Struass et al., JAMA, 1977). The primary virus, designated TK-112, retards diffusion of beta-keto acids from cells, particularly in the epidermis. The secondary virus, TK-113 …

对高级读者：

(b) Despite a common belief that Morse's Disease is a minor childhood ailment, medical research has uncovered the serious damage which often sneaks up on the victim after the mild primary symptoms have vanished. Weakened vision, slowed-up reflexes, and even brain damage may occur, but so slowly that heretofore they have been ascribed to other causes. The cause lies in a secondary virus which slowly multiplies after the primary virus has temporarily depleted the white blood corpuscles…

对一般读者:

(c) For most kids Morse's Disease isn't bad. You get a pimply skin which itches. During the next couple of days you may feel almost too weak to cross the room. Then it's over. But some kids aren't that lucky. Morse's Disease sometimes leaves behind a slow poison in the body which…

由上例可以看出,由于读者对象不同,作者写的虽然是同一个论题,但用词和句式有很大的差别。(a)式广泛使用专门词汇,概念较严谨,句子组织严密,属于学术论文体。(b)式的对象读者是具有较高的教育水平和科学知识的人,因而使用了 vanish, heretofore, deplete 以及 primary symptoms, ascribe, white blood corpuscles 等在正式英语中使用的词语及科技词汇。文中长句、复杂句、各种修饰成分很多,属于正式英语体。(c)式中用词平易,句子简短,意思很通俗,属于非正式英语体。

作为翻译,我们的任务不仅限于传达原意,而且应在拿到原文以后通过反复阅读、钻研,掌握原文的总体风貌,包括:用词倾向(专业词、深难词、浅易词、俚俗词等)、句式特点(简单句、复杂句、省略句、祈使句、疑问句、句式变化等)、修饰手段(比喻、对仗、夸张等)、表意方式(否定式、反问式、间接式、直接式等)、词语情态,以及句段安排等方面的问题,并运用自己学到的翻译技能处理原文,使自己的译文尽可能适应原文的总体风貌。以上三式例句分别对不同读者使用了适应其知识的阅读水平的词语、句式等。我们的译文就应力求与之相适应:

(a) 摩尔斯氏症是少数已知的二度过滤性病毒性疾病之一,其致病原因在初期及第二期分别由两种不同的病毒或两种在形态上处于截然不同的发展阶段的病毒所引起（见 Struass et al., JAMA, 1977）。初期之致病病毒为 TK-112 型，可在细胞中（尤在流行期）抑制 β 酮酸的扩散。第二期病毒为 TK-113 型……

（b）尽管人们普遍认为摩尔斯氏症不是儿童的一种主要疾病，但是医学研究表明，这种疾病的严重危害，在于它对人体的侵害是在较轻微的初期症状消逝以后，潜入患者体内。此时，患者视力减弱，反应迟钝，甚至导致大脑损伤。但这类症状常因出现缓慢而被误诊为其他病症。摩尔斯氏症的致病原因是第二期病毒。在初期病毒暂时破坏了白细胞之后，第二期病毒即缓慢地繁殖起来……

（c）对大多数儿童患者来说，摩尔斯氏症的病情并不严重，只是皮肤发痒，出现红疹。几天以后，患者感到十分疲乏，连在房间内走动都感到体力不支。过后病情随即消逝。但对另一些孩子，情况就不一样了。摩尔斯氏症有时会在他们体内留下一种慢性毒素……

翻译适应文体还要求细心体会手头的材料属于哪一个"正式的等级"。英国 Level of Formality 大抵可以分为以下几级：

一、旧式正式英语（Old Fashioned Formal English）

这类英语大体指 18、19 世纪时期的古旧体书面语。在文体学研究上通常以塞缪尔·约翰逊（Samuel Johnson, 1709–1784）和爱德华·吉本（Edward Gibbon, 1737–1794）为代表[⑪]。旧式正式英语用语古奥生僻，句子盘曲复杂，文体学上称为"高雅体"（Elegant Style），如：

To be of no church is dangerous. Religion, of which the rewards are distant, and which is animated only faith and hope, will glide by degrees out of the mind unless it be invigorated and reimpressed by external ordinances, by stated calls to worship, and the salutary influence of example.

（Samuel Johnson: *Life of Milton*）

Elated with these praises, which gradually extinguished the innate sense of shame, Commodus resolved to exhibit, before the eyes of the

Roman people, those exercises which till then he had decently confined within the Walls of his palace and to the presence of a few favourites.

(Edward Gibbon: *The Decline and Fall of the Roman Empire*)

二、现代正式英语（Modern Formal English）

这类英语指 20 世纪以来的书面体英语。

总的说来，现代正式英语在很大程度上已摆脱了旧式正式英语用词古奥、句式盘曲的束缚，尤其是 20 世纪六七十年代以来，现代正式英语有了很显著的发展，总的趋势是比 18、19 世纪的正式英语更为平易⑫。但正式英语终究是不同形式的书面语，因此其基本特征仍然是用词比较端重，句子结构比较严谨。如：

The British had not yet felt the German lash, but were aware of its force. They nevertheless had but one thought: to win the war and destroy Hitlerism. Everything was subordinate to the aim; no difficulties, no regrets, could stand in the way. He was well assured of British capacity for enduring and persisting, for striking back till the foe was beaten.

(Winston Churchill: *The Second World War*)

Since I do not foresee that atomic energy is to be a great boon for a long time, I have to say that for the present it is a menace. Perhaps it is well that it should be, it may intimidate the human race into bringing order into its international affairs, which, without the pressure of war, it would not do.

(Albert Einstein: *On the Atomic Bomb*)

三、现代非正式英语（Modern Informal English）

现代非正式英语的范畴是比较广的，总的说来，可按"正式的等级"分为一般非正式英语（General Informal English）和口语体英语（Colloquial English）

一般非正式英语如：

I honestly believe we should pursue both programs. Flying to Mars and the moon and building a space station in orbit or a manned lunar colony—those are glorious pursuits with a lot of romance and public support and interest. In many ways, it's a lot easier to do that than it is to do the same things in the ocean. It's a tough job to get machines and men to work in salt water, especially deep salt water.

Certainly there is more of material value to us in the ocean than there is on the moon. The ocean is so close. The richest part of the ocean is in water less than 600 feet. I know for a fact we should pay more attention to the ocean. Here again, defense enters into the picture. I believe it is more likely that, as a nation, we could be defeated from the ocean than we could from the moon.

(*U. S. NEWS & WORLD REPORT*, March 30, 1970)

口语体英语如：

Constantly you walk. You go home and put your feet in a hot basin after. That feels good. About twice a week, you give'em a good soakin'. When I'm home, I keep'em elevated, stay off'em as much as possible, give'em a lot of rest. I wear out on the average about three or five pairs of shoes a year. When I first started the bag, seemed like I was carryin' a ton. But as you go along, the bay isn't gettin' lighter but you're getting accustomed to it.

(Studs Terkel: *Working,* "Mail Carrier")

毫无疑问，现代正式英语和一般非正式英语的使用范围最广。在具体的翻译工作中，我们通常遇到的也是这两类英语材料。

以下四段英语表明同一议题的四个"正式的等级"。翻译时必须注意译文对原文的适应性：

（一）旧式正式英语

To some scholars, instruction emanates from lecture or laboratory; to others it radiates from within. No scholar is so well taught as he who can teach himself.

宜适当译成旧式汉语：

学人中有受教于讲堂、实验室者，亦有教发之于内者。能自教自学，则学人中之最上乘矣。

如果考虑到现代读者对象的接受问题，即使是古旧体正式英语，也完全不必译成文言，但行文应力求端重，切忌用俚俗词。

（二）现代正式英语

Although learning is judged to require from teachers (and sometimes indeed it does), the real instructors may be found not so much in school or in great laboratories as in the student's own powers of insight.

宜适当译成行文端重的现代汉语：

学识得之于导师是人所共见的，有时也确乎如此。但是，真正的"导师"大都不出自学校或实验室，而是学者本人的洞察力。

（三）一般非正式英语

We think we learn from teachers, and we sometimes do. But the teachers are not always to be found in school or in great laboratories. Sometimes what we learn depends upon our own powers of insight.

宜适当译成通顺、晓畅的现代汉语：

大家都说我们是向老师求教，一般说来，情形的确如此。但是老师也并不只有在学校里或大实验室里才能找到。有时候，我们学到了东西，靠的是自己的心明眼亮。

（四）口语体非正式英语

You know, people are always saying they learn from teachers! OK, so they do, sometimes. But what I want to get across is this: you don't always find your teachers in schools or in labs, either. No sir! Sometimes you find the teacher right in your own eyes and ears and brains. That's where it's at!

宜译成现代汉语口语体：

大家总是说教学教学，教师教，学生学。不错，有时候就是那么回事。但是，依我看，老师也不是只有在学校里或者在实验室里才能找到，不是的！有时"老师"就在你自己脑袋里，在你耳朵里、眼睛里，就是这么回事！

在实际的翻译工作中，我们常常见到并不属于某一个单一等级的材料，特别是就用词而言，遇到这类文体上有变化的原文，译者必须特别细心体察其中的变化，恪守译文的适应性原则，即所谓文随其体，语随其人，千万不要千篇一律，墨守一格。下面是现代翻译家杨宪益（1915—2009）译的萧伯纳的剧本《卖花女》（*Pygmalion*）。剧本中不同人物说的是不同层次的非正式体英语。请注意译者的处理。

HIGGINS: Your daughter had the audacity to come to my house and ask me to teach her how to speak properly so that she could get a place in a flower-shop. This gentleman and my housekeeper have been here all the time. [*Bullying him*] How dare you come here and attempt to blackmail me? You sent her here on purpose.

DOOLITTLE: [*protesting*] No, Governor.

HIGGINS: You must have. How else could you possibly know that she is here?

DOOLITTLE: Don't take a man up like that, Governor.

HIGGINS: The police shall take you up. This is a plant—a plot to extort money by threats. I shall telephone for the police [*he goes resolutely to the telephone and opens the directory*].

DOOLITTLE: Have I asked you for a brass farthing? I leave it to the gentleman here: have I said a word about money?

HIGGINS: [*throwing the book aside and marching down on Doolittle with a poser*] What else did you come for?

DOOLITTLE: [*sweetly*] Well, what would a man come for? Be human,

　　　　Governor.

　　HIGGINS: [*disarmed*] Alfred: did you put her up to it?

　　DOOLITTLE: So help me, Governor, I never did. I take my Bible oath I aint seen the girl these two months past. . . .

　　息金斯：你的女儿大胆到我家里来，是要我教她正确的发音，好在花店里找个事做的。这位先生和我的女管家一直都在这里。（恫吓他）你怎么敢来讹诈我？她是你成心派来的。

　　杜立特尔：（抗议）不是那样，老爷。

　　息金斯：一定是，不然你怎么会知道她在这儿？

　　杜立特尔：老爷，别那么看人。

　　息金斯：警察要把你抓起来。你们是串通了的，打算讹诈要钱。我要打电话叫警察来。（他坚决地走到电话那里，打开电话簿）

　　杜立特尔：咱跟您要过一铜子吗？请这位先生评评理：咱提过一个钱字了么？

　　息金斯：（放下电话簿，大步走到杜立特尔跟前质问他）那么你来干吗？

　　杜立特尔：（态度恳切）您说人家来干吗？老爷，您得替人家想想。

　　息金斯：（气平了些）阿尔佛莱，是你叫她来的吗？

　　杜立特尔：天晓得，老爷，咱可没有。咱赌咒有两个月没看见这孩子了。

　　在描述和叙述文体中穿插正式文体的作品也很多。我们翻译时应当随文体之变而调整译文，不要千腔一调，千篇一律。

8.3.3 "方寸之地"见功夫：译文与作家个人风格

　　译文除了应适应文体上的需要外，还应当密切注意作家的个人风格或作品的风格，这是译文适应性的两个方面，当然也属于"真"的范围。常见的倾向是译者能注意到文体上的需要，因为文体通常与题材有密切的关系，而忽视了对作家个人风格或对作品风格的注意。其结果很可能是：译文只抓住了原文材料在体裁上的一些特征，而没有反映出原作家的个人风格之"真"。这样的译作，充其量可以说做到了达意，而没有做到传神，有失于神似。以下原文取自乔治·奥威尔（George Orwell, 1903–1950）的散文《马拉喀什》（*Marrakech*）：

> But what is strange about these people is their invisibility. For several weeks, always at about the same time of day, the file of old women had hobbled past the house with their firewood, and though they had registered themselves on my eyeballs I cannot truly say that I had seen them. Fire wood was passing—that was how I saw it. It was only that one day I happened to be walking behind them, and the curious up-and-down motion of a load of wood drew my attention to the human being beneath it. Then for the first time I noticed the poor old earth-coloured bodies, bodies reduced to bones and leathery skin, bent double under the crushing weight.

奥威尔是现代英语散文（Prose）大师。总的说来，奥威尔的散文可称为 Clean English（清晰的英语）的代表之一。奥威尔反对浮夸文体，主张语言必须明晰畅达[13]，但他的风格显然没有"口语化"（Colloquialism）的特征。试读以下对上段原文的译作：

> 这些人怪就怪在你压根儿看不见她们。一连几个星期每天老在那时候，一伙老太婆，一个接上一个，身背柴火，一瘸一拐在我屋前走过。她们确实在我眼前走过去了，可说实在的，我没法说见到了她们——老太婆不起眼，起眼的是柴火。有一天碰巧，我走着走着，只见眼前一堆柴火，莫名其妙地一瘸一拐地往前挪。我这才打头回见到柴火下的人，那些个穷老太婆，一个个皮包骨，肉色如土，被那堆压断脊梁骨的包袱压得差点儿头着了地。

译者在理解上没有什么问题。就译文本身而言，行文流畅，句子长短相间，选词生动，习作者已经掌握了很多基本的翻译技能。问题在译文不适应原作者的风格。奥威尔选择的题材虽然是日常生活事件，但他所用的英语并不是口语化的（如：上段中的 invisibility, register, beneath 等词都不是口语词，句式也大都是书面语），但是，习作者用基本上属于中国北方的口语体汉语来翻译奥威尔的散文，显然与作家的个人风格格格不入。此外，用口语来翻译上段原文，也与上节所述的"正式的等级"不相符。奥威尔大多数著作用的是现代正式英语，有一部分作品接近一般非正式英语。除了作品中的部分引语外，奥威尔是不用口语体英语写作的。

以下原文摘自美国作家海明威（Ernest Miller Hemingway, 1899–1961）著名的短篇小说《杀人犯》(*The Killers*)：

"He's been in his room all day," the landlady said downstairs. "I guess he don't feel well. I said to him: 'Mr. Anderson, you ought to go out and take a walk on a nice fall day like this,' but he didn't feel like it."

"He doesn't want to go out."

"I'm sorry he don't feel well," the woman said. "He's an awfully nice man. He was in the ring, you know."

"I know it."

"You'd never know it except from the way his face is," the woman said. They stood talking just inside the street door. "He's just as gentle."

海明威被认为是"最有影响的现代美国风格作家"。他的影响是多方面的，其中很重要的一个方面是海明威的个人风格。所谓"海明威风格"具有许多内在的气质，我们不拟在这里赘述。就语言而言，海明威作品的明显特征是文句简练（terse），以至有时达到语焉不详（staccato）的地步。海明威通常以十分流畅的"谈话体美语"（the conversational American English）写作，并常用俚俗语，作品中经常出现美国城镇中巷井之间的言谈笑骂。小说《杀人犯》写的是芝加哥歹徒的作案故事，其中的人物都是没有什么文化教养的，这从原文中可以清楚地看出来。有一篇习作译文是这样的：

"他整日在房间内"，房东太太在楼下说。"我估计他感到不适。我对他说：'安德森先生，你理应出去散步。这样的大好秋光是很宜于散步的'。但他不感兴趣。"

"他不想出门"。

"我很抱歉,他感到身体不适",那妇人说。"他是极好的一个人,他曾在拳击赛场干过事,你知道。"

"我了解此事"。

"除非你看到他的面容,你不会了解此事",那妇人说。他们就站在大门口内谈话,"他这人很是温文。"

很显然,译文不适应海明威的个人风格,译文中人物的语言不符合作品中人物的身份。如果不读海明威的原文,只看译文,读者很可能错把女房东看作奥斯汀(Jane Austen, 1775-1817)笔下的那种在客厅里谈吐拘谨的贵妇人。

对翻译者说来,要在有限的时间内,在个别作品中,体会或认识到某个作家的风格,诚然是相当困难的。更何况一个作家的风格特征不一定表现在他所有的作品中,作家风格常常是发展变化的,正如作家的创作道路、创作方法通常会发展变化一样。另外,也并不是所有的原文作品都具有鲜明的个人风格。一般说来,具有独特的个人风格的作品大抵都出自艺术造诣较深的作家笔下的中、晚期作品。在许多情况下翻译者要处理的很可能是在风格上并无特色的材料。虽然如此,译文如何适应作家和作品的风格,在翻译学的风格论中,仍然是一个很值得研究的课题。因为译文如果不能有效地表现作家和作品的风格特征(即便是不很鲜明的特征),那么翻译的语际交流功能则难以说已尽其职。

为在翻译中把握和体现原文的风格,翻译者应当做到:

1. 注重学习,即在着手翻译以前对作家生平、创作道路、创作方法、作品的时代背景等等进行较周密的了解,尤应着重收集有关作家风格的评论或分析,使译者心中有数。"风格即人",不研究作家其人,就不可能真正把握他的风格,这是必然之理。

2. 注重分析,即在动笔翻译以前分析研究作家在这个作品中如何使用语言来体现他的风格。其中包括:用词倾向、句式特点、修辞手段、词语及句子情态、句段安排等。这种对文章结构的分析,在文体学上称为

Discourse Analysis（章法分析或篇章分析）。作风严谨的翻译家在着笔翻译以前一般都要对原著反复阅读，经历一段思考酝酿期。这种思考酝酿，绝不仅止于对原文的字面理解，许多译者都十分重视对原著的篇章分析。可以毫不夸张地说，只有深入进行而又有所得于对原著的篇章分析（包括宏观的及微观的分析），才有可能使自己的译文具有与原著相适应的风采。否则，译者对原文的理解必然只停留在语言的表层，断难创作出在风格上贴近原著的译品，断难有神似之作。

3. 注重调整，即真正做到文随其体，语随其人。这里，体不仅是指一般意义上的体裁，而是指作家风格或作品风格。不少译者在多年的翻译实践中摸出了一套自己的译词句方法。在一般情况下，这些方法很可能是可取的。但是，必须看到，译者所习用的一些方法，特别是个人常用的译句程式，往往带有很大的局限性。如果不顾原著，到处套用自己沿用成习的词句及语段翻译程式，必然是只顾"形"而不顾"神"；极而言之，翻译创作的过程变成了机械的信息处理，当然无风格可言。因此，越是有经验的翻译者越应当善于调整自己的行文，不要把情貌风采殊异的原作，用千篇一律的行文来译，使原作风采尽失，统统成了译者本人如法炮制的作品；这种按程式进行的译作，充其量只做到了形似，绝不可能做到神似。翻译者一定要注重调整自己以适应原作的风格特征，翻译才不失为一种艺术创造[14]。

4. 注重效果，即不能不顾读者对象和时代需要。健康的、符合社会发展的"时尚"应该得到尊重。因此风格的翻译必须是辩证的。这就是说，译者不能一味追求原作风格，一味追求与原文的适应性而不顾时代的发展与变化。归根结底，翻译工作并不是一种个人行为。诚然，译者应当尽力保证译文对原文的适应性。但是必须看到，时代是发展的，语言的交流效果也是发展的。正因为这样，我们才没有必要用古汉语去翻译如乔叟（Geoffrey Chaucer, 1343—1400）和但丁（Dante Alighieri, 1265—1321）等人的作品。对于时代色彩或地方色彩过于浓烈的作品，有一种可取的翻译法，即尽可能译成无时代性的风格。这样做可能会失去若干原作具有的色彩和生气，但至少不致使读者由于时代隔膜与文化隔膜而无法理解译文或对原文产生错误的认识。

8.3.4 关于所谓"翻译体"(Translationese)

近二三十年来,各国翻译界曾经开展过对翻译文风的讨论,许多知名的翻译家主张抵制所谓"翻译体"。"翻译体"不为读者喜闻乐见是毫无疑义的。其实,无论从文体类型学或翻译文体学上来说,都无所谓"翻译体"。但就各类翻译作品的文字而言,则确实存在一个是否带有浓厚的翻译色彩的问题。"翻译体"应该是指一般读者并不喜闻乐见的译文文体。

译文带有浓重翻译色彩的主要原因是**疏于理解**,译者忽视了译语与原语的差异,在翻译的理解阶段没有透过原文的表层结构深及深层结构,而是越过了深层结构,即作者的思维形式(包括概念——大体上是由词或词组来表述;判断——大体上是由句子来表述;推理——大体上是由复合句或语段来表述),直接赋形于译语的表层结构。简单说来,就是译者并没有读懂或没有完全读懂原文,就匆匆下笔。翻译的关键是理解,没有正确的理解,是不可能有正确、通顺的译文的。

其次,译者虽然读懂了原文,但由于忽视了原语与译语的差异,又没有深入原文的深层结构,透彻理解原文作者的思想实质,因此不能摆脱原文在语言形式(及形态)上的束缚,**穷于表达**。这里还牵涉到一个缺乏健全的母语语感的问题。具体表现为:(1)不能恰当地选词以表达概念或情态;(2)不能正确地造句来进行判断或叙述;(3)不能有效地组合句群来完成连贯的思维发展过程。词不达意,就更无神似可言了,或意虽可达,但有失于约定俗成,词句奇拗,形似而神失,译文也是不可取的。试读以下一段原文的翻译:

> When listening to all but the simplest scientific programmes I find it essential to take notes, for often, if I don't, I discover at the end that concentration on hearing and understanding the details has absorbed my available energies and I am unable to recall the argument and grasp the whole. Such listening is no easy self-indulgence: it is sheer hard work and sometimes, either because the speaker has talked too quickly, too obscurely

or too far above my head, it has been labour in vain.

当我在听所有的但是最简单的科学节目时；我发现要紧的是记笔记，而且常常记。因为我经常发现，如果我不记，我则发觉在最终集中听觉注意力及对细节的了解吸引了我的可用的精力而我却不能记起对方的争论及抓住全体。这样的听绝不是易于办到的自我放纵：它是纯粹的艰苦工作，而有时也许因为说得太快、太含糊，或者因为太出乎我的头脑理解，而已经成为无益徒劳。

这段译文问题很多。（1）译者死抠词的字面对等，如：将 all but 译成"所有的但是"，将 available energies 译成"可用的精力"等；（2）行文中梗滞很多，如：将 concentration on hearing 译成"集中听觉注意力"，将 far above my head 译成"出乎我的头脑理解"等；（3）译者墨守原文的语序，不顾汉语的行文习惯；（4）译者死抠汉语与原文动词时体形式上的对应，如："已经成为无益徒劳"（it has been labour in vain）；（5）译者望文生义而导致错译。

以上这些问题正是所谓"翻译体"的通病。概括说来，造成翻译体汉语有如下一些原因：

（一）忽视汉英语序差异，拘泥于原文的语序、句型安排以及句群的组合配列形式。如：

Mass production of the miracle chip has already made possible home computer systems that sell for less than 800—and prices will continue to fall. Many domestic devices that use electric power will be computerized. Eventually the household computer will be as much a part of the home as the kitchen sink.

原文被译为：神奇的小硅片的大批生产已经使家用电子计算机体系成为可能的事了，这种体系售价少于 800 美元，而且在继续下跌。很多家用装置使用电力也将计算机化，家用电子计算机将成为如此重要的家庭组成部分，就如厨房里的盥洗槽那样。

语序反映语言的特点。在翻译学上，语序更是一种非常积极的语言转换手段。所谓"翻译味"，就语序而论，则是在汉语中运用英语语序，传达的是英语的风格信息，因而使读者产生不伦不类的语感。

（二）忽视汉英词语的形态差异，拘泥于原文谓语动词和非谓语动词的时体形态、语态及其他词类的形态标志。

翻译时应当注意原文词语的形态标志，否则就不能分析出词语与词语之间的关系，这是肯定的。对于形态变化多的语言，这一点当然更为重要。但是，译者如果死扣原文词语与译文词语在形态上的对应，势必导致不伦不类的"翻译体汉语"。注意下列例句中动词的翻译：

（a）"Madam has been robbed!" he cried. "The police must be summoned! These are not pearls!" Mother blinked. "Oh, I'm sure I haven't been robbed!" she said.

原文被译为："夫人已经被盗了！"他喊道。"警察得马上叫来才行。这些不是珍珠！"母亲眨了一下眼睛。"哦，我敢肯定我没有被盗过！"她说。

（b）Officials wrestling with what they consider to be heavier-than-usual outbreaks of collegiate dishonesty admit they are seeing only a fraction of the problem.

原句被译为：正在与被认为是非同寻常地破坏校规的不诚实行为做斗争的官员们承认，他们正在注视的只是问题的一部分。

（c）"In his last days", says Truffaut, "John Ford was doing exactly what he had been doing in the first years of his career."

原句被译为："在他最后的日子里"，特拉福特说，"约翰·福特在做的事情正是他的生涯开始的时候他一直在不断地干着的事情。"

（d）"Film is still in its infancy", says director Ken Russell. "It haven't really developed much in 50 years, but the technical possibilities are enormous."

原句被译为：电影导演肯·罗素说："电影现在仍处在幼年期，在过去50年中它不是已经发展了，但目前技术发展的可能性是很大的。"

以上例句中汉语的问题主要出在原文动词形态对译者行文的干扰。有些译者在句中出现非谓语形式的动词时，也墨守主动、被动等条规，因而导致严重的行文梗滞和"翻译味"，并常造成错译，如：

　　that fabled ship of desert "那个被当作寓言来流传的沙漠之舟"，可译为：传说中的沙漠之舟
　　the ailing king "那位正在生病的国王"，可译为：疾病缠身的国王
　　buying public "正在购买东西的公众"，应译为：广大顾客
　　a reformed drunkard "一个被改造好的酗酒者"，可译为：（一个）改邪归正的酒鬼
　　my poor hoodwinked grandma "我那可怜的受蒙蔽的奶奶"，可译为：可怜我那蒙在鼓里的奶奶
　　always knowing Richard "总是使人一望而知的理查德"这是错译，应为：素来洞悉一切的理查德

由于英语在表意手段上凭借形态变化表达语法意义，而这种语法意义在汉语中必须以词汇手段来表达。因此在必要时，译者仍应选择恰当的词语，清楚地表达原文的语法意义，而行文则应力求符合汉语习惯，洗刷翻译味。例如，下段英语中的形态表意作用就很突出：

　　Let no one say we have changed our mind—our goal. The enemy we fought is different from the enemy we are fighting now. Our goal was to win, so is our goal today. Napoleon Bonaparte writes in his *Memoirs*: Madame Montholon having inquired what troops he considered the best, "Those which are victorious, Madame," replied the Emperor.

　　不要以为我们**已经**改变了主意，改变了目标。我们过去与之**战斗**的敌人不同于今天我们与之**战斗**的敌人。**过去**，我们的目标是赢得胜利，今天，我们的目标仍然如此。拿破仑·波拿巴**曾经**在《回忆录》中写道：蒙多龙夫人问皇上，他认为最好的军队是什么军队。皇上回答说："常胜之师，夫人。"

（三）忽视汉英在用词倾向上的差异，不适当地照搬英语代词和冠词。英语倾向于多用代词，汉语倾向于重复名词。因此，英汉翻译中不宜处处照搬代词。汉语无冠词，只有量词"一（个）"和指示代词"这（个）""那（个）"。试读下段原文的汉译：

Aside from her hip and her other endless complaints (backaches, headaches, stomachaches, all loudly attributed to my brother and me), she grew almost deaf. She rarely heard the phone when it rang, and when she did she would pick up the receiver, bellow "Nobody home!" and slam it down again . . . As she grew older, she couldn't even hear us pounding on the door. Then my father would have to run around the side of the porch, crawl through the bushes and rap on the cellar window. Even then he wasn't always successful. Once we stood outside in a blinding snowstorm for half an hour, trying to get into our own house!

"除了**她**臀部的毛病和**她**那说不完的其他病痛（背疼、头疼、胃疼等等，一切统统怪罪于**我**哥哥和我）之外，她的耳朵也差不多全聋了。**她**几乎听不到电话铃响，当**它**发出铃声时，她抓起话筒就叫道：'家里没人！'随即使劲把它放下。……当她年纪更老时，就是当**我们**使劲敲门，她也听不见。于是**我**父亲只好绕过门廊的**那**边，钻过**那些**灌木丛，去敲地下室的窗户。即使这样办，他也不是次次成功。有一次**我们**在一场使我们睁不开双眼的风雪中足足站了半个小时，试图敲开**我们**的家门！"

造成这段译文"翻译味"的一个重要原因是机械照搬原文的代词，照译原文中的某些冠词。文中带重点的代词（代词达14个！）几乎都可以省去。

（四）忽视英汉在修辞达意和修辞效果上的考虑，照搬不宜于移植在汉语中的比较法、形象比喻法、借喻法、夸张法以及倒装、双关语、典故等修辞手段，在译文中又缺乏必要的增补或解释。

试读以下例句的汉语翻译：

（a）The beauty of our country is as hard to define as it is easy to enjoy.

我们国家的美丽风光是很难描绘的，正如它很易于被人们看到一样。（原文中 hard 与 easy 是一对反义词，这种比较在汉语中是没有的，因此直译必然生涩。汉语的比较法是"既……又……"或"虽然［尽管］……但［却］……"等，上句可译为："我国的山川之美虽然难以描绘，却是众口皆碑"。）

（b）That morning I met Mrs. Effingham, a woman as flat as a pancake.

那天早上我遇见了艾芬汉太太，那个像薄饼一样没有曲线的女人。（英语中 as flat as a pancake 主要用以比喻妇女的瘦瘪，汉语中没有这个契合比喻。此处似可译成"干瘦"。）

（c）But in New York crime is the order of the day. There is a view that in New York the good Samaritan is but a Smithsonian antique, whose worthy popularity has unfortunately turned out to be sort of obscuring unpopularity.

但是在纽约，生活秩序充满了犯罪，有一种观点认为纽约市的好撒马利丹人都仅仅是史密逊式的古董，他那应得的名声只不过是一种使人看不清的坏名声而已。（译文有理解上的错误。句中 the order of the day 意思应该是"司空见惯的事情""被视为常规之事"。Good Samaritan 不宜直译，它的意思是"做好事的人"。Smithsonian antique 是借喻词，Smithsonian 出自 Smithsonian Institution，是美国华盛顿特区的一所研究中心，收藏艺术珍品。因此，在英译汉中这个词组应加解释性的增补词"珍奇的古董"［"史密逊式的"可以略去］句中 popularity 与 unpopularity 是语义双关的词。做好事应该是得人心的，现在反而不得人心，这是深层含义，译者没有触及深层含义。译文只是双语的表层结构转换，因此，其结果不仅是充满翻译味，而且破绽百出。)

（五）忽视在英汉翻译中运用翻译的基本技法，特别是词类转换；忽视由于运用词类转换和其他基本技法对行文进行必要的增词或减词以及调整词语搭配、恰当使用成语等。

试读以下译文：

路易丝的境遇说明了美国社会中一个变得越来越严重的问题。这个国家只看重年轻人，而年过65岁的人口比例却在增大。对许多老年人来说，他们在晚年贫辱交加，无事可做，疾病缠身，囊空如洗。数以百万计的老年人住在狭小的公寓、小单间或是老人收容所里，艰难地消磨着他们的风烛残年。

译文的翻译味很浓。英语原文如下：

Louise W — is symbolic of a growing and intense problem in American society. The nation venerates youth, yet the proportion over sixty-five years of age is increasing. For many of these older people, their declining years are without dignity. They have no function; they are sicks they are without money. Millions of them wear out the last days of their existence in small apartments, in rooming houses, in nursing homes.

将译文与原文加以对照即可发现，原文中有些词语完全可以通过词类转换消除产生"翻译味"的行文梗滞。除词类转换外，还可通过增词减词、正说反说与成语求切等翻译基本技法改善行文。现将上段原文重译如下：

路易丝的境遇说明了美国社会中有一个变得越来越严重的问题。这个国家只看重年轻人，而年过65岁的人口比例却在增大。对许多老年人来说，他们的晚年是贫辱交加的。他们无事可做，有病缠身，囊空如洗。数以百万计的老年人在小公寓、小单间里、在老年人收容所里消磨着他们的风烛残年。

总之，造成翻译体的基本原因是译者没有突破原文表层结构的束缚，深入深层结构以究原文词、句之底蕴，也不能熟练地操控译文，表现出汉语的行文特征。

与此同时，译者还必须增强汉语语感。有时译者即便做到了深透地理解原文，却拙于表达，总感到难以摆脱原文的词语搭配与句式配列的既定框驭。这里主要是汉语语感问题。健全的母语语感，产生于译者比较坚实的语文素养。没有坚实的语文素养，就不可能具备 language discretion（即对语文进行判断的能力）。这里所谓判断，主要在以下四个方面：（1）文句的语法可容性（Grammaticality），就是说用词造句符合不符合语法规范；（2）惯用法（Usage），指词语选择（the Choice of Words）、词语搭配（Collocation）、句式选择和句式配列是否适宜，是否符合约定俗成的习用规范，符合民族心理、历史传统等文化方面的因素；（3）逻辑性（Logicality），指语言转换中的表述方法和表述形式是否符合形式逻辑的基本规律，也就是俗话所说的有条有理；（4）文体上的适应性（Adaptability），指译文的总体风貌是否符合原文在文体方面的特征，是否符合母语中对这一特定语体的文体要求。当然敏锐的语感也与实践有很大的关系。善于思考、勤于动笔的译者，无疑会在反复实践中获得驾驭语言的功力，也就是敏锐的语感。翻译之能笔底生澜者，岂是朝夕之功？！

但是，对待"翻译体"问题，我们也应该有辩证观点。在我们强调必须洗刷"翻译味"的同时，不应忽视以下两点：

（一）翻译工作自始至终受到客观制约，矛盾的主要方面是原文。译者的主观能动性不能超越原文的客观制约。翻译的职能是介绍外域的人文事物，译者面对的现实是整个外域文化，而"异国情调"总是通过语言（包括风格）媒介体现出来的。因此，要求译文完全清除本来就是属于外域的人文事物的"异国情调"既是不可能的，也是不必要的。乔叟生时，相当于我国的元、明之前，如果我们以我国元、明时代的语言文化为"对应"去翻译乔叟的作品以消除其"异国情调"，岂不成了十分荒唐的事情？！任何民族的语言文化都是独一无二的，都具有鲜明的独特性。翻译的任务绝不是"消灭"这种独特性,而是架设认识这种独特性的桥梁。由此看来,译文之具有"翻译风格",应该说是一种艺术的必要与必然。任何优秀的译文,唯有它忠实于原著,唯有它与原著神似,才能具有某种与原文相适应的独特的"翻译风格",寓"异国情调"于读者所能接受的或喜闻乐见的语言形式的译文之中。统观古今中外翻译之佳作,无一例外。

（二）语言是发展的。语言具有两重性:稳定性与可变性。翻译研究尤其应多注意可变性这一面。由于人类社会的进步,各语种之间语言接触日趋频繁,它们之间的互相影响也在不断扩大和深化。任何语言都可能受到某种外域语言的影响而发生"异化现象"[15],异化机制是多方面的,起主导作用的是语法的可变性。当然,语法的变化是一个非常缓慢的过程。五四运动以来,现代汉语已经发生了很显著的变化,最明显的是词汇方面。在句法方面汉语也经历了演变。

以下一段文字摘自张谷若译狄更斯著《游美札记》（American Notes）。译文虽受英语表达习惯和描述外域风情的影响,但仍不失为流畅、清新的现代汉语:

> 郊区比市区,显得更轻淡、缥缈,如果还能更轻淡、缥缈的话。安着（外斜式）绿百叶窗的白色木骨房子（都白得叫人看着眨巴眼）,四面八方地遍布各地,散处各方,好像完全和大地不相连属。至于小型的教堂或圣堂,都盖造得异常地整齐、亮爽,油漆得异常地晶光耀眼;因此我几乎相信,整个的建筑,可以像小孩子的玩具一样,拆成一块一块的,塞在一个匣子里。（上海译文出版社1982年版,第38页）

由此可见,我们在洗刷"翻译味",改进翻译文风的时候,不能不加鉴别地一律否定带有外国味的译词、译句和文章风貌。应该看到,凡是译自外语但却能生动活泼、明确通顺、新颖有力地表情达意、描物论理的词语、句式及修辞手段,中国读者不仅是可以接受的,也是喜闻乐见的,现代汉语也是不加排斥的。五四运动以来白话文的发展,充分证明了这一点;而白话文的发展与外国文艺作品的大量翻译出版显然有密切的关系。现代汉语排斥的只是不符合汉语基本结构规律、不符合汉语表达习惯因而破坏汉语语法规范、影响交际的词语章句。如果问题涉及原作者独具匠心的风物描绘、心理刻画或特意安排的修辞手法和风格特征，则译者不仅不应慑于他面对的外域情调，而在译文中执意减色、减调，而且还应倾其才情、尽最大可能地、忠实地表达原文的神情丰采，以保证译文对原文的神似兼形似，或在不可能兼顾时做到力臻化境、求其神似，而无愧于原作者有时甚至是毕生的惨淡经营。我们应当加强责任感，在艰苦的翻译工作中培养高尚的职业道德和严谨的翻译作风。

翻译之论风格，殊非易事。风格之于文，犹情操之于人，这大概就是布封所谓的"风格即人"。任何一个忠于职守，热爱本行的翻译工作者都应勇于探索和攀登风格翻译的境界。我们要根据具体情况，实事求是地分析某一原著的文章体势，使外域风情和文章风采自然而然地融贯于我们的译文之中，这正是风格翻译的难处，也是每一个矢志于翻译事业的译者的奋斗目标。

〔注释〕

①②③均见罗新璋编：《翻译论集》，商务印书馆1984年版。

④参见张志公：《现代汉语》中册。据统计，汉语虚词共计约400个，常用虚词近200个。详见《现代汉语》中册，第814页。

⑤刘勰在《文心雕龙》的《熔裁篇》中虽然主要强调文章的"体"和"辞"的问题，似乎并没有直接谈"句"，但他的立意是落在句上的；他所谓的"熔裁"就是要"剪裁浮辞"，清除芜杂，避免"同辞重句"。在《章句篇》中他提出炼句的目标应该是"章之明靡，句无玷也；句之清英，字不妄也"。研究句子不能与文章的体式、辞章分开，这是很有道理的。

⑥汉语修辞学上有长句化短的许多办法，如：指称法、分散法、重叠法、变位法，参阅《语法与修辞》，广西人民出版社版，第187页。

⑦许多英语文体学家也强调多用主动句，如：William Strunk 及 E. B White，见 *The Elements of Style*, NY, 1972, p. 18.

⑧见《文心雕龙·熔裁篇》。

⑨汉语语法学界认为汉语行文重意涵，省略是常见的。如：王维贤认为省略在汉语中有三个层次：(1)意念上的省略（翻译时要作语义补足）；(2)结构上的省略；(3)语境上的省略（翻译时以上二项要作结构补足和连接补足）。见王维贤著《现代汉语语法》(1978)，《语言逻辑引论》(1984)。

⑩参见刘勰：《文心雕龙》中《体性》及《风骨》等。

⑪ Samuel Johnson，其主要著作为 *Dictionary of the English Language*; Edward Gibbon，其主要著作为 *The Decline and Fall of the Roman Empire*。

⑫参见 Eric Partridge 著：*The World of Words*, Part One, Chapt. II, 及 Alan Warner 著 *A Short Guide to English Style*, Part II, 等。

⑬参见 Alan Warner: *A Short Guide to English Style*, London: Oxford University Press, 1961。

⑭参见 A. F. Tytler: *Essays on the Principles of Translation*, Chapt. V. London: R. Clay & Son。

⑮指外来成分（外来表达法 Alienism）对某一语言的各种影响。这种"异化"对语言发展所起的作用是积极的，典型的例子是英语近 300 年来的发展史。

⑯ The bones were never found, and this gave rise to rumors after the war that Hitler had survived. But the separate interrogation of several eye witnesses by British and American intelligence officers leaves no doubt about the matter. Kempka has given a plausible explanation as to why the charred bones were never found. "The traces were wiped out," he told his interrogators, "by the uninterrupted Russian artillery fire."

简体字版再版后记

本书是十五年前在吾师北京大学朱光潜教授的鼓励、鞭策和教导下写成的。早在求学期间朱先生就对我寄予厚望，教诲良多，使我终生难忘。我毕业后，先生渡尽劫波，未尝失望于弟子，这一点，更使我奋发不息。本书提纲二易其稿，都是在先生指导下完成的。朱先生对我国翻译事业矢志不移，生前以八十高龄，仍终日伏案，呕心沥血于字里行间，每次见到我以及在历次给我的信中，都再三叮嘱我不要懈怠，尤其要多多研究翻译美学、倡导翻译美学。朱光潜先生和我在北京大学的许多前辈老师，以自己的治学精神，为我师表。这部书，是我对母校老师们的一份菲薄的答谢礼。

刘宓庆

1998 年补记于香港沙田